कैसे जाने भाग्य

अनिल जी

†

www.kaalchakrafoundation.com

anil.kaalchakra@gmail.com

ISBN 979-8-88591-654-7

विषय सूची

मैं सर्वोच्च चेतना तथा माँ प्रकृति और आदरणीय गुरु को नमन करता हूँ कि उन्होंने मुझे वर्षों की शिक्षा के माध्यम से प्राप्त ज्ञान को व्यक्त करने के लिए प्रोत्साहित किया और फिर इसके वास्तविक अर्थ और छिपे रहस्यों को प्रकट किया।

यह पुस्तक मेरे उन सभी शिक्षकों को समर्पित है जो मेरे, जीवन के हर चरण में उपस्थित हुए, मित्रों, परिचितों, परिवार और मेरी भविष्यवाणियों में विश्वास करने वाले सभी लोगों, के रूप में सही मार्गदर्शन प्रदान करने और मेरे मार्ग को प्रबुद्ध करने के लिए, हार्दिक धन्यवाद।

परिचय

"ज्योतिष शायद सबसे प्राचीन विषय है और एक तरह से सबसे अधिक उपेक्षित भी। यह सबसे प्राचीन है क्योंकि ज्योतिष बहुत पहले से अस्तित्व में रहा है लगभग मानव जाति के इतिहास जितना ही या फिर उससे भी अधिक। ईसा से पच्चीस हजार साल पहले मौजूद सुमेरियन सभ्यता के अस्थि अवशेषों पर ज्योतिषीय शिलालेख मिले हैं। ज्योतिषीय शिलालेखों और आकाश में चंद्रमा की कक्षा की रूपरेखा के साथ अस्थि अवशेषों की खोज की गई है। लेकिन भारत में यह विज्ञान और भी पुराना है। ऋग्वेद संदर्भ में नक्षत्रों की एक निश्चित रचना जो केवल पचानवे हजार साल पहले हुआ हो सकता था का उलेख किया जाता है"

ओशो

भाग्य इस जीवन का एजेंडा है, जो जन्म लेने से पहले हमारे स्वयं द्वारा तय किया गया है। यह हमारे मानस में गहराई तक समाया हुआ है। इस दुनिया के नजारों से अभिभूत होने के कारण हम अब इसके बारे में नहीं जानते। यह एक भूले हुए एजेंडे की तरह है जो हमारी वृतियों या इच्छाओं के माध्यम से खुद को व्यक्त करने के लिए तत्पर रहता है। इस एजेंडे के अनुरूप परिस्थितियों के प्रति हमारी स्वाभाविक

आत्मीयता रहती है। हम इस दुनिया के नज़ारों के आधार पर एक और एजेंडा भी बनाते हैं, जो मूल से भिन्न हो सकता है और वहीं शुरू होती है दुविधा। यह आपकी कार्य सूची में अधिक से अधिक चीज़ें जोड़ने जैसा है जबकि बहुत कुछ अभी भी लंबित ही है। इसमें कुछ भी सही या गलत नहीं है, ऐसा ही जीवन है।

हमें अच्छा लगता है जब इस सूची से कुछ पूर्ण हो जाता है। लेकिन हम तब और भी अच्छा महसूस करते हैं जब किसी चीज़ को मूल सूची से ही हटा दिया जाता है। कभी-कभी, हमें ऐसा लगता है कि हम सहजता से आगे बढ़ रहे हैं और चीजें बस क्लिक होती जाती हैं और कभी-कभी हमारे सर्वोत्तम प्रयासों के बावजूद भी कुछ नहीं चलता। तभी हमें यह जानने की जरूरत पड़ती है कि वास्तव में हो क्या रहा है। इस पूर्वनिर्धारित एजेंडे को जानना हमें दो तरह से काफी सशक्त करता है। एक, आप कम हैरान होते हैं और अपनी जीवन स्थितियों को समझ सकते हैं। यह स्पष्टता चीजों को निरंतरता और शांति से संभालने की ताकत देती है। दूसरा और अधिक महत्वपूर्ण यह कि उसे इस एजेंडे को बदलने, ढालने या महत्वहीन बनाने की क्षमता ताकि आप जो करने का निर्णय लेते हैं, उसे कर सकें। यह काफी चुनौतीपूर्ण हो सकता है लेकिन यही जीवन की सफलता है, विकसित होना और अपने भाग्य से आगे जाना।

लेकिन, सितारों को जाने बिना यह बेहद मुश्किल और कभी-कभी निराशाजनक हो जाता है। एक व्यक्ति जो अपने अंतरमन या आत्मा से गहराई से जुड़ा हुआ है, वह इसे सहज रूप से जान सकता है। लेकिन जीवन परिस्थितियों में फंसे हर किसी के लिए यह संभव नहीं है। ज्योतिष को ठीक इसी कारण से विकसित किया गया था, ताकि दुनिया के लोग अपने खोए हुए एजेंडे को खोज सकें और उससे परिचित हो सकें और फिर पूरी समझ के साथ जीवन पथ निर्धारित करने का प्रयास कर सकें। चूंकि खुद को जानने के लिए आप ही सबसे अच्छे व्यक्ति हैं, इसलिए इसे अपने लिए और अपने करीबी लोगों के लिए सीखना सबसे अच्छा है। परंपरागत रूप से इसका उपयोग ज्यादातर गुरु द्वारा छात्रों की ताकत और कमजोरियों को समझने के लिए किया जाता था ताकि उन्हें सही रास्ते पर लाया जा सके। फिर इसे उन लोगों को सिखाया गया जो वास्तव में इसे सीखना चाहते थे।

कहीं न कहीं, इतिहास के अशांत समय में, इसने दिशा खो दी और अधिकांश ज्ञान संरक्षित और अस्पष्ट हो गया। लिखित विवरण या तो अधूरे थे या केवल कुछ चुने हुए लोगों को समझाने के लिए सुरक्षित रखे गए थे। हालांकि यह इसके दुरुपयोग से

बचने के लिए था, या ऐसा कहा और माना जाता है, लेकिन पहुंच में सीमित होने के कारण, हुआ कुछ ऐसा ही। भारत में ज्योतिष, समय के साथ, केवल कुछ ही लोगों का क्षेत्र बन गया, जिनके पास समय के साथ केवल आधा पका हुआ और सीमित ज्ञान था, और उन्होंने इस पवित्र अभ्यास को टोना-टोटका और लोगों के भय पर आधारित अंधेरों में धकेल दिया।

पिछली शताब्दी में, कई नए शोधकर्ताओं ने तथ्यों को फिर से स्थापित करने, गलत धारणाओं को दूर करने और अराजकता में कुछ व्यवस्था स्थापित करने में बहुत काम किया है। इससे, विशेष रूप से नए शिक्षित वर्ग की, इस विषय में एक नई रुचि पैदा हुई है। पिछले 20 वर्षों में इस क्षेत्र में मेरा अध्ययन एक ही समय में रोमांचक और पीड़ादायक था। इसमें मौजूद जबरदस्त क्षमता के लिए रोमांचक और वर्तमान समय में छात्रों के लिए उपलब्ध बहुत ही थोड़े से उपयोगी संसाधन के कारन पीड़ादायक। यह मेरा सौभाग्य था कि मैं अप्रत्याशित समय में कई महान लोगों से मिला और उनसे ज्ञान के मोती एकत्र किए। हालाँकि, इन कालातीत सिद्धांतों को, नियति के पढ़ने की एक व्यवस्थित प्रक्रिया में संश्लेषित करने के लिए, जो की वर्तमान समय के पाठकों के लिए उपयोगी हो, मुझे जबरदस्त प्रयास, धैर्य और वर्षों का समय लगा।

"ऐसा लगता है कि असफलता और सफलता लोगों को उनके सितारों द्वारा आवंटित की गई है। लेकिन वे अपने सितारों से लड़ने या इसके खिलाफ लड़ने की शक्ति को बरकरार रखते हैं, और पूरे ब्रह्मांड में एकमात्र दिलचस्प आंदोलन यही है"

ई एम फोर्स्टर

चलो सीखें भाग्य पढना !

01

मूल ज्ञान

"स्वर्ग की तारों वाली तिजोरी वास्तव में ब्रह्मांडीय प्रक्षेपण की खुली किताब है"

†

कार्ल जंग

ज्योतिषीय चार्ट या कुंडली व्यक्ति के जन्म के समय और स्थान से देखे जाने वाले आकाश का एक दृश्य है। ज्योतिष शास्त्र ग्रहों की स्थिति के आधार पर उस व्यक्ति के भाग्य की भविष्यवाणी करने के लिए उस दृष्टिकोण का एक अध्ययन है जिसे ग्रहों की राशी या नक्षत्रों में स्थिति के रूप में परिभाषित किया जाता है।

अंधेरी रात में जब हम आसमान में देखते हैं तो क्या देखते हैं?

सितारे! ये तारे इतने यादृच्छिक हैं कि हमारे लिए यह समझाना बहुत मुश्किल हो जायेगा कि मैं आकाश के किस हिस्से को देख रहा था। हमारे प्राचीन द्रष्टाओं ने बहुत ही उपयुक्त रूप से तारों में प्रतिरूपों की खोज की थी जो जब भी और जहाँ से भी हम उन्हें देखें, वही रहता था। उन्होंने आकाश को ऐसे बारह भागों में विभाजित किया और वहां खोजे गए पैटर्न के अनुसार इनका नाम रखा। इन्हें भारत में राशि चिन्ह या राशि

कहा जाता है। फिर यह समझाना आसान हो गया कि हम आकाश के किस हिस्से को देख रहे हैं। तो चूँकि पूर्ण राशि चक्र 360° है, इसलिए प्रत्येक पैटर्न [चिन्ह] 30 डिग्री को कवर करता है।

जैसा कि हम जानते हैं, ग्रह इन तारों की तुलना में पृथ्वी के बहुत करीब हैं। इसलिए, यदि हम किसी ग्रह को देखते हैं तो हम उसे एक राशि की अग्रभूमि में देखेंगे। ग्रह सूर्य के चारों ओर चक्कर लगाते हैं और पृथ्वी से दिखाई देते हैं। यदि हम पृथ्वी को संदर्भ मानें और इसलिए स्थिर मानें, तो ऐसा प्रतीत होगा जैसे ये ग्रह और यहां तक कि सूर्य भी पृथ्वी के चारों ओर घूम रहे हैं। राशियों के संदर्भ में अब यह समझाना आसान हो जाता है कि आकाश में ग्रह कहाँ है। हम कह सकते हैं कि एक निश्चित समय में इस राशि की अग्रभूमि में यह ग्रह दिखाई दे रहा है।

ज्योतिषीय चार्ट जैसा कि हम देखते हैं, एक निश्चित समय में आकाश के नक्शे को चित्रित करने के लिए प्राचीन द्रष्टाओं द्वारा तैयार की गई एक प्रणाली है। यह आकाश के सभी बारह भागों यानी राशियों को चित्रित करता है और फिर ग्रहों को दिखाता है जैसे वे इन राशियों में दिखाई देते हैं। आसमान का नजारा हमारी सोच से काफी तेजी से बदलता है। जैसा कि हम जानते हैं, सूर्य सुबह पूर्व में प्रकट होता है और शाम तक पश्चिम में अस्त हो जाता है, हालांकि सूर्य गति नहीं करता है। यह पृथ्वी के अपनी धुरी पर घूमने के कारण प्रतीत होता है। तो, सुबह पूर्व का आकाश ही है जो शाम को पश्चिम में दिखाई देता है। या हम कह सकते हैं कि प्रातःकाल पूर्व में दिखाई देने वाली राशी शाम तक पश्चिम में दिखाई देगी और जैसे ही पृथ्वी एक पूर्ण चक्र में घूमती है वह अगली सुबह पूर्व में फिर से दिखाई देती है। इसलिए, ज्योतिषीय चार्ट को बनाने के लिए प्रथा यह है कि जन्म के समय पूर्वी आकाश में उदय होने वाली राशि को चार्ट में लग्न राशि या पहली राशि के रूप में माना जाता है। बाद की राशियाँ तब पूर्वनिर्धारित क्रम का पालन करती हैं।

उदाहरण के लिए, मान लीजिए कि एक व्यक्ति का जन्म दिसंबर के अंत में, सूर्योदय के समय हुआ है। हम जानते हैं कि दिसंबर में सूर्य धनु राशि में होता है। तो, जन्म के समय आरोही राशि धनु होगी और सूर्य वहां चार्ट में दिखाई देगा। अगली राशि मकर, अगली कुम्भ और फिर मीन होगी। इसी प्रकार यदि उस समय शनि मीन राशि में भ्रमण कर रहा हो तो वह वहीं चार्ट में लग्न से तृतीय राशि में

दिखाई देगा। इसी तरह, अन्य ग्रहों के लिए, और फिर आप एक ज्योतिषीय चार्ट को आकार लेते देखेंगे।

तो अब जब आप एक चार्ट को देखते हैं तो आप बता सकते हैं कि व्यक्ति के जन्म के समय कौन सी राशि पूर्व में उठ रही थी, जिसे आरोही राशि कहा जाता है, और कौन सा ग्रह किस राशि में घूम रहा था। सरल रूप से आरोही राशि को 'लग्न' या प्रथम भाव या 'असेंडंट' भी कहा जाता है। अगली राशि को दूसरा घर कहा जाता है, और उससे आगे, तीसरा और इसी तरह, सभी बारह घरों की पहचान की जाती है। तो, हम कह सकते हैं कि पहले घर में ये राशि है और ये ग्रह है, या तीसरे घर में ये राशि है और ये ग्रह हैं। प्रत्येक ग्रह की सटीक डिग्री भी उस घर में 0° से 30° तक इंगित की जाती है। इसी तरह, पूर्व में उदय होने वाली राशि की सटीक डिग्री को भी आरोही [असेंडंट] की डिग्री के रूप में दर्शाया जाता है।

अभी जो चर्चा की गई है उसे समझने के लिए नीचे दिए गए उदाहरण चार्ट को देखें।

यहाँ पर तुला राशि [7] 24°:36' [24-डिग्री 36 मिनट] पर बढ़ रही थी जो पहले घर में इंगित की गई। मंगल [Ma] और शनि [Sa] भी उस समय दिखाए गए अंशों पर तुला राशि में घूम रहे थे। अगली राशि वृश्चिक [8] दूसरा घर है और इसमें कोई ग्रह नहीं है। तो अगले धनु [9], मकर [10] और कुंभ [11] हैं। फिर छठे भाव में मीन [12] आता है, जिसमें केतु [Ke] 26°:57' पर होता है, फिर चंद्रमा [Mo] मेष [1] में 0°:49' पर है। अगला वृष [2] और मिथुन [3] रिक्त हैं। कर्क [4] राशि का दसवां घर सूर्य [Su], बृहस्पति [Ju] और शुक्र [Ve] को दिखाता है। इसके बाद बुध [Me] ग्यारहवें घर में सिंह [5] राशी में है और अंत में बारहवें घर में कन्या [6] राशि में राहु [Ra] है।

यह वैदिक प्रारूप में दिखाया गया ज्योतिषीय चार्ट है, जिस समय यह पृष्ठ लिखा गया था उस समय के आसमान का दृश्य। घर [House] संख्या सामान्य रूप से चार्ट में नहीं दिखाई जाती क्योंकि वह क्रम निश्चित होता है। इसे यहाँ केवल स्पष्टता के लिए जोड़ा गया है। जन्म के समय के अनुसार केवल राशी अंक बदलते हैं और घरों का क्रम यही रहता है।

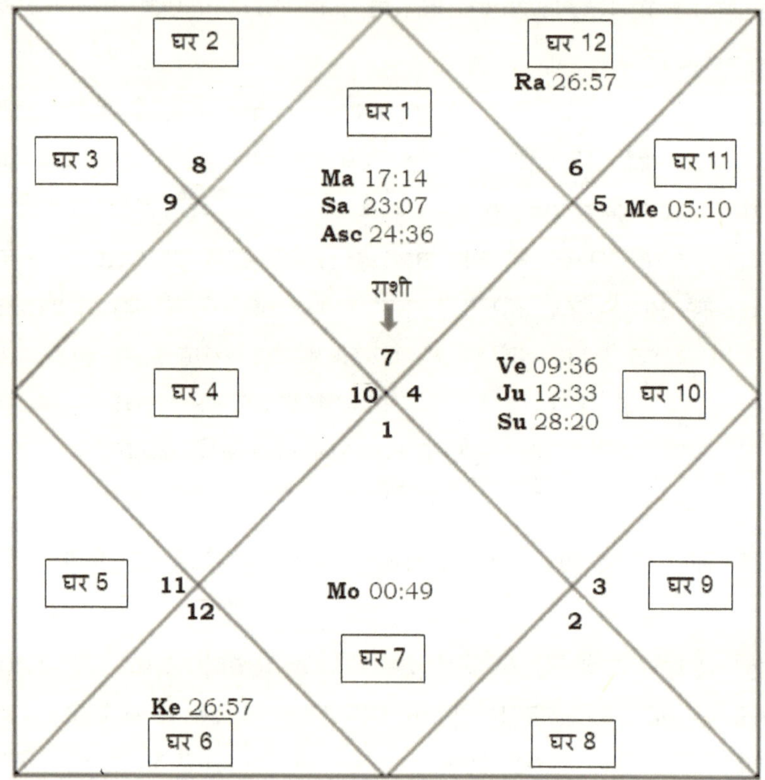

उदहारण चार्ट - 1

आगे आप नीचे दिए गए चित्र में कंप्यूटर जनित चार्ट देख सकते हैं। यह तीन बुनियादी आदानों को फीड करके बनाया जाता है - 1. घटना की तारीख (जैसे की, जन्म), 2. घटना का समय और 3. घटना का स्थान। यह दिखाने के लिए है कि हम आम तौर पर ज्योतिष में कैसे काम करते हैं और कुंडली या चार्ट कैसे प्रस्तुत करते हैं। जैसे-जैसे हम किताब में आगे बढ़ेंगे, आपको सारे कॉलम समझ में आ जाएंगे।

EXAMPLE CHART – 1.1

DOB – 10 MAY 1984 | TOB - 08:02:10 | POB - PATIALA

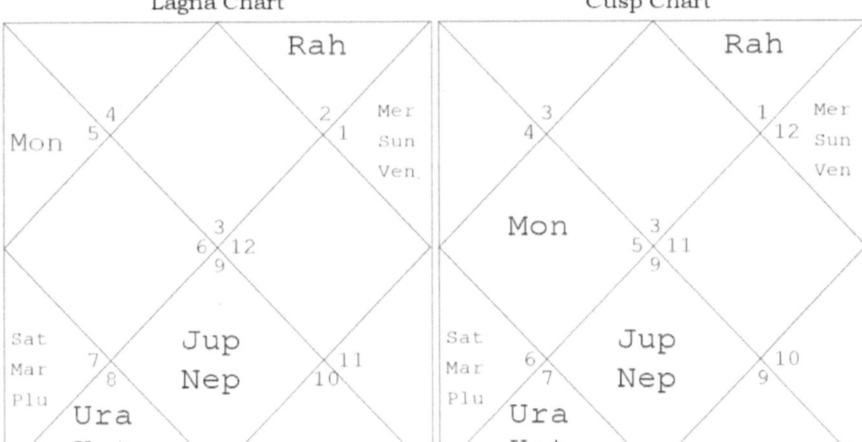

PLANET POSITIONS

Planet	**Sign**	**Degree**	**RL**	**NL**	**SL**	**SSL**
Sun	Aries	26:00'02"	Mar	Ven	Ket	Ven
Mon	Leo	17:26'07"	Sun	Ven	Mar	Rah
Mar-R	Libra	27:40'24"	Ven	Jup	Ven	Rah
Mer	Aries	03:28'29"	Mar	Ket	Sun	Mer
Jup-R	Sagittarius	19:10'21"	Jup	Ven	Rah	Mer
Ven	Aries	16:05'46"	Mar	Ven	Sun	Ket
Sat-R	Libra	18:57'03"	Ven	Rah	Mon	Ket
Rah-R	Taurus	14:00'58"	Ven	Mon	Jup	Jup
Ket-R	Scorpio	14:00'58"	Mar	Sat	Rah	Mer
Ura-R	Scorpio	18:51'05"	Mar	Mer	Ket	Mar
Nep-R	Sagittarius	07:26'19"	Jup	Ket	Rah	Mon
Plu-R	Libra	06:35'30"	Ven	Mar	Mon	Ven

CUSP POSITIONS

Cusp	Sign	Degree	RL	NL	SL	SSL
1	Gemini	3:47'24"	Mer	Mar	Ven	Rah
2	Gemini	26:20'42"	Mer	Jup	Ket	Sat
3	Cancer	19:48'58"	Mon	Mer	Ven	Mon
4	Leo	17:26'0"	Sun	Ven	Mar	Rah
5	Virgo	21:13'8"	Mer	Mon	Ven	Mar
6	Libra	28:46'1"	Ven	Jup	Ven	Ket
7	Sagittarius	3:47'24"	Jup	Ket	Mon	Mar
8	Sagittarius	26:20'42"	Jup	Ven	Ket	Jup
9	Capricorn	19:48'58"	Sat	Mon	Ket	Ven
10	Aquarius	17:26'0"	Sat	Rah	Ven	Ket
11	Pisces	21:13'8"	Jup	Mer	Ven	Mer
12	Aries	28:46'1"	Mar	Sun	Mar	Sat

ज्योतिष के तीन बुनियादी स्तंभ हैं जिनको हम ध्यान से समझेंगे और याद रखेंगे।

- **9 ग्रह**
- **12 घर या (भाव) और**
- **12 राशियाँ**

9 ग्रह हैं:

1. केतु (Ketu)
2. शुक्र (Venus)
3. सूर्य (Sun)
4. चंद्र (Moon)
5. मंगल (Mars)
6. राहु (Rahu)
7. गुरु (Jupiter)
8. शनि (Saturn)
9. बुध (Mercury)

इन नौ ग्रहों को इसी क्रम में याद करना चाहिए। यह क्रम आपको ज्योतिष में व्यावहारिक कार्य करने में मदद करेगा। कुंडली में ये नौ ग्रह हमेशा किसी न किसी एक राशि और भाव में होते हैं। जीवन के विभिन्न पहलुओं को इन्ही 12 भागों में विभाजित किया गया है, जिन्हें 12 भावों द्वारा दर्शाया जाता है। विभिन्न भावों से भाग्य के विभिन्न आयामों की जाँच की जाती है।

9 ग्रहों और 12 भावों के अलावा, 12 राशियाँ हैं जो मिल कर ज्योतिष की भाषा बनाते हैं। प्रत्येक राशि को अपना एक स्वामी ग्रह सौंपा गया है। किसी भी घर में स्थित राशि के स्वामी को उस भाव का स्वामी भी माना जाता है। उदाहरण के लिए, ऊपर चार्ट में, वहाँ तीसरी राशि पहले घर में (मिथुन, राशि संख्या 3 से उल्लेख किया गया) और बुध मिथुन राशि का स्वामी है। तो, बुध प्रथम भाव का स्वामी भी कहा जायेगा।

उनके ग्रह स्वामी के साथ 12 राशियों का उल्लेख नीचे किया गया है:

राशी नंबर	राशि (साइन)	राशि स्वामी
1	मेष (Aries)	मंगल (Mars)
2	वृष (Taurus)	शुक्र (Venus)
3	मिथुन (Gemini)	बुध (Mercury)
4	कर्क (Cancer)	चंद्र (Moon)
5	सिंह (Leo)	सूर्य (Sun)
6	कन्या (Virgo)	बुध (Mercury)
7	तुला (Libra)	शुक्र (Venus)
8	वृश्चिक (Scorpio)	मंगल (Mars)
9	धनु (Sagittarius)	गुरु (Jupiter)
10	मकर (Capricorn)	शनि (Saturn)
11	कुंभ (Aquarius)	शनि (Saturn)
12	मीन (Pices)	गुरु (Jupiter)

विंशोतारी दशा

प्रत्येक घटना एक निश्चित समय पर घटित होती है। आम तौर पर समय को दिनों, हफ्तों, और महीनों में बांटा गया है। इसी तरह, ज्योतिष में, हम नौ ग्रहों की निर्धारित अवधि के अनुसार समय को विभाजित करते हैं, जिसे दशा कहा जाता है।

दशा एक संस्कृत शब्द है और इसका सीधा सा अर्थ है स्थिति। विंशोतारी का अर्थ है 120 तो, विंशोतारी दशा आपके जीवन में 120 वर्ष की अवधि को संदर्भित करती है। इन 120 वर्षों को नौ ग्रहों द्वारा शासित प्रमुख और लघु उपअवधियों में विभाजित किया जाता है।

प्रमुख काल को महा दशा या केवल दशा के रूप में जाना जाता है। प्रत्येक महा दशा में बाद की छोटी अवधि होती है, जिसे अंतर दशा या भुक्ति के रूप में जाना जाता है। इसी तरह, प्रत्येक अंतर दशा में प्रत्यंतर दशा या बस अंतर होता है और प्रत्येक प्रत्यंतर दशा में सूक्ष्म और फिर प्राण दशा होती है। समय के इस विभाजन को ऋषि पाराशर द्वारा दी गई विंशोतारी दशा प्रणाली के रूप में जाना जाता है।

प्रत्येक दशा स्वामी की अवधि नीचे परिभाषित की गई है जिसे याद कर लेना अच्छा है। जातक का जन्म किसी भी दशा में हो सकता है। यह जन्म के समय चंद्रमा

की स्थिति वाले सितारे या नक्षत्र के स्वामी पर निर्भर करता है। फिर दशा चक्र नीचे दिए गए क्रम का अनुसरण करता है। मान लीजिए कि किसी व्यक्ति का जन्म मंगल की महादशा में हुआ है, तो मंगल के बाद राहु की दशा होगी, उसके बाद गुरु, इत्यादि। बुध के बाद केतू की दशा शुरू होगी, इस प्रकार 120 साल का दशा चक्र चलता रहता है।

दशा स्वामी	**अवधि (साल)**
केतु	7
शुक्र	20
रवि	6
चंद्रमा	10
मंगल	7
राहु	18
गुरु	16
शनि	19
बुध	17
कुल	**120**

उप-अवधि हमेशा उसी अनुपात में होती हैं, जैसा कि ऊपर परिभाषित अवधियां। किसी भी दशा में प्रथम उपकाल उस ग्रह का ही होता है और शेष उपकाल उपरोक्त क्रम में होता है। उदाहरण के लिए, चंद्रमा की दशा में उपकाल इस प्रकार होंगे:

महा दशा	**उप दशा (भुक्ति)**	**स्वामी ग्रह**	**अवधि**
चंद्रमा 10 वर्षों की	प्रथम	चंद्रमा	10x10/120 = 10 महीने
	दूसरि	मंगल	7x10/120 = 7 महीने
	तीसरि	राहु	18x10/120 = 18 महीने
	चौथी	बृहस्पति	16x10/120 = 16 महीने
	पांचवी	शनि	19x10/120 = 19 महीने
	छठी	बुध	17x10/120 = 17 महीने
	सातवीं	केतु	7x10/120 = 7 महीने
	आठविं	शुक्र	20x10/120 = 20 महीने
	नौवीं	रवि	6x10/120 = 6 महीने

यही अभ्यास अन्य ग्रहों के लिए दोहराया जा सकता है। उदाहरण के लिए, गुरु दशा में पहली उप अवधि गुरु की ही होगी [16x16/120 = 25.6 महीने] उसके बाद शनि की उप अवधि [19x16/120 = 30.4 महीने] और इसी तरह आगे। फिर इन उप अवधियों को अंतर दशा और सूक्ष्म दशा की गणना करने के लिए उसी तरीके से उप-विभाजित किया जाता है।

कुंडली का निर्माण

साधारण रूप से कुंडली बनाने के लिए गणना करना काफी कठिन होता है और गणना त्रुटियों के लिए प्रवण होता है। सौभाग्य से, कंप्यूटर के आगमन के साथ, जल्दी और बिना किसी त्रुटि के कुंडली बनाना काफी सुविधाजनक हो गया है।

चूंकि कुंडली निर्माण में जन्म के समय और स्थान पर पूर्वी क्षितिज में राशि चक्र की आरोही डिग्री का निर्धारण करना होता है, इसलिए ये दो इनपुट कुंडली के सबसे महत्वपूर्ण निर्धारक बन जाते हैं। जन्म स्थान का सही अक्षांश और देशांतर [POB] और जन्म का सही समय और तिथि [TOB]। जैसा कि आप सीखेंगे, ये सही कुंडली बनाने और इसलिए सही भविष्यवाणियां करने के लिए आवश्यक हो जाते हैं।

आजकल कई सॉफ्टवेयर प्रोग्राम उपलब्ध हैं जो राशिफल को सही ढंग से प्रस्तुत करते हैं। सॉफ्टवेयर द्वारा प्रस्तुत अंको के विवेकपूर्ण चयन से भविष्यवाणि के पूर्वानुमानों में दक्षता प्राप्त हो सकती है। हालांकि, कृपया ध्यान दें कि सॉफ्टवेयर के माध्यम से सीधे की गई भविष्यवाणियां अत्यधिक मानकीकृत हैं और विश्वसनीय नहीं होती। सॉफ्टवेयर का उपयोग केवल कुंडली के बारे में सभी आवश्यक मानक जानकारी प्राप्त करने के लिए एक उपकरण के रूप में किया जाना चाहिए और फिर सटीकता और विश्वसनीयता के लिए भविष्यवाणी ऐसे की जानी चाहिए जैसा कि इस पुस्तक में बताया गया है।

एक अन्य पैरामीटर जो कुंडली बनाने के लिए बहुत महत्वपूर्ण है, अयनांश कहलाता है और इसके स्पष्टीकरण की आवश्यकता है।

अयनांश गणना

हमारी पृथ्वी सौर मंडल का हिस्सा है जिसमें केंद्रीय तारा सूर्य और सूर्य के चारों ओर घूमने वाले अन्य ग्रह शामिल हैं। यह एक स्थापित तथ्य है कि सौर मंडल

स्वयं आकाशगंगा (गैलेक्सी) का एक छोटा सा हिस्सा है जो इस ब्रह्मांड में अरबों आकाशगंगाओं में से एक है। इन सूक्ष्म पिंडों की बारहमासी घूर्णन घटना के कारण ब्रह्मांड संतुलन में रहता है। तदनुसार, एक इकाई के रूप में हमारा सौर मंडल भी आकाशगंगा में दूर दूसरे तारे, जिसे विष्णु नाभि कहा गया है, के चारों ओर घूमता है। यह तथ्य हालांकि वैज्ञानिक रूप से ज्ञात है, सामान्य उपयोगी जानकारी के संदर्भ में प्रासंगिक नहीं है। हालाँकि, राशि चक्र की पृष्ठभूमि से बने आकाश के नक्शे के रूप में हमारे सौर मंडल की गति का इतनी धीमी गति से परिवर्तन होता है, फिर भी ज्योतिषीय गणना में इस गति पर विचार करना आवश्यक हो जाता है। यह हमारे प्राचीन द्रष्टाओं के लिए सामान्य ज्ञान था और तदनुसार इसे, सभी गणना की गई स्थितियों के लिए, एक समान सुधार के रूप में लागू किया जाता था क्योंकि यह संपूर्ण सौर मंडल में एक घूर्णी बदलाव के रूप में लागू था। इस सुधार को अयनांश कहते हैं।

यह एक बहुत ही महत्वपूर्ण और दिलचस्प घटना है और हमारे युगों की प्राचीन प्रणाली का आधार बनती है। कलियुग से द्वापर युग से त्रेता युग से सतयुग तक और फिर उल्टे क्रम में समय का चक्रीय परिवर्तन, जिसे काल चक्र कहा जाता है, इस पुस्तक का शीर्षक भी है।

कई प्रख्यात ज्योतिषियों ने इस सुधार की गणना करने का प्रयास किया है और उनके सूत्र दिए हैं जिन्हें आमतौर पर उनके नाम के संदर्भ में जाना जाता है। रमन, लाहिरि, केपी, नाड़ी आदि कुछ प्रसिद्ध नाम हैं। सटीक भविष्यवाणी के लिए ज्योतिष गणना में आवश्यक सटीकता के लिए, सही अयनांश का चयन अत्यंत महत्वपूर्ण हो जाता है। इसका सबसे पहला और प्रामाणिक संदर्भ महान परम हंस स्वामी योग नंद जी के पूज्य गुरु श्री युक्तेश्वर गिरि जी ने 1895 में लिखी अपनी विद्वतापूर्ण पुस्तक "द होली साइंस" में दिया है।

अयनांश का चयन अत्यंत महत्वपूर्ण है।

02

ग्रह, भाव और राशियाँ

"इसकी सभी जटिलताओं के साथ भी, ज्योतिष मौलिक रूप से सरल है। यह प्रतीकों की एक समय-सम्मानित प्रणाली प्रदान करता है जो गहन अंतर्दृष्टि और व्यावहारिक मार्गदर्शन प्रदान करते हुए मानव जीवन के प्रमुख पहलुओं को समेटे हुए है।"

ऐनी एम. नॉर्डहॉस-बाइक

ज्योतिष में भविष्यवाणि की प्रणाली को समझने के लिए यह आवश्यक है कि आप 9 ग्रहों, 12 भावों और 12 राशियों को दिए गए मूल गुणों को समझें और संभवतः उन्हें याद रखें। ये गुण विशेषताएँ सामान्य हैं और राशि चक्र में प्रत्येक बिंदु को उसकी रचना द्वारा प्रदान किए गए सांकेतिक गुण प्रदान करती हैं।

आप इसे अभी के लिए पढ़ सकते हैं और बाद में जितना संभव हो सके समझने और याद करने के लिए वापस आ सकते हैं। जैसे-जैसे आप पुस्तक को पूरा करेंगे, आप इन विशेषताओं से धीरे-धीरे अधिक परिचित होते जाएंगे। यदि आप व्यवस्थित रूप से आगे बढ़ते हैं तो पुस्तक में आगे बताई गई भविष्यवाणी प्रणाली को समझने में कोई कठिनाई नहीं होगी।

ग्रह (Planets)

भारतीय ज्योतिष प्रणाली में नौ ग्रह हैं। हालाँकि बाद में तीन और ग्रहों की खोज की गई, यूरेनस, नेपच्यून और प्लूटो लेकिन ये ग्रह पृथ्वी से बहुत दूर हैं और दूसरा मनुष्यों पर कोई महत्वपूर्ण प्रभाव डालने के लिए बहुत धीमे हैं। हालाँकि, इन्हें प्रमुख या सार्वजनिक जीवन चक्र की घटनाओं जैसे देशों के इतिहास पर प्रभाव डालने वाला माना जाता है और इस प्रकार सांसारिक ज्योतिष में उपयोग किया जाता है।

केतु (Ketu)

केतु चंद्रमा का अवरोही नोड है और इसे ज्योतिषीय उद्देश्यों के लिए एक ग्रह ही माना जाता है। यह कम समझे जाने वाले ग्रहों में से एक है क्योंकि एक तरफ यह वैराग्य और मोक्ष के दैवीय गुणों को इंगित करता है तो दूसरी और जीवन में दुखों का भी प्रतिनिधित्व करता है। केतु व्यक्ति के इरादे को दर्शाता करता है। केतु अदृश्य प्रभाव दिखाता है क्योंकि इसकी अपनी कोई भौतिक उपस्थिति नहीं है। यह ईथर ट्रांसमिशन, टेलीपैथी, कनेक्टिंग माध्यम जैसे की जोड़ने वाली तारों का भी प्रतिनिधित्व करता है, जो फाइबर ऑप्टिक केबल्स जैसे सिग्नल या सूचना प्रसारित करती हैं। ये नाना, विकलांग लोग, रहस्यवादी लोग, गहरी सम्वेदनशीलता और मनोविकारों वाले लोग भी दर्शाता हैं।

शुक्र (Venus)

शुक्र ग्रह कैबिनेट के गुरु भी हैं, लेकिन रणनीति और भौतिक भलाई की कला में अधिक व्यवहार करते हैं। शुक्र विवेक शक्ति प्रदान करता है। यह सुंदरता और पांच इंद्रियों (आंख, कान, नाक, जीभ और त्वचा) के अनुभव का प्रतिनिधित्व करता है। विवेक शक्ति का अर्थ है एक सुनार की तरह जो अच्छा या मूल अंश है और जो नहीं है, के बीच अंतर करने की क्षमता। घड़ी या किसी अन्य मशीन में, बाहरी सुंदरता जिसे इंद्रियों द्वारा जाना जाता है, शुक्र द्वारा दर्शाया गया है। प्रेम संबंध, पत्नी और गृह मामलों के संकेत शुक्र द्वारा दिए गए हैं। मूल्यवर्धन और आकर्षण इसका प्रमुख गुण है। यह पत्नी, पारिवारिक समृद्धि, आभूषण, वाहन, ललित कला, इत्र आदि का भी प्रतिनिधित्व करता है।

सूर्य (Sun)

सूर्य को सौरमंडल का राजा माना जाता है। सूर्य हर चीज का मूल घटक या आत्मा है। अगर हम किसी व्यक्ति की बात करें तो सूर्य उसकी आत्मा का प्रतिनिधित्व करता है और अगर हम मशीनरी की बात करें तो बिजली का प्रतिनिधित्व सूर्य करता है। एक कंप्यूटर में यह उसके सीपीयू को इंगित करेगा। तो, सूर्य किसी वस्तु या प्रणाली के कामकाज में सबसे महत्वपूर्ण भाग का प्रतिनिधित्व करता है। परिवार और पैतृक संबंधों में पिता की तरह, या एक प्रतिष्ठित प्रशासनिक अधिकारी। सामान्य तौर पर, सूर्य प्रतिनिधित्व करता है: प्रशासक, नेता, उद्योगपति, अनुरक्षक, बौद्धिक, सीईओ, प्रबंधक (प्रमुख), गर्मजोशी देने वाला, सरकार, प्रबंधन आदि। यह धुरी है जिसके चारों ओर पूरी प्रणाली चलती है और इसलिए किसी भी प्रणाली के कामकाज के लिए केंद्रीय व्यक्ति या वस्तु सूर्य है। सूर्य गर्म और उग्र है और इसे भूरी, शहद के रंग की आंखें, पतले उड़ने वाले बाल, बहुत अच्छी तरह से संगठित और गति में स्थिर माना जाता है।

चंद्र (Moon)

चंद्रमा सौरमंडल की रानी है और हमारे अवचेतन मन का प्रतिनिधित्व करता है। यह सबसे तेज गति से चलने वाला ग्रह है। अवचेतन मन हमारा मेमोरी बैंक है (जहां पिछली सभी घटनाओं को संग्रहीत किया जाता है, और उसके आधार पर यह आपका मार्गदर्शन करता है कि किसी स्थिति में कैसे प्रतिक्रिया दी जाए)। इसलिए मशीनरी में या किसी अन्य वस्तु या प्रणाली में, स्मृति को संग्रहीत करने वाले क्षेत्र या भाग को चंद्रमा द्वारा दर्शाया जाता है। सामान्य तौर पर, चंद्रमा से संबंधित गुण और गतिविधियाँ हैं - शांति, मित्रता, दयालु हृदय, मन की शांति, पूर्वजों की सेवा, शिक्षा, धन और नौकावहन। चंद्रमा एक महिला ग्रह है, सफेद रंग, जलाशय, तरल पदार्थ, पौधों में रस, दूध और दुग्ध प्रणाली का प्रतिनिधित्व करता है। इसका स्वरुप मीठा और आकर्षक है।

मंगल (Mars)

मंगल ग्रह कैबिनेट का कमांडर इन चीफ है। यह क्रिया, बल, शक्ति और तकनीकी कार्य का प्रतिनिधित्व करता है। भौतिक शरीर में, मंगल मांसपेशियों का प्रतिनिधित्व करता है क्योंकि वे कुछ भी उठाने की शक्ति प्रदान करती हैं। इसी तरह, एक कारखाने में, पूरी मशीनरी का प्रतिनिधित्व मंगल करेगा क्योंकि वह हमेशा क्रिया में रहता है और

तकनीकी डोमेन का प्रतिनिधित्व करता है। जिस जातक की कुंडली में मंगल का प्रभुत्व होता है वह आक्रामक स्वभाव का होता है। मंगल चाकू, तलवार, रक्त, सर्जरी, जैसी तेज वस्तुओं का भी प्रतिनिधित्व करता है, और वर्दीधारी सेवायें, जैसे सैनिक, पुलिस आदि जिनमे दंडित करने की शक्ति होती है।

राहू (Rahu)

राहु सबसे गलत और खूंखार समझा जाने वाला ग्रह है। यह चंद्रमा का आरोही नोड है और पौराणिक दानव के सिर का प्रतिनिधित्व करता है। इसलिए यह ध्यान का प्रतिनिधित्व भी करता है। राहु से जुड़े भावों को देखकर किसी व्यक्ति का ध्यान विषय उसकी कुंडली से जांचा जा सकता है। राहु को गैर-अनुरूपतावादी माना जाता है और इसलिए समूह के बाहर के लोगों, विदेशियों, नव धर्मों, नए रुझानों आदि का प्रतिनिधित्व करता है। यह एक ही समय में कई काम कर सकता है और इसलिए स्पष्टता का अभाव रहता है। भ्रमित करने वाले हालात पैदा करता है। केतु की तरह इसकी कोई भौतिक उपस्थिति नहीं है और इसलिए इसके प्रभावों को गलत समझा जाता है। राहु द्वारा एयर होस्टेस, पायलट और कई नए तकनीकी और अर्ध-तकनीकी व्यवसायों का संकेत दिया जाता है। अव्यवस्तित, भयानक या कुरूप दिखने वाले लोग, सफाईकर्मी, चौकीदार, भिखारी आदि भी राहु द्वारा शासित होते हैं।

बृहस्पति (Jupiter)

बृहस्पति को गुरु माना जाता है और सभी के द्वारा पूजनीय है। यह अंतर्दृष्टि, ज्ञान, उच्च ज्ञान और विकास का प्रतिनिधित्व करता है। अगर हम किसी व्यक्ति के बारे में बात करते हैं, तो बृहस्पति (गुरु) उसके मूल्यवान विचार या अंतर्दृष्टि का प्रतिनिधित्व करता है जो उसके जीवन में उच्च स्तर प्राप्त करने में सहायक होते है। और अगर हम मशीनरी के बारे में बात करते हैं, तो यह उस हिस्से का प्रतिनिधित्व करता है जो निर्देश देता है कि कैसे काम करना है. शुक्र की तरह बृहस्पति भी ज्ञान देता है लेकिन वह ज्ञान वेदों और शास्त्रों या नैतिकता का है। बच्चे, बड़े भाई, परिवार में सम्मानित बुजुर्ग भी बृहस्पति द्वारा शासित होते हैं। बृहस्पति अत्यधिक सम्मानित और स्वभाव से उदार है। न्यायाधीश, शिक्षक, वकील, कानूनी विशेषज्ञ, सलाहकार आदि सभी का प्रतिनिधित्व बृहस्पति द्वारा किया जाता है। बृहस्पति को किताब में ज्यादातर गुरु ही कहा गया है।

शनि (Saturn)

अपनी प्रकृति की गलत जानकारी या गलतफहमियों के कारण शनि किसी तरह वर्तमान समय में सबसे खतरनाक ग्रह बन गया है। यह ग्रह कैबिनेट में बटलर का प्रतिनिधित्व करता है और इसलिए बहुत महत्वपूर्ण है। शनि आपके फोकस का भी प्रतिनिधित्व करता है। यह एकाग्रता विकसित करने में मदद करता है। यह स्पष्टता और सटीकता देता है। किसी मशीन में सांचे या डाई का संबंध शनि से होता है। शनि धीमी गति से चलने वाला ग्रह है। यह लक्ष्य को प्राप्त करने की दिशा में फोकस का भी प्रतिनिधित्व करता है। यदि आप फोकस खो देते हैं, तो लक्ष्य प्राप्त करना असंभव है और इसीलिए इसे बाधक माना जाता है। यह कड़ी मेहनत, धैर्य और आत्म-अनुशासन को दर्शाता है। किसी मामले में सफलता पाने के लिए शनि अपना प्रभाव दिखाने वाला एक महत्वपूर्ण ग्रह है। परिवार में वृद्ध और नौकर, पुराने जीर्ण-शीर्ण भवन, भंडारण क्षेत्र आमतौर पर शनि से जुड़े होते हैं।

बुध (Mercury)

बुध ग्रह को कैबिनेट की संतान या राजकुमार माना जाता है। यह चेतन मन और विश्लेषणात्मक कार्य का प्रतिनिधित्व करता है। यह आपकी अभिव्यक्ति को भी नियंत्रित करता है। आपका तार्किक दिमाग केवल बुध द्वारा दर्शाया गया है। अपनी विश्लेषणात्मक क्षमता के कारण, यह गणना, गणित, भाषा और शिक्षा का भी प्रतिनिधित्व करता है। बुध गति में तेज, छोटा और बहुत चमकीला है। यह ज्ञान, छात्रों और जिज्ञासा का भी प्रतिनिधित्व करता है। एक परिवार में पड़नाना का प्रतिनिधित्व करता है। इसे गणितज्ञ, वित्तीय विशेषज्ञ, लेखाकार, पत्रकार, अखबार का आदमी आदि माना जाता है।

इन ग्रहों की विशेषताओं को आसान संदर्भ के लिए एक सारणीबद्ध प्रारूप में व्यवस्थित किया गया है और इस अध्याय के अंत में शामिल किया गया है।

भाव या घर (Houses)

जैसा कि पहले चर्चा की गई है, राशि चक्र को 12 भागों में विभाजित किया गया है, जिसमें ब्रह्मांड के पूर्ण 360 अंश शामिल हैं, जिन्हें घर, सदन या भाव कहा जाता है। इन घरों में से प्रत्येक को जीवन के क्षेत्रों को दर्शाने वाले गुण दिए गए हैं जो इन घरों

में राशी और ग्रहों के साथ मिलकर व्यक्ति के भाग्य को प्रकट करते हैं। अब हम संक्षेप में समझने के लिए प्रत्येक घर को दी गई विशेषताओं पर संक्षिप्त में चर्चा करेंगे। यह किसी भी तरह से पूर्ण और अनन्य नहीं है। भविष्यवाणी में सामान्य रूप से उपयोग की जाने वाली महत्वपूर्ण विशेषताओं को ही शामिल किया गया है। ये प्रत्येक घर को दिए गए नवजात गुण हैं और स्थिर रहते हैं। कुछ और गतिशील गुण भी होते हैं जो एक चार्ट में अपनी सापेक्ष स्थिति के कारण एक घर प्राप्त करता है। जानकारी की अव्यवस्थिता से बचने के लिए इन्हें पुस्तक में प्रासंगिक स्थानों पर ही शामिल किया जाएगा।

पहला घर (First House)

यह कुंडली का सबसे महत्वपूर्ण भाव है और जन्म के समय आरोही भाव होने के कारण इसे लग्न भी कहा जाता है। यह भाव स्वयं, शरीर, संविधान, रूप, स्वभाव, चरित्र, सफलता, नाम प्रसिद्धि, सिर, स्वास्थ्य और दीर्घायु, और सामान्य रूप से जातक के बारे में संक्षेप में लगभग सब कुछ इंगित करता है।

दूसरा घर (Second House)

इसे धन भाव भी कहा जाता है। यह भाव धन, अधिग्रहण, बैंक बैलेंस, चल संपत्ति, वित्तीय स्थिति, परिवार और परिवार के सदस्यों के साथ संबंध, प्रारंभिक शिक्षा, चेहरा, दांत, भाषण, भोजन की आदतें, भूख आदि को इंगित करता है। यह सप्तम के साथ एक मार्का घर भी है जो की मृत्यु देने वाले घर कहलाते हैं। हालांकि, इसे प्रासंगिक अध्याय में दीर्घायु के संदर्भ में ठीक से समझा जाएगा।

तीसरा घर (Third House)

यह भाव व्यक्तिगत पहल, झुकाव, शारीरिक और नैतिक साहस, वीरता, दृढ़ता, धैर्य, बौद्धिक शौक, साहित्यिक प्रयास और लिखावट को दर्शाता है। शारीरिक रूप से हाथ, कान, कॉलर बोन, गर्दन, कंधे और तंत्रिकाएं या नाड़ियाँ इस भाव से संकेतित होते हैं। चचेरे भाई, छोटे भाई और बहन, पड़ोसियों, दलालों और प्रतिनिधियों को भी तीसरा घर दर्शाता है। यह अष्टम भाव से अष्टम होने के कारण दीर्घायु का भाव भी है। पत्राचार, लेखन, लेखा, प्रकाशन, सूचना, अफवाहें, अनुबंध, व्यापार और छोटी यात्राएं इस घर की अन्य विशेषताएं हैं।

चोथा घर (Fourth House)

यह अचल संपत्तियों का घर है और सबसे महत्वपूर्ण संपत्ति, आपकी मां का प्रतिनिधित्व करता है। यह सामान्य रूप से घर, अचल संपत्ति, जलाशय और भवनों को इंगित करता है। इस भाव से वाहन, जीवन की समाप्ति और सभी उपक्रमों के अंत का संकेत मिलता है। चतुर्थ भाव से सुख, आराम, घरेलू वातावरण और शांति का भी पता चलता है। शारीरिक रूप से यह स्तन, छाती और फेफड़ों को इंगित करता है। इस घर का दूसरा महत्वपूर्ण कार्य है स्कूली शिक्षा जो किसी व्यक्ति की सबसे महत्वपूर्ण संपत्ति है।

पांचवा घर (Fifth House)

यह भाव आपकी संतान को दर्शाता है। पंचम भाव से व्यक्ति के पौरुष और संतान पैदा करने की क्षमता देखी जाती है। कला और खेल दोनों में बुद्धि, स्नेह, प्रतिभा और रचनात्मकता इसी भाव से आती है। शारीरिक रूप से यह इंगित करता है, पेट, अमाशय और हृदय। ध्यान, मन्त्र साधना और मुखर प्रार्थना पंचम भाव के अंग हैं। भोज, पार्टियां, रोमांस, प्रेम प्रसंग, सिनेमा, मनोरंजन, रंगमंच, खेल आनंद और सौंदर्य बोध यहाँ प्रकट होते हैं। वर्तमान समय में, यह सट्टा निवेश जैसे स्टॉक मार्किट और सट्टेबाजी आदि को भी इंगित करता है।

छटा घर (Sixth House)

छठा घर कष्टदायक घरों की त्रिमूर्ति में पहला घर है और रोग, चोट और विवाद, शत्रु, चिंता, गलतफहमी और अपमान का संकेत देता है। शारीरिक रूप से यह घर आंतों को आवंटित किया जाता है। आर्थिक रूप से यह एक दिलचस्प भाव है, सातवें से बारहवें भाव का होना (सातवें से एक घर पीछे) प्रतिद्वंदी को वित्तीय नुकसान और इस तरह आपके लाभ का भी संकेत देता है, उपयोगी सेवा प्रदान करके, या ऋण से। यहां तक कि छठे भाव की सहायता के बिना ऋण की वापसी के माध्यम से दूसरों से अपना धन वापिस प्राप्त करना संभव नहीं है। यह आपकी घरेलू मदद, मामा, कर्मचारियों और पालतू जानवरों को इंगित करने के लिए भी जाना जाता है। प्रतियोगिता, प्रतियोगी परीक्षा, और सेवा प्रदान करने के लिए नौकरी पाना इस भाव के अन्य महत्वपूर्ण गुण हैं।

सातवाँ घर (Seventh House)

विवाह, जीवनसाथी और बिजनेस पार्टनर इस भाव के महत्वपूर्ण कारक हैं। यह पांचवें घर से अलग, जो की मोह या प्रेम मामलों को इंगित करता है, दीर्घकालीन प्रतिबद्धता वाले रिश्ते के लिए माना जाता है, जिससे सफल प्रेम संबंध का संकेत मिलता है। शारीरिक रूप से यह वीर्य, जननांग, मूत्र पथ, गुर्दे और प्रजनन अंगों को इंगित करता है। यह दूसरे भाव के अतिरिक्त अन्य मार्का भाव है जो मृत्यु देने वाली परिस्थितियों में भाग लेता है। इसके अलावा व्यावसायिक रूप से यह व्यापार, ग्राहक, अनुबंध और समझौतों, विरोधियों, प्रतिद्वंदियों, और विरोधी पक्ष को इंगित करता है। सामान्य तौर पर, यह उस दूसरे पक्ष को इंगित करता है जिसके साथ आप किसी भी संधर्व में काम कर रहे हैं।

आठवां घर (Eighth House)

यह कष्टदायक घरों की त्रिमूर्ति में दूसरा घर है और अब तक का सबसे अधिक कष्टदायक घर है। यह इंगित करता है, उपक्रमों में बाधाएं, पीड़ा, दुर्घटनाएं और गंभीर बीमारी। बवासीर, फिस्टुला और मलाशय के अन्य रोग यहाँ हैं क्योंकि यह अंडकोश, गुदा, उत्सर्जन अंगों और मूत्राशय को इंगित करता है। आर्थिक रूप से यह ऋण लेने और ऋण देने का संकेत देता है। गुप्त चीजों जैसे तांत्रिक, तंत्र और खजाने, अंग-भंग, अंगच्छेद, पराजय, अपमान, दु:ख, सजा, गंभीर कठिनाइयां, शत्रुओं का भय, गिरफ्तारी, नजरबंदी, बदनामी, ड्रग्स आदि से संबंधित है। वित्तीय मामले किसी नुकसान के कारण अचानक लाभ का संकेत भी देते हैं जैसे बीमा, वसीयत, विरासत आदि। सप्तम से दूसरा भाव होने के कारण यह दूसरे पक्ष के धन का संकेत भी देता है।

नोवां घर (Ninth House)

यह भाग्य का घर है और किसी के प्रयासों के लिए सफलता और पुरस्कार का संकेत देता है। शुभ अवसर, अच्छे कर्म, धार्मिक स्थलों की यात्रा, पूजा, धर्म, कर्तव्य, उच्च शिक्षा, उच्च ज्ञान, कानून, न्यायाधीश, दर्शन, लंबी यात्राएं और विदेशी भूमि और विदेशियों के साथ संचार, प्रवास या आप्रवासन, पिता और गुरु का प्रतिनिधित्व करता है। शारीरिक रूप से यह कूल्हों, कमर, ऊपरी टांगों या जांघों को इंगित करता है। सभी अच्छे आध्यात्मिक मूल्य इस घर से निकलते हैं और इसलिए यह किसी भौतिक लाभ का प्रतिनिधित्व नहीं करता। बल्कि यह आपके भौतिक कर्म में, दसवें घर (आगे वर्णित

पेशे का घर) से बारहवें स्थान पर होने के कारण, धन प्राप्ति में बाधा डालता है। यह आध्यात्मिक अर्थों में देखा जाने वाला उच्चतम अच्छाई का घर है और सीखने, संबंधों में सौहार्द, स्वास्थ्य और दीर्घायु, कानून और व्यवस्था बनाए रखने आदि के लिए आवश्यक है, लेकिन यह भाग्य भौतिक धन से संबंधित नहीं है जैसा कि आमतौर पर समझा जाता है।

दसवां घर (Tenth House)

यदि नवम भाव धर्म भाव है तो दशम भाव कर्म भाव है। इसे व्यवसाय या पेशे का घर कहा जा सकता है। आजीविका, काम, नियोक्ता, बॉस, व्यवसाय, कोई भी अधिकार, पद, शक्ति और मान सम्मान दसवें घर द्वारा शासित होते हैं। शारीरिक रूप से यह रीढ़ और घुटनों का प्रतिनिधित्व करता है। भौतिक दृष्टि से दसवां घर सबसे प्रतिष्ठित भाव है क्योंकि हर कोई एक सफल जीवन जीने के लिए अपनी आजीविका, मान और सम्मान अर्जित करने के लिए एक उपयुक्त व्यवसाय चाहता है। हालांकि, यह ध्यान रखना दिलचस्प है कि यही चीजें व्यक्ति को अत्यधिक परेशान करती हैं और व्यक्ति को संतुष्टि और पारिवारिक आनंद से दूर ले जाती हैं जैसा की यही भाव दर्शाता है।

ग्यारहवां घर (Eleventh House)

यह लाभ और पूर्ति का घर है। आशाओं और महत्वाकांक्षाओं की प्राप्ति, उपक्रमों में सफलता, और दुख का अभाव यहीं रहता है। मित्र, बड़े भाई/बहन, निकटतम सहयोगी, शत्रुओं पर विजय, अस्पताल से छुट्टी, जेल से छूटना या घर लौटना आदि ग्यारहवें भाव के गुण हैं। यह जीवन में पूर्ति का शीर्ष है क्योंकि इस घर की भागीदारी के बिना कोई भी संदर्भ वांछित और संतोषजनक निष्कर्ष पर नहीं आ सकता है। शारीरिक रूप से यह पिंडली और निचली टांगों को इंगित करता है।

बारहवां घर (Twelfth House)

ग्यारहवाँ पूर्ति का घर होता है तो बारहवाँ हानि और व्यय का घर है। यह कष्टप्रद त्रिमूर्ति का तीसरा है और अप्रत्याशित परेशानियों, दुख, चिंताओं और दुर्भाग्य, सजा, कारावास, एकांत कारावास और अस्पताल में भर्ती होने का संकेत देता है। गुप्त शत्रु, षड्यंत्र, विदेशी अपरिचित भूमि, अपहरण, अपराध, बलात्कार, तस्करी और ब्लैकमेलिंग इस घर के संकेत हैं। शारीरिक रूप से यह पैर और पैर की उंगलियों को इंगित करता

है। वित्तीय रूप से यह ऋण की चुकौती, निवेश या संपत्ति प्राप्त करने के लिए भुगतान का संकेत देगा। यह अच्छी नींद और यौन सुख का भी घर है। व्यय का घर होने के नाते, यह आपकी अंतरात्मा को साफ करने के लिए निस्वार्थ सेवा और दान के कार्यों का भी प्रतिनिधित्व करता है।

राशियाँ (Signs)

अब हम राशि चक्र की बारह राशियों के गुणों को लेंगे जिन्हें साईनज भी कहा जाता है। ये तारा समुह हैं जो आकाश की पृष्ठभूमि बनाते हैं। वही राशि भी छोटे छोटे भागों में विभाजित होती है जिन्हें नक्षत्र कहते हैं जो सत्ताईस होते हैं। इन पर बाद में पुस्तक में चर्चा की जाएगी। वर्तमान में हम राशियों को सौंपे गए गुणों को समझना शुरू करेंगे।

कृपया ध्यान दें कि राशियों को निर्दिष्ट क्रमांक, राशी के नाम जैसे ही हैं और उन्हें राशी के नाम के समान ही माना जाता है। जैसे-जैसे आप अधिक अभ्यस्त होते जाते हैं, राशियों को उनकी संख्याओं द्वारा संदर्भित करना आसान और सुविधाजनक होता जाएगा।

1. मेष (Aries)

यह राशि चक्र की पहली राशि है और इसलिए 0° से शुरू होकर 30° तक फैली हुई है। इस राशि का स्वामी मंगल ग्रह है। इसे एक मेढे द्वारा दर्शाया गया है। यह एक पुलिंग चिन्ह है, चल (या कार्डिनल) है और अग्नि तत्व का प्रतिनिधित्व करता है।

सभी चल राशियाँ आत्मविश्वासी, बलवान, बाहर जाने वाले, ऊर्जावान, तेज, गतिशील और सक्रिय हैं। उग्र होने के कारण, यह बहुत महत्वाकांक्षा और उद्यम को प्रदर्शित करता है। यह आक्रामक, मुखर और स्वतंत्र विचारों वाला होता है। इसमें संवेदनशीलता की कमी है और यह परिणामों को महसूस करने से पहले कार्य कर सकता है। उग्र होने के कारण यह प्रकृति में अलग करने का कार्य भी करता है। यह साहसी और उद्यमी है। लेकिन यह अधीर, हठी, तर्कशील और अति आत्मविश्वासी होता है।

इस राशि के लिए दिशा पूर्व है। अन्य पारंपरिक वर्गीकरण हैं, पशु, खनिज़, योद्धा, सूखा, बंजर, छोटा, पार्श्वारोही और हिंसक।

मेष राशि का व्यक्ति आमतौर पर गतिशील, उतावला और जिद्दी होता है और जल्दबाजी में कार्य करता है।

2. वृषभ (Taurus)

यह राशि चक्र की दूसरी राशि है और इसलिए 30° से शुरू होकर 60° तक फैली हुई है। इस राशि का स्वामी शुक्र ग्रह है। इसे एक बैल द्वारा दर्शाया गया है। यह एक स्त्रीलिंग चिन्ह है, स्थिर है और पृथ्वी तत्व का प्रतिनिधित्व करता है।

सभी स्थिर राशियाँ सुस्त और निष्क्रिय हैं। वे जंगम या चल संकेतों के विपरीत हैं। वे गतिहीन, स्थिर, तटस्थ और स्थिर हैं। ये आलसी, कंजूस, हठधर्मी हैं और उद्यम को नहीं मानते हैं। वे धैर्यवान हैं, यथास्थिति पसंद करते हैं और नए विचारों या प्रवृत्तियों के प्रति उत्सुक्त नहीं होते। लेकिन ये गहरे विचार और शोध करने में सक्षम हैं, अपने आप में गहरा विश्वास रखते हैं, आत्मकेंद्रित हैं और एकांत पसंद करते हैं। ऐसी रशिओं के रोग मुश्किल से ठीक होते हैं।

पृथ्वी से सम्बंधित होने के कारण यह स्थिरता और एकत्रीकरण का प्रतिनिधित्व करता है। यह सावधान, मितव्ययी, व्यवस्थित, वैज्ञानिक, शांतिप्रिय, संदेहास्पद, व्यावहारिक लेकिन धीमा, हठी और दृढ़ है।

इस राशि की दिशा दक्षिण है। अन्य पारंपरिक वर्गीकरण हैं, पशु, वनस्पति, व्यापारी, पानी पर निर्भर, फलदाई, छोटे और पीछे से या पार्श्वारोही।

वृषभ राशि का व्यक्ति आमतौर पर जिद्दी होता है, धीरे-धीरे लेकिन निश्चित रूप से चलता है, बहुत अधिक उकसाने के बाद ही कार्य करेगा लेकिन एक बार शुरू हो जाने पर समाप्त करने के लिए अथक प्रयास करेगा।

3. मिथुन (Gemini)

यह राशि चक्र की तीसरी राशि है और इसलिए 60° से शुरू होकर 90° तक फैली हुई है। इस राशि का स्वामी बुध ग्रह है। यह एक युगल द्वारा दर्शाया गया है। यह पुलिंग, सामान्य (या परिवर्तनशील) है और वायु तत्व का प्रतिनिधित्व करता है।

सभी सामान्य संकेत शुद्ध निर्मल और सामंजस्यपूर्ण हैं। ये बहुमुखी, लचीले, आसानी से हतोत्साहित, अनिर्णायक, कभी-कभी सतही, चालाक और चंचल होते हैं। वे जिज्ञासु और सहज ज्ञान युक्त होते हैं। आत्मनिर्भर नहीं बल्कि अभिव्यक्ति में निपुण, शारीरिक रूप से चुस्त लेकिन सहनशक्ति की कमी।

वायु तत्व होने के कारण, यह निम्न जीवन शक्ति लेकिन बहुत उच्च मानसिक शक्ति का प्रतिनिधित्व करता है। यह मानवीय, परिष्कृत, अच्छा व्यवहार करने वाला, सहानुभूतिपूर्ण और सौम्य है। यह कलात्मक, कल्पनाशील और सुसंस्कृत है। यह जबरदस्ती नहीं बल्कि आश्वस्त करता है।

इस राशि के लिए दिशा पश्चिम है। अन्य पारंपरिक वर्गीकरण हैं, मानव, बहुलता, पशु, सेवारत वर्ग, पानी पर निर्भर, बंजर, मध्यम, शिर्शारोही, और वाचाल।

मिथुन राशि का व्यक्ति आमतौर पर बहुमुखी, बेचैन और एक महान विक्रेता होता है जो आपको तुरंत क्लाउड लाइन पर ले जा सकता है, जो भी संदर्भ हो लेकिन जल्दी से अपना विचार बदल सकता है।

4. कर्क (Cancer)

यह राशि चक्र की चौथी राशि है और इसलिए 90° से शुरू होकर 120° तक फैली हुई है। चंद्रमा इस राशि का स्वामी ग्रह है। यह एक केकड़े द्वारा दर्शाया गया है। यह स्त्रीलिंग, चल (या कार्डिनल) है और जल तत्व का प्रतिनिधित्व करता है।

सभी चल राशियाँ आत्मविश्वासी, बलवान, बाहर जाने वाले, ऊर्जावान, तेज, गतिशील और सक्रिय हैं। पानी से भरा होने के कारण, यह डरपोक, मिलनसार, प्रभावशाली और संवेदनशील, अंतर्मुखी और शर्मीला होता है। जल तत्व भी भावुकता और भावनाओं से संबंधित है जो इन्हें अत्यधिक भावनात्मक बनाते हैं।

इस राशि के लिए दिशा उत्तर है। अन्य पारंपरिक वर्गीकरण हैं, पशु, खनिज़, पूजा प्रार्थना वाले लोग, पानी, फल देने वाला, मध्यम, गूंगा, रेंगने वाला और पार्श्वारोही।

कर्क राशि का व्यक्ति आमतौर पर आत्मविश्वासी और सक्रिय होता है लेकिन बहुत भावुक और अपनी भावनाओं को व्यक्त करने में उत्सुक्त होता है।

5. सिंह (Leo)

यह राशि चक्र की पांचवी राशि है, 120° से शुरू होकर 150° तक फैली हुई है। इस राशि का स्वामी ग्रह सूर्य है। इसका प्रतिनिधित्व सिंह द्वारा किया जाता है। यह एक पुरुष चिन्ह है, स्थिर है और अग्नि तत्व का प्रतिनिधित्व करता है।

सभी स्थिर राशियाँ सुस्त और निष्क्रिय हैं। वे जंगम संकेतों के विपरीत हैं। वे गतिहीन, तटस्थ और स्थिर हैं। ये आलसी, कंजूस, हठधर्मी हैं और उद्यम को नहीं

मानते हैं। वे धैर्यवान हैं, यथास्थिति पसंद करते हैं और नए विचारों या प्रवृत्तियों के प्रति उत्सुक्त नहीं हैं। लेकिन ये गहरे विचार और शोध करने में सक्षम हैं, अपने आप में गहरा विश्वास रखते हैं, आत्मकेंद्रित हैं और एकांत पसंद करते हैं। ऐसी राशियों के रोग लम्बे चलते हैं।

आग्न्य होने के कारण इसकी प्रकृति अलग या विच्छेद करने वाली है। यह साहसी, ऊर्जावान, सक्रिय, मुखर और उद्यमी भी हो जाती है, लेकिन अधीर, हठी, तर्कशील और आत्मविश्वासी भी होती है।

इस राशि के लिए दिशा पूर्व है। अन्य वर्गीकरण हैं, पशु, वनस्पति, योधा वर्ग, सूखा, लम्बा और शिर्शारोही।

सिंह द्वारा शासित व्यक्ति आमतौर पर बहुत स्थिर, आत्म-केंद्रित होता है और एकांत पसंद करता है लेकिन बहुत साहसी और जिद्दी होता है और इसलिए समूह का स्वाभाविक नेता होता हैं।

6. कन्या (Virgo)

यह राशि चक्र की छठी राशि है और इसलिए 150° से शुरू होकर 180° तक फैली हुई है। इस राशि का स्वामी बुध ग्रह है। इसे एक कन्या द्वारा दर्शाया गया है। यह स्त्रीलिंग, सामान्य (या परिवर्तनशील) है और पृथ्वी तत्व का प्रतिनिधित्व करती है।

सभी सामान्य राशियाँ शुद्ध निर्मल और सामंजस्यपूर्ण हैं। ये बहुमुखी, लचीले, आसानी से हतोत्साहित, अनिर्णायक, कभी-कभी सतही, चालाक और चंचल होते हैं। वे जिज्ञासु और सहज ज्ञान युक्त होते हैं। आत्मनिर्भर नहीं बल्कि अभिव्यक्ति वाले, शारीरिक रूप से चुस्त लेकिन सहनशक्ति की कमी।

पृथ्वी से सम्बंधित होने के कारण यह स्थिरता और एकत्रीकरण का प्रतिनिधित्व करता है। यह सावधान, मितव्ययी, व्यवस्थित, वैज्ञानिक, शांतिप्रिय, संदेहास्पद, व्यावहारिक लेकिन धीमा, हठी और दृढ़ है।

इस राशि की दिशा दक्षिण है। अन्य पारंपरिक वर्गीकरण हैं, पशु, व्यापारिक वर्ग, पानी पर निर्भर, बंजर, लंबा और शिर्शारोही।

कन्या राशि का व्यक्ति आमतौर पर शांत और बहुमुखी, बहुत व्यवस्थित, गंभीर, व्यावहारिक, धीमा लेकिन दृढ़ होता है।

7. तुला (Libra)

यह राशि चक्र की सातवीं राशि है और 180° से शुरू होकर 210° तक फैली हुई है। इस राशि का स्वामी शुक्र ग्रह है। यह एक तराजू द्वारा दर्शाया गया है। यह एक पुलिंग चिन्ह है, चल (या कार्डिनल) है और वायु तत्व का प्रतिनिधित्व करता है।

सभी चल राशियाँ आत्मविश्वासी, बलवान, बाहर जाने वाले, ऊर्जावान, तेज, गतिशील और सक्रिय हैं। उग्र होने के कारण, यह बहुत महत्वाकांक्षा और उद्यम को प्रदर्शित करता है। यह आक्रामक, मुखर और स्वतंत्र विचारों वाला होता है। इसमें संवेदनशीलता की कमी है और यह परिणामों को महसूस करने से पहले कार्य कर सकता है।

वायु तत्व होने के कारण, यह निम्न जीवन शक्ति लेकिन बहुत उच्च मानसिक शक्ति का प्रतिनिधित्व करता है। यह मानवीय, परिष्कृत, अच्छा व्यवहार करने वाला, सहानुभूतिपूर्ण और सौम्य है। यह कलात्मक, कल्पनाशील और सुसंस्कृत है। यह जबरदस्ती नहीं बल्कि आश्वस्त करता है।

इस राशि के लिए दिशा पश्चिम है। अन्य पारंपरिक वर्गीकरण हैं, मानव, खनिज़, नोकरी पेशा, सूखा, फल देने वाला, लम्बा, शिर्शारोही और वाचाल।

तुला राशि का व्यक्ति आमतौर पर इस हद तक गतिशील होता है कि वह एक समय में एक ही चीज़ पर काम नहीं कर सकता है। जल्दी से अपना मन बदलता और इसलिए उनके व्यवहार में अस्थिरता रहती है।

8. वृश्चिक (Scorpio)

यह राशि चक्र की आठवीं राशि है, 210° से शुरू होकर 240° तक फैली हुई है। इस राशि का स्वामी मंगल ग्रह है। यह एक बिच्छू द्वारा दर्शाया गया है। यह एक स्त्री चिन्ह है, स्थिर है और जल तत्व का प्रतिनिधित्व करता है।

सभी स्थिर राशियाँ सुस्त और निष्क्रिय हैं। वे जंगम या चल संकेतों के विपरीत हैं। वे गतिहीन, तटस्थ और स्थिर हैं। ये आलसी, कंजूस, हठधर्मी हैं और उद्यम को नहीं मानते हैं। वे धैर्यवान हैं, यथास्थिति पसंद करते हैं और नए विचारों या प्रवृत्तियों के प्रति उतसूक्त नहीं होते। लेकिन ये गहरे विचार और शोध करने में सक्षम हैं, अपने

आप में गहरा विश्वास रखते हैं, आत्मकेंद्रित हैं और एकांत पसंद करते हैं। ऐसी राशियों के रोग लम्बे चलते हैं।

पानी से भरा होने के कारण, यह डरपोक, मिलनसार, प्रभावशाली और संवेदनशील, अंतर्मुखी और शर्मीला होता है। जल तत्व भी भाबुक्ता और भावनाओं से संबंधित है जो इन्हें अत्यधिक भावनात्मक बनाते हैं।

इस राशि के लिए दिशा उत्तर है। अन्य पारंपरिक वर्गीकरण हैं, वनस्पति, पुजारी वर्ग, पानीदार, फलदायी, लंबा, मूक, रेंगने वाला, शिर्शारोही और हिंसक।

बिच्छू द्वारा शासित व्यक्ति आमतौर पर काफी हठधर्मी और आत्मकेंद्रित और बहुत भावुक होता है लेकिन कर्क राशि के विपरीत अपनी भावनाओं को व्यक्त नहीं करेगा। वे विचारशील होकर और अपनी प्रतिक्रिया की रणनीति बनाते हैं।

9. धनु (Sagittarius)

यह राशि चक्र की नौवीं राशि है और 240° से शुरू होकर 270° तक फैली हुई है। इस राशि का स्वामी ग्रह बृहस्पति या गुरु है। यह एक धनुधारी द्वारा दर्शाया गया है। यह पुल्लिंग, सामान्य (या परिवर्तनशील) है और अग्नि तत्व का प्रतिनिधित्व करता है।

सभी सामान्य संकेत शुद्ध निर्मल और सामंजस्यपूर्ण हैं। ये बहुमुखी, लचीले, आसानी से हतोत्साहित, अनिर्णायक, कभी-कभी सतही, चालाक और चंचल होते हैं। वे जिज्ञासु और सहज ज्ञान युक्त होते हैं। आत्मनिर्भर नहीं बल्कि अभिव्यंजक, शारीरिक रूप से चुस्त लेकिन सहनशक्ति की कमी।

आग्न्य होने के कारण इसकी प्रकृति अलग या विच्छेद करने वाली है। यह साहसी, ऊर्जावान, सक्रिय, मुखर और उद्यमी भी हो जाती है, लेकिन अधीर, हठी, तर्कशील और आत्मविश्वासी भी होती है।

इस राशि के लिए दिशा पूर्व है। अन्य पारंपरिक वर्गीकरण हैं, पशु, दोहरा, योधा वर्ग, सूखा, फलदायक, मध्यम और पार्श्वारोही।

धनु राशि का व्यक्ति आमतौर पर शांतीप्रिय और शांत स्वभाव का होता है, लेकिन वे उत्सुक्त पर्यवेक्षक होते हैं और अपनी प्रतिक्रिया में बहुत संतुलित होते हैं। एक बार निर्णय लेने के बाद वे त्वरित, सटीक और मुखर कार्रवाई करते हैं।

10. मकर (Capricorn)

यह राशि चक्र की दसवीं राशि है और 270° से शुरू होकर 300° तक फैली हुई है। इस राशि का स्वामी शनि ग्रह है। यह एक मगरमच्छ द्वारा दर्शाया गया है। यह एक स्त्री चिन्ह है, चल (या कार्डिनल) है और पृथ्वी तत्व का प्रतिनिधित्व करता है।

सभी चल राशियाँ आत्मविश्वासी, बलवान, बाहर जाने वाले, ऊर्जावान, तेज, गतिशील और सक्रिय हैं। उग्र होने के कारण, यह बहुत महत्वाकांक्षा और उद्यम को प्रदर्शित करता है। यह आक्रामक, मुखर और स्वतंत्र विचारों वाला होता है। इसमें संवेदनशीलता की कमी है और यह परिणामों को महसूस करने से पहले कार्य कर सकता है।

पृथ्वी तत्व से सम्बंधित होने के कारण यह स्थिरता और एकत्रीकरण का प्रतिनिधित्व करता है। यह सावधान, मितव्ययी, व्यवस्थित, वैज्ञानिक, शांतिप्रिय, संदेहास्पद, व्यावहारिक लेकिन धीमा, हठी और दृढ़ है।

इस राशि की दिशा दक्षिण है। अन्य पारंपरिक वर्गीकरण हैं, पशु, खनिज़, व्यापारी वर्ग, पानी वाला, फलदायक, मध्यम, पार्श्वारोही और हिंसक।

मकर राशि का व्यक्ति आमतौर पर ताकतवर और ऊर्जावान होता है लेकिन व्यस्तता पसंद नहीं करता। वे धीमे और संदिग्ध हैं, लेकिन स्थिर हैं। वे आमतौर पर बहुत सावधानी और योजना के साथ आगे बढ़ते हैं।

11. कुम्भ (Aquarius)

यह राशि चक्र की ग्यारहवीं राशि है और इसलिए 300° से शुरू होकर 330° तक फैली हुई है। इस राशि का स्वामी शनि ग्रह है। इसे एक मशकी व्यक्ति द्वारा दर्शाया गया है। यह एक पुरुष चिन्ह है, स्थिर है और वायु तत्व का प्रतिनिधित्व करता है।

सभी स्थिर राशियाँ सुस्त और निष्क्रिय हैं। वे जंगम संकेतों के विपरीत हैं। वे गतिहीन, तटस्थ और स्थिर हैं। ये आलसी, कंजूस, हठधर्मी हैं और उद्यम को नहीं मानते हैं। वे धैर्यवान हैं, यथास्थिति पसंद करते हैं और नए विचारों या प्रवृत्तियों के प्रति उतसूक्त नहीं हैं। लेकिन ये गहरे विचार और शोध करने में सक्षम हैं, अपने आप में गहरा विश्वास रखते हैं, आत्मकेंद्रित हैं और एकांत पसंद करते हैं। ऐसी राशियों के रोग लम्बे चलते हैं।

वायु तत्व होने के कारण, यह निम्न जीवन शक्ति लेकिन बहुत उच्च मानसिक शक्ति का प्रतिनिधित्व करता है। यह मानवीय, परिष्कृत, अच्छा व्यवहार करने वाला,

सहानुभूतिपूर्ण और सौम्य है। यह कलात्मक, कल्पनाशील और सुसंस्कृत है। यह जबरदस्ती नहीं बल्कि आश्वस्त करता है।

इस राशि के लिए दिशा पश्चिम है। अन्य पारंपरिक वर्गीकरण हैं, मानव, वनस्पति, व्यापारिक वर्ग, पानी पर निर्भर, फलदायी, लघु, शिर्शारोही और वाचाल।

कुंभ राशि का व्यक्ति आमतौर पर स्थिर, कंजूस और हठधर्मी होता है, लेकिन मानसिक रूप से बहुत सक्रिय होता है और लीक से हटकर समाधान सोचता है जो दूसरों को सनकी लग सकता है। वे वास्तव में दुनिया के विचारक हैं जिनके पैर जमीन पर मजबूती से टिके होते हैं।

12. मीन (Pisces)

यह राशि चक्र की अंतिम और बारहवीं राशि है और इसलिए 330° से शुरू होकर 360° तक फैली हुई है। इस राशि का स्वामी ग्रह बृहस्पति या गुरु है। यह दो मछलियों द्वारा दर्शाया गया है। यह स्त्रीलिंग, सामान्य (या परिवर्तनशील) है और जल तत्व का प्रतिनिधित्व करता है।

सभी सामान्य संकेत शुद्ध निर्मल और सामंजस्यपूर्ण हैं। ये बहुमुखी, लचीले, आसानी से हतोत्साहित, अनिर्णायक, कभी-कभी सतही, चालाक और चंचल होते हैं। वे जिज्ञासु और सहज ज्ञान युक्त होते हैं। आत्मनिर्भर नहीं बल्कि अभिव्यंजक, शारीरिक रूप से चुस्त लेकिन सहनशक्ति की कमी।

पानी से भरा होने के कारण, यह डरपोक, मिलनसार, प्रभावशाली और संवेदनशील, अंतर्मुखी और शर्मीला होता है। जल तत्व भी भावुक्ता और भावनाओं से संबंधित है जो इन्हें अत्यधिक भावनात्मक बनाते हैं।

इस राशि के लिए दिशा उत्तर है। अन्य पारंपरिक वर्गीकरण हैं, बहुलता, पशु, पुजारी वर्ग, पानीदार, फलदायी, लघु, मूक, सरीसृप, और पार्श्वारोही।

मीन राशि का व्यक्ति आमतौर पर मिलनसार होता है लेकिन आसानी से हतोत्साहित हो जाता है इसलिए चरम स्थितियों में विश्वसनीय नहीं होता है। अनिर्णय और प्रभावशाली दिमाग उनके लिए न्याय करना मुश्किल कर देता है।

जैसा कि आप देख सकते हैं कि ये लक्षण विशेषताएँ मूल रूप से उनकी गतिशीलता और तात्विक प्रकृति का संयोजन हैं।

क्रम	गुण	रवि	चंद्रमा	मंगल	बुध	बृहस्पति	शुक्र	शनि ग्रह	राहु	केतु
1	परिभाषा	सार / धुरी	अवचेतन मन	कार्य या क्रिया	सचेत मन	विवेक	भेद	ध्यान आन्तरिक	ध्यान बाहरी	अकांक्षा
2	दिखावट	राजसी / चौरस	स्त्रीय	आक्रामक	बच्चे की तरह	बड़ा	आकर्षक	तेजतर्रार	कपटी	निर्जीव
3	काया	चौड़े कंधे	गोल / मोटा	स्लिम और मस्कुलर	आकर्षक	विशाल	संतुलित	क्षीण	राशी स्वामी के अनुसार	राशी स्वामी के अनुसार
4	कद	मध्यम	लंबा	छोटा	छोटा	साधारण	साधारण	लंबा	राशी स्वामी के अनुसार	राशी स्वामी के अनुसार
5	आंखें	शहद के रंग की	आकर्षक	लाल भूरे रंग	विस्तृत	भूरा	सुंदर	धँसी और उदास	काली आंखें	निर्जीव
6	बाल	कम	छोटा घुंघराला	छोटा और चमकदार	घना और काला	गहरे पीले रंग का	काले और कुण्डल	मोटे और छोटे	मैला	पतला और लंबा
7	शरीर का अंग	हड्डियाँ	दिल / बाईं ओर / तरल पदार्थ	सिर, आर.बी.सी	त्वचा	वसा, गर्दन, अग्र सिर, यकृत, ग्रंथियां	त्वचा, वीर्य, गुर्दा, प्रजनन अंग	बाल / घुटने	सिर, ठोड़ी, अज्ञात क्षेत्र	धड़
8	रंग	नारंगी से कॉपरिश	गोरा	लाल	हरा	पीला	रेशमी सफेद	काला	धुएँ के रंग का धूसर	खाकी
9	तत्त्व	आग	पानी	आग	धरती	आकाश	पानी	वायु	राशी स्वामी के अनुसार	राशी स्वामी के अनुसार
10	दिशा	पूर्व	उत्तर पश्चिम	दक्षिण	उत्तर	ईशान कोण	दक्षिण पूर्व	पश्चिम	दक्षिण दक्षिण पश्चिम	उत्तर उत्तर पूर्व
11	कपड़े / सहायक उपकरण	टीका	अंग वस्त्र / रूमाल / तौलिया	जैकेट, बेल्ट	छोटी टोपी, बेरेट	पतलून, टोपी, पगड़ी, हैट	कमीज	जूते / जुराबें	टोपी, पगड़ी	लोअर्स, कुर्ता, रोबेज
12	रिश्ता	पिता	मां	भाई	महिला संबंधी	गुरु, शिक्षक	पति	पुराने रिश्तेदार	पैतृक संबंध	मातृ संबंध
13	मन	तेज बुद्धिमान	युवा / चंचल	सक्रिय, आक्रामक	गणनात्मक	तेज, धार्मिक	बुद्धिमान, स्पोर्टी	उदासीन	साज़िश करनेवाला	तीव्र
14	व्यवहार	प्रशासनिक	भावुक	हमेशा कार्रवाई में	जोवियल, बातूनी	आध्यात्मिक, पारंपरिक	स्टाइलिश	गंभीर और फोकस्ड	कूटनीतिक	चुप
15	स्वाद	अम्लीय	मिठाई	नमकीन	मिश्रित	मिठाई	खट्टा	स्तम्मक	राशी स्वामी के अनुसार	राशी स्वामी के अनुसार
16	धातु	सोना / तांबा	चांदी	तांबा	मिश्र धातु	सोना	चांदी	आयरन स्टील	लेड	इस्पात
17	रत्न	माणिक	मोती	मूंगा	पन्ना	पुखराज	मोती	नीलमणि	गोमेद	बिल्ली की आंख
18	कण	गेहूं	चावल	मसूर की दाल	साबुत मूंग	विभाजित चना	गूंथा हुआ गेहूं का आटा	काला चना	सबुत उड़द	जौ, तिल
19	देव	विष्णु / राम	कृष्णा / शिव	हनुमनान	दुर्गा / इंद्र	गुरु, ब्रह्मा	लक्ष्मी, धरती माता	वरुण, शिव, भैरों	सरस्वती, गरुड़	गणेश
20	पेशा	सरकार / बिजली / किराने का सामान / दवा	सिंचाई विभाग, जल कार्य विभाग, पेट्रो-रसायन, मत्स्य पालन	सेना, पुलिस, गोला-बारूद, सुरक्षा, इंजीनियरिंग, तकनीकी कार्य, भूमि, रियल एस्टेट।	ट्रेडिंग, ब्रोकिंग, टीचिंग, वकील, विज्ञापन, प्रकाशन, संचार।	मंदिर, ट्रस्ट, बहुराष्ट्रीय कंपनी, विदेश यात्रा, संस्थान।	कला (अभिनय, गायन, पेंटिंग, फोटोग्राफी), फिल्म निर्देशन, सौंदर्य प्रसाधन, फूल, दर्पण, ऑटोमोबाइल (वाहन), शराब, डिजाइनिंग	स्मिथ, बढ़ईगीरी, जूता बनाना, फोरमैन, ड्रिंकिंग बार, रेलवे, तंत्र-मंत्र, एयर कंडीशनर, आयरन एंड स्टील वर्क्स	श्मशान, शौचालय या निपटान, जेल, जंगल से संबंधित कार्य	रहस्यवादी विज्ञान (वास्तु परामर्श, ज्योतिष, तंत्र-मंत्र)

ग्रहों के गुण धर्म

घर	सामान्य गुण	दिशा	अंदरूनी शक्ति	पैसे	रिश्ता	शरीर का अंग	प्रणय निवेदन
1	व्यक्तित्व	ईशान कोण	स्वयं	स्वयं निर्मित, व्यक्तिगत उपस्थिति, स्वयं प्रयास	स्वयं	सिर	स्वयं
2	धन और परिवार सहित संपत्ति	दक्षिण पूर्व	सकारात्मकता, देखभाल	वित्त / बैंकिंग	परिवार	चेहरा, जीभ	परिवार / रिश्तेदार
3	संचार, अभिव्यक्ति	उत्तर	चेतन मन, अभिव्यक्ति	संचार, विपणन, कानूनी कार्य	छोटा भाई	गर्दन, कंधे	समाचार पत्र, इंटरनेट, विवाह ब्यूरो
4	संपत्ति, प्रारंभिक शिक्षा, बुनियादी शिक्षा	उत्तर पश्चिम	बचपन की कंडीशनिंग	अचल संपत्ति, खनन, अचल संपत्ति	मां	सीना	माता का पक्ष
5	मज़ा, रचनात्मकता, और प्यार	पूर्व, ENE	खुशी, दीक्षा	समाधान, उपचार, मनोरंजन, रचनात्मकता, स्वास्थ्य	लव अफेयर, बच्चे	दिल	प्रेम संबंध
6	ऋण, सेवा, रोग		सेवित	सेवा क्षेत्र, नौकरी	नौकर, विपक्ष, मामा	पेट	मा मा
7	बातचीत, साथी और जीवनसाथी	दक्षिण पश्चिम	परस्पर क्रिया	ग्राहक, साथी, बिक्री	जीवनसाथी / साथी	प्रजनन अंग	पति
8	खतरा, दर्द और खुद को खत्म करना	एसएसडब्ल्यू	मानसिक पीड़ा	उद्योग, उत्पादन	ससुरालवाले	गुदा	पारिवारिक व्यवसाय में भागीदार
9	अंतर्दृष्टि, लंबी यात्रा और उच्च ज्ञान		इनसाइट्स	धर्म, संस्था, कानून	पिता, दादा-दादी, गुरु	घुटनों	पिता की ओर
10	व्यवसाय, नाम प्रसिद्धि	दक्षिण	मान्यता	प्रसिद्धि, उच्च पद, राजनीति, व्यापार	सहकर्मियों, बॉस	शिन, बछड़ा	कार्यस्थल से
11	फ्रेंड्स एंड फुलफिल्ममेंट	पश्चिम	फुलफिलमेंट	परोपकारी संस्थान, एनजीओ, क्लब	बड़े भाई, दोस्त, चाचा	अंकल	दोस्तो अंकल
12	अलगाव, अकेलापन, अज्ञात स्थान, ध्यान और व्यय		अलगाव, अकेलापन	आयात-निर्यात, निवेश, नवाचार, अनुसंधान	बच्चे के ससुर	पैर	विदेश से

घरों के गुण धर्म

राशी	नाम	राशी स्वामी	प्रकृति	लिंग	तत्त्व	दिशा	रंग	काया	आकार	क्षेत्र
1	मेष	मर्द	जंगम	पुरुष	आग	पूर्व	रक्त जैसा लाल	स्टाउट	स्क्वैश	फ़ैक्टरी
2	वृषभ	शुक्र	स्थिर	महिला	धरती	दक्षिण	गोरा	लंबा	गोल कोनों वाला वर्ग	कालोनी
3	मिथुन	बुध	दोहरी	पुरुष	वायु	पश्चिम	हरा	सामान्य	ओवल 1:2	परिवहन
4	कैंसर	चंद्रमा	जंगम	महिला	पानी	उत्तर	पीला लाल	बड़ा	अनुपातहीन	जल आपूर्ति, नदी, पोंड
5	लियो	रवि	स्थिर	पुरुष	आग	पूर्व	गोरा	विशाल	चार भुजाओं वाला वृत्त, गोलाकार कोनों वाला त्रिभुज	अस्पताल, उपचार केन्द्र
6	कन्या	बुध	दोहरी	महिला	धरती	दक्षिण	बहुरंगी	मध्यम	गोल कोनों के साथ आयत	पार्क
7	तुला	शुक्र	जंगम	पुरुष	वायु	पश्चिम	काला	मध्यम	आयत 1:2 और 1:1.6	खरीदारी की सामूहिक जगह
8	वृश्चिक	मंगल	स्थिर	महिला	पानी	उत्तर	लाल भूरे रंग	पतला और बालों वाली	अनुपातहीन चार तरफा	वाटर ट्रीटमेंट प्लांट, पुलिस स्टेशन
9	धनु	बृहस्पति	दोहरी	पुरुष	आग	पूर्व	गहरे पीले के रंग का	यहां तक की	अष्टकोना	धार्मिक स्थान, कोर्ट
10	मकर	शनि	जंगम	महिला	धरती	दक्षिण	बहुरंगी	विशाल	आयत 1:3 और 1:4	बिजनेस प्लेस, कमर्शियल सेंटर
11	कुंभ	शनि	स्थिर	पुरुष	वायु	पश्चिम	गाड़ा भूरा	मध्यम	गोल कोनों के साथ छोटे और बड़े आयतों का संयोजन	बैंक्वेट हॉल, पार्टियों के लिए फार्म हाउस, क्लब, डिस्को, रिज़ॉर्ट, सी बीच
12	मीन	बृहस्पति	दोहरी	महिला	पानी	उत्तर		मध्यम	बहु सशस्त्र आकार	सुनसान जगह, समुद्र, आश्रम एकांत में

राशियों के गुण धर्म

03

ज्योतिष का विकास

"ज्योतिष का इससे बड़ा और कोई उपयोगी कार्य नहीं, सिवाय मनुष्य के अंतरतम स्वरूप की खोज करना और उसे अपनी चेतना में लाना, ताकि वह प्रकाश के नियम के अनुसार उसे पूरा कर सके।"

एलिस्टर क्रॉली

जन्म के समय और स्थान पर आकाश के दृश्य को चित्रित करने का उद्देश्य व्यक्ति की अंतरतम प्रकृति और भाग्य को समझना रहा है। प्राचीन संतों ने इन चित्रों की व्याख्या करने, ताकत और कमजोरियों को सही ढंग से समझने और किसी व्यक्ति के जीवन में घटनाओं की भविष्यवाणी करने के तरीके और साधन विकसित किए हैं। ये ग्रह स्थितियां हर घटना में महत्वपूर्ण भूमिका निभाती हैं और इसलिए इनके गंभीर अध्ययन की आवश्यकता होती है।

अब तक हमने केवल एक ज्योतिषीय चार्ट या कुंडली, ग्रहों, घरों और राशियों को परिभाषित किया है जो भविष्य कहनेवाले ज्योतिष के निर्माण खंड बनाते हैं। हालांकि, जीवन की घटनाओं का अध्ययन करने के लिए, हमें ग्रहों की स्थिति में थोड़ा गहराई तक जाने की जरूरत है। एक ग्रह राशि में एक अंश पर स्थित होता है। उस राशि में

कहीं भी है, ऐसा नहीं है। प्रत्येक ग्रह एक निश्चित गति से राशि चक्र में चारों ओर घूम रहा है और उसके स्थान को ठीक से जाना जा सकता है, विशेष रूप से वर्तमान कंप्यूटर सॉफ्टवेयर की सहायता से ये गणना बिना किसी प्रयास के आसानी से उपलब्ध हैं।

हम मूल ज्ञान से जानते हैं कि बारह राशियों को कुछ ग्रहों को सौंपा गया है। उदाहरण के लिए, मंगल को मेष और वृश्चिक का आधिपत्य सौंपा गया है, जबकि, सूर्य सिंह पर शासन करता है और इसी तरह बाकि सब। इसलिए, यदि कोई ग्रह मान लें कि चंद्रमा, मेष राशि में है, तो हम कहेंगे कि यह मंगल के घर में है।

नीचे दि गयी कुंडली में अब अगर मेष राशी सातवें और वृश्चिक दूसरे घर में है, हम कहेंगे मंगल ग्रह (7) सातवें और (2) दुसरे घर का मालिक है।

चंद्रमा कर्क राशि का स्वामी है, जो क्रमानुसार दशम भाव में है। तो, चंद्रमा दसवें घर का मालिक या चंद्रमा 10 के स्वामी है।

इसलिए, हम कहेंगे कि चंद्रमा जो की खुद 10वें घर का स्वामी है 7वें घर में स्थित है जिसका स्वामी है मंगल। इसी प्रकार, सूर्य 11वें भाव का स्वामी होने के कारण [क्योंकि सिंह राशि 11वें भाव में है] चंद्रमा के स्वामित्व वाले 10वें भाव में स्थित है, और इसी तरह अन्य ग्रह भी। आप आगे दिए गए उदाहरण चार्ट का निरिक्षण कर सकते हैं; इसे आप ध्यान से समझें।

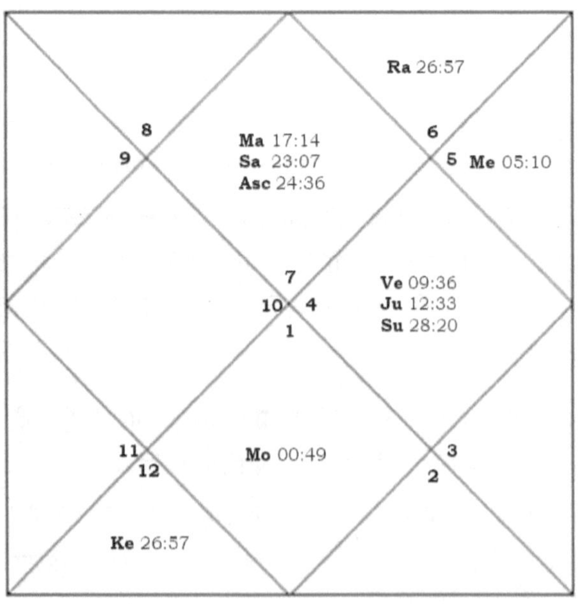

उदहारण चार्ट - 1

रवि Su	11 भाव का स्वामी है	चंद्रमा के स्वामित्व वाले 10 घर में
चंद्र Mo	10 भाव का स्वामी है	मंगल के स्वामित्व वाले 7 घर में
मंगल Ma	7 और 2 भाव का स्वामी है	शुक्र के स्वामित्व वाले 1 घर में
बुध Me	9 और 12 भाव का स्वामी है	सूर्य के स्वामित्व वाले 11 घर में
गुरु Ju	3 और 6 भाव का स्वामी है	चंद्रमा के स्वामित्व वाले 10 घर में
शुक्र Ve	1 और 8 भाव का स्वामी है	चंद्रमा के स्वामित्व वाले 10 घर में
शनि Sa	4 और 5 भाव का स्वामी है	शुक्र के स्वामित्व वाले 1 घर में
राहु Ra	किसी भी भाव का स्वामी नहीं है	बुध के स्वामित्व वाले 12 घरमें
केतु Ke	किसी भी भाव का स्वामी नहीं है	गुरु के स्वामित्व वाले 6 घर में

आप इस अभ्यास को कुछ कुंडलियों के लिए करने का प्रयास कर सकते हैं ताकि ग्रहों से उनके स्वामित्व और उनकी स्थिति से परिचित हो सकें। यह चार्ट या कुंडली पढ़ने का मूल केंद्र है। ये ग्रह स्वामित्व और उनके स्थान वाले घरों के बीच संबंध, भविष्य कहनेवाले वैदिक ज्योतिष की नींव बनते हैं।

उदाहरण के लिए, यहाँ लग्न स्वामी जो की शुक्र है, 10वें में स्थित है, दिखाता है व्यक्ति के प्रयासों (1 घर) को अपने पेशे (10 घर) से लिंक किया जाएगा। 10वें घर के स्वामी चंद्रमा का 7वें भाव में होना आमतौर पर यह संकेत देगा कि यह कारोवार साझेदारी में होगा। 11वें स्वामी सूर्य भी 10में भाव में होने से संकेत मिलता है कि वह अपने पेशे के माध्यम से सफलता प्राप्त करेगा। यदि आपने पहले बताए गए ग्रहों, भावों और राशियों के गुणों को मूलतः समझ लिया है और उन्हें आत्मसात कर लिया है, तो आप किसी भी चार्ट को जल्दी से पढ़ सकते हैं कम से कम मोटे तोर पर। ये संकेत केवल घर से घर के संबंध हैं, जबकि राशि और ग्रहों के गुणों के आधार पर इसे और परिष्कृत किया जा सकता है। जैसे, यहाँ 10वें स्वामी का चंद्रमा होना एक व्यवसाय को इंगित करता है जिसमें सार्वजनिक संपर्क जैसे कि दुकान आदि शामिल है। इसी तरह घर 1, 3, 6, 8 और 11 के स्वामियों का 10में घर में होना जिसका स्वामी चंद्रमा 7वें घर में है एक शानदार और सफल राजनीतिक जीवन भी दे सकता है।

यह सबसे बुनियादी भविष्यवाणी प्रणाली है और अधिकांश ज्योतिषीय अभ्यास और भविष्यवाणियां इस बिंदु पर रुक जाती हैं। हालाँकि, गुण धर्म और इसलिए व्याख्याएं कई हो सकती हैं और अलग-अलग लोगों द्वारा अलग-अलग भविष्यवाणियां हो सकती

हैं और परिणामस्वरूप आज इस क्षेत्र में भ्रम की स्थिति पैदा हो गयी है। प्रत्येक राशि 30 डिग्री को कवर करती है और चंद्रमा सबसे तेज ग्रह होने पर भी दो दिनों से कुछ अधिक समय तक एक राशि में रहता है। फिर कुछ मिनटों के अंतराल पर जन्म लेने वाले व्यक्ति इतने भिन्न कैसे होते हैं, हालाँकि इतने से समय में राशियों में ग्रहों की स्थिति में कोई ख़ास परिवर्तन नहीं होगा? इसलिए, फिर यह समझा गया, कि केवल राशि ही उनकी स्थिति को परिभाषित करने के लिए पर्याप्त नहीं है। यहीं से पारंपरिक वैदिक प्रणाली अपनी भविष्यवाणी की धार को तेज करना शुरू करती है।

इसलिए राशिचक्र को 27 भागों में भी विभाजित किया गया है जिन्हें नेटल स्टार या नक्षत्र कहा जाता है। ये राशियों की तुलना में छोटे विभाजन हैं। प्रत्येक नक्षत्र 40/3 डिग्री [13°:20’] का होता है। 27 होने के कारण, राहु और केतु सहित प्रत्येक ग्रह को तीन नक्षत्र दिए गए हैं। नक्षत्रों का प्रभुत्व दशा प्रणाली के समान, उसी क्रम में चलता है, अर्थात केतु-शुक्र-सूर्य-चंद्रमा-मंगल-राहु-गुरु-शनि-बुध। ऋषि पाराशर द्वारा परिभाषित यह क्रम याद रखने के लिए प्रमुख महत्व का है क्योंकि विभिन्न ज्योतिषीय सिद्धांतों में इसका पालन किया जाता है। किसी ग्रह की स्थिति को और अधिक सटीक रूप से परिभाषित करने के लिए अब हम कह सकते हैं कि कोई ग्रह इस नक्षत्र में है। यह थोड़ा बेहतर है, क्योंकि ग्रह एक ही राशि में होकर भी अलग-अलग नक्षत्रों में हो सकते हैं, क्योंकि प्रत्येक राशि में दो से अधिक यानि 27/2 = 2.25 नक्षत्र होते हैं। उनके शासकों के साथ नक्षत्रों की सूची त्वरित या वर्तमान संदर्भ के लिए नीचे दी गई है।

शासक	**प्रथम नक्षत्र**	**तक**	**दूसरा नक्षत्र**	**तक**	**तीसरा नक्षत्र**	**तक**
केतु	अश्विनी	13°: 20’	माघ	133°: 20’	मूल	253°: 20’
शुक्र	भरणी	26°: 40’	पूर्व फाल्गुनी	146°: 40’	पूर्वा शधा	266°: 40’
रवि	कृतिका	40°: 00’	उतर फाल्गुनी	160°: 00’	उतर शधा	280°: 00’
चंद्रमा	रोहिणी	53°: 20’	हस्त	173°: 20’	श्रवण	293°: 20’
मंगल	मृगसिरा	66°: 40’	चित्रा	186°: 40’	धनिष्ठा	316°: 40’
राहु	अरिद्र	80°: 00’	स्वाति	200°: 00’	सतभिषा	320°: 00’
गुरु	पुनर्वसु	93°: 20’	विशाखा	213°: 20’	पूर्व भद्र	333°: 20’
शनि	पुष्यामी	106°: 40’	अनुराधा	226°: 40’	उतर भद्र	346°: 40’
बुध	अश्लेषा	120°: 00’	ज्येष्ठ:	240°: 00’	रेवती	360°: 00’

एक ग्रह अब जिस नक्षत्र में स्थित है उससे संबंधित होगा और उसी के अनुसार अपना परिणाम देगा। जैसा कि नक्षत्र स्वयं किसी ग्रह के स्वामित्व में है, जिसे नक्षत्र स्वामी या नक्षत्र लार्ड [एनएल] कहा जाता है, हम कह सकते हैं कि ग्रह का एक नक्षत्र स्वामी भी है [एनएल]। ज्योतिषीय द्रष्टाओं ने पाया कि ग्रह अपनी स्थिति के घर से संबंधित होने से ज्यादा, जैसा कि ऊपर परिभाषित किया गया, वास्तव में, अपने नक्षत्र स्वामी का परिणाम देता है, या यूँ कहें के अपने नक्षत्र स्वामी ग्रह के स्वामित्व और स्थिति वाले घरों का।

तो, ऊपर के उदाहरण में, शुक्र, पहले घर का स्वामी, 10वें घर में तो है लेकिन यह पुष्यामी नक्षत्र में भी है जिसका स्वामी शनि है और जो की 4 और 5 घर का स्वामी हो कर पहले घर में बैठा है। इसलिए, हालांकि शुक्र अपना काम और काम से नाम और प्रसिद्धि आदि होने का संकेत तो करता ही है लेकिन, अब यह शनि के परिणाम, घर 4 और 5 के स्वामी के घर 1 में होने का परिणाम, या बस यूँ कहें शनि [1/4,5] का परिणाम भी देगा। इसका क्या मतलब है? इसका अर्थ है कि शुक्र की दशा अवधि के दौरान, व्यक्ति के पेशे या राजनीतिक भागीदारी के कारण, उसके बच्चों को नुकसान होगा और/या उसे अपने जीवन में कोई मज़ा नहीं आएगा और/या उसके साथी को उसके कार्यों से लाभ होगा [4वां और 5वां घर सातवें घर से गिनें तो बनता है 10वां और 11वां घर]। इन व्याख्याओं को आगे कैसे करना है, इसके बारे में हम किताब में सीखेंगे। यह एक कदम आगे है। अब हम बेहतर ढंग से परिभाषित कर सकते हैं कि किसी ग्रह की दशा अवधि के दौरान क्या होगा।

तो, इस व्यक्ति का अपना व्यवसाय कब होगा, या राजनीतिक सफलता कब प्राप्त होगी, जैसा कि शुक्र द्वारा दिखाया गया है? हमने अभी सीखा है कि एक ग्रह अपनी दशा के दौरान अपने नक्षत्र स्वामी [एनएल] का परिणाम देता है।

फिर शुक्र ग्रह का फल शुक्र के नक्षत्र में स्थित ग्रह द्वारा दिया जाएगा। आइए उपरोक्त चार्ट में जानें कि शुक्र के नक्षत्र में कौन सा ग्रह स्थित है या नहीं। शुक्र के स्वामित्व वाले तीन नक्षत्र हैं [उपरोक्त तालिका देखें]

1. भरणी [मेष 13:20 से 26:40]
2. पूर्व फाल्गुनी [सिंह 13:20 से 26:40]
3. पूर्व षधा [धनु 13:20 से 26:40]

जैसा कि ऊपर दिए चार्ट या कुंडली में हम देख सकते हैं कि कोई भी ग्रह इन तारों में स्थित नहीं है। केवल ऐसी स्थिति में ही कोई ग्रह, जैसा की अब शुक्र अपनी दशा

अवधि में अपना फल स्वयं देगा, क्योंकि कोई और देने वाला नहीं है। ऐसे ग्रह जिनके सितारों या नक्षत्रों में कोई ग्रह नहीं होता है, उन्हें "एस्ट्रल स्थिति" कहा जाता है। ये ग्रह न केवल अपने नक्षत्र स्वामी [एनएल] यानी एनएल की स्थिति और स्वामित्व वाले घरों का परिणाम देते हैं बल्कि अपना खुद का परिणाम भी देते हैं, यानी स्वयं की स्थिति वाले और स्वामित्व वाले घरों का। इसलिए इन परिणामों को शीघ्रता से समझने के लिए ग्रहों की सूची उनके घरों और उनके नक्षत्रों स्वामी व् उसके घरों के साथ तैयार करना महत्वपूर्ण है। ये त्वरित संदर्भ के लिए अगले पृष्ठ में उपलब्ध कराए गए हैं। आगे पढ़ने से पहले आप यह समझने के लिए कि घरों और नक्षत्रों को कैसे जोड़ा गया है, आप इस तालिका को व्यवस्थित रूप से पढ़ें। इससे आपको आगे की पढ़ाई में काफी मदद मिलेगी।

जैसा कि देखा जा सकता है, केतू बुध के नक्षत्र में है, इसकी दशावधि में बुध [11/9,12], या कहें की 11 वें स्थान पर 9 और 12 के स्वामी, का परिणाम देगा, जिसका अर्थ विदेश यात्रा या उच्च शिक्षा के माध्यम से पूर्ती हो सकता है। आगे शुक्र, हम पहले ही चर्चा कर चुके हैं। सूर्य अपने स्वयं के [10/11] के अलावा बुध [11/9,12] का परिणाम भी देगा क्योंकि इसमें "एस्ट्रल स्टेटस" है, जिसका अर्थ है पेशेवर प्रतिबद्धताओं के कारण लंबी लाभकारी यात्रा।

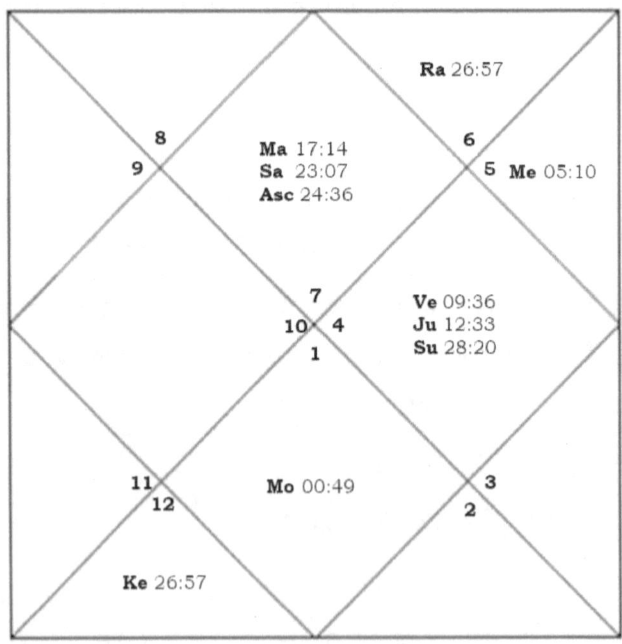

उदहारण चार्ट - 1

ग्रह	**नक्षत्र स्वामी [एन एल]**
केतु Ke [6]	बुध Me [11/9,12]
*शुक्र Ve [10/1,8]	शनि Sa [1/4,5]
*सूर्य Su [10/11]	बुध Me [11/9,12]
*चंद्र Mo [7/10]	केतु Ke [6]
मंगल Ma [1/2,7]	राहू Ra [12]
राहू Ra [12]	मंगल Ma [1/2,7]
गुरु Ju [10/3,6]	शनि Sa [1/4,5]
शनि Sa [1/4,5]	गुरु Ju [10/3,6]
बुध Me [11/9,12]	केतु Ke [6]
* "एस्ट्रल स्थिति" इंगित करता है	

चंद्र अपने स्वयं के [7/10] के अलावा केतू [6] का परिणाम देगा, जो जीवनसाथी आदि से अलग होने का संकेत देता है। प्रत्येक ग्रह कुछ घरों को इंगित करेगा जो अपनी दशावधि में सक्रिय हो जाएंगे और व्यक्ति उन घरों से संबंधित परिणामों का अनुभव करेगा।

हालाँकि, जैसा कि आप देख सकते हैं कुछ ग्रह एक ही नक्षत्र में हैं। जैसे, केतू और सूर्य दोनों बुध [11/9, 12] के नक्षत्र में हैं। इसी तरह, शुक्र और गुरु दोनों शनि [1/4, 5] के नक्षत्र में हैं।

क्या वे अपने समय में बिल्कुल वही, एक ही परिणाम देंगे?

उस प्रश्न का उत्तर है, नहीं। सबसे पहले उनके परिणाम उनके अपने घरों और उनकी एस्ट्रल स्थिति के कारण अलग-अलग होंगे। दूसरे, यह हमें एक ऐसे बिंदु पर लाता है, जहां हम उस प्रश्न को फिर से उठा सकते हैं। यानी किसी ग्रह का नक्षत्र [13°:20'] तेरह अंश बीस मिनट का होता है और यहां तक कि सबसे तेज ग्रह चंद्रमा भी लगभग 24 घंटे तक एक नक्षत्र में रहता है। फिर कुछ मिनटों के अंतराल में पैदा हुए लोगों के लिए परिणाम अलग कैसे हो सकते हैं? यह वह जगह है जहां से "कृष्णमूर्ति पद्धति" जिसको लोकप्रिय रूप से "केपी प्रणाली" के रूप में जाना जाता है, प्रगट होती है। वर्तमान युग के सबसे प्रख्यात ज्योतिष विद्वानों में से एक, डॉ कृष्णमूर्ति ने अपने शोध के माध्यम से पाया कि नक्षत्रों को भी नौ उपखंडों में

विभाजित किया गया है, जिन्हें उपखंड या सिर्फ उप (Sub) के रूप में जाना जाता है। यह एक महान रहस्योद्घाटन था जिसने सटीक भविष्यवाणियों के लिए ज्योतिषियों का मार्ग प्रशस्त किया। यद्यपि वैदिक काल में भी नक्षत्र के विभाजन को समान आकार के 4 पादों में दर्शाया गया था, जो नवांश चार्ट में दर्शाया जाता है, लेकिन मूल मंशा यही थी।

इस सिद्धांत के अनुसार, नक्षत्रों को नौ ग्रहों के अनुसार 9 उप-खंडो में विभाजित किया गया है और प्रत्येक उप-खंड एक ग्रह द्वारा शासित है। विभाजन समान नहीं हैं, बल्कि प्रत्येक ग्रह की दशा अवधि के अनुपात में हैं। जैसा कि हमने पहले ही मूल सिधांतो में अध्ययन किया है कि प्रत्येक ग्रह को कुछ निश्चित दशा वर्ष दिए गए हैं, जैसा कि ऋषि पाराशर ने विंशोतारी दशा प्रणाली में बताया। दशा चक्र चंद्रमा के नक्षत्र स्वामी (एनएल) की दशा से शुरू होता है और फिर पहले बताये क्रम में जारी रहता है:

केतु (7) - शुक्र (20) - सूर्य (6) - चंद्रमा (10) - मंगल (7) - राहु (18) - बृहस्पति (16) - शनि (19) - बुध (17) - यह एक सतत चक्र है और कुल 120 साल का होता है।

एक नक्षत्र के 13°:20’ (60x13+20=800 मिनट) की पूरी अवधि को 120 भागों में विभाजित किया जाता है (प्रत्येक भाग 6.666 मिनट या 1/9 डिग्री का होता है) और फिर पहले उप-खंड पर खुद नक्षत्र स्वामी (एनएल) द्वारा ही शासन किया जाता है, जिसके हिस्से इसके लिए आवंटित वर्षों की संख्या के बराबर होते हैं। अतः यदि शुक्र के नक्षत्र को देखा जाए तो पुरे 120 भागों में से प्रथम 20 भागों के उपखण्ड का स्वामी शुक्र ही होगा। अगला उपखंड सूर्य द्वारा शासित 6 भागों का होगा; अगला चंद्रमा द्वारा शासित 10 भागों का होगा और इसी तरह। इसके लिए एक साधारण युक्ति 1/9 का सूत्र है, अर्थात एक नक्षत्र के कुल 13°:20’ में से, केतु खंड 7/9 डिग्री, शुक्र खंड 20/9 डिग्री, सूर्य 6/9 डिग्री, चंद्रमा 10/9 डिग्री, मंगल 7/9 डिग्री, राहु 18/9 डिग्री, बृहस्पति 16/9 डिग्री, शनि 19/9 डिग्री और बुध 17/9 डिग्री का ही होगा। नक्षत्र में पहला उपखंड हमेशा खुद एनएल को ही आवंटित किया जाता है और फिर अगला, दशा क्रम में अगले स्वामी को आवंटित किया जाता है। उदाहरण के लिए, चंद्रमा के नक्षत्र में उप-विभाजन इस प्रकार होंगे:

पहला उपखंड	10/9 डिग्री	चंद्रमा द्वारा शासित
दूसरा उपखंड	7/9 डिग्री	मंगल द्वारा शासित
तीसरा उपखंड	18/9 डिग्री	राहु द्वारा शासित
चौथा उपखंड	16/9 डिग्री	गुरु द्वारा शासित
पांचवां उपखंड	19/9 डिग्री	शनि द्वारा शासित
छठा उपखंड	17/9 डिग्री	बुध द्वारा शासित
सातवां उपखंड	7/9 डिग्री	केतु द्वारा शासित
आठवां उपखंड	20/9 डिग्री	शुक्र द्वारा शासित
नौवां उपखंड	6/9 डिग्री	सूर्य द्वारा शासित

इसे स्पष्ट करने के लिए शनि के नक्षत्र में उप विभाजन इस प्रकार होंगे:

पहला उपखंड	19/9 डिग्री	शनि द्वारा शासित
दूसरा उपखंड	17/9 डिग्री	बुध द्वारा शासित
तीसरा उपखंड	7/9 डिग्री	केतु द्वारा शासित
चौथा उपखंड	20/9 डिग्री	शुक्र द्वारा शासित
पांचवां उपखंड	6/9 डिग्री	सूर्य द्वारा शासित
छठा उपखंड	10/9 डिग्री	चंद्रमा द्वारा शासित
सातवां उपखंड	7/9 डिग्री	मंगल द्वारा शासित
आठवां उपखंड	18/9 डिग्री	राहु द्वारा शासित
नौवां उपखंड	16/9 डिग्री	गुरु द्वारा शासित

अपने स्वामी के आधार पर प्रत्येक नक्षत्र में नौ उपखंडों का एक समूह होगा, जो दशा प्रणाली के क्रम में, उस नक्षत्र स्वामी या एनएल से शुरू होकर शासित होगा।

तो इस प्रणाली का सार यह है कि हर एक ग्रह एक राशि में होता है और उस के राशि स्वामी द्वारा शासित होता है, फिर एक नक्षत्र में नक्षत्र स्वामी (एनएल) द्वारा और अब एक उप-खंड में, राशि चक्र का एक बहुत छोटा सा हिस्सा, एक उपखंड स्वामी [एसएल] द्वारा भी शासित होता है, और यह ग्रह वास्तव में, उपखंड स्वामी (एसएल) द्वारा अपना परिणाम निर्धारित करने के लिए बाध्य भी हो जाता है। उप-खंड स्वामी [एसएल] नक्षत्र स्वामी [एनएल] द्वारा इंगित परिणाम को अनुमोदित या उत्तीर्ण करता है। यह ज्योतिष का सबसे महत्वपूर्ण सिद्धांत है। इसका मतलब है कि ग्रह अपनी दशा

अवधि में अपने एनएल द्वारा निर्धारित परिणाम दे सकता है, और अपने स्वयं के घरों का भी परिणाम दे सकता है जब उसकी एस्ट्रल स्थिति हो, लेकिन परिणाम की गुणवत्ता, यानी सकारात्मक या नकारात्मक, लाभकारी या हानिकारक, सफलता या विफलता, सुखद या अन्यथा, इसके उप-खंड स्वामी या सब लॉर्ड [एसएल] के परिणाम से निर्धारित होगी।

तो क्या होता है उपखंड स्वामी या सब लॉर्ड [एसएल] का परिणाम?

केपी प्रणाली में उप स्वामी [एसएल] के साथ ग्रह के समान व्यवहार किया जाता है, अर्थात यह अपने नक्षत्र स्वामी [एनएल] का परिणाम देगा, और अपने घरों का केवल तभी जब उसकी एस्ट्रल स्थिति होगी। आइए हम उपरोक्त उदाहरण के माध्यम से इसे स्पष्ट करते हैं:

यहाँ हमने शनि [1/4, 5] के नक्षत्र में *शुक्र [10/1, 8] का परिणाम देखा है जैसा कि ऊपर बताया गया है, अर्थात अपने स्वयं के व्यवसाय पर जोर, साथी को लाभ और बच्चों को संभावित समस्याएं। अब देखते हैं उप स्वामी [SL] द्वारा आगे की व्याख्या। कर्क राशि में शुक्र 9°:36' पर स्थित है [अर्थात राशी चक्र में 99°:36']। यह स्थान शनि के पुष्यामी नक्षत्र द्वारा (93°:20' से 106°:40' तक) शासित है। यहाँ शुक्र ग्रह सात नक्षत्र पार कर (99°:36' - 93°:20') = 6°:16' आगे नक्षत्र में जा चुका है। 9 के नियम से, इसने उस नक्षत्र या स्टार के 120 भागों में से 6°:16' X 9 = 55.5 भागों की यात्रा कर ली है। अब पहले 19 भाग पर शनि का ही शासन है, फिर अगले 17 भागों पर बुध का शासन है, फिर केतु अगले 7 भागों पर शासन करता है, और फिर 44 से 64 तक इन 20 भागों पर शुक्र का शासन होगा। इसलिए, इस उपखंड पर शुक्र का ही शासन है। तो, हम कह सकते हैं कि शुक्र के परिणाम शुक्र द्वारा ही अनुमोदित होंगे और जैसा कि यह समान घरों पर शासन करता है, परिणाम पहले से ही तय किए गए ही होंगे। लेकिन यह अन्य ग्रहों के लिए भिन्न हो सकता है, जैसा कि बृहस्पति या गुरु के अगले उदाहरण से देखा जा सकता है।

गुरु कि एस्ट्रल स्थिति नहीं है और इसलिए वह मुख्यता केवल अपने एनएल शनि [1/4, 5] का ही परिणाम देगा। इसका मतलब बुनियादी शिक्षा, बच्चे पैदा करना, या बच्चों की समस्या आदि हो सकता है। बृहस्पति [12°:33'] भी कर्क राशि में पुष्यामी (93°:20' से 106°:40') नक्षत्र में है और *सूर्य [10/11] के उपखंड में स्थित है जिसका एनएल बुध [11/9, 12] है।

इसलिए यह महत्वपूर्ण हो जाता है कि पहले के चार्ट के साथ उप स्वामी (एसएल) और उसके नक्षत्र स्वामी (एनएल) को दर्शाने वाली एक तालिका तैयार की जाए जैसा कि आगे दिखाया गया है। इसका क्या मतलब है? यह दर्शाता है कि शिक्षा और/या संतान के माध्यम से परिणाम की पूर्ति होगी और अन्य ग्रहों की उप अवधियों में विदेश यात्रा भी हो सकता है। संतान को लेकर यदि कोई समस्या आती भी है तो वह दूर हो जाएगी। और व्यक्ति अचल संपत्ति में निवेश कर सकता है।

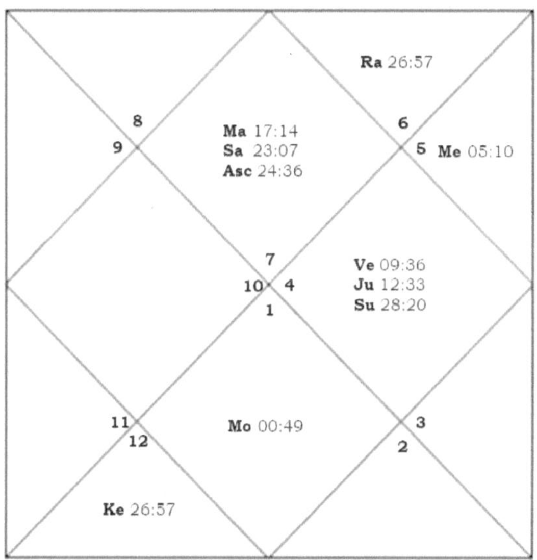

उदहारण चार्ट - 1

ग्रह	नक्षत्र स्वामी [एनएल]	उप स्वामी [एसएल]	[एसएल] का [एनएल]
केतू Ke [6]	बुध Me [11/9,12]	गुरु Ju [10/3,6]	शनि Sa [1/4,5]
*शुक्र Ve [10/1,8]	शनि Sa [1/4,5]	*शुक्र Ve [10/1,8]	शनि Sa [1/4,5]
*सूर्य Su [10/11]	बुध Me [11/9,12]	शनि Sa [1/4,5]	गुरु Ju [10/3,6]
*चंद्र Mo [7/10]	केतू Ke [6]	*शुक्र Ve [10/1,8]	शनि Sa [1/4,5]
मंगल Ma [1/2,7]	राहु Ra [12]	*शुक्र Ve [10/1,8]	शनि Sa [1/4,5]
राहु Ra [12]	मंगल Ma [1/2,7]	गुरु Ju [10/3,6]	शनि Sa [1/4,5]
गुरु Ju [10/3,6]	शनि Sa [1/4,5]	मंगल Ma [1/2,7]	राहु Ra [12]
शनि Sa [1/4,5]	गुरु Ju [10/3,6]	शनि Sa [1/4,5]	गुरु Ju [10/3,6]
बुध Me [11/9,12]	केतू Ke [6]	मंगल Ma [1/2,7]	राहु Ra [12]
* "एस्ट्रल स्थिति" इंगित करता है			

जैसा कि आप देख सकते हैं कि इस तरह की व्याख्याएं प्रस्तुत घरों के आधार पर कई हो सकती हैं और इसलिए भविष्यवाणी में अभी और भी अधिक प्रभावी होने के लिए आपको एक संदर्भ में चार्ट को पढ़ना सीखना चाहिए, जैसा कि आगे बताया गया है। अभी हम केवल ज्योतिष के विकास और विकसित प्रणालियों की बात कर रहें हैं। अगले अध्याय से हम इन घरों के आधार पर व्यवस्थित रूप से चार्ट पढ़ना और भविष्यवाणी करना सीखेंगे।

एक संदर्भ को ध्यान में रखकर पढ़ें

यहां यह उल्लेख करना महत्वपूर्ण है कि जीवन की घटनाओं की भविष्यवाणी करते समय यह संभव नहीं है और न ही प्रगट हुए घरों की सभी संभावनाओं की खोज शुरू करने की अपेक्षा की जाती है। घर 4 या 5 से यहाँ बहुत सी चीजों का मतलब हो सकता है जैसा कि हम पहले ही ऊपर देख चुके हैं और मूल सिधांतों में पढ़ चुके हैं। कुंडली या चार्ट का अध्ययन हमेशा एक समय पर एक ही संदर्भ में करने की सलाह दी जाती है।

इसका मतलब है कि चार्ट का विश्लेषण करते समय आपके मन में एक प्रश्न होना चाहिए कि आप क्या खोज रहे हैं। यह सबसे अच्छा होता है यदि हम जीवन के बुनियादी तथ्य, यानी दीर्घायु, शिक्षा, विवाह, व्यवसाय, धन आदि से संबंधित प्रश्नों पर विचार करते हैं। कारण यह है कि यदि संदर्भ स्पष्ट है तो हम संबंधित घरों का उचित अर्थ चुन सकते हैं। उदाहरण के लिए, छठे भाव का अर्थ स्वास्थ्य के संदर्भ में खराब स्वास्थ्य और शिक्षा के संदर्भ में प्रतिस्पर्धा हो सकता है, जबकि इसका अर्थ पेशे के संदर्भ में रोजगार सेवा भी हो सकता है, इसका अर्थ विवाह के संदर्भ में साथी से अलगाव भी हो सकता है। यह और स्पष्ट हो जायेगा यदि हम अपने उदाहरण चार्ट को देखें जो की [SL] और [NLSL] तालिका के साथ पूरा हो गया है। अब हम इस चार्ट से इनमें से कुछ प्रश्नों का संधर्भ चुन के देखते हैं।

घटनाओं की भविष्यवाणी कैसे हो

हमने अब तक यह समझने की कोशिश की है कि ज्योतिषीय चार्ट क्या है, चार्ट को कैसे समझा जाए और प्रत्येक संदर्भ में चार्ट को कैसे पढ़ा जाए। भविष्यवाणियों में सटीकता रखने के लिए घरों और उनकी विशेषताओं के साथ-साथ ग्रहों की विशेषताओं की पूरी समझ होना बहुत जरूरी है। जैसा कि आप जल्द ही देखेंगे कि यह समझ जीवन की घटनाओं को परिभाषित करने में एक बड़ी भूमिका निभाएगी।

एक घटना आम तौर पर घरों के संयोजन के कारण होती है। इसका मतलब यह है कि एक व्यक्तिगत घर केवल सामान्य रूप से एक मामले को परिभाषित कर सकता है लेकिन एक वास्तविक घटना होने के लिए इसमें कई घर होते हैं, आमतौर पर तीन, कभी-कभी दो, शायद ही कभी चार से अधिक। उदाहरण के लिए, हम जानते हैं कि 7वां घर जीवनसाथी का प्रतिनिधित्व करता है और इसलिए विवाह की घटना में भाग लेना चाहिए। लेकिन क्या 7वां घर अकेले कर सकता है नियमित शादी? नहीं, क्योंकि, इसे परिवार को इंगित करने वाले दूसरे (2) भाव और इच्छाओं की पूर्ति का संकेत देने वाले 11वें भाव की सहायता की आवश्यकता होती है। प्रेम विवाह के मामले में पंचम (5) भाव भी शामिल होगा। इसलिए विवाह होने के लिए इन भावों का फल देने वाले सभी ग्रह सक्रिय होने चाहिए। क्या आपको मूल सिधांतों में बताई गई दशा प्रणाली याद है? वे ग्रह जिनकी दशा अवधि एक निश्चित समय पर सक्रिय होती है और तव उनके नक्षत्र स्वामी से सम्बंधित घर उस समय सक्रिय होते हैं! इसलिए किसी घटना की भविष्यवाणी करने के लिए, सबसे पहले उस घटना से जुड़े हुए घरों को जानना होगा। फिर ऊपर तैयार किए गए ग्रह संकेत तालिका से, हमें संबंधित घरों को इंगित करने वाले ग्रहों को ढूंढना चाहिए। इन ग्रहों को अपनी तालिका में, वांछित घर किसी न किसी स्तर पर अवश्य इंगित करनें चाहियें। घटनाएँ तब ऐसे ग्रहों की संयुक्त दशा अवधियों में घटित होती हैं। यह एक व्यवस्थित और नियमित प्रक्रिया है और इसे व्यवस्थित तरीके से शांतिपूर्वक किया जाना चाहिए।

यह माना जाता है कि घटना सम्बन्धी प्रमुख घर के स्वामी, जैसे कि विवाह के मामले में 7वां घर, को अपनी लीपि में कम से कम घटना से जुड़े किसी एक घर को तो इंगित करना ही चाहिए।

इसलिए, शादी के मामले में 7वें घर के स्वामी की अपनी तालिका में किसी भी स्तर पर 7 या 2 या 11 घर का संकेत मिलना चाहिए। ऊपर के उदाहरण में मंगल 7वें घर का स्वामी है और नीचे दी गई अपनी तालिका या लीपि में इनमें से किसी भी भाव का संकेत नहीं है।

मंगल Ma [1/2,7]	राहू Ra [12]	*शुक्र Ve [10/1,8]	शनि Sa [1/4,5]

हालांकि, यह अंतिम स्तर पर 5 इंगित करता है। प्रेम विवाह की संभावनाएं मौजूद हैं! इसी तरह, किसी घटना के लिए दिए गए घरों के संयोजन से घटना को सत्यापित

किया जा सकता है। इन संयोजनों और व्यक्तिगत घटनाओं को पुस्तक में आगे विस्तार से शामिल किया गया है। यहां उद्देश्य सिर्फ प्रक्रिया को समझना है। मान लीजिए कि सवाल अब कारोवार के संबंध में है। कारोवार के लिए, हम 10वें घर को प्राथमिक घर मानते हैं और इसके स्वामी को 2 [वित्तीय लाभ], या 6 [सेवा] या 11 [पूर्ति] को इंगित करना चाहिए। क्या आप ऊपर दिए गए चार्ट से पता लगा सकते हैं कि व्यक्ति को नौकरी मिलेगी या नहीं? चंद्रमा, 10वें घर के स्वामी की स्क्रिप्ट, लिपि या तालिका को नीचे देखें। जवाब है, हाँ बिल्कुल।

*चंद्र Mo [7/10]	केतू Ke [6]	*शुक्र Ve [10/1,8]	शनि Sa [1/4,5]

इसलिए, एक बार ग्रह संकेतक तालिका तैयार हो जाने के बाद, इन प्रश्नों का उत्तर देना काफी सरल हो सकता है, बशर्ते हम किसी घटना को अंजाम देने वाले घरों के सही संयोजन को जानते हों। अब हम किसी घटना की भविष्यवाणी करने के आधार को कुछ कुछ समझने लगे हैं। तो चलिए एक कदम और आगे बढ़ते हैं।

यह देखा गया है, के सूक्ष्म निरिक्षण के बावजूद भी, भविष्यवाणियां हमेशा वास्तविक परिणामों से मेल नहीं खाती। आगे के शोध से पता चला है कि ऊपर बताए अनुसार घरों का विभाजन भी पूरी तरह से सही नहीं है। ऐसा इसलिए है क्योंकि 30 डिग्री का समान गृह विभाजन मानता है कि पृथ्वी की परिक्रमा गोलाकार है और इसलिए प्रत्येक घर समान है। लेकिन हम जानते हैं कि ये गोलाकार नहीं है, विशेष रूप से सूर्य के चारों ओर अपनी कक्षा के संबंध में पृथ्वी की गिरावट को देखते हुए। अर्थात् यदि पृथ्वी के अनुप्रस्थ काट को सूर्य की किरणों के आपतन बिंदु पर लिया जाए तो यह अण्डाकार होगा। इसलिए, 30 डिग्री का विभाजन प्रत्येक घर में समान आकार के आकाश को प्रकट नहीं करेगा। इस घर के विभाजन को प्लासीडियस हाउस सिस्टम कहा जाता है जो असमान घरों को इंगित करता है जैसा कि वास्तव में एक अण्डाकार क्रॉस सेक्शन से प्राप्त होता है। ये गणनाएं कंप्यूटर सॉफ्टवेयर से आसानी से प्राप्त की जाती हैं, हालांकि हाथ से करना बहुत मुश्किल है। शायद यही एक कारण है कि पहले इसका इतना अच्छा उपयोग नहीं किया गया था। इस प्रणाली में, प्रत्येक घर एक डिग्री से शुरू होता है और एक अंतराल पर समाप्त होता है जहां अगला घर शुरू होता है। इसलिए, आपके पास एक ही राशि में शुरू होने वाले दो घर भी हो सकते हैं यदि घर 30 डिग्री से कम है। घरों के ये शुरुआती बिंदु कस्प कहलाते हैं और भविष्यवाणियों

में महत्वपूर्ण भूमिका निभाते हैं। अब एक ग्रह हालांकि एक ही राशि में है लेकिन एक अलग घर में हो सकता है। पहले परिभाषित किये गए घरों के गुण वास्तव में कस्प के होते हैं। पहले भाव के गुण प्रथम कस्प से संबंधित होते हैं। इसलिए, इस बिंदु से हम कस्प के बारे में बात करेंगे जैसे कि घर, दोनों को एक ही समझें। लेकिन चार्ट का स्वरूप अब थोड़ा अलग हो जायेगा जिसे संदर्भ के लिए नीचे दिखाया गया है।

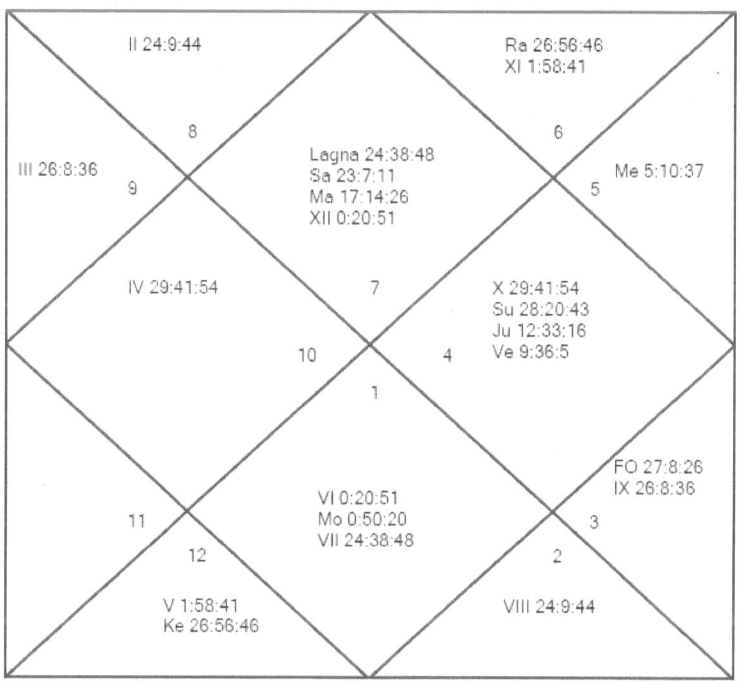

यह चार्ट उसी समय के लिए है जैसा पहले दिया गया था लेकिन अब हमने विषम हाउस सिस्टम का उपयोग किया है जिसे प्लासीडियस हाउस सिस्टम कहा जाता है। जैसा कि आप देख सकते हैं कि भले ही ग्रह उसी अंश पर हों, लेकिन जिन घरों में थे, वे कुछ में बदल गए हैं। पहला घर, लग्न, तुला राशि 24°:38' से शुरू होता है और चूंकि मंगल और शनि दोनों इस अंश से पहले हैं, वे वास्तव में 12वें भाव में दिखाई देते हैं! यह एक महत्वपूर्ण परिवर्तन है, क्यूंकि पहले इन्हें लग्न घर में माना जाता था। इसलिए यह इन ग्रहों के संबंध में प्रासंगिक भविष्यवाणी को महत्वपूर्ण रूप से बदल देगा। ग्रहों का महत्व अब कैसे बदल गया है, यह देखने के लिए आइए हम फिर से उस सरल तालिका को तैयार करें।

समान हाउस प्रणाली		प्लासीडियस हाउस प्रणाली	
ग्रह	**नक्षत्र स्वामी [NL]**	**ग्रह**	**नक्षत्र स्वामी [NL]**
केतु Ke [6]	बुध [11/9,12]	केतु Ke [5]	बुध Me [10/9,11]
*शुक्र Ve [10/1,8]	शनि Sa [1/4,5]	*शुक्र Ve [9/1,8,12]	शनि Sa [12/4]
*सूर्य Su [10/11]	बुध [11/9,12]	*सूर्य Su [9/-]	Me [10/9,11]
*चंद्र Mo [7/10]	केतु Ke [6]	*चंद्र Mo [6/10]	केतु Ke [5]
मंगल Ma [1/2,7]	राहू Ra [12]	मंगल Ma [12/2,6,7]	राहू Ra [11]
राहू Ra [12]	मंगल Ma [1/2,7]	राहू Ra [11]	Ma [12/2,6,7]
गुरु Ju [10/3,6]	शनि Sa [1/4,5]	गुरु Ju [9/3,5]	शनि Sa [12/4]
शनि Sa [1/4,5]	गुरु Ju [10/3,6]	शनि Sa [12/4]	गुरु Ju [9/3,5]
बुध [11/9,12]	केतु Ke [6]	बुध Me [10/9,11]	केतु Ke [5]
* एस्ट्रल स्थिति इंगित करता है			

सूर्य जो की 10वें घर में था और 11वें का स्वामी था, अब 9वें घर में आ गया है [कर्क में इसकी स्थिति कस्प 10 से पहले है] और उसका अपना कोई घर नहीं है, क्योंकि कोई भी कस्प सिंह राशि में नहीं पड़ती। 10वां कस्प कैंसर के अंत में आता है और 11वां कस्प कन्या राशी में चला जाता है। वो इसलिए की 10वां कस्प [घर] कर्क 29°:41’ से कन्या 1°:58’ तक फैला है। इसी तरह, केतू अब 6वें के बजाय 5वें घर में स्थित है। इस प्रणाली ने भविष्यवाणियों को और भी परिष्कृत तथा वास्तविक घटनाओं के करीब किया है। ग्रहों की अंश स्थिति तो वही है, इसलिए उनके नक्षत्र स्वामी और उप स्वामी भी वही होते हैं। केवल जिन घरों या कस्पों में वो स्थित हैं और/या जिनके मालिक हैं, वे बदल गए हैं। इसलिए अब, सटीक भविष्यवाणियों के लिए ग्रह संकेतक तालिका को कस्पल चार्ट के आधार पर ही तैयार किया जाएगा।

ग्रह	नक्षत्र स्वामी [NL]	उप स्वामी [SL]	[NL] OF [SL]
केतु Ke [5]	बुध Me [10/9,11]	गुरु Ju [9/3,5]	शनि Sa [12/4]
*शुक्र Ve [9/1,8,12]	शनि Sa [12/4]	*शुक्र Ve [9/1,8,12]	शनि Sa [12/4]
*सूर्य Su [9/-]	बुध Me [10/9,11]	शनि Sa [12/4]	गुरु Ju [9/3,5]
*चंद्र Mo [6/10]	केतु Ke [5]	*शुक्र Ve [9/1,8,12]	शनि Sa [12/4]
मंगल Ma [12/2,6,7]	राहू Ra [11]	*शुक्र Ve [9/1,8,12]	शनि Sa [12/4]
राहू Ra [11]	मंगल Ma [12/2,6,7]	गुरु Ju [9/3,5]	शनि Sa [12/4]

ग्रह	नक्षत्र स्वामी [NL]	उप स्वामी [SL]	[NL] OF [SL]
गुरु Ju [9/3,5]	शनि Sa [12/4]	मंगल Ma [12/2,6,7]	राहू Ra [11]
शनि Sa [12/4]	गुरु Ju [9/3,5]	शनि Sa [12/4]	गुरु Ju [9/3,5]
बुध Me [10/9,11]	केतु Ke [5]	मंगल Ma [12/2,6,7]	राहू Ra [11]
* *"एस्ट्रल स्थिति" इंगित करता है"*			

अब उसी चार्ट के आधार पर जैसा कि पहले दिखाया गया, हम उन्हीं दो घटनाओं की फिर से भविष्यवाणी करते हैं।

जहां तक विवाह का प्रश्न है, मुख्य भाव 7वां है और इसके स्वामी को इंगित करना चाहिए, या तो 7 या 2 या 11वां घर।

मंगल Ma [12/2,6,7]	राहू Ra [11]	*शुक्र Ve [9/1,8,12]	शनि Sa [12/4]

इसलिए उत्तर अभी भी "हाँ" है लेकिन प्रेम के द्वारा नहीं! आइए अब 10वीं कस्प की तालिका के माध्यम से नौकरी की संभावना की जाँच करें। 10वें कस्प के स्वामी को 2 या 6 या 11 का संकेत देना चाहिए।

*चंद्र Mo [6/10]	केतु Ke [5]	*शुक्र Ve [9/1,8,12]	शनि Sa [12/4]

जैसा कि संबंधित घरों में से कोई भी तालिका में इंगित नहीं होता, नौकरी की संभावना शून्य दिखाई देती है क्योंकि केतू अब 5वें भाव को इंगित करता है।

हालाँकि, एस्ट्रल स्थिति वाले चंद्र अपने स्वयं के घरों का परिणाम भी देंगे जो कि 6 और 10 हैं, जिसका अर्थ है कि नौकरी की संभावना तो है लेकिन बदलाव की या खोने की आशंका अधिक है। वर्तमान में भविष्यवाणियां इस प्रकार की जाती हैं और प्लासीडियस हाउस प्रणाली के उपयोग से कुछ बेहतर साबित होती हैं।

कस्प की गुणवत्ता

कस्प को अंतरिक्ष में एक निश्चित डिग्री पर उनकी स्थिति से इंगित किया जाता है जो कि ग्रहों की तरह ही किसी राशि, नक्षत्र और उपखंड में एक बिंदु के रूप में स्थित है। कस्प के इन राशि, नक्षत्र और उप स्वामियों को कस्पल स्वामी कहा जाता है जो की एक कस्प की गुणवत्ता का संकेत देते हैं। इसका क्या मतलब है?

जैसा हम जानते हैं कि प्रत्येक कस्प या घर में कुछ विशेषताएं होती हैं, उदाहरण के लिए, बीमारी 6वें कस्प की विशेषता है और पेशा या कारोबार 10वें कस्प का गुण

है, आदि। उस विशेषता की गुणवत्ता को कस्पल शासकों द्वारा उनकी, स्थिर और एक चार्ट में अपने आधिपत्य के माध्यम से प्राप्त कि गई विशेषताओं के माध्यम से निश्चित किया जाता है। मान लें कि छठे भाव पर कस्पल स्वामी होने के नाते शनि, मंगल और राहु का शासन है। तब इन ग्रहों के गुणों से रोग की गुणवत्ता नियंत्रित होगी। लेकिन यह रोग की घटना कस्पल उप स्वामी के नक्षत्र स्वामी और उप स्वामी के माध्यम से ही घटित होगी, जैसा कि पहले ही ऊपर बताया जा चुका है। नक्षत्र स्वामी शरीर के उस क्षेत्र को जहां रोग प्रकट हो सकता है, या की रोग होगा की नहीं, इंगित करेगा और उप स्वामी रोग की तीव्रता और/या क्षेत्र के उप-विभाजन और रोग के अंतिम परिणाम को और निर्दिष्ट करेगा।

यह सब पुस्तक में आगे विस्तार से समझाया गया है जब हम प्रत्येक घर पर एक अध्याय पढ़ेंगे।

घटना का समय

हमने पिछले अनुभागों में सीखा है कि किसी घटना को बनाने के लिए आवश्यक घरों के संयोजन द्वारा चार्ट से किसी घटना की भविष्यवाणी कैसे की जाती है। एक बार जब सामान्य सिद्धांत स्पष्ट हो जाते हैं तो उन्हें जीवन की अन्य घटनाओं पर लागू किया जा सकता है जैसा कि पुस्तक के आगे के खंडों में विस्तार से बताया जाएगा।

लेकिन उससे पहले एक अहम सवाल बाकी है, यह घटना कब अमल में आएगी?

घटना के समय की विवेचना भविष्यवाणी का महत्वपूर्ण अंग है। जैसा कि थोड़े अभ्यास से किसी घटना की संभावना का अनुमान लगाना आसान हो सकता है, समय की भविष्यवाणी करना कहीं अधिक कठिन होता है। लेकिन अगर एक व्यवस्थित दृष्टिकोण का पालन किया जाता है तो इस प्रश्न को भी अपेक्षाकृत आसानी से संबोधित किया जा सकता है।

हमने ऊपर के उदाहरण में देखा कि कुछ ग्रह, कुछ घटनाओं का संकेत देते हैं। आइए हम सिद्धांतों को फिर से दोहराते हैं,

1. एक ग्रह अपने नक्षत्र स्वामी की स्थिती और स्वामित्व वाले घरों का परिणाम प्रदान करता है
2. यह अपनी स्थिती और स्वामित्व वाले घरों का परिणाम भी प्रदान करेगा; बशर्ते इसकी एस्ट्रल स्थिति हो [अर्थात इसके नक्षत्रों में कोई ग्रह नहीं है]

3. यहां यह भी जोड़ा जा सकता है कि स्वामित्व वाले घरों का परिणाम प्रदान करने के लिए ग्रह अतिरिक्त मजबूत होगा, यदि ये घर खाली हैं।
4. ऊपर 1 और 2 में बताए गए संकेतकों के माध्यम से ग्रह का उप-खंड स्वामी न केवल आगे निर्दिष्ट करेगा बल्कि इन परिणामों का समर्थन या अस्वीकार भी करेगा।

हमें यहाँ 4वें सिद्धांत को ध्यान से समझना चाहिए। उप-खंड स्वामी की दो भूमिकाएँ हैं। एक, नक्षत्र स्तर पर दर्शाए गए परिणाम को आगे निर्दिष्ट करने या आगे विस्तार करने के लिए और दूसरा, परिणाम को अनुकूल या प्रतिकूल के रूप में व्यक्त करने के लिए।

जब उप स्वामी के घर, परिणाम प्रदान करने वाले घरों के अनुरूप होते हैं, तो परिणाम अनुकूल होते हैं अन्यथा ये प्रतिकूल होते हैं। उदाहरण के लिए, यदि हम विवाह के मामले को देख रहे हैं, तो नक्षत्र स्तर पर 7 या 2 या 11 का परिणाम देने वाला ग्रह विवाह की संभावना को इंगित करेगा बशर्ते उप स्वामी किसी भी अन्य घर को इंगित करता हो, लेकिन 1,6,10 को नहीं क्योंकि ये सभी विवाह के लिए नकारात्मक है। क्योंकि ये सब विवाह के परिणाम वाले घरों से 12वें स्थान पर है। यदि उप स्वामी में एक भी सहायक घर दिखाई दे, तो घटना उस ग्रह की दशा अवधि में हो सकती है।

इन सिद्धांतों को ध्यान में रखते हुए, सभी ग्रहों का, उनके दशा काल में फलित होने की संभावना के लिए, निरिक्षण किया जाता है। और ऐसे सभी ग्रह जो सकारात्मक दिखाई देते हैं, उस घटना के संभावित दशा स्वामियों के रूप में एकत्र कर लिये जाते हैं। एक बार जब ग्रहों का एक समूह इकट्ठा हो जाता है तो उनका संयुक्त दशा काल, घटना के घटित होने का अवसर प्रदान करता है।

उपरोक्त उदाहरण चार्ट में, यदि हम विवाह की घटना के लिए ग्रह संकेतक तालिका को देखते हैं, तो हमें 2 या 7 या 11 में से किसी एक का परिणाम देने वाले एसे ग्रहों का निरिक्षण करना चाहिए जो उनके उप स्वामी द्वारा समर्थित हों। आइए इन पर एक-एक करके विचार करें।

1. केतू 11 का परिणाम देता है और इसका उप स्वामी प्रतिकूल नहीं है।
2. शुक्र 2 या 7 या 11 का परिणाम नहीं देता है।
3. सूर्य 11 का परिणाम देता है और इसका उप स्वामी प्रतिकूल नहीं है।

4. चंद्र 2 या 7 या 11 में से कोई भी परिणाम नहीं देता है।
5. मंगल 11 का फल देता है और इसका उप स्वामी प्रतिकूल नहीं है।
6. राहु 2, 7 का परिणाम देता है और इसका उप स्वामी प्रतिकूल नहीं है।
7. गुरु 2 या 7 या 11 का परिणाम नहीं देता है।
8. शनि 2 या 7 या 11 का परिणाम नहीं देता है।
9. बुध 2 या 7 या 11 का परिणाम नहीं देता।

अतः विवाह की घटना देने वाले ग्रह हैं, केतू, सूर्य, मंगल और राहू। इसलिए विवाह इन ग्रहों की संयुक्त दशा अवधि में हो सकता है, जब सभी घटना बनाने वाले घर सक्रिय होते हैं। तो, विवाह इनमें से किसी एक ग्रह की महादशा में हो सकता है जो विवाह योग्य आयु के लिए सबसे उपयुक्त हो। फिर उस महादशा के भीतर संभव भुक्तियों और अंतरों को संभावनाओं के रूप में चुना जा सकता है। मान लीजिए हमने मंगल की महा दशा को चुना। अब संभावनाएं हैं मंगल/राहु/सूर्य, मंगल/राहु/केतू, मंगल/केतू/राहु, मंगल/सूर्य/राहु आदि। जैसा कि आप देखेंगे कि हमने सभी संयोजनों में राहु पर विचार किया है। क्यों, क्योंकि राहु के बिना जो 2 और 7 को इंगित करता है, सभी घरों का प्रतिनिधित्व नहीं होता है।

संभावित दशा संयोजनों को उद्घाटित करने के लिए इस प्रक्रिया का व्यवस्थित रूप से पालन करना चाहिए। फलदायी संयोजनों का एक सेट इकट्ठा हो जाने के बाद इनका मूल्यांकन पारगमन या गोचर या ट्रांजिट सिद्धांतों के आधार पर किया जाना चाहिए जैसा कि अगले भाग में बताया गया है।

घटना समय की लिए गोचर या पारगमन का महत्त्व

एक बार हमने ग्रह दशा प्रणाली के कुछ संयोजनों का चयन कर लिया, जिसमें वे ग्रह शामिल हैं जो घटना को इंगित करते हैं, वास्तविक तिथि चुनने के तरीके में पारगमन का अध्ययन शामिल होता है। यह कहा जाता है कि घटनाएँ उस समय घटित होती हैं जब घटना में शामिल ग्रह उन ग्रह के नक्षत्रों और उपखंडों में पारगमन कर रहे होते हैं जो उस घटना का संकेत दे रहे होते हैं। उदाहरण के लिए, यदि घटना में राहु/मंगल/शुक्र/केतु शामिल हैं, तो इन ग्रहों को घटना के समय इन्ही ग्रहों के नक्षत्र या उप में गोचर या पारगमन कर रहा होना चाहिए।

किसी घटना की वास्तविक तिथि पर सूर्य और चंद्रमा का गोचर और भी करीब ले जाएगा। सबसे पहले, शामिल ग्रहों में से सबसे धीमी गति से चलने वाले ग्रह की जांच करनी चाहिए। यदि यह फलदायी नक्षत्र और उपखंड में चल रहा है, तो हम अगले धीमी गति से चलने वाले ग्रह पर जा सकते हैं, जब तक कि हमें सभी के फलदायी नक्षत्रों में घूमने वाला समय नहीं मिल जाता।

एक बार जब दशा में सभी ग्रह गोचर में सकारात्मक पाए जाते हैं, तब भी हमारे पास अंतर या सूक्ष्म दशा स्वामी द्वारा इंगित कुछ महीनों का समय रह सकता है। यदि समय अबधि महीनों में है, तो फलदायी नक्षत्रों में सूर्य के गोचर की जाँच करें। अब उस समय के भीतर की अवधि जब सूर्य फलदायी नक्षत्र में होता है, चंद्रमा के गोचर की जाँच की जानी चाहिए और चूंकि चंद्रमा केवल एक दिन के लिए एक नक्षत्र में रहता है, उस दिन को चुनें जिसमें वह फलदायी नक्षत्र में है।

अनुमानित घटना उस दिन घटित होनी चाहिए!

एक फलदायी लग्न के चयन के माध्यम से इस प्रक्रिया का पालन करके घटना के वास्तविक समय तक जाना भी संभव है।

ऊपर परिभाषित भविष्यवाणी की प्रणाली कई वर्षों से केपी प्रणाली के रूप में उपयोग में है और भविष्य वक्ता ज्योतिष में आगे के विकास का आधार बनती है। श्री सीआर भट्ट, श्री कनक बोस्मिया जैसे कई ज्योतिषियों ने पिछले दो दशकों में छोटे बदलावों के साथ, उपयोगी भविष्यवाणियों के लिए इस प्रक्रिया को व्यवस्थित करने के लिए अथक प्रयास किया है। नाड़ी ज्योतिष सहित कई ज्योतिषि विधियों में चौथे स्तर [एसएल के एनएल] पर विचार नहीं किया जाता।

इस प्रणाली से ऐसा ही एक विकास श्री एसपी खुल्लर द्वारा विकसित कस्पल इंटरलिंक थ्योरी रहा है। जो इस भविष्यवाणी प्रणाली को दूसरे स्तर पर ले जाते हैं।

इस प्रणाली में दो महत्वपूर्ण विकास हैं।

वही प्रस्ताव जो लग्न को अगले उपखंड तक जाने के लिए लिया गया [आपको याद होगा कि पहले कस्प में एक राशि स्वामी, नक्षत्र स्वामी और एक उप-खंड स्वामी है] अभी भी महत्वपूर्ण है। क्योंकि लग्न को एक उपखंड से अगले उपखंड में जाने के लिए लगभग 1 से 9 मिनट का समय लगता है जो की हर उपखंड के चाप क्षेत्र पर निर्भर है। वर्तमान जन्म दर को ध्यान में रखते हुए, यह प्रस्ताव कहता है कि इस उप

चाप-खंड को उपउप स्वामी या सबसब लॉर्ड [एसएसएल] में उसी तरह विभाजित किया जाए जैसे नक्षत्र को उप-स्वामी [एस एल] में, जिससे एक और स्तर का शोधन हो।

यह आगे कहता है कि चूंकि कस्प पर न केवल उसके राशि स्वामी, बल्कि उसके नक्षत्र स्वामी और उप-स्वामी, और अब उसके उप उप-स्वामी द्वारा भी शासन किया जाता है और इन सभी को उस कस्प के शासकों के रूप में माना जाना चाहिए, न कि केवल राशि स्वामी, आदि।

यह एसएसएल के रूप में चौथे स्तर के साथ, चार स्तर के ग्रह संकेत तालिका की ओर ले जाता है और प्रत्येक ग्रह अब कई कस्प का प्रतिनिधित्व करने लगता है।

सभी अभिधारणाएँ तार्किक हैं और प्रक्रिया के आगे परिशोधन की ओर ले जाती हैं। लेकिन कुछ मुद्दे ऐसे हैं जो साबित करते हैं कि इस सिद्धांत का वरदान उसका अभिशाप भी है।

1. कस्प का उप उप स्वामी कुछ सेकंड में बदल जाता है, हालांकि सटीक है पर इसके लिए बहुत सटीक जन्म समय की आवश्यकता होती है। आज भी जन्म के समय को इतनी सटीक रूप से रिकॉर्ड करना मुश्किल है।
2. इसके लिए यह भी आवश्यक है कि जन्म स्थान का देशांतर और अक्षांश बिलकुल सटीक होना चाहिए।
3. इतनी सटीकता के बाद भी, किसी ग्रह द्वारा दर्शाए गए कस्प की संख्या बहुत अधिक हो जाती है और पहले से ही कठिन भविष्यवाणी को और भी भ्रमित कर देती है।
4. राहु और केतु के लिए निर्धारित नियम हालांकि उनकी ताकत को संबोधित करने की कोशिश करते हैं लेकिन भारी और विपरीतार्थ्क प्रतीत होते हैं।

ज्योतिष के विकास का यह संक्षिप्त अध्ययन भविष्यवाणी की प्रणाली की जड़ों को कुछ जानने के लिए आवश्यक था जो लगभग मानव जितनी ही पुरानी है। सटीकता की खोज एक स्रोत से दूसरे स्रोत तक गई और इस प्रक्रिया में विज्ञान के कई छिपे हुए पहलू सामने आए। वर्षों के अध्ययन के बाद, मुझे यह स्पष्ट हो गया कि हम जो खोज रहे हैं वह वर्षों से पालन की जाने वाली सामान्य अभिधारणाओं के शब्दों में छिपा है, लेकिन व्याख्या अलग तरह से की गई है। सभी प्राचीन ग्रंथ और प्रणालियां समान नियमों की ओर इशारा करती हैं, लेकिन प्राचीन ग्रंथों के भाषाई ज्ञान की कमी

के कारण उनकी व्याख्याएं भिन्न हो जाती हैं। उस अर्थ की खोज करना आवश्यक था और यह केवल एक कुशल गुरु के साथ मौखिक संचार के माध्यम से ही संभव था। यह तीक्ष्ण जिज्ञासा ही थी जो मुझे ऐसे गुरु तक ले गयी, जो इस प्राचीन विद्या को पहले लिखे कारणों से ओझल रखना चाहते हैं।

महान आत्मा के साथ मेरा प्रवास कुछ ही महीनों तक चला लेकिन एक बार यह समाप्त हो जाने पर सब कुछ ठीक हो गया। हम इतने करीब थे लेकिन फिर भी सच्चाई से बहुत दूर थे। भविष्यवाणियां स्पष्ट और आसान हो गईं। मैं इन सूत्रों को अगले अध्याय में समझाऊंगा, जिसका दृष्टिकोण केवल थोड़ा अलग है लेकिन परिणाम गहराई से अलग हैं, इसे "सूक्ष्म चाप विधि" कहा जा सकता है और यही इस पुस्तक की विषय वस्तु है।

04

काल चक्र - सूक्ष्म चाप विधि

"नवजात बच्चे की आत्मा को दुनिया में आने के समय सितारों के पैटर्न द्वारा जीवन के लिए चिन्हित किया जाता है, वो अनजाने में इसे याद करता है, और इसी तरह के विन्यास की वापसी के प्रति संवेदनशील रहता है।"

जोहान्स केपलर

मेरे गुरु की अनुमति से और पिछले अध्यायों में एकत्रित तथ्यों के आधार पर अब हम भविष्यवाणी की ऐसी विधि को परिभाषित करने में सक्षम हैं जिसे मैंने एकत्र किया और कई मामलों में बड़ी सफलता के साथ उपयोग भी किया है। अब तक अंतरिक्ष के छोटे विभाजनों के आधार पर भविष्यवाणियों को परिष्कृत करने पर जोर रहा है ताकि किसी ग्रह द्वारा उसके परिणामों को, उसकी छोटे से छोटे विभाजन क्षेत्र पर स्थिति देख कर लिया जा सके। हालाँकि, कस्प का प्रभुत्व कस्प के राशि स्वामी के साथ ही बना हुआ था। इसे बाद में कस्पल इंटरलिंक्स थ्योरी में प्रस्ताव के रूप में कस्प के सह-शासकों के बीच वितरित किया गया था। यह वह जगह है जहाँ से वास्तविक विधि भिन्न हो जाती है। यहां कस्प का प्रभुत्व सबसे छोटे चापखंड तक सीमित रखा जाता है जिसे संभवतः उचित सटीकता के साथ परिभाषित किया जा सके। यहीं से हर कुंडली का भिन्न व्यक्तित्व स्पष्ट होने लगता है।

निस्संदेह जन्म के समय और स्थान की सटीकता हमेशा की तरह महत्वपूर्ण है। इस विधि में जन्म के समय की समीक्षा करने और उसे सही करने का एक आसान तरीका है और किसी भी कुंडली का विश्लेषण करने से पहले इसे किया जाना चाहिए। इसे बाद में एक अध्याय में समझाया गया है और आगे के अध्यायों में बताई गई विधि को सीखने के बाद ही इसका प्रयास करना चाहिए। हालांकि अनुभवी ज्योतिषी उस अध्याय में दी गई विधि का प्रयोग किसी भी समय कर सकते हैं।

राशि चक्र में कोई भी बिंदु राशि स्वामी [RL] द्वारा शासित 30° के एक चाप के भीतर होता है, और फिर एक नक्षत्र स्वामी [NL] द्वारा शासित 13°:20' के एक नक्षत्र में, उसके आगे नक्षत्र के नौवें भाग द्वारा परिभाषित छोटा चाप, जिसे नवांश [नव अंश - नौवां भाग] कहा जाता है, जिसे नवांश स्वामी द्वारा शासित किया जाता है, जिसे आमतौर पर उप स्वामी [SL] कहा जाता है, और फिर नवांश के भी नौवें भाग द्वारा परिभाषित एक और भी छोटे चाप में जिसे नव नवांश कहा जाता है और जो नव नवांश स्वामी द्वारा शासित होगा, जिसे आमतौर पर उप-उप स्वामी या सब-सब लॉर्ड [SSL] कहा जाता है।

एक ग्रह या एक कस्प, राशि चक्र में एक बिंदु ही तो है, जो कि जन्म के समय और स्थान पर इसकी डिग्री से परिभाषित होता है, और इस प्रकार उस बिंदु के अनुरूप उपरोक्त परिभाषित स्वामियों द्वारा शासित होता है। ग्रहों को गति करने में लंबा समय लगता है। उनकी स्थिति मिनटों में नहीं बदलती, और इसलिए किसी दिए गए जन्म समय के लिए उनका नव नवांश [SSL] भी नहीं बदलता। लेकिन, कस्प बहुत तेजी से आगे बढ़ते हैं और उनका नव नवांश [SSL] कुछ ही सेकंड में बदल जाता है और इसलिए उनकी स्थिति को केवल नवांश [SL] तक ही सही माना जाता है।

अब हम इस पद्धति के नियमों को व्यवस्थित तौर पे जानेंगे जो कि विभिन्न विधियों के माध्यम से पहले बताए गए नियमों से ज्यादा नहीं, लेकिन भिन्न हैं:

नियम - 1: किसी ग्रह का "सूक्ष्म चाप स्वामी" नव नवांश स्वामी या उप-उप स्वामी SSL होता है। तो, एक ग्रह पर राशि स्वामी RL, नक्षत्र स्वामी NL, नवांश स्वामी SL और नव नवांश स्वामी SSL का शासन होता है।

नियम - 2: एक कस्प का "सूक्ष्म चाप स्वामी" नवांश स्वामी, या उप स्वामी SL होता है। तो, कस्प, राशि स्वामी RL, नक्षत्र स्वामी NL और नवांश स्वामी SL द्वारा सह-शासित होती है।

नियम - 3: कस्प का मुख्य स्वामित्व उसके नवांश स्वामी SL के पास ही होगा। इसलिए केवल वही घर उसका माना जायेगा जिसका वह नवांश स्वामी SL है। यदि कोई ग्रह कुंडली में किसी भी कस्प के SL के रूप में प्रकट नहीं होता, केवल तभी वह उस कस्प का द्वितीय स्तर स्वामी माना जाता है जहां वह NL के रूप में प्रकट होता है। यदि कोई ग्रह किसी भी कस्प के NL रूप में भी प्रकट नहीं होता, फिर और केवेल तब वह उस कस्प का तृतीय स्तर स्वामी माना जाएगा जहां वह RL के रूप में दिखाई देगा। इसे 'स्मालेस्ट आर्क लार्ड' SAL भी कहा जाता है।

नियम - 4: एक ग्रह ऊपर लिखित नियम 3 में पाए गए कस्प के साथ साथ उस घर का भी प्रतिनिधित्व करता है जहाँ वह स्थित होता है।

नियम - 5: हर ग्रह राशिचक्र में अपनी चाप स्थिति का फल देने के लिए उत्तरदायी होता है और इसका क्षेत्र एक नक्षत्र तक ही माना जाता है। इसलिए, पहले स्तर पर यह अपने नक्षत्र स्वामी NL द्वारा प्रतिनिधित्व किए गए कस्प या घरों के परिणाम देने के लिए जिम्मेदार हो जाता है।

नियम - 6: इन परिणामों को अगले स्तर पर, इसके छोटे चाप स्वमिओं द्वारा, SL और SSL द्वारा दर्शाए गए घरों के आधार पर संशोधित किया जाता है। ये इन परिणामों में सुधार या उनका खंडन कर सकते हैं।

नियम - 7: ग्रह अपने दशा काल में अपना फल देते हैं अर्थात दशा, भुक्ति या अंतर DBA आदि के दौरान। छोटी अवधियों का उपयोग छोटी घटनाओं के लिए किया जा सकता है। किसी भी घटना के लिए सभी दशा अवधियों के स्वामी को, ऊपर लिखित नियमों के अनुसार, घटना प्रकट करने की अनुमति देनी चाहिए, या संकेत देना चाहिए, या कम से कम इनकार नहीं करना चाहिए।

नियम - 8: फल दायक दशा अवधि के स्वामी और सूर्य को अपनी पारगमन स्थिति के माध्यम से भी घटना को प्रकट करने के लिए, ऊपर लिखित नियमों के अनुसार, अनुमति देनी चाहिए, या इंगित करना चाहिए, या कम से कम इनकार नहीं करना चाहिए।

नियम - 9: घटना के समय को प्रकट करने के लिए चंद्रमा और लग्न को भी अपनी पारगमन स्थिति के माध्यम से, ऊपर लिखित नियमों के अनुसार, घटना की अनुमति देनी चाहिए, या संकेत देना चाहिए, या अस्वीकार नहीं करना चाहिए।

नियम - 10: राहु और केतु अन्य ग्रहों से थोड़ा अलग कार्य करते हैं। वे किसी भी अन्य ग्रह की किरणों को, जो 5° तक इनके निकट संयोजन में हो या जो इनको 5° के भीतर देखते हों, ग्रहण कर लेते हैं या समेट लेते हैं। बलशाली होने के कारण वे अन्य ग्रहों की तुलना में एक बड़े क्षेत्र, राशी क्षेत्र, के परिणाम प्रदान करते हैं, जो की ना सिर्फ उनके NL बल्कि RL द्वारा भी दर्शाए जाते हैं।

यह और स्पष्ट हो जाएगा जब हम नीचे दिए गए उदाहरण चार्ट की समीक्षा करेंगे।

EXAMPLE CHART - KC 501

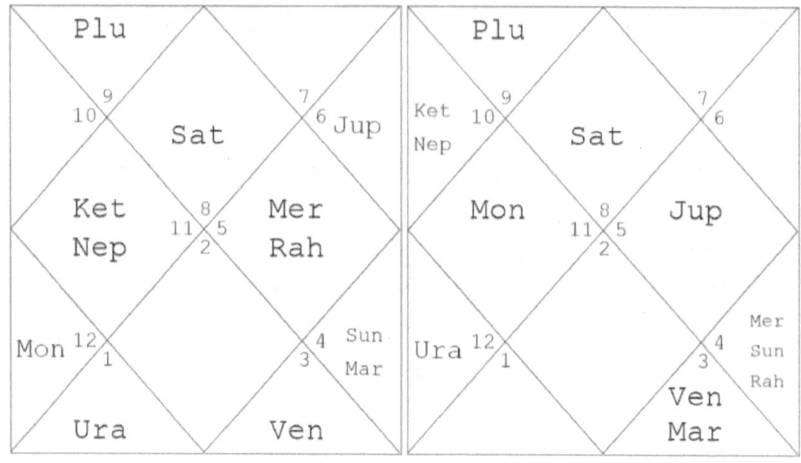

PLANET POSITIONS

Planet	Sign	Degree	RL	NL	SL	SSL
Sun	Cancer	24:47'36"	Mon	Mer	Rah	Sat
Mon	Pisces	07:50'38"	Jup	Sat	Ket	Jup
Mar	Cancer	19:5718"	Mon	Mer	Ven	Mon
Mer	Leo	17:25'40"	Sun	Ven	Mar	Rah
Jup	Virgo	24:24'31"	Mer	Mar	Rah	Rah
Ven	Gemini	18:24'07"	Mer	Rah	Mon	Rah
Sat	Scorpio	27:15'14"	Mar	Mer	Jup	Ven
Rah	Leo	00:21'42"	Sun	Ket	Ket	Rah
Ket	Aquarius	00:21'42"	Sat	Mar	Mer	Ket
Ura	Aries	04:24'37"	Mar	Ket	Mon	Mer
Nep	Aquarius	19:25'11"	Sat	Rah	Mar	Jup
Plu	Sagittarius	23:17'47"	Jup	Ven	Sat	Mar

CUSP POSITIONS

Cusp	Sign	Degree	RL	NL	SL	SSL
1	Scorpio	15:14'29"	Mar	Sat	Jup	Sat
2	Sagittarius	16:20'54"	Jup	Ven	Mon	Mar
3	Capricorn	20:40'8"	Sat	Mon	Ven	Ven
4	Aquarius	25:22'4"	Sat	Jup	Mer	Jup
5	Pisces	26:19'0"	Jup	Mer	Jup	Jup
6	Aries	22:22'11"	Mar	Ven	Sat	Mer
7	Taurus	15:14'29"	Ven	Mon	Jup	Mon
8	Gemini	16:20'54"	Mer	Rah	Ven	Rah
9	Cancer	20:40'8"	Mon	Mer	Ven	Jup
10	Leo	25:22'4"	Sun	Ven	Mer	Jup
11	Virgo	26:19'0"	Mer	Mar	Jup	Jup
12	Libra	22:22'11"	Ven	Jup	Sat	Mer

समान घर प्रणाली के साथ सामान्य रूप से परिभाषित राशि चार्ट या लग्न चार्ट को यहां विषम राशि के आधार पर बने भाव चार्ट के साथ साथ दिखाया गया है। लग्न चार्ट में विभाजन रेखाएं राशियों को दर्शाती हैं। भाव चार्ट को कस्प चार्ट भी कहा जाता है। यहाँ विभाजन रेखाएँ कस्प को दर्शाती हैं। नीचे दी गई तालिकाएँ राशि चक्र में ग्रहों की स्थिति के साथ-साथ उनके सह-शासकों और कस्प की डिग्री और उनके सह-शासकों को दर्शाती हैं। इन सभी की गणना जन्म के आंकड़ों के आधार पर की जाती है जैसा कि पहले चर्चा की गई थी।

इस चार्ट का अध्ययन करने के लिए, हम प्रत्येक ग्रह द्वारा दर्शाए गए कस्प को समझने के साथ शुरू करते हैं। सूर्य Sun को लें, और कस्प स्थिति में SL वाले कॉलम को देखें। सूर्य Sun किसी भी कस्प में नहीं दिखता। अब NL कॉलम को देखें। सूर्य Sun किसी भी कस्प में नहीं दिखता। अब RL कॉलम को देखें और सूर्य दशम भाव में प्रकट होता है और इसलिए दशम भाव पर शासन करता है। सूर्य Sun 10वें कस्प का सूक्षम चाप स्वामी SAL हो जाता है क्योंकि किसी और छोटी चाप में ये प्रकट नहीं होता। भाव चार्ट को देखें सूर्य Sun नवम भाव में स्थित है। इसलिए, सूर्य Sun केवल कस्प 9 और 10 का ही प्रतिनिधित्व करेगा।

आइए इस अभ्यास को शुक्र Ven के लिए दोहराएं। कस्प तालिका में SL कॉलम देखें। शुक्र Ven तीसरे, आठवें और नौवें भाव में प्रकट होता है। जैसा कि शुक्र इस कॉलम में प्रकट हो जाता है, हमें इस तालिका में अब आगे शुक्र की तलाश नहीं करनी क्योंकि हमें शुक्र Ven की सबसे छोटी चाप मिल गयी है। इसलिए शुक्र Ven 3, 8 और 9 का सूक्षम चाप स्वामी SAL हो जाता है। भाव कुंडली में शुक्र आठवें घर में स्थित है। इसलिए, शुक्र Ven कस्प 3, 8 और 9 का प्रतिनिधित्व करेगा।

इसी तरह, आप विभिन्न ग्रहों द्वारा दर्शाए गए घरों की गणना कर सकते हैं। ये पहले परिभाषित अन्य प्रणालियों में गणना किए गए घरों से अलग होंगे और इसलिए इस पद्धति के लिए अद्वितीय हैं और प्रत्येक कुंडली को बिना संक्षिप्तता खोए अपेक्षाकृत एक दम सटीक बनाते हैं। नीचे दी गई तालिका ऊपर दिए आधार पर तैयार किए गए नए ग्रह संकेतक तालिका या PIT को इंगित करती है।

PIT		परिणाम				परिणाम की समीक्षा			
ग्रह	**कस्प**	**RL**	**कस्प**	**NL**	**कस्प**	**SL**	**कस्प**	**SSL**	**कस्प**
केतु Ke	1 3 6 12	शनि Sa	1 6 12	मंगल Ma	8 11	बुध Me	4 9 10	केतु Ke	1 3 6 12
शुक्र Ve	3 8 9			राहू Ra	8 9	चंद्र Mo	2 4	राहू Ra	8 9
सूर्य Su	9 10			बुध Me	4 9 10	राहू Ra	8 9	शनि Sa	1 6 12
चंद्र Mo	2 4			शनि Sa	1 6 12	केतु Ke	1 3 6 12	गुरु Ju	1 5 7 10 11
मंगल Ma	8 11			बुध Me	4 9 10	शुक्र Ve	3 8 9	चंद्र Mo	2 4
राहू Ra	8 9	सूर्य Su	9 10	केतु Ke	1 3 6 12	केतु Ke	1 3 6 12	राहू Ra	8 9
गुरु Ju	1 5 7 10 11			मंगल Ma	8 11	राहू Ra	8 9	राहू Ra	8 9

PIT		परिणाम				परिणाम की समीक्षा			
ग्रह	कस्प	RL	कस्प	NL	कस्प	SL	कस्प	SSL	कस्प
शनि Sa	1 6 12			बुध Me	4 9 10	गुरु Ju	1 5 7 10 11	शुक्र Ve	3 8 9
बुध Me	4 9 10			शुक्र Ve	3 8 9	मंगल Ma	8 11	राहू Ra	8 9

आप उपरोक्त तालिका की समीक्षा करने के लिए कुछ समय बिताएँ, यह देखने के लिए कि विभिन्न ग्रहों को सभी कस्प कैसे सौंपे गयें है। केवल राहु और केतू के लिए उनके RL के कस्प को दिखाया जाता है क्योंकि केवल राहु और केतू उनके नक्षत्र स्वामी NL द्वारा प्रतिनिधित्व किए गए घरों के साथ साथ उनके राशी स्वामी RL द्वारा प्रतिनिधित्व किए गए घरों का परिणाम भी प्रदान करते हैं। इसके अलावा आप देख सकते हैं, हालांकि केतू किसी भी कस्प की चाप खंड स्थिति में प्रकट नहीं होता, और यह भाव चार्ट में तीसरे घर में है, फिर भी यह अतिरिक्त घर 1,6 और 12 का प्रतिनिधित्व करता है। ऐसा इसलिए है क्योंकि शनि [1,6,12] अपने दसवें दृष्टि कोण से 5 डिग्री के भीतर केतु को देख रहा है। दूसरी ओर, राहु पे 5° के भीतर कोई संयोजन या दृष्टि नहीं है, इसलिए यह केवल कस्प 8 को इसका सूक्ष्म चाप स्वामी होकर और कस्प 9 को उसका निवासी होकर प्रतिनिधित्व करता है।

एक बार यह तालिका तैयार हो जाने के बाद यह समझना काफी आसान हो जाता है कि किसी ग्रह की दशा अवधि में क्या उम्मीद की जानी चाहिए या दूसरे शब्दों में किसी घटना के लिए संभावित दशा अवधि की भविष्यवाणी करना। किसी ग्रह को यह इंगित करने के लिए देखना कि वह अपनी दशा अवधि में क्या पेशकश कर सकता है, संभव तो है, लेकिन आम तौर पर भ्रमित करने वाला होता है क्योंकि बहुत सारी संभावनाएं हो सकती हैं। इसलिए तालिका को देखने का दूसरा तरीका यह है कि प्रत्येक घर का अध्ययन करें और देखें कि उस घर से संबंधित क्या परिणाम की उम्मीद की जा सकती है। यह थोड़ा बेहतर है और इसके लिए हमने प्रत्येक घर

की बारीकियों को समझने और ग्रह संकेत तालिका PIT से इन्हें कैसे खोजा जाए, इसके लिए हर घर को समर्पित अध्याय आगे दिये हैं। लेकिन सबसे अच्छा तरीका जो मैंने पाया, वह है जीवन के विशिष्ट क्षेत्रों जैसे शिक्षा, पेशे, स्वास्थ्य, विवाह, बच्चों, विदेश यात्रा आदि के लिए तालिका का अध्ययन करना। यह जीवन में उपयोगी ठोस घटनाओं की भविष्यवाणी प्रदान करता है। भविष्य वक्ता तकनीक को पूरी तरह समझने के लिए हमने बाद के भाग में इनमें से प्रत्येक क्षेत्र को समर्पित अध्याय भी दिए हैं।

सभी घटनाओं को घरों के संयोजन के साथ अधिनियमित किया जाता है। जैसे, कस्प समूह 2,7,11 द्वारा विवाह का संकेत, कस्प समूह 2,5,11 द्वारा बच्चे के जन्म का संकेत और, नौकरी का संकेत कस्प समूह 2,6,10,11 आदि से होता है। किसी भी घटना को फलित करने के लिए ग्रह को राशि चक्र में एक एसे स्थान पर होना चाहिए कि उस स्थान के सह-शासक सभी स्तरों पर उस घटना से संबंधित घरों को इंगित करें। दूसरे शब्दों में, ग्रह को एक एसे नक्षत्र में होना चाहिए जिसका स्वामी इनमें से एक या अधिक घरों का सूक्ष्म चाप स्वामी या निवासी होना चाहिए। इसके अलावा इसे उस नक्षत्र में ऐसे नवांश और नव नवांश पर भी होना चाहिए जिनके स्वामी भी इनमें से एक या अधिक घरों का सूक्ष्म चापस्वामी या निवासी होना चाहिए। यदि इनमें से कोई भी सह-शासक ग्रह, जिन्हें एस्ट्रल लॉर्ड्ज भी कहा जाता है, सिर्फ घटना को नकारने वाले घरों को इंगित करता है तो उस घटना को इस ग्रह द्वारा नहीं किया जा सकता। तो आप समझ सकते हैं, यह राशि चक्र के उस बिंदु की गुणवत्ता है जो या तो फलदायी है या अन्यथा नहीं। ग्रह कोई भी हो सकता है जो केवल अपनी दशा अवधि के माध्यम से घटना का वादा और उसके फलित होने के समय का संकेत देता हैं।

जिस तरह किसी घटना के लिए आशाजनक संकेत होते हैं, उसी तरह उस घटना के लिए नकारात्मक संकेत भी होते हैं। किसी भी कस्प के विपरीत कस्प या सामने वाले कस्प का अर्थ शत्रुता है और प्रतिद्वंद्वी को लाभ का संकेत देता है। किसी कस्प के एक पीछे का कस्प इनकार को इंगित करता है जैसे कस्प 12 कस्प 1 के नुकसान को इंगित करता है। इसलिए, यदि कस्प 6 नौकरी या सेवा को इंगित करता है, तो कस्प 5 नौकरी या सेवा के नुकसान का संकेत देगा। किसी कस्प से 8वां कस्प उस संदर्भ में बाधाओं और दुखों को इंगित करता है। आगे का कोण कस्प यानी दिए गए कस्प से चौथा कस्प सामान्य बाधाओं को इंगित करता है लेकिन कुछ हद तक। तो,

यदि 7वां विपक्ष है, 12वां इनकार है, 8वां गंभीर बाधाएं और दुख हैं तो 4वां बाधाएं हैं। किसी दिए गए कस्प से 4वें, 7वें, 8वें, 12वें कस्प का दिखना आमतौर पर उस संधर्व में परेशानी का संकेत देता है जब तक कि वह कस्प पहले से ही सकारात्मक समूह का हिस्सा न हो। इसी तरह, एक कस्प से 2वें, 5वें, 9वें और 11वें कस्प सकारात्मक या सहायक होते हैं। अन्य सभी कस्प या तो तटस्थ या सहायक होते हैं।

अगर उदाहरण के लिए नौकरी या सेवा को लें, तो घरों के परिणाम को नीचे दी गयी तालिका के रूप में समझाया जा सकता है:

प्रधान कस्प	**सकारत्मक या धनात्मक**				**नकारत्मक या ऋणात्मक**				**टिप्पणी**
	2nd	**5Th**	**9Th**	**11Th**	**4Th**	**7Th**	**8Th**	**12Th**	
2 धन	3	6	10	12	5	8	9	1	यहां कस्प 12 निवेश के लिए सहायक मानी जाएगी
6 सेवा	7	10	2	4	9	11*	12	5	चूंकि कस्प 11 स्वाभाविक समर्थक है तो उसे नकारात्मक नहीं माना जाएगा।
10 पेशा	11	2	6	8*	1	4	5	9	चूंकि कस्प 8 प्राकृतिक नकारात्मक है, इसे तब तक सकारात्मक नहीं माना जाएगा जब तक कि अन्य सभी शामिल कस्प सकारात्मक न हों।

यह नियम सभी स्तरों पर सभी घरों पर समान रूप से लागू किया जाएगा, इस सावधानी के साथ कि स्पष्ट सहायक और प्राकृतिक रूप से नकारात्मक घरों को सावधानी से देख लिया जाये।

प्रत्येक ग्रह एक या अधिक घरों का सूक्ष्म चाप स्वामी SAL होता है। इसके परिणामों को अपने नक्षत्र स्वामी NL, नवांश स्वामी SL और नव नवांश स्वामी SSL, जिनको एस्ट्रल लॉईज भी कहते हैं, के चेक पोस्ट के माध्यम से पुष्टि करवाने की जिमेवारी इसी सूक्षम चाप स्वामी की है। हम पहले ही अध्याय 2 में प्रत्येक घर या कस्प के सामान्य गुणों पर चर्चा कर चुके हैं। उदाहरण के लिए, दूसरा घर अन्य बातों के अलावा धन, सम्मान और परिवार को इंगित करता है। लेकिन यह पूरे दूसरे घर का क्षेत्र है। फिर इसे कस्पल नक्षत्र स्वामी द्वारा संकुचित किया जाता है और इसे आगे

ले जाने के लिए सूक्ष्म चाप स्वामी को सोंप दिया जाता है। लेकिन ये दोनों, कस्प के राशी स्वामी और नक्षत्र स्वामी, कुछ अन्य घरों का प्रतिनिधित्व भी करते हैं, जिन घरों के ये स्वयं सूक्ष्म चाप स्वमी या निवासी हैं। इसलिए, वे अपने स्वयं के एजेंडे को भी इस सूक्ष्म चाप स्वामी के माध्यम से आगे बढ़ाते हैं। आइए इस प्रक्रिया को एक ट्रेन के रूपक के माध्यम से समझने की कोशिश करते हैं।

परिणाम का संश्लेषण

एक ग्रह जो की सूक्ष्म चाप स्वामी है, मुख्य नायक है। यह मालगाड़ी के वाहक या इंजन की तरह है। इस ट्रेन में कुछ बोगियां हैं, जो इस ग्रह द्वारा दर्शाए गए कस्प हैं। तो मान लो हमारी ट्रेन में, कस्प या बोगी नंबर 2, 6, 9 हैं। प्रत्येक बोगी अपने स्वयं के आपूर्ति चैनल से माल प्राप्त करती है जो की उसके राशि स्वामी RL, 'आपूर्तिकर्ता' और उसके नक्षत्र स्वामी NL 'वितरक' द्वारा बनाई जाती है।

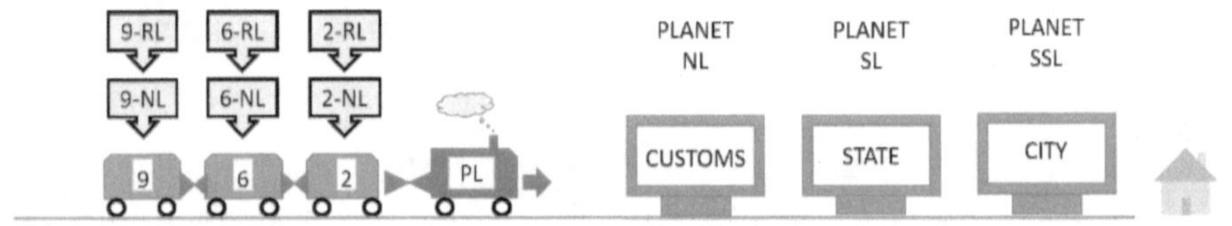

अब यह ट्रेन, ग्रह की दशा अवधि के दौरान चलती है और इसे पहले चेक पोस्ट, इसके NL, सीमा शुल्क अधिकारी से गुजरना होगा। यहां माल की जांच की जाती है और केवल वही सामान पास हो सकता है जो NL द्वारा प्रतिनिधित्व किए गए घरों द्वारा तय की गई सीमा शुल्क नीति को पूरा करते हैं।

जो कुछ भी सीमा शुल्क से होकर गुजरता है वह अब अगले चेक पोस्ट पर पहुंच जाता है जो कि आपका स्टेट बैरियर नवांश लॉर्ड SL है। यहां माल का फिर से निरीक्षण किया जाता है और केवल वही माल पास हो सकता है जो राज्य की नीति को पूरा करते हैं, जो SL द्वारा प्रतिनिधित्व किए गए घरों द्वारा तय किया जाता है। अगला पड़ाव है SSL का जो की शहर की चेक पोस्ट है। यहां सामान की फिर से जांच की जाती है लेकिन अब तक अधिकांश पैरामीटर स्पष्ट हैं और सामान डिलीवरी के लिए उपयुक्त रूप से पैक किए जाते हैं और तब तक गुजरते हैं जब तक कि SSL के साथ कोई बड़ी समस्या न हो और अंत में जातक या कुंडली धारक तक पहुंच जाते हैं।

हम इस आपूर्ति श्रृंखला प्रणाली को हमारे ग्रह संकेत तालिका [Planetary Indicator Table] PIT में भी दोहराएंगे ताकि कुंडली का मूल्यांकन करते समय सभी तथ्य उपलब्ध हों। हमने अब तक ट्रेन की बोगियों के लिए आपूर्ति श्रृंखला के बिना PIT को रूप दिया था। अब तालिका को अंतिम रूप देने के लिए आपूर्ति श्रृंखला को PIT में जोड़ा जाएगा।

संशोधित तालिका को नीचे दर्शाया गया है और इसे सूक्ष्म चाप विधि [SAM] ग्रह संकेतक तालिका [PIT] कहा जाता है।

सूक्ष्म चाप विधि ग्रह संकेत तालिका [SAM PIT]

RL कस्प					RL	NL कस्प					NL	ग्रह	घर	RL	घर	NL	घर	SL	घर	SSL	घर
कस्पल स्वामी पक्ष													एस्ट्रल स्वामी पक्ष								
			8	11	Ma			1	6	12	Sa	Ke केतु	1	Sa	1	Ma	8	Me	4	Ke	1
		1	6	12	Sa				2	4	Mo		3		6		11		9		3
			8	11	Ma			3	8	9	Ve		6		12				10		6
		3	8	9	Ve	1	5	7	10	11	Ju		12								12
		1	6	12	Sa				2	4	Mo	Ve शुक्र	3			Ra	8	Mo	2	Ra	8
		4	9	10	Me				8	9	Ra		8				9		4		9
			2	4	Mo			4	9	10	Me		9								
			2	4	Mo			4	9	10	Me	Su सूर्य	9			Me	4	Ra	8	Sa	1
			9	10	Su			3	8	9	Ve		10				9		9		6
																	10				12
1	5	7	10	11	Ju			3	8	9	Ve	Mo चंद्र	2			Sa	1	Ke	1	Ju	1
		1	6	12	Sa	1	5	7	10	11	Ju		4				6		3		5
																	12		6		7
																			12		10
																					11
		4	9	10	Me				8	9	Ra	Ma मंगल	8			Me	4	Ve	3	Mo	2
		4	9	10	Me				8	11	Ma		11				9		8		4
																	10		9		

सूक्ष्म चाप विधि ग्रह संकेत तालिका [SAM PIT]																					
RL कस्प					RL	NL कस्प					NL	ग्रह	घर	RL	घर	NL	घर	SL	घर	SSL	घर
कस्पल स्वामी पक्ष													एस्ट्रल स्वामी पक्ष								
		4	9	10	Me				8	9	Ra	Ra राहू	8	Su	9	Ke	1	Ke	1	Ra	8
			2	4	Mo			4	9	10	Me		9		10		3		3		9
																	6		6		
																	12		12		
			8	11	Ma			1	6	12	Sa	Ju गुरु	1			Ma	8	Ra	8	Ra	8
1	5	7	10	11	Ju			4	9	10	Me		5				11		9		9
		3	8	9	Ve				2	4	Mo		7								
			9	10	Su			3	8	9	Ve		10								
		4	9	10	Me				8	11	Ma		11								
			8	11	Ma			1	6	12	Sa	Sa शनि	1			Me	4	Ju	1	Ve	3
			8	11	Ma			3	8	9	Ve		6				9		5		8
		3	8	9	Ve	1	5	7	10	11	Ju		12				10		7		9
																			10		
																			11		
		1	6	12	Sa	1	5	7	10	11	Ju	Me बुध	4			Ve	3	Ma	8	Ra	8
			2	4	Mo			4	9	10	Me		9				8		11		9
			9	10	Su			3	8	9	Ve		10				9				

आप देखेंगे कि तालिका का दाहिना हिस्सा, एस्ट्रल स्वामी पक्ष, अधिक कॉलम का समायोजन छोड़कर बिल्कुल वैसा ही है। तालिका के बाएं और हमने अब प्रत्येक घर यानी विचाराधीन ग्रह द्वारा इंगित प्रत्येक कस्प के राशी स्वामी RL और नक्षत्र स्वामी SL द्वारा दर्शाए गए घरों को जोड़ दिया है। ये बोगियों की आपूर्ति श्रृंखलाएं हैं जैसा कि पहले चर्चा की गई थी और यह कस्पल स्वामी पक्ष है।

यह तालिका हमें किसी चार्ट की पूरी तस्वीर देती है और सटीक रूप से कुंडली की व्याख्या करने के लिए बहुत उपयोगी है।

उदाहरण के लिए, तालिका की पहली पंक्ति को देखें। केतू इंजन है, जो बोगी या घर 1,3,6,12 का प्रतिनिधित्व करता है। घर 1 या लग्न, स्वास्थ्य और दीर्घायु का संकेत देता है। इसे इसके राशी स्वामी RL, मंगल Ma [8,11] और नक्षत्र स्वामी NL शनि Sa [1,6,12] द्वारा पोषित किया जाता है। तो यहाँ आपूर्ति श्रृंखला रोग से संबंधित सभी बिंदुओं को इंगित करती है। इसलिए यह बोगी खराब सेहत से भरी पड़ी है। अब केतू अपनी दशा अवधि के दौरान, इसे अपने RL (राहु और केतू के लिए हम RL को पहली चेक पोस्ट मानते हैं) शनि Sa [1,6,12] और NL मंगल Ma [8,11] के पहले चेक पोस्ट पर लाता है। ये बोगी में रखे सामान के साथ पूरी तरह से सहमत हैं इसलिए यह बीमारी राज्य स्तर तक पहुंच जाती है। इसका SL है बुध Me [4,9,10]। यहां भी अधिक राहत नहीं है क्योंकि 9 को छोड़कर अन्य दो घर या तो तटस्थ या नकारात्मक हैं। स्थिर लग्न के लिए कस्प 9 एक बाधक भाव है (इसकी व्याख्या इस पुस्तक में बाद में की जाएगी)। तो, रोग बिगड़ जाता है और आगे बढ़ता है। SSL तो केतु Ke [1,3,6,12] ही है तो यहाँ पर भी कोई राहत नहीं। इसलिए केतू अपनी दशा अब्धियों में गंभीर बीमारी लाने का वादा करता है।

यदि ऐसी स्थिति में आपूर्ति शृंखला में बीमारी से संबंधित घर नहीं होते, तो ट्रेन पहले चेक पोस्ट पर पूरी तरह स्वस्थ पहुंचेगी। यहां सीमा शुल्क कार्यालय स्वास्थ्य को खराब करेगा और कुछ रोग प्रदान करेगा लेकिन रोग प्रतिरोधक क्षमता होने से जातक जल्दी से ठीक होगा। इसी प्रकार यदि NL भी स्वास्थ्य से संबंधित संकेत करता है तो रोग संभव नहीं है।

हमने अब मूल भाग पूरा कर लिया है। आगामी अध्याय एक-एक घर को समर्पित होंगे, ताकि प्रत्येक घर के विवरण को समझा जा सके कि यह विभिन्न आयोजनों और घटनाओं में कैसे भाग लेता है और इसे अन्य घरों के साथ कैसे पढ़ा जाता है।

05

पहला घर

"ज्योतिष प्रकट करता है देवताओं की इच्छा।"

जुवेनल

प्रथम भाव को लग्न भी कहा जाता है जो जन्म के समय पूर्वी क्षितिज पर राशि की उदय डिग्री से बनता है। कुंडली में सूर्य की स्थिति, व्यक्ति के जन्म के स्थान पर सूर्योदय के समय की उदय डिग्री का संकेत देती है। एक बच्चे द्वारा जन्म के लिए चुना गया समय और स्थान उसके भाग्य और इसलिए लग्न से निकटता से जुड़ा होता है। यह आपके भाग्य से जुड़ा सबसे महत्वपूर्ण कस्प है क्योंकि अन्य सभी कस्प इस डिग्री पर निर्भर और अधीनस्थ हैं। जीवन के लगभग सभी पहलुओं के लिए लग्न का अध्ययन करने की प्रथा है क्योंकि सभी घटनाओं के बीज यहां छिपे हुए हैं। यह आपके, स्वयं, चरित्र, व्यक्तित्व, स्वभाव, स्वास्थ्य और दीर्घायु, जीवन के विभिन्न क्षेत्रों में सफलता प्राप्त करने के प्रयासों और पहल का प्रतिनिधित्व करता है। इसलिए लग्न का किसी अन्य कस्प से संबंध जीवन के उस क्षेत्र में आपकी प्रत्यक्ष रुचि का संकेत है।

जैसा कि पहले ही चर्चा की जा चुकी है, कस्प का सूक्ष्म चाप स्वामी [SAL] नायक है और इंजन की तरह है। प्रत्येक कस्प का राशी स्वामी [CRL] और कस्प का नक्षत्र स्वामी [CNL] कस्प के माल के आपूर्तिकर्ता हैं। इंजन [SAL] आपके जीवन में डिलीवरी या वास्तविक अभिव्यक्ति के लिए इस सामान को अपने नक्षत्र स्वामी NL, उप स्वामी SL और उप उप स्वामी SSL के चेक पोस्ट के भीतर से लेकर जाता है। इस तरह कस्प के संबंध स्थापित होते हैं। आइए इसे समझने के लिए हम लग्न से संबंधित कुछ महत्वपूर्ण और विशिष्ट प्रश्नों को लेते हैं।

लम्बी उम्र

दीर्घायु के लिए प्रमुख घर पहला घर ही है। क्योंकि आठवाँ घर मृत्यु को इंगित करता है इसलिए तीसरे घर का भी अध्ययन किया जाता है, जो आठवें से आठवें स्थान पर है, इसलिए मृत्यु के विनाश को इंगित करता है, और इस प्रकार दीर्घायु का समर्थन करता है। पहले से स्थापित नियमों का पालन करते हुए किसी दिए गए लग्न के लिए बाधक घर के साथ-साथ दीर्घायु को नकारने वाले घर 2, 4, 7, 8 और 12 हैं। सकारात्मक या धनात्मक घर 1, 3, 5, 9 और 11 हैं। छठा घर रोग का संकेत देता है, और नकारत्मक घरों का समर्थन करता है, जबकि दसवां घर सुधार के लिए सहायक होता है। इसलिए, यदि मुख्य घर 1, 3 और 8 के SAL और उन में स्थित ग्रहों को अपने कस्पल स्वमिओं द्वारा सकारत्मक घरों का समर्थन मिलता है और फिर वो एसे ग्रहों द्वारा शासित नक्षत्र, नवांश [उप] और नव नवांश [उप उप] में स्थित हैं, जो कि सकारत्मक घरों के SAL या निवासी हैं, तो जातक पूर्ण आयु का आनंद लेंगे।

दूसरे शब्दों में, यदि कस्प 1, 3 और 8 के SAL अपने दोनों तरफ, यानी कस्पल स्वामीयों के साथ-साथ एस्ट्रल स्वामि पक्ष में भी सुधार करने वाले घरों से संबंध बनाता है, तो जातक परिस्थितियों में प्रचलित पूर्ण आयु का आनंद लेता है। यदि संबंध केवल नकारात्मक संकेतों के साथ है तो उम्र छोटी होगी। मिले-जुले संबंध के मामले में उम्र मध्यम रहेगी। नकारात्मक और सकारात्मक संबंधों के अनुपात के आधार पर एक बुद्धिमान मूल्यांकन किया जा सकता है। इसे नीचे एक तालिका प्रारूप में भी दर्शाया गया है जिसे हम इस पुस्तक में नियमित रूप से घटना परिचिय कराने के लिए अनुसरण करेंगे।

दीर्घायु केस - 1						
CRL के घर	CNL के घर	मुख्य घर	NL के घर	SL के घर	SSL के घर	टिप्पणी
1,3,5,9,11	1,3,5,9,11	1	1,3,5,9,11	1,3,5,9,11	1,3,5,9,11	पूर्ण आयु
1,3,5,9,11	1,3,5,9,11	3	1,3,5,9,11	1,3,5,9,11	1,3,5,9,11	पूर्ण आयु
1,3,5,9,11	1,3,5,9,11	8	1,3,5,9,11	1,3,5,9,11	1,3,5,9,11	पूर्ण आयु

कृपया ध्यान दें कि,

1. सभी कॉलम में सभी सकारात्मक घर दिखाई देना आवश्यक नहीं है।
2. नकारात्मक घरों की अनुपस्थिति अधिक महत्वपूर्ण है।
3. दोनों तरफ के स्तंभों पर विचार करने से सभी सकारात्मक घरों का पूर्ण प्रतिनिधित्व परिणाम को अधिक मजबूती प्रदान करता है। इसका मतलब है कि प्रत्येक स्तंभ में सभी घर नहीं भी हो सकते। लेकिन जब हम स्तंभों को एक साथ लेते हैं, तो दोनों तरफ एक पूरा सेट मौजूद हो सकता है।
4. कस्प्स 9 और 11 पर तभी विचार किया जाना चाहिए जब वो लग्न के लिए बाधक नहीं हो।

दीर्घायु केस - 2						
CRL के घर	CNL के घर	मुख्य घर	NL के घर	SL के घर	SSL के घर	टिप्पणी
2,4,7,8,12	2,4,7,8,12	1	2,4,7,8,12	2,4,7,8,12	2,4,7,8,12	छोटी आयु
2,4,7,8,12	2,4,7,8,12	3	2,4,7,8,12	2,4,7,8,12	2,4,7,8,12	छोटी आयु
2,4,7,8,12	2,4,7,8,12	8	2,4,7,8,12	2,4,7,8,12	2,4,7,8,12	छोटी आयु

1. सभी कॉलम में सभी नकारात्मक घर दिखाई देना आवश्यक नहीं है।
2. सकारात्मक घरों की अनुपस्थिति अधिक महत्वपूर्ण है।
3. दोनों तरफ के स्तंभों पर विचार करने से सभी नकारात्मक घरों का पूर्ण प्रतिनिधित्व परिणाम को अधिक मजबूती प्रदान करता है। इसका मतलब है कि प्रत्येक स्तंभ में सभी घर नहीं भी हो सकते। लेकिन जब हम स्तंभों को एक साथ लेते हैं, तो दोनों तरफ एक पूरा सेट मौजूद हो सकता है।

दोनों पक्षों का मिश्रित प्रतिनिधित्व मध्यम आयु का संकेत देगा।

कस्प 2 और 7 को मार्का घर कहा जाता है, जो की तीसरे और आठवें घर से 12वां घर होते हैं। उनकी उपस्थिति को बाधक घरों के साथ-साथ मृत्यु देने वाली स्थितियों के लिए आवश्यक माना जाता है। बाधक घर लग्न के आधार पर मनोनीत किया जाता है।

चर लग्न 1, 4, 7 और 10 के लिए कस्प 11 को बाधक माना जाता है।

स्थिर लग्न 2, 5, 8 और 11 के लिए कस्प 9 को बाधक माना जाता है।

सामान्य लग्न 3, 6, 9 और 12 के लिए कस्प 7 को बाधक माना जाता है।

बाधक कस्प केवल मृत्यु की स्थिति में महत्वपूर्ण है और स्वास्थ्य के लिए भी नकारात्मक है। अन्यथा, ये कस्प अन्य सभी पहलुओं में अपनी सामान्य भूमिका निभाते हैं।

स्वास्थ्य

स्वास्थ्य के लिए प्रमुख कस्प पहला ही होता है। जबकि रोग कस्प 6 से निर्देशित होता है। इस सन्दर्भ में 8वां कस्प अत्यधिक पीड़ा और संभावित सर्जिकल हस्तक्षेप के साथ गंभीर बीमारी का संकेत देता है। 12वाँ कस्प चारपाई से लगने, अस्पताल में भर्ती होने आदि का प्रतिनिधित्व करता है। स्वास्थ्य में सुधार करने वाले घर निश्चित रूप से 5वें, 9वें और 11वें हैं। इसलिए, यदि प्राइम कस्प 1 के सूक्ष्म चाप स्वामी [SL] या उसमे स्थित ग्रह को, उनके कस्पल शासकों [RL, NL] के माध्यम से सकारत्मक घरों का समर्थन मिलता है और वे ऐसे नक्षत्र, नवांश [उप] और नव नवांश [उप उप] में स्थित होते हैं, जिनके स्वामी भी सकारत्मक घरों का प्रतिनिधित्व करते हों तो जातक को अच्छे स्वास्थ्य का लाभ मिलेगा।

दूसरे शब्दों में, यदि प्रथम कस्प का SL दोनों तरफ, यानी कस्पल स्वामी पक्ष के साथ-साथ एस्ट्रल स्वामी पक्ष में भी, केवल सकारत्मक घरों के साथ संबंध बनाता है तो जातक अच्छे स्वास्थ्य का लाभ लेता है। यदि संबंध केवल नकारात्मक घरों के साथ है, तो परिणाम भी वैसे ही होंगे। सभी नकारात्मक घरों की उपस्थिति के परिणामस्वरूप गंभीर और पुरानी स्वास्थ्य समस्याएं होंगी। केवल 6 के साथ संबंध मामूली स्वास्थ्य के मुद्दों का संकेत हो सकता है, लेकिन इलाज नहीं होगा जब तक सुधार लाने कस्प मौजूद नहीं हैं। मिश्रित संबंध के मामले में, रोग तो प्रकट होगा और सापेक्ष शक्ति के आधार पर इलाज भी होगा। नकारात्मक और सकारात्मक संबंधों के अनुपात के

आधार पर एक बुद्धिमान मूल्यांकन किया जा सकता है। इसे नीचे सारणीबद्ध रूप में दर्शाया गया है।

स्वास्थ्य केस - 1						
CRL के घर	CNL के घर	मुख्य घर	NL के घर	SL के घर	SSL के घर	टिप्पणी
1,5,9,11	1,5,9,11	1	1,5,9,11	1,5,9,11	1,5,9,11	उत्कृष्ट स्वास्थ्य
1,5,9,11	1,5,9,11	6	1,5,9,11	1,5,9,11	1,5,9,11	उत्कृष्ट स्वास्थ्य
1,5,9,11	1,5,9,11	8	1,5,9,11	1,5,9,11	1,5,9,11	उत्कृष्ट स्वास्थ्य
1,5,9,11	1,5,9,11	12	1,5,9,11	1,5,9,11	1,5,9,11	उत्कृष्ट स्वास्थ्य

1. सभी कॉलम में सभी सकारात्मक घर दिखाई देना आवश्यक नहीं है।
2. नकारात्मक घरों की अनुपस्थिति अधिक महत्वपूर्ण है।
3. दोनों तरफ के स्तंभों पर विचार करने से सभी सकारात्मक घरों का पूर्ण प्रतिनिधित्व परिणाम को अधिक मजबूती प्रदान करता है। इसका मतलब है कि प्रत्येक स्तंभ में सभी घर नहीं भी हो सकते। लेकिन जब हम स्तंभों को एक साथ लेते हैं, तो दोनों तरफ एक पूरा सेट मौजूद हो सकता है।
4. कस्प्स 9 और 11 पर तभी विचार किया जाना चाहिए जब वो लग्न के लिए बाधक नहीं हो।

स्वास्थ्य केस - 2						
CRL के घर	CNL के घर	मुख्य घर	NL के घर	SL के घर	SSL के घर	टिप्पणी
6,8,12,B	6,8,12,B	1	6,8,12,B	6,8,12,B	6,8,12,B	गंभीर बीमारी
6,8,12,B	6,8,12,B	6	6,8,12,B	6,8,12,B	6,8,12,B	गंभीर बीमारी
6,8,12,B	6,8,12,B	8	6,8,12,B	6,8,12,B	6,8,12,B	गंभीर बीमारी
6,8,12,B	6,8,12,B	12	6,8,12,B	6,8,12,B	6,8,12,B	गंभीर बीमारी

1. यहाँ B, लग्न के लिए प्रासंगिक बाधक घर है।
2. किसी एक प्रमुख कस्प का शामिल होना आवश्यक है।

3. सभी कॉलमों में सभी नकारात्मक घर दिखाई देना आवश्यक नहीं है।
4. सकारात्मक घरों की अनुपस्थिति अधिक महत्वपूर्ण है।
5. स्तंभों को एक साथ देखते हुए दोनों पक्षों के सभी नकारात्मक घरों का पूर्ण प्रतिनिधित्व परिणाम को और अधिक मजबूती प्रदान करता है।

दोनों पक्षों का मिला-जुला रूप होने पर विभिन्न प्रकार के परिणामों का संकेत देगा। निम्नलिखित तालिकाएँ कुछ ऐसी संभावनाओं का संकेत देंगी। हमेशा की तरह याद रखें कि घरों का पूरा सेट मौजूद होना जरूरी नहीं है, यह दूसरे सेट की अनुपस्थिति है जो महत्वपूर्ण है।

स्वास्थ्य केस - 3						
CRL के घर	CNL के घर	मुख्य घर	NL के घर	SL के घर	SSL के घर	टिप्पणी
1,5,9,11	1,5,9,11	1	6,8,12,B	1,5,9,11	1,5,9,11	A
1,5,9,11	1,5,9,11	6 or 8 or 12	6,8,12,B	1,5,9,11	1,5,9,11	
1,5,9,11	1,5,9,11	1	6,8,12,B	6,8,12,B	1,5,9,11	B
1,5,9,11	1,5,9,11	6 or 8 or 12	6,8,12,B	6,8,12,B	1,5,9,11	
1,5,9,11	1,5,9,11	1	6,8,12,B	6,8,12,B	6,8,12,B	C
1,5,9,11	1,5,9,11	6 or 8 or 12	6,8,12,B	6,8,12,B	6,8,12,B	

A. यहां प्रमुख कस्प में कस्पल शासकों द्वारा अच्छे स्वास्थ्य की आंतरिक शक्ति है, इसलिए जातक में अच्छी प्रतिरोधक क्षमता होगी। लेकिन, जैसा कि NL बीमारी को इंगित करता है, यह सूक्ष्म चाप स्वामी [SAL] की अवधि के दौरान, सरल [केवल 6], गंभीर और दर्दनाक [6 और 8] या फिर बहुत गंभीर रोग दे सकता है। लेकिन आगे SL और SSL दोनों ही में सकारत्मक घर सुधार का संकेत देते हैं, इसलिए यह बहुत जल्दी से गुजर जाएगा और जातक अच्छे स्वास्थ्य में वापस आ जाएगा।

B. उपरोक्त श्रंखला में, यहां SL भी बीमारी को इंगित करता है। यह SAL की अवधि के दौरान सरल [केवल कस्प 6], गंभीर और दर्दनाक [6 और 8] या बहुत गंभीर होगा। लेकिन आगे SSL केवल सकारत्मक घरों का संकेत देता

है, यह अंततः लंबी बीमारी के बाद ठीक हो जाएगा और जातक को स्वास्थ्य प्राप्त होगा।

C. ऊपर B की निरंतरता में, यहां SSL भी बीमारी को इंगित करता है, और केवल नकारात्मक घरों को इंगित करता है, लंबे समय तक इलाज के बाद भी यह ठीक नहीं होगा और आजीवन बीमारी रहेगी। हालांकि कस्पल शासकों से, कुंडली की आंतरिक शक्ति के कारण जातक सामना करेगा।

D. कस्पल शासकों की ओर से भी नकारात्मक घरों की उपस्थिति मामले को स्वास्थ्य केस - 2 की तरह बना देगी और वैसे ही परिणाम प्रदान करेगी।

यहां प्रस्तुत संकेत सामान्य स्वास्थ्य के बारे में हैं। स्वास्थ्य और रोग के बारे में विस्तृत विश्लेषण और बीमारी के प्रमुख बिंदु छठे घर, जो की बीमारी का मुख्य घर है, से संबंधित अध्याय में लिये जायेंगे।

यह ध्यान रखना महत्वपूर्ण है कि भविष्यवाणी की प्रणाली को स्पष्ट करने के लिए यहां प्रस्तुत मामले अनन्य हैं। वास्तविक मामले प्रक्रिया को समझने के लिए आदर्श नहीं होंगे। एक बार प्रक्रिया को समझने के बाद वास्तविक मामलों को समझना बहुत आसान हो जाएगा, जैसा कि जीवन की घटनाओं को समर्पित अध्यायों में दिखाया जाएगा।

जैसा कि पहले ही बुनियादी जानकारी में बताया गया, चार्ट में प्रत्येक कस्प का एक विशिष्ट अर्थ होता है। वे विभिन्न संदर्भों में विभिन्न अर्थों का प्रतिनिधित्व भी करते हैं। हालाँकि, मूल अर्थ हमेशा पहले कस्प के संबंध से होता है, क्योंकि यह जातक का प्रतिनिधित्व करता है। प्रत्येक अध्याय में उसके संदर्भ से संबंधित विभिन्न घरों का अर्थ समझाया जाएगा।

हम उन क्षेत्रों पर चर्चा कर रहे हैं जो विशेष रूप से प्रथम कस्प से देखे जाते हैं।

दुर्घटना, आकस्मिक मृत्यु

यह एक अन्य क्षेत्र है जिसमें जातक शारीरिक रूप से सम्मिलित होता है। हादसों का मुख्य कस्प भी पहला घर है। जबकि दुर्घटना या अचानक मृत्यु 8वें कस्प द्वारा इंगित की जाती है। इस संदर्भ में 6वां घर चोट का संकेत करेगा। इस तरह की घटनाओं से बचाव करने वाले या सुधारने वाले कस्प निश्चित रूप से वही हैं जो 5वें, 9वें और 11वें हैं, क्योंकि हम पहले कस्प के बारे में बात कर रहे हैं। इसलिए, यदि

पहले कस्प का SAL या उसमे स्थित ग्रह अपने कस्पल शासकों के माध्यम से 8वें घर को इंगित करता है और ऐसे नक्षत्र, नवांश [उप] और नव नवांश [उप उप] में स्थित हैं, जिनके स्वामी 8वें भाव के SAL या रहने वाले हैं, और 6वें, बाधक, मार्का घरों द्वारा समर्थित हैं तो जातक को दुर्घटना, चोट या अचानक मृत्यु का सामना करना पड़ेगा।

दूसरे शब्दों में, यदि पहले कस्प का SAL दोनों पक्षों, अर्थात कस्पल स्वामी पक्ष और एस्ट्रल स्वामी पक्ष, के केवल हानिकारक घरों से संबंध बनाता है तो जातक को शामिल घरों द्वारा इंगित किया गया परिणाम भुगतना होगा, अर्थात केवल एक मामूली दुर्घटना, या चोट वाली दुर्घटना या मृत्यु का कारण बनने के लिए पर्याप्त गंभीर दुर्घटना। यदि संबंध केवल सकारत्मक घरों के साथ है तो दुर्घटना की कोई संभावना नहीं है। सभी नकारात्मक घरों की उपस्थिति के गंभीर परिणाम होंगे, यहाँ तक कि मृत्यु भी। जबकि केवल 8वें का संबंध मामूली दुर्घटना और दुर्घटना से बचने का संकेत देगा यदि सुधारक घर भी मौजूद हो। मिश्रित घरों के मामले में, नकारात्मक और सकारात्मक के अनुपात के आधार पर एक बुद्धिमान मूल्यांकन किया जा सकता है। समझने के लिए इसे नीचे सारणीबद्ध रूप में दर्शाया गया है।

दुर्घटना केस - 1						
CRL के घर	CNL के घर	मुख्य घर	NL के घर	SL के घर	SSL के घर	टिप्पणी
5,9,11	5,9,11	1	5,9,11	5,9,11	5,9,11	कोई दुर्घटना नहीं
5,9,11	5,9,11	8	5,9,11	5,9,11	5,9,11	कोई दुर्घटना नहीं

1. सभी कॉलम में सभी सकारात्मक घर दिखाई देना आवश्यक नहीं है।
2. नकारात्मक घरों की अनुपस्थिति अधिक महत्वपूर्ण है।
3. दोनों तरफ के स्तंभों पर विचार करने से सभी सकारात्मक घरों का पूर्ण प्रतिनिधित्व परिणाम को अधिक मजबूती प्रदान करता है। इसका मतलब है कि प्रत्येक स्तंभ में सभी घर नहीं भी हो सकते। लेकिन जब हम स्तंभों को एक साथ लेते हैं, तो दोनों तरफ एक पूरा सेट मौजूद हो सकता है।
4. कस्प्स 9 और 11 पर तभी विचार किया जाना चाहिए जब वो लग्न के लिए बाधक नहीं हो।

दुर्घटना केस - 2						
CRL के घर	CNL के घर	मुख्य घर	NL के घर	SL के घर	SSL के घर	टिप्पणी
6,8, B,M	6,8, B,M	1	6,8, B,M	6,8, B,M	6,8, B,M	गंभीर दुर्घटना
6,8, B,M	6,8, B,M	8	6,8, B,M	6,8, B,M	6,8, B,M	गंभीर दुर्घटना

1. यहाँ B, लग्न के लिए प्रासंगिक बाधक घर है।
2. सभी कॉलमों में सभी नकारात्मक घर दिखाई देना आवश्यक नहीं है।
3. सकारात्मक घरों की अनुपस्थिति अधिक महत्वपूर्ण है।
4. स्तंभों को एक साथ देखते हुए दोनों पक्षों के सभी नकारात्मक घरों का पूर्ण प्रतिनिधित्व परिणाम को और अधिक मजबूती प्रदान करता है।

दोनों पक्षों का मिला-जुला रूप होने पर दर्शाए घरों के अनुसार विभिन्न प्रकार के परिणामों का संकेत देगा। निम्नलिखित तालिकाएँ कुछ ऐसी संभावनाओं का संकेत देंगी। हमेशा की तरह याद रखें कि घरों का पूरा सेट मौजूद होना जरूरी नहीं है, यह दूसरे सेट की अनुपस्थिति है जो महत्वपूर्ण है।

दुर्घटना केस - 3						
CRL के घर	CNL के घर	मुख्य घर	NL के घर	SL के घर	SSL के घर	टिप्पणी
6,8, B,M	6,8, B,M	1	6,8, B,M	5,9,11	5,9,11	A
6,8, B,M	6,8, B,M	8	6,8, B,M	5,9,11	5,9,11	
6,8, B,M	6,8, B,M	1	6,8, B,M	6,8, B,M	5,9,11	B
6,8, B,M	6,8, B,M	8	6,8, B,M	6,8, B,M	5,9,11	
5,9,11	5,9,11	1	6,8, B,M	6,8, B,M	6,8, B,M	C
5,9,11	5,9,11	8	6,8, B,M	6,8, B,M	6,8, B,M	

A. यहां प्रमुख कस्प बताते हैं कि जातक दुर्घटना का शिकार हो सकता है। जैसा कि NL भी हानिकारक घरों को इंगित करता है, यह बहुत गंभीर हो सकता है। लेकिन आगे SL और SSL दोनों ही सुधार का संकेत देते हैं, तो यह नहीं होगा और जातक अनहोनी से बच जाएगा।

B. उपरोक्त A की निरंतरता में, यहां SL भी दुर्घटना को इंगित करता है, यह SAL की अवधि के दौरान साधारण दुर्घटना [केवल कस्प 8], गंभीर चोट और दर्दनाक घटना [6 और 8] या बहुत गंभीर दुर्घटना हो सकती है। लेकिन जैसा कि SSL केवल घरों में सुधार का संकेत देता है, यह अंततः लंबे समय तक इलाज के बाद ठीक हो जाएगा और जातक ठीक हो जाएगा या बच जायेगा।

C. उपरोक्त B की निरंतरता में, यहां SSL भी दुर्घटना को इंगित करता है, और केवल नकारात्मक घरों को इंगित करता है, यह लंबे समय तक इलाज के बाद भी कभी ठीक नहीं होगा और विशेष रूप से कस्प 12 की भागीदारी के साथ घातक साबित हो सकता है। एकमात्र बचत की सम्भावना आंतरिक शक्ति हो सकती है जो कस्पल स्वामी द्वारा जातक को जीवित रहने की शक्ति प्रदान करते हैं।

D. कुस्पल शासकों की ओर से नकारात्मक घरों की उपस्थिति मामले को दुर्घटना केस - 2 की तरह बना देगी और इस प्रकार हर तरह से घातक परिणाम प्रदान करेगी।

आपके जीवन में जो कुछ भी होता है वह आपके द्वारा अनुभव किया जाता है और इसलिए जीवन के हर पहलू में पहला कस्प या लग्न शामिल होता है। यदि पहला घर धन बनाने वाले घरों के साथ संबंध बनाता है तो आप धन का अनुभव करेंगे, बशर्ते आप धन कमाते हैं जो कि धन से जुड़े प्रमुख घरों द्वारा इंगित किया जाएगा। इसी प्रकार, शिक्षा, संतान, नाम प्रसिद्धि, विवाह आदि से संबंधित अनुभव सभी प्रथम भाव से भी संबंधित हैं और हम इन्हें आसानी से समझने के लिए उपयुक्त अध्यायों में शामिल करेंगे।

06

दूसरा घर

"कोई भी लखपति हो सकता है, लेकिन अरबपति बनने के लिए आपको एक ज्योतिषी की आवश्यकता होती है।"

†

जे. पी. मौरगन

द्‌वितीय भाव को लोकप्रिय रूप से धन भाव के रूप में जाना जाता है। कोई हैरानी नहीं कि वर्तमान परिस्थितियों में इसमें बहुत अधिक रुचि रहती है। और यह कोई आश्चर्य की बात नहीं है क्योंकि स्वास्थ्य के बाद जीवन में सबसे अधिक महत्व धन का ही होता है। दूसरा भाव संचय का घर है। जिस प्रकार 12वाँ भाव विघटन, हानि या व्यय का भाव होता है, उसी प्रकार दूसरा भाव आत्मसात, संचय और वृद्धि का संकेत देता है, चाहे वह धन, परिवार या सम्मान का हो। वास्तव में, भौतिक तिकड़ी 2, 6 और 10 में प्रथम होने के कारण सभी भौतिक चीजें दूसरे घर से निकलती हैं। दूसरे घर के अन्य महत्वपूर्ण संकेत स्वाद या भोजन की आदतें और भाषा हैं। शारीरिक अंगों में दूसरे भाव से दांत, जीभ, गला, दाहिनी आंख आदि कहे जाते हैं।

आइए इन पहलुओं पर विस्तार से चर्चा करें।

वित्तीय स्थिति

आपकी वित्तीय स्थिति दूसरे कस्प द्वारा निर्धारित की जाती है। यह बैंक में रखे पैसे का संकेत देता है। लेकिन पैसा बैंक में तब तक नहीं पहुंच सकता जब तक आप उसे वहां नहीं डालते। इसके लिए आपको किसी स्रोत से धन प्राप्त करना होगा। कोई भी धन तब तक जमा नहीं कर सकता जब तक वह किसी स्रोत से प्राप्त न हो, अर्थात आपको धन तभी प्राप्त होता है जब इसे दूसरे पक्ष द्वारा खर्च किया जाता है। अन्य पार्टी का प्रतिनिधित्व 7वें कस्प से होता है और उसके खर्च 7वें से 12वें यानी 6वें कस्प से निर्देशित होते है। इसलिए, कोई भी पैसा तब तक प्राप्त नहीं किया जा सकता जब तक कि 6वें कस्प की भागीदारी न हो। धन आमतौर पर किसी सेवा के बदले में या ऋण के माध्यम से प्राप्त होता है और इसलिए 6वें कस्प को उपयोगी सेवा, नौकरी या ऋण प्रदान करने के लिए भी कहा जाता है। 11वां भाव मनोकामना पूर्ति का भाव होता है। जब भी एकादश भाव का संबंध हो तो यह इच्छा की पूर्ति का संकेत देता है और यहां इसकी भागीदारी धन की प्राप्ति से आपकी संतुष्टि का संकेत देती है। 10वें कस्प का समावेश जो की पेशे, नाम, प्रसिद्धि आदि के लिए जाना जाता है, यह सुनिश्चित करता है कि धन व्यवसाय के माध्यम से प्राप्त हो।

हमारे नियमों के अनुसार मुख्य कस्प से 4वीं, 7वीं, 8वीं और 12वीं कस्प प्रतिरोध, विपक्ष, बाधाओं और विघटन का संकेत देती है। इसलिए 1, 5, 8 और 9 घर धन के लिए नकारात्मक संकेत हैं और धन की हानि, नौकरी में परिवर्तन या हानि, अपमान, बाधाओं और पेशे के परिवर्तन का संकेत देते हैं। 12वां भाव स्वयं का नुकसान होता ही है और इसलिए इनका समर्थन करता है। यह निम्न तालिका से भी स्पष्ट होता है।

मुख्य कस्प	सकारत्मक या धनात्मक				नकारात्मक या ऋणात्मक				टिप्पणी
	2सरा	5बां	9बां	11बां	4था	7बां	8बां	12बां	
2	3	6	10	12	5	8	9	1	यहां 12बां निवेश के लिए सहायक माना जाएगा
6	7	10	2	4	9	11*	12	5	चूंकि 11बां स्वाभाविक समर्थक है तो उसे नकारात्मक नहीं माना जाएगा।

मुख्य कस्प	सकारात्मक या धनात्मक				नकारात्मक या ऋणात्मक				टिप्पणी
	2सरा	5बां	9बां	11बां	4था	7बां	8बां	12बां	
10	11	2	6	8*	1	4	5	9	चूंकि 8वां प्राकृतिक नकारात्मक है, इसे तब तक सकारात्मक नहीं माना जाएगा जब तक कि अन्य सभी शामिल कस्प सकारात्मक न हों।

धन के लिए प्रमुख घर दूसरा कस्प है। जबकि 6वां धन प्राप्ति का संकेत देता है और 11वां पूर्ति का संकेत देता है। इस संदर्भ में 10बां पेशे को इंगित करेगा। धन के नुकसान का संकेत 1, 5वीं, 8वीं, 9वीं और 12वीं कस्प द्वारा किया जायेगा। इसलिए, यदि मुख्य कस्प 2 का SAL या उसमे स्थित ग्रह अपने कस्पल शासकों के माध्यम से सकारात्मक घरों को इंगित करता है और फिर ऐसे नक्षत्र, नवांश [उप] और नव नवांश [उप उप] में स्थित हैं, जिनके स्वामी भी सकारात्मक घरों के SAL या निवासी हैं, तो जातक को अपार धन का लाभ मिलेगा।

दूसरे शब्दों में, यदि 2, 6, 10 और 11 घरों के SAL या उनमे स्थित ग्रह दोनों तरफ, यानी कस्पल स्वामी पक्ष और एस्ट्रल स्वामी पक्ष, केवल सकारात्मक घरों के साथ संबंध बनाते हैं, तो, जातक अपार धन संचय करेगा। यदि संबंध केवल नकारात्मक घरों से है तो कोई धन संचय की संभावना नहीं है और यह गरीबी का संकेत देगा। सभी नकारात्मक घरों की उपस्थिति के परिणामस्वरूप विकट स्थितियाँ उत्पन्न होंगी। जबकि, ऊपर बताए गए शामिल घरों के आधार पर केवल कुछ ही के साथ संबंध, मामूली परिणामों का संकेत देगा। मिश्रित संबंध के मामले में, नकारात्मक और सकारात्मक घरों के अनुपात के आधार पर एक बुद्धिमान मूल्यांकन किया जा सकता है। इसे नीचे सारणीबद्ध रूप में दर्शाया गया है।

धन केस - 1						
CRL के घर	CNL के घर	मुख्य घर	NL के घर	SL के घर	SSL के घर	टिप्पणी
2, 6, 10, 11	2, 6, 10, 11	1	2, 6, 10, 11	2, 6, 10, 11	2, 6, 10, 11	अपार धन
2, 6, 10, 11	2, 6, 10, 11	2	2, 6, 10, 11	2, 6, 10, 11	2, 6, 10, 11	अपार धन
2, 6, 10, 11	2, 6, 10, 11	6 or 11	2, 6, 10, 11	2, 6, 10, 11	2, 6, 10, 11	अपार धन

1. सभी कॉलम में सभी सकारात्मक घर दिखाई देना आवश्यक नहीं है।
2. नकारात्मक घरों की अनुपस्थिति अधिक महत्वपूर्ण है।
3. दोनों पक्षों के स्तंभों पर एक साथ विचार करने से सभी सकारात्मक घरों का पूर्ण प्रतिनिधित्व परिणाम को अधिक मजबूती प्रदान करता है।
4. कस्प 1 प्रधान कस्प के रूप में जातक के धन का आनंद लेने की क्षमता को दर्शाता है।
5. शेष कस्प 3, 4, और 7 भी इस संयोजन का समर्थन करते हैं और संचार (3), अचल संपत्ति (4) और व्यवसाय (7) जैसे स्रोत इंगित करते हैं।

धन केस - 2						
CRL के घर	CNL के घर	मुख्य घर	NL के घर	SL के घर	SSL के घर	टिप्पणी
1, 5, 9, 8 &12	1, 5, 9, 8 &12	1	1, 5, 9, 8 &12	1, 5, 9, 8 &12	1, 5, 9, 8 &12	गरीबी
1, 5, 9, 8 &12	1, 5, 9, 8 &12	2	1, 5, 9, 8 &12	1, 5, 9, 8 &12	1, 5, 9, 8 &12	गरीबी
1, 5, 9, 8 &12	1, 5, 9, 8 &12	6 or 11	1, 5, 9, 8 &12	1, 5, 9, 8 &12	1, 5, 9, 8 &12	गरीबी

1. सभी कॉलम में सभी नकारात्मक घर दिखाई देना आवश्यक नहीं है।
2. सकारात्मक घरों की अनुपस्थिति अधिक महत्वपूर्ण है।
3. स्तंभों को एक साथ देखते हुए दोनों पक्षों के सभी नकारात्मक घरों का पूर्ण प्रतिनिधित्व परिणाम को और अधिक मजबूती प्रदान करता है।

दोनों पक्षों का मिला-जुला रूप विभिन्न प्रकार के परिणामों का संकेत देगा। निम्नलिखित तालिकाएँ कुछ ऐसी संभावनाओं को दर्शाती हैं। याद रखें कि घरों का पूरा सेट मौजूद होना जरूरी नहीं है, यह दूसरे प्रकार की कस्प की अनुपस्थिति है जो महत्वपूर्ण है।

धन केस - 3						
CRL के घर	CNL के घर	मुख्य घर	NL के घर	SL के घर	SSL के घर	टिप्पणी
2, 6, 10, 11	2, 6, 10, 11	1 & 2	1, 5, 9, 8 &12	2, 6, 10, 11	2, 6, 10, 11	A
2, 6, 10, 11	2, 6, 10, 11	6 or 11	1, 5, 9, 8 &12	2, 6, 10, 11	2, 6, 10, 11	
2, 6, 10, 11	2, 6, 10, 11	1 & 2	1, 5, 9, 8 &12	1, 5, 9, 8 &12	2, 6, 10, 11	B
2, 6, 10, 11	2, 6, 10, 11	6 or 11	1, 5, 9, 8 &12	1, 5, 9, 8 &12	2, 6, 10, 11	
2, 6, 10, 11	2, 6, 10, 11	1 & 2	1, 5, 9, 8 &12	1, 5, 9, 8 &12	1, 5, 9, 8 &12	C
2, 6, 10, 11	2, 6, 10, 11	6 or 11	1, 5, 9, 8 &12	1, 5, 9, 8 &12	1, 5, 9, 8 &12	

A. यहां प्रमुख कस्प के कस्पल संकेत [CNL और CRL] बताते हैं कि जातक में धन संचय करने की क्षमता है। जैसा कि एस्ट्रल स्वामी पक्ष में NL हानिकारक संकेत देता है, यह धन के नुकसान के लिए परिस्थितियां पैदा करेगा। लेकिन SL और SSL दोनों ही सुधार का संकेत देते हैं, तो यह समय बिना किसी विकट परिस्थितियों के बीत जाएगा और जातक इस अवधि में संतुलन बनाये रखेगा।

B. उपरोक्त A की निरंतरता में, यहां SL भी हानिकारक घरों को इंगित करता है, यह नौकरी का साधारण परिवर्तन [5 और 12], नौकरी की हानि [5, 8 और 12] या धन और स्थिति की गंभीर हानि, इस SAL की अवधि के दौरान दर्शाता है। लेकिन जैसा कि SSL केवल घरों में सुधार का संकेत देता है, यह अंततः लंबे समय तक दुख की अवधि के बाद ख़त्म हो जाएगा और जातक इससे उभर आएगा।

C. अब B की निरंतरता में, यहां SSL भी केवल नकारात्मक घरों को इंगित करता है, यह कभी राहत नहीं देगा और आर्थिक रूप से घातक अवधि साबित

हो सकती है। एकमात्र बचाव कस्पल पक्ष की आंतरिक शक्ति हो सकती है जो जातक को बने रहने की शक्ति प्रदान करती है।

D. कस्पल शासकों की ओर से भी नकारात्मक घरों की उपस्थिति मामले को धन केस - 2 की तरह बना देगी और उसी प्रकार के परिणाम प्रदान करेगी।

यहां यह जानना महत्वपूर्ण है कि यदि उपरोक्त संयोजनों को किसी अन्य कस्प के SAL द्वारा इंगित किया जाता है, तो यही परिणाम उस SAL की अवधि के भीतर भी होंगे और इसके स्वयं के कस्प उस परिणाम के स्रोत को इंगित करेंगे। उदाहरण के लिए, यदि धन केस - 1 को कस्प 5 के SAL द्वारा दर्शाया गया है, तो इसका मतलब धन का जबरदस्त लाभ, सट्टे से होगा। वहीं केस - 2 में सट्टा अटकलों से भारी नुकसान होगा। केस - 3 के परिणाम ऊपर बताए अनुसार होंगे, लेकिन सट्टे से। एक बार विषय स्पष्ट हो जाने के बाद अन्य घरों की उपस्थिति केवल उस परिणाम के कारणों या स्रोतों को इंगित करती है।

इसलिए,

1. अगर प्राइम कस्प, धन कस्प [2, 6, 10, 11] में से एक है, तो NL में प्रत्येक घर इस पर सकारात्मक या नकारात्मक प्रभाव को इंगित करेगा और SL व् SSL के घर न केवल इन परिणामों की पुष्टि करेंगे, बल्कि उस परिणाम के कारणों और स्रोतों को भी दिखाएंगे।

2. अगर प्राइम कस्प, धन कस्प में से एक नहीं है तो वेल्थ का कोई संदर्भ ही नहीं है जब तक कि NL एक या अधिक धन कस्प को इंगित नहीं करता। ऐसे मामले में, प्राइम कस्प धन का स्रोत बन जाएगा और SL में प्रत्येक कस्प NL कस्प पर इसके सकारात्मक या नकारात्मक प्रभाव को इंगित करेगा। SSL फिर इन परिणामों की पुष्टि करेगा और उस परिणाम के कारण दिखाएगा।

3. यदि न तो प्राइम कस्प और न ही NL धन से संबंधित किसी भी घर को इंगित करता है तो धन से संबंधित परिणाम इस SAL द्वारा इंगित नहीं किए जाएंगे।

हम इन श्रेणियों को निम्नलिखित तालिका से और स्पष्ट करेंगे।

धन केस - 4				
प्राइम कस्प	NL के घर	SL के घर	SSL के घर	टिप्पणी
2 या 6 या 10 या 11	2, 5	1 से 12	1 से 12	A
उपरोक्त A को छोड़कर कोई भी	2 या 6 या 11	2, 5	1 से 12	B
उपरोक्त A को छोड़कर कोई भी	उपरोक्त B को छोड़कर कोई भी	1 से 12	1 से 12	C

A. यहां एक या एक से अधिक धन के कस्प होने के कारण प्राइम कस्प धन के संदर्भ को सेट करता है और NL कस्प अब परिणाम को सकारात्मक या नकारात्मक तय करेगा। परिणाम की आगे की योग्यता SL और SSL कस्प पर आधारित होगी। इसे विभिन्न सरल संयोजनों के साथ आगे दी गयी तालिका में विस्तार से समझाया गया है।

B. यहां परिणाम वही होगा जैसा कि ऊपर बताया गया है बस पहला कॉलम अब NL का प्रतिनिधित्व करेगा, दूसरा कॉलम SL होगा जबकि तीसरा स्तर SSL हो जायेगा। SAL में मौजूद कस्प केवल परिणाम की उत्पत्ति को निर्दिष्ट करेगा। जैसे अगर यह 1 है, तो व्यक्ति स्वयं जिम्मेदार होगा। यदि यह 5 है तो 5वें कस्प की विशेषताएँ गतिविधि का कारण या पृष्ठभूमि या स्त्रोत बन जाएँगी।

C. इस मामले में धन का कोई संदर्भ नहीं है और परिणाम अन्य संदर्भों से संबंधित होंगे, जो की मौजूद घरों पर निर्भर करता है।

धन केस - 4 A			
SAL/NL	NL/SL	SL/SSL	टिप्पणी
2	2	1	व्यक्तिगत प्रयासों से धन की प्राप्ति
2	5	1	स्व-मनोरंजन पर धन की हानि
2	2	2	ब्याज से धन की प्राप्ति
2	5	2	पारिवारिक मनोरंजन पर धन की हानि
2	2	3	लेखन और संचार से धन की प्राप्ति
2	5	3	पड़ोसियों, छोटे भाई या अनुबंध से धन की हानि
2	2	4	अचल संपत्ति जैसे संपत्ति से धन की प्राप्ति

धन केस - 4 A			
SAL/NL	NL/SL	SL/SSL	टिप्पणी
2	5	4	संपत्ति या शिक्षा के माध्यम से धन की हानि
2	2	5	सट्टा या संतान से धन की प्राप्ति
2	5	5	सट्टा या संतान से धन की हानि
2	2	6	सेवा प्रदान करने या ऋण के माध्यम से धन की प्राप्ति
2	5	6	नौकरी छूटने से धन की हानि
2	2	7	पार्टनर से या व्यापार के माध्यम से धन की प्राप्ति
2	5	7	साझेदार या व्यवसाय से धन की हानि
2	2	8	बीमा के माध्यम से धन की प्राप्ति या वसीयत यानि अनर्जित
2	5	8	मौजूद अन्य घरों के आधार पर धन की हानि, यदि कोई हो
2	2	9	पिता या लंबी यात्रा से धन लाभ
2	5	9	नौकरी छूटने से धन की हानि
2	2	10	पेशे, पदोन्नति के माध्यम से धन की प्राप्ति
2	5	10	व्यावसायिक जीवन में बाधाओं के कारण धन की हानि
2	2	11	बड़े भाई-बहन या उपहार आदि के माध्यम से धन की प्राप्ति।
2	5	11	ऊपर दिए या बच्चे के जन्म के कारण धन की हानि
2	2	12	निवेश से धन की प्राप्ति
2	5	12	सट्टा निवेश या ऋण आदि देने से धन की हानि।

आप उपरोक्त उदाहरण के रूप में दिखाए गए विभिन्न घरों के परिणामों को जोड़ सकते हैं और इस तरह, SAL की दशा अवधि के दौरान क्या हो सकता है, इसकी पूरी भविष्यवाणी कर सकते हैं।

इसलिए यदि व्यवस्थित और क्रमिक रूप से पढ़ा जाए तो धन के संदर्भ में सभी बिंदुओं की व्याख्या करना संभव है। प्रत्येक कस्प के पास कहने के लिए कुछ न कुछ होगा और इसका अपने आप में स्वतंत्र रूप से अध्ययन किया जाना चाहिए। वास्तविक चार्ट जो धन को समर्पित अध्याय में लिए गए हैं, ऊपर दिए गए सभी प्रकार के संयोजनों को दिखाते हैं और इसलिए अद्वितीय परिणाम प्रदान करते हैं। लेकिन व्याख्या का तरीका वही रहेगा। कुछ ऐसे ही संयोजन इस तर्क को समझने के लिए नीचे दर्शाये गये हैं, न कि याद रखने के लिए। क्योंकि एक बार क्रम और तर्क समझ में आ गया तो किसी संयोजन को याद करने की जरूरत नहीं पड़ेगी और इससे बचना चाहिए।

धन केस - 4B		
SAL/ NL	NL/SL/ SSL	टिप्पणी
2	6, 11	धन की प्राप्ति
2	5, 8, 12	धन की हानि
5	2, 6, 11	सट्टा, खेलकूद, रचनात्मक कला जैसे फिल्म आदि से धन की प्राप्ति।
5	8, 12	सट्टा, खेलकूद, रचनात्मक कला जैसे फिल्म आदि से धन की हानि।
2, 12	2, 6, 11	निवेश, विदेश व्यापार आदि से धन की प्राप्ति।
2, 12	7, 8, 12	जब्ती द्वारा या विदेशी निवेश में धन की हानि
2	6, 8, 12	दुसरे भाव से संबंधित रोगों जैसे ई एन टी के कारण धन की हानि
8	2, 11	आकस्मिक बीमा से धन की प्राप्ति
6,8	2, 11	चिकित्सा बीमा से धन की प्राप्ति
2, 3	6, 11	बैंक खाता खोलने के लिए प्रसंस्करण बैंकिंग दस्तावेज
4	6, 11	संपत्ति से धन की प्राप्ति जैसे किराये की आय

इन संयोजनों का अध्ययन करके, आप धन के लाभ और हानि के संभावित स्रोतों के बारे में जानकारी प्राप्त करेंगे।

यदि कोई जातक अपने सामान्य कामकाजी जीवन काल में, मान लीजिए 25 से 60 वर्ष की आयु में, धन देने वाले ग्रहों की दशा में है, तो उसे जबरदस्त धन संचय का समय मिल जाता है। हालांकि, यह महत्वपूर्ण है कि इस दौरान कोई बड़ा सेट बैक या नुकसान वाली दशा अवधि न हो। वर्तमान समय पर सभी दशा अवधियों के योग के अनुसार जातक की वित्तीय स्थिति होगी।

द्वितीय भाव की अन्य विशेषताओं को जैसे की परिवार या बाल जन्म, पंचम भाव, और विवाह सप्तम भाव, के प्रासंगिक अध्यायों में शामिल किया जाएगा। धन के बाद, केवल और केवल दूसरे ही घर से देखे जाने वाले विशिष्ट गुण हैं वाणी और भोजन की आदतें।

वाणी और भोजन की आदतें

जातक की वाणी और खान-पान की आदतें दूसरे भाव पर शासन करने वाले कस्पल स्वामी ग्रहों के साथ साथ उसमें स्थित ग्रहों पर निर्भर करती हैं। ये प्रत्येक ग्रह को

दिए गए गुण धर्म से प्रेरित हैं और तदनुसार इनकी व्याख्या की जानी चाहिए। इन्हें निचे दी गयी तालिका में बताया गया है।

वाणी और भोजन की आदतें		
ग्रह	वाणी	भोजन
सूर्य	सटीक और आधिकारिक बात तक।	कम मात्रा में सादा भोजन
चंद्र	बात करना पसंद है। बहुत भावुकता से बोलते हैं। कठोर बात करने से बचते हैं।	मिठाई पसंद है। बड़े चाव से खाते हैं
मंगल	जल्दबाज। बिना सोचे समझे बोल सकते हैं और बिना समझे दूसरों को परेशान कर सकते हैं।	मसालेदार खाना पसंद करते हैं। नमकीन का शौक
बुध	जल्दी जल्दी बोलता है, बच्चों जैसा कभी कभी मजाकिया लहजे में।	जल्दी और बिना रुक के खाता है। कोई खास पसंद नहीं
गुरु	एक गहरी आवाज है और बहुत गहराई और ज्ञान के साथ बोलता है और खुश मिजाज़ है।	खाने का शौकीन। पारंपरिक खाना पसंद करते हैं। बड़ी मात्रा में खाता है
शुक्र	परिष्कृत भाषण थोड़े दिखावटीपन के साथ। बहुत सारी शब्दावली और उच्चारण।	बहुत चयनात्मक। स्टाइल में खाना पसंद है। मांगता है अधिक खाता है कम
शनि	सोच-समझकर और सावधानी से बोलते हैं। आपके भावों के प्रति सदैव सजग रहेंगे।	धीरे-धीरे खाता है। खाने की गुणवत्ता महत्वपूर्ण नहीं है। कसैले भोजन पसंद करते हैं
राहु	बहुत ढोंग के साथ बोलता है जैसे सब कुछ जानता है लेकिन बिना ज्यादा जानकारी के	पेटू खाने वाला। मांसाहारी और गैर-पारंपरिक भोजन पसंद करते हैं
केतु	कम बोलता है और जरूरत पड़ने पर ही बोलता है। आमतौर पर तीसरे पक्ष के संदर्भ बनाता है।	खाने का बहुत शौक नहीं है। बहुत मन-मुटाव के साथ खाते हैं। कुछ भी खालूँगा

विशेषताओं को एक दूसरे के साथ संयोजन में पढ़ा जाना चाहिए। जैसे यदि मंगल और चंद्र दोनों शामिल हों तो जातक को मीठा और नमकीन दोनों पसंद होता है। इसी तरह उनकी वाणी में दोनों के गुण होंगे अर्थात् बोलते समय वे अपनी भावनाओं को प्रदर्शित करने में उतावले होंगे।

ग्रहों की दृष्टि और उसकी भूमिका

ग्रहों की दृष्टि की एक अवधारणा है जिसे हमने राहु और केतु की चर्चा करते हुए केवल संक्षेप में ही छुआ था। भ्रम से बचने के लिए इसे पहले नहीं लिया गया था। जैसा कि अब हम व्याख्या की प्रक्रिया से परिचित हो रहे हैं, इस अवधारणा को समझने के लिए यह सही जगह होगी। लेकिन इससे पहले मैं एक वार फिर से एक दूसरे तरीके से व्याख्या की प्रक्रिया को परिभाषित करूंगा।

किसी भी ग्रह को नायक के रूप में मानें जो कुछ निश्चित कस्प को सामने लाता है। ये कस्प उन्हें सौंपे गए सभी गुणों और अर्थों को ले कर आते हैं और उनकी आपूर्ति श्रृंखला द्वारा संवर्धित भी होते हैं। लेकिन दूसरे स्तर को सौंपे गए कस्प, यानी राहु और केतु के मामले में RL और अन्य ग्रहों के मामले में NL, पहले स्तर वाले कस्प के संदर्भ में देखे जाएंगे। वे संदर्भ को और स्पष्ट करते हैं और इंगित करते हैं कि इसमें से क्या हो सकता है। राहु और केतु के मामले में NL और अन्य ग्रहों के मामले में SL के तीसरे स्तर पर दिखाई देने वाले कस्प उस संबंध में परिणाम तय करेंगे। परिणाम तय करने के लिए हमें केवल तीन स्तरों की आवश्यकता है। शेष स्तर केवल स्पष्ट करते हैं कि घटना कैसे प्रकट होगी।

हमें संदर्भ के रूप में दूसरे स्तर पर दिखाई देने वाले कस्पों पर भी विचार करना चाहिए। उस स्थिति में तीसरे स्तर पर दिखाई देने वाले कस्प इनके संदर्भ में देखे जाएंगे और संदर्भ को स्पष्ट करेंगे और इंगित करेंगे कि क्या हो सकता है। अब चौथे स्तर पर दिखने वाले कस्प परिणाम तय करेंगे। और पहले स्तर के कस्प संदर्भ के स्रोत को इंगित करेंगे। इसे आप अच्छे से समझ लें।

व्याख्या के लिए केवल इन दो चरणों पर विचार किया जाना है और वे किसी भी संदर्भ में पर्याप्त जानकारी प्रदान करेंगे।

अब दृष्टियों के बारे में। जैसा कि पहले से ही मूल ज्ञान में बताया गया है, सभी ग्रह अपनी पृष्ठभूमि के सितारों की सामग्री को अपनी किरणों द्वारा हमारे ग्रह पृथ्वी तक पहुंचाते हैं। परंपरागत रूप से प्रत्येक ग्रह न केवल पृथ्वी पर बल्कि अन्य ग्रहों पर भी अपनी किरणों को फेंकता है या कहें की उनको देखता है, जिससे उनका संचालन प्रभावित होता है। यह तार्किक प्रतीत होता है लेकिन इसके कुछ विचार हैं जिन्हें ध्यान में रखा जाना चाहिए।

1. एक ग्रह जब किसी अन्य ग्रह से युति करता है तो उसी चाप क्षेत्र में होता है और इसलिए अपनी आंशिक स्थिति के कारण वही या लगभग वही परिणाम प्रदान करता है। इसलिए, हमारी प्रणाली में युति की पारंपरिक अवधारणा का पहले से ही ध्यान रखा गया है और इस पर अलग से विचार करने की आवश्यकता नहीं है। केवल राहु और केतु की स्थिति अलग है क्योंकि वे पास के ग्रहों की किरणों को अवशोषित करते हैं।
2. एक ग्रह जब दूसरे ग्रह के विपरीत होता है तो अपनी किरणों को दूसरे ग्रह पर नहीं फेंक सकता क्योंकि पृथ्वी बीच में है और इसलिए इस पहलू पर बहुत कम ध्यान दिया जाता है।
3. अब केवल विशेष दृष्टियां रह जाती है जो केवल गुरु, मंगल और शनि, बाहरी ग्रहों [पृथ्वी की कक्षा के बाहर वाले ग्रहों] के लिए संभव हैं। अपनी कक्षा के कोण के कारण वे अपनी किरणों को विशिष्ट सापेक्ष स्थितियों में राहु और केतु सहित अन्य ग्रहों पर उछाल सकते हैं। इन्हें नीचे विस्तार से समझाया गया है।

    a. बृहस्पति या गुरु अन्य ग्रहों को दोनों तरफ 120 डिग्री पर देखता है। हमारी भाषा में इसका अनुवाद या अर्थ है कि यह अपने आप से 5वें और 9वें स्थान को देखता है। परंपरागत रूप से, यदि गुरु पहले घर में है तो यह 5वें और 9वें घर को देखेगा। यदि यह 10वें भाव में है तो 2सरे और 6ठे भाव पर दृष्टि करेगा। जैसा आप देख सकते हैं कि इसमें हमेशा समसंगत तीन प्रतियाँ शामिल होती हैं, [1,5,9], [2,6,10], [3,7,11] और [4,8,12]। इसलिए गुरु की दृष्टि हमेशा सामंजस्यपूर्ण मानी जाती है।

       हमारि प्रणाली में दृष्टि को 5° तक माना जाता है, उसके आगे किरणें नगण्य होती हैं। इसका अर्थ यह भी है कि गुरु उसी ग्रह के नक्षत्र में होगा जिसमे द्रष्ट ग्रह [प्रत्येक ग्रह के राशि चक्र में 120° पर तीन नक्षत्र होते हैं]। दूसरे यह की 5वें और 9वें घर को हमेशा सहायक माना जाता है। इसलिए आमतौर पर बृहस्पति की दृष्टि सहायक मानी जाती है। हालांकि, यह पता लगाना महत्वपूर्ण है कि बृहस्पति, अपने स्वयं के कस्प पुंज के आधार पर, उस संदर्भ का समर्थन कर रहा है या नहीं।

मान लीजिए कि नौकरी के मामले में यदि विचाराधीन ग्रह, जैसे शुक्र, अपने तीसरे स्तर [SL] के असंगत कस्प के कारण नौकरी में कठिनाई दिखा रहा है, और गुरु पेशे के अनुकूल है, तो शुक्र के तीसरे स्तर [SL] पर इसकी दृष्टि, दैवी सहायता के रूप में कुछ राहत प्रदान कर सकती है। लेकिन यदि गुरु पेशे के प्रतिकूल हो तो उसकी दृष्टि से राहत नहीं मिल सकती, यह केवल स्थिति को और ख़राब करेगा।

इसलिए दृष्टि प्रसंग, भविष्यवाणी का केवल तृतीयक स्तर है और भ्रम से बचने के लिए अंत में और केवल यदि आवश्यक हो तो ही देखा जाना चाहिए।

b. शनि अन्य ग्रहों को 60° सामने और 90° पीछे की ओर एक तीव्र कोण पर देखता है। इसका मतलब होगा 60° और 270° या फिर 3वां घर और 10वां घर अपनी स्थिति से। शनि अगर 1 में है, तो दृष्टि पे होगा 3वां और 10वें घर। 10वें घर में यह दृष्टि हगी 12वें और 7वें पर। इसलिए दुसरे शव्दों में, दृष्ट बिंदु से शनि या तो 4वें [10वें पहलू के मामले में] या 11वें घर [तीसरे पहलू के मामले में] में स्थित होता है। हमारि प्रणाली में चौथा स्थान विरोधी है जबकि 11वां स्थान फलदायी है।

पिछले उधारण की तरह, यदि शुक्र का तीसरा स्तर SL शनि से दृष्ट है और शनि अनुकूल है, तो इसकी दसवीं दृष्टि से [4था स्थान] बाधाओं को दूर करेगा, जबकि अगर तीसरि दृष्टि है [11वां स्थान] तो पूर्ति प्रदान करेगा। यदि शनि प्रतिकूल हो तो इसकी दसवीं दृष्टि से [4था स्थान] बाधाओं को बढ़ा देगा जबकि तीसरि दृष्टि से [11 वां स्थान] तृप्ति को चुरा लेगा या निराशा का कारण बनेगा।

c. मंगल अन्य ग्रहों को आगे की ओर 90° और पीछे की ओर 150° के कोण पर देखता है। इसका अर्थ है अपनी स्थिति से 90° और 210° या 4था और 8वां घर। यदि मंगल पहले भाव में हो तो 4थे और 8वें भाव पर दृष्टि करेगा। 10वें भाव से यह 1वें और 5वें भाव को देखेगा और इसी तरह आगे भी। इसलिए दृष्ट बिंदु से मंगल 6वें या 10वें स्थान पर स्थित होता है। इसकी 4थी दृष्टि से मतलब है की यह दृष्ट बिंदु से 10वें में स्थित है जबकि इसकी 8वीं दृष्टि से मतलब है की यह दृष्ट

बिंदु से 6वें में स्थित है। ये दोनों स्थितियाँ 2,6 और 10 के भौतिक त्रिगुणों से संबंधित हैं। इसलिए ये स्थितियाँ मंगल की दृष्टि को इंगित करती हैं जो हमेशा भौतिक या शारीरिक क्रिया का संकेत देती हैं।

ऊपर के उदाहरण की तरह, अब यदि मंगल की दृष्टि है और मंगल अनुकूल है, तो इसका चौथा पहलू [10 वां स्थान] अधिकारियों से सहायता प्रदान करेगा और इसका 8वां पहलू [6 वां स्थान] सहकर्मियों से या नौकर या दुश्मन से भी सहायता प्रदान कर सकता है। जबकि यदि मंगल प्रतिकूल हो तो उसका चौथा पहलू [दसवां स्थान] अधिकारियों या बॉस से आगे की समस्या का संकेत देगा और इसका आठवां पहलू [छठा स्थान] सहकर्मियों, नौकरों और दुश्मनों से अतिरिक्त परेशानी का संकेत देगा।

दृष्ट बिंदु से 6वें और 10वें स्थान पर होने के कारण मंगल ग्रह की दृष्टि को पारंपरिक रूप से शादी के लिए प्रतिकूल माना गया है। लेकिन यह हमेशा सही नहीं होता। इसे केवल प्रासंगिक रूप से ही देखा जाना चाहिए, जैसा कि ऊपर बताया गया है।

उपरोक्त संक्षेप में,

- राहु और केतु को छोड़कर ग्रहों के लिए संयोजन या युति पर विचार करने की आवश्यकता नहीं है।
- विपक्ष या 7 वें पहलू पर भी विचार नहीं किया जाना चाहिए।
- केवल बृहस्पति, शनि और मंगल के उनकी कक्षा कोण के कारण उपलब्ध विशेष पहलुओं पर विचार किया जाता है।
- बृहस्पति यदि अनुकूल हों तो, दोनों पहलुओं [5वें और 9वें] से दैवी सहायता प्रदान करता है। यदि प्रतिकूल हो तो दोनों पहलू भविष्य में परेशानी का संकेत देते हैं।
- शनि यदि अनुकूल है तो इसके 3सरे पहलू से पूर्ति प्रदान करता है जबकि इसके 10वें पहलु से बाधाओं को हटाता है। प्रतिकूल होने पर इसका तीसरा पहलू निराशा प्रदान करता है और दसवां पहलू बाधाओं को बढ़ाता या उत्पन्न करता है।
- मंगल यदि अनुकूल हो तो उसका चौथा पहलू संबंधित अधिकारी से सहायता प्रदान करता है और इसका आठवां पहलू सहकर्मियों, नौकरों या शत्रुओं से सहायता प्रदान करता है। यदि प्रतिकूल हो तो यह इन्ही उपरोक्त स्रोतों से परेशानी या संकट का संकेत देता है।

07

तीसरा घर

"ज्योतिष एक भाषा है। यदि आप इस भाषा को समझते हैं,
तो ब्रह्मांड आप से बात करता है।"

डेन रुध्यार

तीसरा घर साहस और पहल का घर है। इसकी विशेषताएँ अधिक व्यक्तिपरक हैं और इसलिए कम समझ में आती हैं। हालांकि, यह जीवन की कई घटनाओं में बहुत महत्वपूर्ण भूमिका निभाता है। पत्र संचार, अनुबंध, विलेख, लेखा सहित सभी लिखित कार्य तीसरे भाव से देखे जाते हैं। यह निवास परिवर्तन या संपत्ति की बिक्री, घर से दूर यात्रा, अध्ययन के विषयों में झुकाव, पत्रकारिता, सूचना तकनीक, स्मृति, मानसिक स्थिति, दीर्घायु आदि की संभावनाओं को भी इंगित करता है। छोटे भाई या बहन से संबंधित सभी चीजों का अध्ययन तीसरे घर से किया जाता है, उसके लग्न के रूप में। शारीरिक रूप से यह कंधों, बाहों और हाथों को इंगित करता है। इसलिए, इसकी भागीदारी आमतौर पर क्रिया में हाथों की उपस्थिति को इंगित करती है।

आइए इस घर की समीक्षा के लिए संभावित संदर्भों को देखें।

दीर्घायु पर पहले ही अध्याय - 1 में चर्चा की जा चुकी है, जिसमें तीसरे घर की भागीदारी को समझाया गया है।

वित्तीय पहलुओं में तीसरे पक्ष की भागीदारी हमेशा एक स्रोत के रूप में हो सकती है क्योंकि यह सकारात्मक और नकारात्मक घरों के मुख्य पुंज का हिस्सा नहीं है। इसलिए, पहले स्तर पर इसकी उपस्थिति कार्य के क्षेत्रों को इंगित कर सकती है जिससे धन अर्जित किया जा सकता है, बशर्ते कि दूसरे और तीसरे स्तर का समर्थन हो। इसे हम अध्याय - 2 में पहले ही पढ़ चुके हैं।

तीसरे भाव को लग्न मानकर छोटे भाई या बहन से संबंधित किसी भी चीज का अध्ययन किया जा सकता है।

शिक्षा और संपत्ति से जुड़ी चीजों को चोथे घर के अध्याय में लिया जाएगा।

इसलिए, विशिष्ट क्षेत्र जिन्हें केवल और केवल तीसरे भाव से देखने की आवश्यकता है, वे होंगे स्थान परिवर्तन, पहल और साहस, मानसिक स्थिति या क्षमता।

आइए इन्हें एक-एक करके विस्तार से समझते हैं।

स्थान परिवर्तन

चौथा घर निवास का है इसलिए तीसरा घर जो की चौथे से 12बां है, निवास के नुकसान या छूटने का संकेत करता है। नुकसान अस्थायी या स्थायी हो सकता है। अस्थायी नुकसान का मतलब घर से दूर यात्रा करना है, जबकि स्थायी नुकसान का मतलब है आवास या संपत्ति की बिक्री। यात्रा में शामिल अन्य घर हैं 9 जो लंबी यात्रा का संकेत देता है और 12 जो विदेशी या अजनवि स्थान को इंगित करते हैं। ये रोजगार के मामले में स्थानांतरण भी हो सकता है। इसी तरह, 4 और 11 का अर्थ है घर वापस पाना या घर लौटना। शामिल अन्य घर यात्रा के संदर्भ को स्पष्ट करेंगे।

तो स्थान परिवर्तन के लिए प्रमुख घर तीसरा है। जबकि 9वां यात्रा और 12वां विदेश भूमि को इंगित करता है। इस संदर्भ में 4था कस्प निवास को इंगित करेगा। इसलिए, यदि मुख्य कस्प 3 का SAL या उसमे स्थित ग्रह अपने कस्पल शासकों के माध्यम से सकारात्मक संबंधित घरों को इंगित करता है और फिर ऐसे नक्षत्र, नवांश [उप] और नव नवांश [उप उप] में स्थित हैं, जिनके स्वामी भी सकारात्मक घरों के SAL या निवासी हैं, तो जातक घर से दूर यात्रा करेंगे या स्थान परिवर्तन करेंगे।

दूसरे शब्दों में, यदि कस्प 3 के SAL या उसमे स्थित ग्रह, अपने एस्ट्रल स्वामी पक्ष की ओर यात्रा समर्थक घरों के साथ संबंध बनाते हैं, तो जातक यात्रा करेगा और स्थान बदलेगा। यदि इन घरों से कोई संबंध नहीं है तो यात्रा की कोई संभावना नहीं है। जबकि कस्पल स्वामी पक्ष के घर केवल इस तरह के परिवर्तन के स्रोत या कारणों को इंगित करेंगे। केवल 4 और 11 जैसे घरों की उपस्थिति यात्रा की कोई संभावना नहीं दर्शाती या वास्तव में यदि कोई व्यक्ति घर से दूर है तो घर लौटने का संकेत देगी। इसे नीचे सारणीबद्ध रूप में दर्शाया गया है।

यात्रा केस - 1						
CRL के घर	CNL के घर	मुख्य घर	NL के घर	SL के घर	SSL के घर	टिप्पणी
2,6,10, 11	2, 6, 10, 11	3	3,9,12	3,9,12	3,9,12	कारोवार के लिए घर से दूर यात्रा।
5,11	5,11	3	3,9,12	3,9,12	3,9,12	मौज-मस्ती और छुट्टियों के लिए घर से दूर यात्रा।
6,8,12	6,8,12	3	3,9,12	3,9,12	3,9,12	इलाज के लिए घर से दूर यात्रा।

1. सभी संबंधित कस्प का सभी कॉलमों में प्रकट होना आवश्यक नहीं है।
2. नकारत्मक कस्प की अनुपस्थिति अधिक महत्वपूर्ण है।
3. एस्ट्रल पक्ष [NL, SL और SSL] के स्तंभों पर एक साथ विचार करने पर सभी सकारत्मक कस्प का पूर्ण प्रतिनिधित्व विदेश यात्रा प्रदान करता है। जहां सिर्फ 3 छोटी यात्रा का संकेत देगा, वहीं 9 लंबी यात्रा दिखाएगा।
4. कस्पल पक्ष [CRL और CNL] के कस्प सांकेतिक हैं और कोई भी स्रोत हो सकता है, जैसे कि 4,9,11 शिक्षा के लिए यात्रा का संकेत देगा।
5. कृपया ध्यान दें कि दोनों तरफ दिखाई देने वाले अन्य कस्प केवल यात्रा के बारे में जानकारी प्रदान करेंगे।

दोनों पक्षों का मिला-जुला रूप विभिन्न प्रकार के परिणामों का संकेत देगा। निम्नलिखित तालिकाएँ एसी कुछ संभावनाओं को दिखाती हैं। हमेशा की तरह याद रखें कि घरों का पूरा पुंज मौजूद होना जरूरी नहीं है, यह विपक्षी घरों की अनुपस्थिति है जो महत्वपूर्ण है।

यात्रा केस - 2						
CRL के घर	CNL के घर	मुख्य घर	NL के घर	SL के घर	SSL के घर	टिप्पणी
2,6,10,11	2,6,10,11	3	3,9,12	4,11	4,11	A
5,11	5,11	3	3,9,12	3,9,12	4,11	B
6,8,12	6,8,12	3	3,9,12	3,9,12	3,9,12	C

A. मुख्य कस्प के कस्पल स्वामी पक्ष वाले घर स्रोत को इंगित करते हैं। यहाँ NL यात्रा के सहायक घरों को इंगित करता है, जो संभावित यात्रा के लिए परिस्थितियाँ पैदा करेगा। लेकिन जैसा कि SL और SSL दोनों ही नकारात्मक घरों का संकेत देते हैं, यह बहुत छोटी यात्रा होगी या फिर जातक को यात्रा करने की आवश्यकता नहीं पड़ेगी।

B. उपरोक्त A की निरंतरता में, यहां SL भी सहायक घरों को इंगित करता है, यह घर छोड़ने और किसी कारण से अन्य स्थान की यात्रा करने के लिए प्रेरित करेगा। लेकिन जैसा कि SSL केवल नकारात्मक घरों को इंगित करता है, यह अंततः लंबे समय की यात्रा के बाद ख़त्म हो जाएगा और जातक अंततः वापस आ जाएगा।

C. ऊपर B की निरंतरता में, यहां SSL भी सहायक घरों को इंगित करता है और इसलिए इसका परिणाम घर से दूर रहना होगा जब तक कि किसी अगली दशा अवधि द्वारा वापसी का संकेत न दिया जाए।

D. कस्पल स्वामी पक्ष पर स्थित घर केवल यात्रा के कारणों या स्रोत का संकेत देंगे, जैसा की A में व्यपार, B में मौज मस्ती और C में स्वास्थ्य।

स्थान परिवर्तन या घर छोड़ना अन्य अनुचित स्थितियों जैसे गिरफ्तार होना, जेल जाना, अपहरण आदि में भी हो सकता है। जब भी दर्द, सजा, अपमान और हानि से संबंधित संकटपूर्ण परिस्थितियां हों, तो संबंधित घर 8 और 12 भी ऐसी परिस्थितियों को इंगित करने के लिए उपस्थित होंगे। जब ये घर 3 के साथ हों तो यह ऐसी परिस्थितियों में घर छोड़ने का संकेत होता है। घर 12 भी एकांतवास का संकेत देगा। हालांकि, यह अस्पताल में भर्ती होने का संकेत भी हो सकता है। इसलिए इसे और अधिक व्याख्या की आवश्यकता है। 1 और 6 घरों की उपस्थिति स्वास्थ्य समस्याओं

का संकेत देगी। अगर ये दोनों मौजूद नहीं हैं तो हमें खुद SAL ग्रह को भी देखना चाहिए। हां, ऐसी परिस्थितियों में ग्रहों के प्राकृतिक गुण महत्वपूर्ण भूमिका निभाते हैं। हमने अभी तक इन्हें अपनी चर्चा में शामिल नहीं किया है। लेकिन इस अवधारणा को समझने के लिए यह सही जगह है।

जैसा कि पहले ही चर्चा की जा चुकी है, ग्रहों में कुछ प्राकृतिक गुण होते हैं और उनकी प्रकृति घटनाओं को रंग देने में भूमिका निभाती है। यह बिल्कुल स्पष्ट होना चाहिए कि यदि किसी व्यक्ति द्वारा कोई अधिकृत स्थान प्राप्त किया जाता है, तो वह अपनी प्रकृति के अनुसार ही प्राधिकरण का कार्य करता है। सौम्य लोग होते हैं जो चीजों को सुखद तरीके से संभाल लेते हैं और कुछ ऐसे भी होते हैं जो किसी भी स्थिति में हंगामा खड़ा कर सकते हैं। इसलिए, किसी स्थिति को कैसे चलाया जाता है, यह बहुत हद तक अधिकृत व्यक्ति पर निर्भर करता है और यही बात ग्रहों पर भी लागू होती है। इस संदर्भ में ग्रहों की प्रकृति, उनके पहले परिभाषित गुणों के अलावा, या तो सौम्य, चंद्र, गुरु, शुक्र और बुध के लिए, आधिकारिक, सूर्य और मंगल के लिए और राहु, केतु और शनि के लिए दंडात्मक है। अतः उपरोक्त पीड़ादायक प्रसंग में राहु, केतु और शनि की उपस्थिति निःसंदेह जेल यात्रा का संयोग करेगी।

आमतौर पर परिवार भी ऐसे समय में पीड़ित होता है और इसलिए कस्प 2 भी मौजूद रहता है। इसलिए, यदि कस्प 3 का SAL या उसमे स्थित ग्रह, राहु, केतू या शनि होकर, एस्ट्रल स्वामी पक्ष की ओर से 2, 3, 8, 12 घरों से संबंध बनाता है, तो जातक को जेल यात्रा का सामना करना पड़ेगा। कस्पल शासक पक्ष में स्थित घर कारणों का संकेत देंगे। भाव 7 दूसरे पक्ष का प्रतिनिधित्व करता है और यदि इस संयोजन में मौजूद हो तो खुले दुश्मन को इंगित करता है। इसलिए 2, 3, 7, 8, 12 बलपूर्वक अपहरण का संकेत देंगे।

यहाँ कस्प 4 की उपस्थिति के साथ एक दिलचस्प संयोजन बनता है, अर्थात केवल 3, 4, 8, 12 घर में नज़रबंद या भूमिगत होने का संकेत देगा। कस्प 2 का न होना परिवार को कोई कष्ट नहीं दिखाता!

साहस और आत्मबिश्वास

महत्वपूर्ण व्यक्तित्व विशेषता, साहस और आत्मविश्वास के लिए, तीसरे घर को जिम्मेदार ठहराया गया है। जीवन में किसी भी उपलब्धि के लिए इसके महत्व को

किसी भी तरह से कम नहीं माना जा सकता। विंस्टन चर्चिल ने लिखा है, "साहस को गुणों में सबसे प्रमुख माना जाता है, क्योंकि अन्य सभी इस पर निर्भर करते हैं।" इसके विपरीत है भय, किसी व्यक्ति या मानव जाति का सबसे हानिकारक और सबसे बड़ा दुश्मन। "हमें केवल एक चीज से डरना है, वह है खुद डर" - फ्रेंकलिन डी. रूजवेल्ट।

जीवन में सफल होने के लिए आपको बहुत साहस और आत्मविश्वास की आवश्यकता होती है। फिर भी भय की उपस्थिति तो रहती ही है। यह हमारे बचपन पर आधारित है। हमारे माता-पिता की अपेक्षाओं पर आधारित होता है कि क्या अच्छा है या नहीं। हम असफलता से डरते हैं और इसलिए जोखिम लेने या जीवन में नई चीजों को आजमाने से डरते हैं और इसलिए कई अवसरों से चूक जाते हैं। इसी तरह, अस्वीकृति का डर है, पर्याप्त अच्छा नहीं होने का जो हमें सामाजिक अपेक्षाओं के अनुरूप रखने की कोशिश करता है। साहस डर का अभाव नहीं है, यह डर के बावजूद कार्य करने की आपकी क्षमता है, ताकि जो आपको सही और आवश्यक लगता है वह कर सकें।

लेकिन अजीब है की कुंडली में इस पहलू पर बहुत कम विचार होता है। जबकि हमारी प्राचीन प्रणाली में पारंपरिक रूप से कुंडली तैयार करने और उसका विश्लेषण करने का उद्देश्य व्यक्तित्व के छिपे हुए पहलुओं का पता लगाना होता था। जातक में निहित शक्तियों और कमजोरियों का निर्धारण करना और फिर जीवन में सफलता प्राप्त करने के लिए उस जानकारी का लाभ उठाना। आमतौर पर हमारे लिए स्वयं के व्यक्तित्व पहलुओं को समझना संभव नहीं होता, खासकर प्रारंभिक वर्षों में जब यह सबसे उपयोगी होता है। तो इस प्राचीन विज्ञान, ज्योतिष, या ईश्वर के प्रकाश, का उद्देश्य सचेत निर्णय लेने के लिए सत्वों के मार्ग को प्रबुद्ध करना है। यह केवल बाद में कहीं न कहीं इस प्रणाली को त्वरित लाभ के लिए बौना कर दिया गया और इसका अपना वास्तविक महत्व खो सा गया।

एक घर की आंतरिक गुणवत्ता उसके कस्प शासकों और उस घर में स्थित ग्रहों द्वारा इंगित की जाती है। इस संबंध में, तीसरे घर के कस्प शासकों और स्थित ग्रहों द्वारा साहस और आत्मविश्वास का संकेत दिया गया है। इस संधर्व में ग्रहों के गुण नीचे तालिका में दिए गए हैं:

साहस और आत्मविश्वास तालिका	
ग्रह	साहस और आत्मविश्वास के गुण
सूर्य	सटीक और सिमित बात तक। आधिकारिक। साहसिक।
चंद्र	जोश के साथ बात करता है लेकिन टकराव से बचता है। आत्मविश्वास की कमी होती है।
मंगल	जल्दबाज। अत्यधिक साहसी और अति आत्मविश्वास।
बुध	कार्य करने में जल्दी करता है लेकिन यह बच्चे का आत्मविश्वास है, ठोस नहीं है।
गुरु	अर्जित ज्ञान के आधार पर साहस और आत्मविश्वास।
शुक्र	विवेकपूर्ण क्षमता पर आधारित साहस और आत्मविश्वास।
शनि	सावधानी लेकिन आत्मविश्वास की कमी नहीं। रणनीति का छिपा हुआ साहस।
राहू	दिखावटी साहस। वास्तविक स्थिति की परवाह किए बिना आत्मविश्वास का बड़ा प्रदर्शन।
केतु	समझना आसान नहीं होगा। सादा चेहरा रखेगा। आमतौर पर अपना रास्ता पाने के लिए तीसरे पक्ष के संदर्भ बनाते हैं। चालाक।

विशेषताओं को एक दूसरे के साथ संयोजन में पढ़ा जाना चाहिए। जैसे यदि मंगल और चंद्रमा दोनों शामिल हों तो जातक बहुत साहस के साथ बात करेगा लेकिन टकराव से बच सकता है। तीसरे घर का सूक्षम चाप स्वामी SAL, अपने RL और NL की तुलना में अधिक बाहरी व्यवहार दिखाएगा। तीसरे घर में स्थित ग्रह भी अपना रंग जोड़ेंगे।

ये जन्म कुंडली के आधार पर गुण हैं। बचपन की परवारिश के आधार पर इन्हें और संशोधित किया जाता है। एक बुद्धिमान विश्लेषण जातक की अर्जित विशेषताओं को प्रकट करेगा जिन्हें परामर्श और अभ्यास के साथ आसानी से सुधारा जा सकता है।

मानसिक स्थिति और क्षमता

अपने अस्तित्व के लिए सूचनाओं को आत्मसात करने और उनका विश्लेषण करने की दिमागी क्षमता तीसरे घर के सबसे महत्वपूर्ण कार्यों में से एक है। यह लिखित और मौखिक दोनों तरह से अभिव्यक्ति की क्षमता भी है। ये सफल लोगों की प्रमुख क्षमताएं मानी जाती हैं। इसे सरल रूप से मेमोरी पावर या आईक्यू IQ भी कहा जाता है। यह भी कुंडली की बहुत कम समझी जाने वाली अवधारणा है क्योंकि यह ज्यादातर व्यक्तिपरक है। शिक्षा के सकारात्मक संकेतों के साथ तीसरे घर की उपस्थिति इस क्षमता को शिक्षा में भी जोड़ देती है।

इस संधर्व में तीसरे घर का समर्थन करने वाले घर 1, 5, 7 और 11 हैं, जबकि, 2, 6, 8 और 12 प्रतिकूल हैं। कस्प 4, 9 और 10 सहायक या तटस्थ हैं।

इसलिए, यदि मुख्य कस्प 3 का SAL या उसमे स्थित ग्रह अपने कस्पल शासकों के माध्यम से सकारात्मक घरों को इंगित करता है और फिर ऐसे नक्षत्र, नवांश [उप] और नव नवांश [उप उप] में स्थित हैं, जिनके स्वामी भी सकारात्मक घरों के SAL या निवासी हैं, तो जातक की मानसिक क्षमता अच्छी होगी।

दूसरे शब्दों में, यदि कस्प 3 के SAL या उसमे स्थित ग्रह, अपने कस्पल स्वामी पक्ष की तरफ ओर अपने एस्ट्रल स्वामी पक्ष की तरफ, सकारत्मक घरों से संबंध बनाते हैं तो जातक की मानसिक क्षमता सुदृढ़, अच्छी अभिव्यक्ति और संचार क्षमता पूर्ण होगी। दूसरी ओर, नकारात्मक कस्प, 2, 6, 8 और 12 के साथ संबंध प्रतिकूल परिणाम का संकेत देगा। सभी नकारात्मक घरों की उपस्थिति के परिणामस्वरूप विकट स्थितियाँ उत्पन्न होंगी। जबकि केवल कुछ के साथ संबंध ऊपर बताए अनुसार शामिल घरों के आधार पर मामूली परिणामों का संकेत देगा। मिश्रित संबंध के मामले में, नकारात्मक और सकारात्मक घरों के अनुपात के आधार पर एक बुद्धिमान मूल्यांकन किया जा सकता है। इसे नीचे सारणीबद्ध रूप में दर्शाया गया है।

मानसिक क्षमता केस - 1						
CRL के घर	CNL के घर	मुख्य घर	NL के घर	SL के घर	SSL के घर	टिप्पणी
1, 5, 7, 11	1, 5, 7, 11	1	1, 5, 7, 11	1, 5, 7, 11	1, 5, 7, 11	अछि मानसिक क्षमता
1, 5, 7, 11	1, 5, 7, 11	3	1, 5, 7, 11	1, 5, 7, 11	1, 5, 7, 11	अछि मानसिक क्षमता

1. सभी कॉलमों में सभी सकारात्मक कस्प दिखाई देना आवश्यक नहीं है।
2. नकारात्मक कस्प की अनुपस्थिति अधिक महत्वपूर्ण है।
3. दोनों पक्ष के सभी स्तंभों पर एक साथ विचार करने से सकारात्मक घरों का पूर्ण प्रतिनिधित्व परिणाम को अधिक मजबूती प्रदान करता है।
4. कस्प 1 प्रधान कस्प के रूप में इस संधर्व में जातक की आंतरिक शक्ति को दर्शाता है।
5. शेष घर 4, 9, और 10 भी इस संयोजन के समर्थक हैं और शिक्षा (4), उच्च शिक्षा (9) और व्यवसाय (10) जैसे स्रोतों का संकेत देते हैं।

मानसिक क्षमता केस - 2						
CRL के घर	CNL के घर	मुख्य घर	NL के घर	SL के घर	SSL के घर	टिप्पणी
2, 6, 8, 12	2, 6, 8, 12	1	2, 6, 8, 12	2, 6, 8, 12	2, 6, 8, 12	मानसिक विकार
2, 6, 8, 12	2, 6, 8, 12	3	2, 6, 8, 12	2, 6, 8, 12	2, 6, 8, 12	मानसिक विकार

1. सभी कॉलमों में सभी नकारात्मक कस्प दिखाई देना आवश्यक नहीं है।
2. सकारात्मक कस्प की अनुपस्थिति अधिक महत्वपूर्ण है।
3. दोनों पक्ष के सभी स्तंभों पर एक साथ विचार करने से नकारात्मक घरों का पूर्ण प्रतिनिधित्व परिणाम को अधिक मजबूती प्रदान करता है।

दोनों पक्षों का मिला-जुला रूप विभिन्न प्रकार के परिणामों का संकेत देगा। मूल रूप से, अधिक सकारात्मक घरों की भागीदारी एक सुदृढ़ और बेहतर मानसिक स्थिति का संकेत देगी। अकेले 6वें घर का शामिल होना उतना बुरा नहीं हो सकता क्योंकि यह प्रतिस्पर्धा की भावना को प्रेरित करता है। 8वें घर द्वारा मानसिक तनाव हो सकता है और 8वें के साथ 12वां तो आपदाप्रद ही होगा। 2सरा घर 3सरे से 12वां होने के कारन साहस के विघटन को दिखाता है जो आम तौर पर एक व्यक्ति के परिवार की परंपरा के प्रभाव, जो उसकी मानसिक स्पष्टता और क्षमता पर पर्दा डालते हैं, के रूप में प्रकट करता है। हमेशा की तरह याद रखें कि घरों का पूरा पुंज मौजूद होना जरूरी नहीं है, यह दूसरे पक्ष की अनुपस्थिति है जो महत्वपूर्ण है।

08

चौथा घर

"ज्योतिष के बिना मनुष्य अज्ञान के धुंधलके में चलता रहता है।"

ल्यूक डेनिस ब्रॉटन

यह स्थिर संपत्ति का घर है और सामान्य रूप से अचल संपत्ति, जल निकायों और भवनों का प्रतिनिधित्व करता है। वाहन या वाहन जैसी संपत्ति भी 4वें घर से प्रकट होती है। चतुर्थ भाव से सुख, आराम, घरेलू शांति, आपकी माता और मातृ स्वरूप संबंधों को देखा जाता है। शारीरिक रूप से यह स्तन, छाती और फेफड़ों को इंगित करता है। इस भाव का दूसरा महत्वपूर्ण कार्य शिक्षा है जो व्यक्ति की सबसे महत्वपूर्ण संपत्ति है।

तो, दो सबसे महत्वपूर्ण पहलू जिनका अध्ययन मुख्य रूप से चौथे घर से किया जाना चाहिए, वे हैं शिक्षा और संपत्ति। आइए इन पर विस्तार से चर्चा करते हैं।

शिक्षा

चौथा घर शिक्षा का प्रमुख केंद्र है। शिक्षा में ज्ञान और रचनात्मकता 5वें घर द्वारा प्रदान की जाती है। 9वां घर, जो की 5वें से 5वां है, उच्च शिक्षा या उच्च ज्ञान इंगित करता है। 11वां भाव हमेशा की तरह मनोकामना पूर्ति प्रदान करता है, जिसका अर्थ

यहां शिक्षा की इच्छा है। इसलिए, अंक 4, 5, 9 और 11 शिक्षा के लिए आवश्यक घरों को इंगित करते हैं। इसके अलावा, घर 10 नाम प्रसिद्धि को इंगित करता है और यदि यह सकारात्मक घरों के साथ दिखाई देता है तो यह अच्छा नाम करने और पुरस्कार जीतने का संकेत देगा। घर 2 आत्मसात का घर होने के कारण शिक्षा के लिए भी अच्छा माना जाता है। जब की भाव 3, 6, 8 और 12 मानसिक अपर्याप्तता और शिक्षा के प्रति झुकाव या इच्छा की कमी का संकेत देते हैं। हालाँकि, इसपे अन्य घरों की उपस्थिति देखते हुए विचार किया जायेगा। क्योंकि व्यक्तिगत रूप से और अन्य सकारात्मक घरों के साथ दिख कर ये घर पूरी तरह से अलग अर्थ व्यक्त कर सकते हैं। जैसे भाव 3 का अर्थ हो जायेगा अच्छी लिखावट, अच्छी अभिव्यक्ति, बुद्धि आदि। भाव 6 का अर्थ है प्रतिस्पर्धा करना। सकारात्मक संकेतों के साथ आने पर भाव 8 और 12 भी विषय के गहरे अर्थों को तलाशने और खोजने के लिए दृढ़ता का संकेत देंगे। इसलिए इस परिदृश्य में मौजूद घरों के पूरे पुंज पर ध्यान देना आवश्यक हो जाता है।

तो, यदि मुख्य कस्प 4 का सूक्ष्म चाप स्वामी SAL या उसमे स्थित ग्रह अपने कस्पल शासकों के माध्यम से केवल नकारात्मक घरों को इंगित करता है और फिर ऐसे नक्षत्र, नवांश [उप] और नव नवांश [उप उप] में स्थित हैं, जिनके स्वामी भी नकारात्मक घरों के SAL या निवासी हैं, तो जातक शिक्षा में सफल नहीं होगा।

दूसरे शब्दों में, यदि कस्प 4 के SAL या उसमे स्थित ग्रह, अपने कस्पल स्वामी पक्ष की तरफ और अपने एस्ट्रल स्वामी पक्ष की तरफ, सभी नकारत्मक घरों 3, 6, 8, 12 से संबंध बनाते हैं तो जातक अशिक्षित रहेगा। यदि इन घरों से कोई संबंध नहीं है तो शिक्षा सफल होगी। मिश्रित संबंध के मामले में, नकारात्मक और सकारात्मक घरों के अनुपात के आधार पर एक बुद्धिमान मूल्यांकन किया जा सकता है। इसे नीचे सारणीबद्ध रूप में दर्शाया गया है।

शिक्षा केस - 1

CRL के घर	CNL के घर	मुख्य घर	NL के घर	SL के घर	SSL के घर	टिप्पणी
3, 6, 8, 12	3, 6, 8, 12	4	3, 6, 8, 12	3, 6, 8, 12	3, 6, 8, 12	जातक अशिक्षित रहेगा
3, 6, 8, 12	3, 6, 8, 12	9	3, 6, 8, 12	3, 6, 8, 12	3, 6, 8, 12	जातक अशिक्षित रहेगा
3, 6, 8, 12	3, 6, 8, 12	11	3, 6, 8, 12	3, 6, 8, 12	3, 6, 8, 12	जातक अशिक्षित रहेगा

1. सभी संबंधित घरों का सभी कॉलमों में प्रकट होना आवश्यक नहीं है।
2. सकारात्मक घरों की अनुपस्थिति अधिक महत्वपूर्ण है।
3. स्तंभों को एक साथ मानते हुए दोनों पक्षों के सभी घरों का पूर्ण प्रतिनिधित्व परिणाम को अधिक शक्ति प्रदान करता है।
4. कस्पल स्वामी पक्ष के घर इस संदर्भ में मूल निवासी की आंतरिक क्षमता का संकेत करते है। यहाँ इसका अर्थ यह है कि जातक में न तो कोई प्रवृत्ति होगी और न ही अपने प्रयास में सफल होने की इच्छा होगी।

दोनों पक्षों का मिला-जुला रूप विभिन्न प्रकार के परिणामों का संकेत देगा। सकारात्मक घरों की बहुसंख्यक उपस्थिति, ऊपर बताए अनुसार अल्पसंख्यक नकारात्मक घरों के अर्थ को सकारात्मक परिणाम के पक्ष में बदल देगी। निम्नलिखित तालिकाएँ विभिन्न संभावनाओं का संकेत देती हैं। हमेशा की तरह याद रखें कि कस्प का पूरा पुंज मौजूद होना जरूरी नहीं है, यह दूसरे पुंज की अनुपस्थिति है जो महत्वपूर्ण है।

शिक्षा केस - 2						
CRL के घर	CNL के घर	मुख्य घर	NL के घर	SL के घर	SSL के घर	टिप्पणी
4, 5, 9, 11	4, 5, 9, 11	4 या 9 या 11	4, 5, 9, 11	3, 6, 8, 12	3, 6, 8, 12	A
4, 5, 9, 11	4, 5, 9, 11	4 या 9 या 11	4, 5, 9, 11	4, 5, 9, 11	3, 6, 8, 12	B
4, 5, 9, 11	4, 5, 9, 11	4 या 9 या 11	4, 5, 9, 11	4, 5, 9, 11	4, 5, 9, 11	C

A. यहां पर मुख्य कस्प के कस्पल स्वामी पक्ष की तरफ कनेक्शन सकारात्मक इरादे को इंगित करते हैं। जैसा कि NL सहायक घरों को इंगित करता है, यह संभावित शिक्षा के लिए परिस्थितियों का निर्माण करेगा। लेकिन SL और SSL दोनों ही नकारात्मक घरों का संकेत देते हैं, इसलिए जातक के लिए शिक्षा प्राप्त करना बहुत मुश्किल होगा।

B. उपरोक्त A की निरंतरता में, यहां SL भी सहायक घरों को इंगित करता है, इसका मतलब यह होगा कि जातक शिक्षा में सफल होगा। लेकिन जैसा कि SSL केवल नकारात्मक घरों को इंगित करता है, यह परेशानी मुक्त नहीं हो सकता। जबकि, 10 जैसे अन्य सकारात्मक घरों की उपस्थिति

इन्हें सकारात्मक समर्थन में बदल देगी और जातक शिक्षा में प्रतिभाशाली साबित होगा।

C. ऊपर B की निरंतरता में, यहां SSL भी सहायक घरों को इंगित करता है और इसलिए इसका परिणाम परेशानी मुक्त शिक्षा होगी।

प्रत्येक स्तर पर मिश्रित कस्प होने की संभावना भी है। ऐसे में तुलनात्मक मजबूती देखने को मिलेगी। बहुमत का राज होगा। कस्पल स्वामी पक्ष के कस्प केवल मंशा या रुचि के क्षेत्रों को इंगित करेगा।

आइए नीचे दिए गए कुछ संयोजनों की जांच करें।

शिक्षा केस - 3						
CRL के घर	CNL के घर	मुख्य घर	NL के घर	SL के घर	SSL के घर	टिप्पणी
कोई भी	कोई भी	4 या 9 या 11	3, 4, 5, 6, 9, 10, 11	3, 4, 5, 6, 9, 10, 11	1, 6, 8, 10, 11, 12	A
कोई भी	कोई भी	4 या 9 या 11	3, 4, 5, 6, 9, 10, 11	3, 4, 6, 8, 9, 12	1, 6, 8, 10, 11, 12	B
कोई भी	कोई भी	4 या 9 या 11	3, 4, 6, 8, 9, 12	3, 4, 5, 6, 9	1, 6, 8, 10, 11, 12	C

A. यहां कस्पल स्वामी पक्ष से मुख्य कस्प का कनेक्शन कोई भी घर है। जैसा कि NL और SL सभी सकारात्मक और सहायक घरों को इंगित करता है, यह शिक्षा में बड़ी सफलता के लिए परिस्थितियां पैदा करेगा। SSL स्तर पर कस्प अब केवल अध्ययन के क्षेत्र को परिभाषित करेंगे। 10 और 11 के साथ 1, 6, 8, 12 का संबंध सफल चिकित्सा शिक्षा या न्याय पालिका का संकेत दे सकता है।

B. उपरोक्त A की निरंतरता में, यहां SL बहुमत में सहायक घरों को इंगित नहीं करता है, इसका मतलब यह होगा कि जातक कोशिश करेगा लेकिन चिकित्सा शिक्षा में सफल नहीं होगा। हालाँकि, कुछ सहायक घरों की उपस्थिति का मतलब है कि शिक्षा जारी रहेगी लेकिन वांछित नहीं।

C. ऊपर B की निरंतरता में, यहां NL स्वयं बहुमत नकारात्मक घरों को इंगित करता है। SL स्तर पर नकारात्मक घरों की उपस्थिति स्तर को और कम बनाए रखेगी। यदि कस्पल पक्ष में नकारात्मक भाव हों तो सफलता की इच्छा और दृढ़ता भी गायब हो जाएगी।

अध्ययन का क्षेत्र माता-पिता और जातक के लिए बहुत रुचि का है। यह अध्ययन के प्रमुख घरों के साथ मौजूद अतिरिक्त घरों द्वारा दर्शाया जाता है और साथ ही कस्पल पक्ष और SL या SSL स्तरों पर मौजूद घरों द्वारा भी दर्शाया जाता है। शिक्षा के महत्वपूर्ण समय में चल रहे ग्रहों की दशा अवधि के दौरान शामिल घरों का सावधानीपूर्वक अध्ययन आपकी कुंडली से सही मार्गदर्शन प्राप्त करने में महत्वपूर्ण भूमिका निभा सकता है। इन्हें उच्च शिक्षा के अध्याय में और स्पष्ट किया जाएगा, क्योंकि तब तक हम सभी बुनियादी संयोजनों का अध्ययन कर चुके होंगे। निम्नलिखित तालिका शिक्षा के लिए ग्रहों और घरों के मूल गुण प्रदान करेगी।

शिक्षा के क्षेत्र	
ग्रह	शिक्षा का क्षेत्र
सूर्य	चिकित्सा, रसायन विज्ञान, राजनीति, प्रशासन
चंद्र	नौकायन, नौवहन, आतिथ्य, नर्सिंग, गृह विज्ञान, जल संबंधी, खेती, संगीत
मंगल	इंजीनियरिंग, सैन्य सेवा, सर्जरी, भौतिकी, उत्पादन, निर्माण
बुध	गणित, लेखा, बैंकिंग और वित्त, पत्रकारिता, मुद्रण
गुरु	कानून, विदेश सेवा, शिक्षा, स्त्री रोग, बाल रोग, प्रचारक
शुक्र	कला और सिनेमा, अभिनय, फैशन डिजाइनिंग, मॉडलिंग, होटल प्रबंधन, ग्लैमर
शनि	श्रम कानून, लोक शिकायत, इतिहास, उत्खनन, अनुसंधान, ज्योतिष
राहु	उस ग्रह का प्रतिनिधित्व करता है जिसकी राशि में यह स्थित है
केतु	उस ग्रह का प्रतिनिधित्व करता है जिसकी राशि में यह स्थित है

शिक्षा के संबंध में विभिन्न घरों के गुण नीचे दिए गए हैं।

शिक्षा के क्षेत्र	
घर	विभिन्न घरों के शिक्षा क्षेत्र
1	सैन्य विज्ञान, मनोविज्ञान
2	वित्त, अर्थशास्त्र, गणित, कला, चित्रकला
3	सैन्य विज्ञान, पत्रकारिता, दर्शनशास्त्र, भौतिकी, विज्ञापन, दूरसंचार

शिक्षा के क्षेत्र	
घर	विभिन्न घरों के शिक्षा क्षेत्र
4	कृषि, गृह विज्ञान, समाजशास्त्र, सिविल इंजीनियरिंग, ऑटोमोबाइल इंजीनियरिंग, डेयरी, पोल्ट्री, उप सागर तेल, वास्तुकला
5	कानून, विदेश सेवा, शिक्षा, स्त्री रोग, बाल रोग, प्रचारक, आतिथ्य, सिनेमा, अभिनय, स्टॉक मार्केट
6	रसायन विज्ञान, जीव विज्ञान, चिकित्सा, नर्सिंग, युद्ध रणनीति, कानून
7	व्यवसाय प्रबंधन, व्यवसाय, सैन्य विज्ञान
8	इतिहास, पुरातत्व, भूविज्ञान, खनन, तंत्र विज्ञान, निर्माण, उत्पादन
9	कानून, धर्म, अध्यात्म, शिक्षण, शिक्षा, विदेश अध्ययन
10	राजनीति विज्ञान, व्यावसायिक प्रशिक्षण, व्यवसाय प्रबंधन, सामान्य प्रबंधन
11	वाणिज्य, विज्ञान
12	विदेशी भाषाएं, विदेशी अध्ययन, तंत्र विज्ञान

ये केवल कुछ मुख्य विशेषताएं हैं, यह समझने के लिए की कस्प कैसे काम करते हैं। पेशे या व्यवसाय को परिभाषित करने के लिए भी इन्ही विशेषताओं का उपयोग किया जाता है क्योंकि दोनों निकट संबंधि हैं।

सम्पति और वाहन

संपत्ति का मालिक होना या अपना घर होना सबसे अधिक लोकप्रिय सपनों में से एक है जिसके लिए लोग अपनी बचत का एक बड़ा हिस्सा खर्च करते हैं। पहले के समय में, यह कई लोगों के लिए जीवन भर की उपलब्धि का सपना हुआ करता था और इसमें आपकी जीवन भर की बचत शामिल होती थी। हालाँकि, वर्तमान में वित्त की आसान उपलब्धता के कारण, अपना खुद का घर बनाना अपेक्षाकृत आसान हो गया है। अपनी पसंद का वाहन रखना एक और इच्छा है जो कम उम्र में ही शुरू हो जाती है। भले ही आसान वित्तपोषण ने इन परिसंपत्तियों को हासिल करना आसान बना दिया हो, फिर भी यह एक बड़ा निवेश बना हुआ है और इसे प्राप्त करना सामान्यत: मुश्किल ही होता है।

जैसा कि हमने देखा कि चौथा घर संपत्ति और वाहन जैसी संपत्ति के लिए प्रमुख घर है। जबकि इच्छा की पूर्ति 11वें कस्प द्वारा प्रदान की जाती है। लेकिन बिना कुछ खर्च के कोई भी संपत्ति अर्जित नहीं की जा सकती, और इसलिए निवेश का संकेत

देने के लिए 12वें घर की भागीदारी आवश्यक है। यदि निवेश में ऋण के माध्यम से वित्त पोषण शामिल है, तो 6वें घर की भागीदारी भी आवश्यक हो जाती है, क्योंकि यह दूसरे के धन को प्राप्त करने का संकेत देता है। तो, संपत्ति प्राप्त करने के लिए मुख्य घर 4, 11 और 12 हैं। इन्हें ऋण के लिए 6वें, और यदि किसी विलेख या अनुबंध पर हस्ताक्षर करना शामिल है तो 3सरे घर द्वारा समर्थित किया जाता है। संपत्ति के अधिग्रहण के लिए कोई नकारात्मक संकेत नहीं होते। 8वें घर की उपस्थिति कभी कभी बाधाओं और मानसिक तनाव का संकेत देती है। इसलिए, यह केवल इन संयोजनों की अनुपस्थिति या उपस्थिति है जो संपत्ति प्राप्त करने की संभावनाओं को इंगित करता है। संपत्ति या वाहन की खरीद के मामले में घरों में कोई भेद नहीं है। यह भेद शामिल दशा ग्रहों द्वारा प्रदान किया जाता है। मंगल और शनि को भूमि और संपत्ति के लिए जिम्मेदार ठहराया गया है जबकि शुक्र वाहनों को इंगित करता है।

इसलिए, यदि मुख्य कस्प 4 का सूक्ष्म चाप स्वामी SAL या उसमे स्थित ग्रह अपने कस्पल शासकों के माध्यम से कस्प 4, 11 और 12 को इंगित करता है और फिर ऐसे नक्षत्र, नवांश [उप] और नव नवांश [उप उप] में स्थित हैं, जिनके स्वामी भी इन्ही घरों के SAL या निवासी हैं, तो जातक सम्पति पाने में सफल होगा।

दूसरे शब्दों में, यदि कस्प 4 के SAL या उसमे स्थित ग्रह, अपने कस्पल स्वामी पक्ष की तरफ और अपने एस्ट्रल स्वामी पक्ष की तरफ, सभी सकारत्मक घरों 4, 11, 12 से संबंध बनाते हैं तो जातक को सम्पति प्राप्त होगी। यदि इन घरों से कोई संबंध नहीं है तो संपत्ति प्राप्त करने की कोई संभावना नहीं है। मिश्रित संबंध के मामले में, या अन्य सहायक घर जैसे 3, 6 आदि के आधार पर तौर-तरीकों के बारे में एक बुद्धिमान मूल्यांकन किया जा सकता है। इसे नीचे सारणीबद्ध रूप में दर्शाया गया है।

सम्पति खरीदने के मामले						
CRL के घर	CNL के घर	मुख्य घर	NL के घर	SL के घर	SSL के घर	टिप्पणी
4, 11, 12	4, 11, 12	4 या 11	4, 11, 12	4, 11, 12	4, 11, 12	सम्पति लाभ
4, 11, 12	4, 11, 12	4 या 11	4, 6, 11, 12	4, 6, 11, 12	4, 6, 11, 12	सम्पति लाभ लोन द्वारा
4, 11, 12	4, 11, 12	4 या 11	4, 6, 8,11, 12	4, 6, 8, 11, 12	4, 6, 8, 11, 12	सम्पति लाभ लोन द्वारा लेकिन रुकावटें और देरी

1. सभी संबंधित घरों का सभी कॉलमों में प्रकट होना आवश्यक नहीं है।
2. सकारात्मक घरों की उपस्थिति अधिक महत्वपूर्ण है।
3. स्तंभों को एक साथ मानते हुए दोनों पक्षों के सभी घरों का पूर्ण प्रतिनिधित्व परिणाम को अधिक शक्ति प्रदान करता है।

इस संदर्भ में कस्पल स्वामी पक्ष के घर जातक की आंतरिक क्षमता का द्योतक हैं। इसका अर्थ है कि यहां जातक में संपत्ति अर्जित करने के प्रति झुकाव और इच्छाशक्ति होगी। सम्पति का सौदा होने के लिए इसमें शामिल दशा ग्रहों को या तो मंगल या शनि होना चाहिए या उनमें से किसी एक को संबंधित दशा ग्रह पर सकारात्मक दृष्टि प्रदान करना चाहिए। वाहन के अधिग्रहण के लिए, शुक्र की भागीदारी या तो सीधे दशा ग्रहों में से एक के रूप में या दृष्टि के माध्यम से जरूरी है।

इसी तरह, संपत्ति की बिक्री दूसरे पक्ष के सापेक्ष घरों द्वारा इंगित की जाती है। आप तभी बेच सकते हैं जब संपत्ति किसी अन्य पार्टी द्वारा खरीदी जाती है, जिसका अर्थ है कि 7वें घर से कस्प, 4, 11 और 12। यह आपके चार्ट से या लग्न से कस्प 10, 5 और 6 हो जाएगा। इसके अलावा, संपत्ति के नुकसान को कस्प 3 द्वारा दर्शाया जाएगा। इसलिए, यदि 4वें कस्प के SAL संबंधित घरों 3, 5, 6 और 10 के साथ संबंध बनाते हैं, कस्पल पक्ष की ओर तथा एस्ट्रल पक्ष की ओर से, तो जातक संपत्ति बेचेगा। कस्प 2 और 11 की उपस्थिति आपकी संतुष्टि के साथ बैंक बैलेंस और बिक्री मूल्य में लाभ का संकेत देगी। जबकि, कस्प 11 का न होना यह संकेत दे सकता है कि बिक्री आपकी अपेक्षाओं के अनुरूप नहीं होगी। कस्प 7, 8 और 12 के शामिल होने से बिक्री धमकी के खतरे में होगी, जबकि सिर्फ 8 और 12 संकटपूर्ण समय में बिक्री का संकेत दे सकते हैं। इन संयोजनों को नीचे सारणीबद्ध प्रारूप में दर्शाया गया है।

सम्पति बेचने के मामले						
CRL के घर	CNL के घर	मुख्य घर	NL के घर	SL के घर	SSL के घर	टिप्पणी
कोई	कोई	4 या 11	3, 5, 6, 10	3, 5, 6, 10	2, 11	बिक्री से संतुष्टि
कोई	कोई	4 या 11	3, 5, 6, 10	3, 5, 6, 10	2	बिक्री अपेक्षा अनुसार नहीं
कोई	कोई	4 या 11	3, 5, 6, 10	7, 8, 12	2	बिक्री धमकी में
कोई	कोई	4 या 11	3, 5, 6, 10	3, 5, 6, 10	8, 12	संकट में बिक्री

1. सभी संबंधित घरों का सभी कॉलमों में प्रकट होना आवश्यक नहीं है।
2. सम्बंधित घरों की उपस्थिति अधिक महत्वपूर्ण है।
3. स्तंभों को एक साथ मानते हुए दोनों पक्षों के सभी घरों का पूर्ण प्रतिनिधित्व परिणाम को अधिक शक्ति प्रदान करता है।

शुरुआत में ग्रहों में एक ही तरह के कस्प दिखाई देना कभी-कभी भ्रमित करने वाला होता है। भ्रम से बचने का एकमात्र तरीका है चार्ट को संदर्भ के दृष्टिकोण से पढ़ना। सभी ग्रहों के लिए SAM PIT तालिका तैयार करें जैसा कि पहले चर्चा की गई है और फिर प्रत्येक ग्रह का उस प्रासंगिक दृष्टिकोण से अध्ययन करें। फिर यदि आप शिक्षा के बारे में सोच रहे हैं तो चतुर्थ कस्प का मतलब शिक्षा होगा, जबकि संपत्ति के लिए इसका मतलब संपत्ति होगा, बच्चे के जन्म के दृष्टिकोण से यह इनकार का संकेत देगा। इसलिए सभी संभावित संधावों से परिचित होने के लिए प्रत्येक घर के गुणों का अध्ययन करना महत्वपूर्ण है। वास्तविक चार्ट की भविष्यवाणी आसानी से करने के लिए इन नियमों का प्रयोग आपके दिमाग में अंतर्निहित हो जाना चाहिए।

हम आपके लिए सभी प्रकार के संयोजन विकसित करने का प्रयास कर रहे हैं ताकि आप यह समझ सकें कि किसी संदर्भ में कुछ कस्प कैसे व्यवहार करते हैं। यह हर घर के लिए, निरंतर और बार बार का विश्लेषण, अंततः घरों और प्रक्रिया से आपका परिचय सुदृढ़ करेगा और अंततः कुंडली विश्लेषण के लिए फायदेमंद साबित होगा।

संपत्ति के अन्य पहलू भी हैं जैसे उसका आकार, स्थिति, स्थान जो आपको मिलना तय है। वही वाहनों के लिए भी है, जिसमें उसका रंग भी शामिल है। इन व्यक्तिपरक विशेषताओं को शामिल ग्रहों के साथ-साथ कुंडली के सामान्य मानक द्वारा परिभाषित किया जाता है। सब कुछ उस समय और स्थान या परिस्थितियों के अधीन है जिसमें जातक संचालित होता है। आमतौर पर शनि, राहु और केतु जैसे ग्रह छोटे आकार, खराब स्थान या वाहन या फिर सम्पति अपेक्षित न होने का संकेत देते हैं। इसी तरह, बृहस्पति, चंद्रमा, शुक्र आदि जैसे ग्रहों की भागीदारी आलीशान संपत्तियों, बड़े वाहनों आदि का संकेत दे सकती है। वाहन का रंग भी दशा ग्रहों के रंग से नियंत्रित होगा।

09

पांचवां घर

"ग्रह भगवान के विराम चिन्ह हैं जो मानव भाग्य के वाक्यों को इंगित करते हैं, जो नक्षत्रों में लिखे गए हैं।"

†

जेम्स लेंडल बसफोर्ड

पंचम भाव सृजन का भाव है। संतान का जन्म पंचम भाव से होता है। यह मानव जाति के निर्माण और निरंतरता का स्रोत है, इसलिए मानव जीवन के सबसे महत्वपूर्ण पहलुओं में से एक का प्रतिनिधित्व करता है। सीखना या ज्ञान अर्जित करना पंचम भाव का दूसरा पहलू है। यह केवल जानकारी एकत्र करना नहीं है, बल्कि विषय की वास्तविक समझ है, जो शिक्षा को फलदायी बनाती है। मौजमस्ती, जो की बच्चों से निकटता से जुड़ी है, भी पांचवें घर में आधारित है। इसलिए सभी मनोरंजन 5वें घर से ही निकलते हैं, चाहे वह संगीत, कला, सिनेमा या जीवन में सामान्य मनोरंजन हो। इसलिए कला और संस्कृति विशेष रूप से अभिनय, सिनेमा, रंगमंच सभी का प्रतिनिधित्व पंचम भाव से होता है। जहां तक संबंधों का सवाल है, आपकी पहली संतान का प्रतिनिधित्व 5वां घर करता है। आर्थिक रूप से, यह सट्टा, शेयर बाजार, लॉटरी आदि, प्रतिपक्ष को लाभ और नौकरी में नुकसान का संकेत देता है। शारीरिक रूप से 5वां घर दिल और पेट का प्रतिनिधित्व करता है और इसलिए घर, पार्टी या रेस्तरां में हार्दिक भोजन का

भी संकेत देता है। दिल की बात करें तो प्रेम भी पंचम भाव से देखा जाता है। रोमांस जीवन का आनंद है और इसमें कोई आश्चर्य की बात नहीं कि इसके लिए 5वें घर को जिम्मेदार ठहराया गया है।

आइये कुछ ऐसे पहलुओं पर बिस्तार से चर्चा करतें हैं जिन्हें केवल 5वें घर से ही देखा जायेगा।

संतान का जन्म

हम शिक्षा और वित्तीय स्थिति में 5वें घर के प्रभावों का उल्लेख पहले के अध्यायों में कर चुके हैं। पंचम भाव से जो विशिष्ट गुण देखना चाहिए वह है संतानोत्पत्ति। इसके लिए 5वां भाव मुख्य है, और 2सरा घर, परिवार, आत्मसात व् संचय का घर होने के कारण, परिवार में जोड़ने के लिए भाग लेगा। इस संबंध में तीसरी कड़ी, जैसा कि आपने ठीक ही अनुमान लगाया है, 11वां होनी चाहिए, संतान की इच्छा की पूर्ति। तो कस्प 2,5,11 सकारत्मक कस्प बनते हैं। तदनुसार, कस्प 1, 4 और 10, क्रमशः परिवार बढ़ने में अवरोध, गर्भाधान में अवरोध और निराशा कारणों से, इस संदर्भ में नकारात्मक कस्प बन जाते हैं। अन्य घर 6, 8 और 12 गर्भावस्था के दौरान समस्याओं, बाधाओं, सर्जिकल हस्तक्षेप, बिस्तर से लगने आदि का संकेत देते हैं। सकारात्मक और नकारात्मक घरों के साथ उनकी उपस्थिति की व्याख्या तदनुसार की जानी चाहिए। सकारात्मक कस्प के साथ, ये परेशानी वाली गर्भावस्था का संकेत देते हैं और अन्य नकारात्मक कस्प के साथ ये गर्भपात का संकेत देते हैं। 8 और 12 के साथ कस्प 7 की उपस्थिति हमेशा खुले खतरे या बलात्कार आदि जैसी परिस्थितियों का संकेत देती है। कस्प 3 और 9 तटस्थ हैं और इस संदर्भ में कोई सक्रिय भूमिका नहीं निभाते।

इसलिए, यदि मुख्य कस्प 5 का सूक्ष्म चाप स्वामी SAL या उसमे स्थित ग्रह अपने कस्पल शासकों के माध्यम से केवल सकारात्मक घरों को इंगित करता है और फिर ऐसे नक्षत्र, नवांश [उप] और नव नवांश [उप उप] में स्थित हैं, जिनके स्वामी भी सकारात्मक घरों के SAL या निवासी हैं, तो जातक को संतान प्राप्ति हो सकती है।

दूसरे शब्दों में, यदि कस्प 5 के SAL या उसमे स्थित ग्रह, अपने कस्पल स्वामी पक्ष की तरफ ओर अपने एस्ट्रल स्वामी पक्ष की तरफ, सभी सकारत्मक घरों 2, 5, 11 से संबंध बनाते हैं तो जातक को संतान प्राप्ति होती है। यदि इन घरों से कोई

संबंध नहीं है बल्कि संबंध नकारत्मक घर 1, 4, 10 से बनते हैं तो संतान प्राप्ति की कोई सम्भावना नहीं। मिश्रित संबंध के मामले में, नकारात्मक और सकारात्मक घरों के अनुपात के आधार पर एक बुद्धिमान मूल्यांकन किया जा सकता है। इसे नीचे सारणीबद्ध रूप में दर्शाया गया है।

संतानोत्पति केस - 1						
CRL के घर	CNL के घर	मुख्य घर	NL के घर	SL के घर	SSL के घर	टिप्पणी
2, 5, 11	2, 5, 11	1	2, 5, 11	2, 5, 11	2, 5, 11	संतान प्राप्ति होगी
2, 5, 11	2, 5, 11	5	2, 5, 11	2, 5, 11	2, 5, 11	संतान प्राप्ति होगी
2, 5, 11	2, 5, 11	2 या 11	2, 5, 11	2, 5, 11	2, 5, 11	संतान प्राप्ति होगी

1. सभी संबंधित घरों का सभी कॉलमों में प्रकट होना आवश्यक नहीं है।
2. नकारात्मक घरों की अनुपस्थिति अधिक महत्वपूर्ण है।
3. स्तंभों को एक साथ मानते हुए दोनों पक्षों के सभी घरों का पूर्ण प्रतिनिधित्व परिणाम को अधिक शक्ति प्रदान करता है।

संतानोत्पति केस - 2						
CRL के घर	CNL के घर	मुख्य घर	NL के घर	SL के घर	SSL के घर	टिप्पणी
1, 4, 10	1, 4, 10	1	1, 4, 10	1, 4, 10	1, 4, 10	संतानोत्पति में अवरोध
1, 4, 10	1, 4, 10	5	1, 4, 10	1, 4, 10	1, 4, 10	संतानोत्पति में अवरोध
1, 4, 10	1, 4, 10	2 या 11	1, 4, 10	1, 4, 10	1, 4, 10	संतानोत्पति में अवरोध

1. सभी संबंधित घरों का सभी कॉलमों में प्रकट होना आवश्यक नहीं है।
2. सकारात्मक घरों की अनुपस्थिति अधिक महत्वपूर्ण है।
3. स्तंभों को एक साथ मानते हुए दोनों पक्षों के सभी घरों का पूर्ण प्रतिनिधित्व परिणाम को अधिक शक्ति प्रदान करता है।

दोनों पक्षों का मिला-जुला रूप विभिन्न प्रकार के परिणामों का संकेत देगा। निम्नलिखित तालिकाएँ ऐसी कुछ संभावनाओं का संकेत देंगी। हमेशा की तरह याद रखें कि घरों का पूरा पुंज मौजूद होना जरूरी नहीं है, यह विपक्ष की अनुपस्थिति है जो महत्वपूर्ण है।

संतानोत्पति केस - 3						
CRL के घर	CNL के घर	मुख्य घर	NL के घर	SL के घर	SSL के घर	टिप्पणी
2, 5, 11	2, 5, 11	1 और 5	2, 5, 11	1, 4, 10	6, 8, 12	A
2, 5, 11	2, 5, 11	2 या 11	2, 5, 11	1, 4, 10	6, 8, 12	
2, 5, 11	2, 5, 11	1 और 5	2, 5, 11	2, 5, 11	1, 4, 10	B
2, 5, 11	2, 5, 11	2 या 11	2, 5, 11	2, 5, 11	1, 4, 10	
2, 5, 11	2, 5, 11	1 और 5	2, 5, 11	2, 5, 11	6, 8, 12	C
2, 5, 11	2, 5, 11	2 या 11	2, 5, 11	2, 5, 11	6, 8, 12	

A. यहां प्रमुख संकेत बताते हैं कि जातक में संतान पैदा करने की आंतरिक शक्ति है। जैसा कि NL सकारात्मक संकेत देता है, यह बच्चे के जन्म के लिए परिस्थितियां पैदा करेगा। लेकिन SL केवल नकारात्मक भाव दर्शाता है, यह फलदायी नहीं होगा। यदि गर्भाधान होता भी है तो यह SSL द्वारा इंगित समस्याओं से घिरा होगा। कृपया ध्यान दें कि इसे स्पष्ट करने के लिए विशिष्ट कस्प पुंज विभिन्न स्तरों पर इंगित किए गए हैं। वास्तविक कुंडली में, आपको सभी स्तरों पर मिश्रण मिल सकता है और फिर उनकी तुलनात्मक ताकत को देखना होगा। इसे वास्तविक कुंडली अध्ययन में शामिल किया जाएगा।

B. उपरोक्त A की निरंतरता में, यहां SL भी सकारात्मक घरों को इंगित करता है, जो मुख्य कस्प के सूक्ष्म चाप स्वामी या SAL की अवधि के दौरान गर्भावस्था या बच्चे के जन्म की पुष्टि करता है। लेकिन जैसा कि SSL केवल नकारात्मक घरों को इंगित करता है, नुकसान की संभावित भावना पृष्ठभूमि में बनी रहेगी। ऊपरी स्तरों से थोड़ा भी नकारात्मक समर्थन मिलने पर ही यह स्तर नुकसान पहुंचा सकता है।

C. अब ऊपर B की निरंतरता में, यहां SSL केवल परेशानी वाले घरों को इंगित करता है, यह कभी राहत नहीं देगा और गर्भावस्था मुश्किल साबित हो सकती है। घरों की आंतरिक शक्ति और ऊपरी स्तरों पर सकारात्मक समर्थन ही सफल जन्म सुनिश्चित करेगा।

D. कस्पल पक्ष की ओर नकारात्मक घरों की उपस्थिति सृजन शक्ति को कम और गर्भाधान को कठिन बना देगी।

यहां यह नोट करना महत्वपूर्ण है कि यदि उपरोक्त संयोजनों को किसी अन्य ग्रह या कस्प के SAL द्वारा इंगित किया गया है, तो परिणाम उस ग्रह की अवधि के भीतर समान ही होंगे। हालांकि, अन्य ग्रह के परिणाम प्रदान करने के लिए मुख्य कस्प को वादा दिखाना जरुरी है। दूसरे शब्दों में, यदि मुख्य कस्प 5 उपरोक्त संतानोप्ती केस - 2 की तरह इनकार दिखाता है, तो किसी अन्य ग्रह का फलदायी होना संभव नहीं है।

एक बार जब बच्चे के जन्म का वादा मुख्य कस्प के माध्यम से स्थापित हो जाता है, तो सभी ग्रहों को नोट करना चाहिए जो इस संदर्भ के लिए "फल संकेतक ग्रह" [FIP] हैं। इन एफआईपी की संयुक्त दशा अवधि के दौरान बच्चे का जन्म हो सकता है। आमतौर पर किसी भी घटना को अंजाम देने के लिए हमें दशा अवधि को 1 महीने से कम समय तक की अवधि तक देखना होगा। यही कारण है कि सामान्य रूप से अंतर स्तर [तीसरा दशा स्तर]। और बड़ी दशा अवधि वाले ग्रहों के मामले में, हमें सूक्ष्म दशा स्तर [चौथा दशा स्तर] तक नीचे जाना पड़ सकता है। दशा अगर आपको याद हो तो महा दशा "डी", भुक्ति दशा "बी", अंतर दशा "ए" और सूक्ष्म दशा "एस" हैं जो डी बी ए एस [DBAS] नामक क्रमिक विभाजनों को दर्शाती हैं। तो हमारी भाषा में एफआईपी के डीबीएएस के दौरान बच्चे का जन्म होगा। जैसा कि आप देखेंगे कि यह सभी अवधियों में नहीं हो सकता, सिवाय इसके कि जब सभी के सभी दशा ग्रह एफआईपी हों। तब चयनित छोटी अवधि को पारगमन के आधार पर एक उपयोगी दिन और समय के लिए जांचा जाता है ताकि यह देखा जा सके कि घटना किस दिन और कब होगी। यदि इस फलदायी दशा अवधि के दौरान, फलदायी पारगमन नहीं होता तो घटना नहीं हो सकती और इसके लिए एफआईपी की संयुक्त दशा डीबीएएस [DBAS] और "समवर्ती फलदायी पारगमन" सी एफ टी [CFT] की प्रतीक्षा करनी होगी।

अगला महत्वपूर्ण पहलू जो मुख्य रूप से 5वें घर से ही देखा जाता है, वो है प्रेम और रोमांस।

प्यार और रोमांस

5वां प्रेम और रोमांस के लिए प्रमुख कस्प है और दूसरा कस्प, जैसा कि आपने फिर से ठीक अनुमान लगाया है, इच्छा की पूर्ति 11वां होना चाहिए। इसलिए घर 5 और 11 प्रेम और रोमांस का संकेत देते हैं। यह एक सच्ची हार्दिक भावना है जिसे आमतौर पर प्लेटोनिक प्रेम भी कहा जाता है। यहां दूसरे पक्ष की कोई भागीदारी नहीं है और

इसलिए यह पूरी तरह से मुक्त भावना है। 5 और 11 के साथ अन्य कस्प की भागीदारी उस भावना को अर्थ और अभिव्यक्ति प्रदान करेगी। इसलिए 7वां कस्प यहाँ साथी या पति या पत्नी आदि को जोड़ेगा, 8वां अन्य बातों के इलावा छिपी हुई चीजों का संकेत देता है और इस संदर्भ में, यौन अंगों से संबंधित है, और इसलिए ऐसे रिश्ते का संकेत देगा। घर 12 बिस्तर को इंगित करता है और इसलिए यौन संबंधों की अधिक स्पष्ट पुष्टि करता है। 8 और 12 के साथ 7 की उपस्थिति हमेशा आक्रामकता और बल का संकेत देती है और इसका मतलब बलात्कार या इस तरह का रिश्ता। 2, 6, 11 जैसे पैसे कमाने वाले कस्प के स्रोत के रूप में उपरोक्त कस्प का दिखाई देने का अर्थ होगा ऐसे स्रोतों से कमाई, दूसरे शब्दों में वेश्यावृत्ति। जबकि इन के साथ 10 और 11 के शामिल होने का मतलब उच्च स्तर की वेश्यावृत्ति आदि होगा। तदनुसार, कस्प 4 और 10 इस संदर्भ में क्रमशः प्यार से इनकार करने और इच्छा की पूर्ति न होने के स्पष्ट नकारात्मक केंद्र बन जाते हैं।

अन्य कस्प 3 मीडिया, पत्रिका, गपशप और इसकी भागीदारी को इंगित करते हैं जबकि कस्प 9 का अर्थ है सही रास्ते पर रहने के लिए नैतिक और सामाजिक दबाव। यह आवश्यक है कि ऐसी भविष्यवाणियां जातक के समाज, पृष्ठभूमि और स्थिति पर आधारित हों। उदार पश्चिमी समाज में ऐसे रिश्ते आसान होते हैं। पूर्वी गैर-उदारवादी समाज में, संबंध इतने स्पष्ट नहीं हो सकते और कस्प 9 की उपस्थिति एक महत्वपूर्ण भूमिका निभा सकती है। इस तरह के वक्तव्य में, विशेष रूप से विवाहित जोड़ों के मामले में, अत्यधिक सावधानी बरतनी चाहिए। दूसरे, समवर्ती फलदायी पारगमन [सी एफ टी] के साथ फलदायी ग्रह [एफ आई पी] की दशा अवधियों [डी बी ए एस] के सभी नियम परिणाम के उच्चारण के लिए जरूरी हैं।

इसलिए, यदि मुख्य कस्प 5 का सूक्ष्म चाप स्वामी SAL या उसमे स्थित ग्रह अपने कस्पल शासकों के माध्यम से केवल सकारात्मक घरों 5, 11 को इंगित करता है और फिर ऐसे नक्षत्र, नवांश [उप] और नव नवांश [उप उप] में स्थित हैं, जिनके स्वामी भी इन सकारात्मक घरों के SAL या निवासी हैं, तो जातक प्रेम में सफल होगा।

दूसरे शब्दों में, यदि कस्प 5 के SAL या उसमे स्थित ग्रह, अपने कस्पल स्वामी पक्ष की तरफ ओर अपने एस्ट्रल स्वामी पक्ष की तरफ, सभी सकारत्मक घरों से संबंध बनाते हैं तो जातक प्रेम में सफल रहेगा। यदि इन घरों से कोई संबंध नहीं है बल्कि कस्प 4, 10 से संबंध बनते हैं जो की नकारात्मक कस्प हैं तो प्रेम संबंध की कोई

संभावना नहीं होगी। मिश्रित संबंध के मामले में, सम्बंधित अन्य कस्प के आधार पर इन संबंधों का बुद्धिमान मूल्यांकन किया जा सकता है। इसे नीचे सारणीबद्ध रूप में दर्शाया गया है।

प्रेम संबंध केस - 1						
CRL के घर	CNL के घर	मुख्य घर	NL के घर	SL के घर	SSL के घर	टिप्पणी
5, 11	5, 11	1	5, 11	5, 11	5, 11	प्रेम होगा
5, 11	5, 11	5	5, 11	5, 11	5, 11	प्रेम होगा
5, 11	5, 11	11	5, 11	5, 11	5, 11	प्रेम होगा

1. सभी संबंधित घरों का सभी कॉलमों में प्रकट होना आवश्यक नहीं है।
2. नकारात्मक घरों की अनुपस्थिति अधिक महत्वपूर्ण है।
3. स्तंभों को एक साथ मानते हुए दोनों पक्षों के सभी घरों का पूर्ण प्रतिनिधित्व परिणाम को अधिक शक्ति प्रदान करता है।

प्रेम संबंध केस - 2						
CRL के घर	CNL के घर	मुख्य घर	NL के घर	SL के घर	SSL के घर	टिप्पणी
4, 10	4, 10	1	4, 10	4, 10	4, 10	प्रेम नहीं होगा
4, 10	4, 10	5	4, 10	4, 10	4, 10	प्रेम नहीं होगा
4, 10	4, 10	11	4, 10	4, 10	4, 10	प्रेम नहीं होगा

1. सभी संबंधित घरों का सभी कॉलमों में प्रकट होना आवश्यक नहीं है।
2. सकारात्मक घरों की अनुपस्थिति अधिक महत्वपूर्ण है।
3. स्तंभों को एक साथ मानते हुए दोनों पक्षों के सभी घरों का पूर्ण प्रतिनिधित्व परिणाम को अधिक शक्ति प्रदान करता है।

दोनों पक्षों का मिला-जुला रूप उपस्थित घरों के आधार पर विभिन्न प्रकार के परिणामों का संकेत देगा। निम्नलिखित तालिकाएँ ऐसी कुछ संभावनाओं का संकेत देंगी। हमेशा की तरह याद रखें कि घरों का पूरा पुंज मौजूद होना जरूरी नहीं है, यह विपक्ष की अनुपस्थिति है जो महत्वपूर्ण है।

प्रेम संबंध केस - 3						
CRL के घर	CNL के घर	मुख्य घर	NL के घर	SL के घर	SSL के घर	टिप्पणी
5, 11	5, 11	5 या 11	5, 11	4, 10	कोई	A
5, 11	5, 11	5 या 11	5, 11	5, 11	4, 10	B
5, 11	5, 11	5 या 11	5, 11	8, 12	कोई	C
5, 11	5, 11	5 या 11	4, 10	5, 11	कोई	D
2, 11	6, 11	5 या 11	5, 11	7, 8, 12	4, 10, 11	E
5, 11	5, 11	5 या 11	5, 11	8, 9	4, 5, 11	F

A. यहां कस्प्ल संकेत बताते हैं कि जातक में प्रेम की आंतरिक शक्ति विध्यमान है। जैसा कि NL सकारात्मक संकेत देता है, यह प्रेम प्रसंग के लिए परिस्थितियाँ पैदा करेगा। लेकिन SL केवल नकारात्मक भाव दर्शाता है, तो यह फलदायी नहीं होगा। अगर ऐसा होता भी है तो यह SSL कस्प द्वारा इंगित समस्याओं से घिरा होगा। कृपया ध्यान दें कि इसे स्पष्ट करने के लिए विशिष्ट कस्प पुंज विभिन्न स्तरों पर इंगित किए गए हैं। वास्तविक कुंडली में, आपको सभी स्तरों पर मिश्रण मिल सकता है और फिर उनकी तुलनात्मक ताकत को देखना होगा।

B. उपरोक्त A की निरंतरता में, यहां SL भी सकारात्मक घरों को इंगित करता है, जो SAL की दशा अवधि के दौरान प्रेम संबंध की पुष्टि करता है। लेकिन जैसा कि SSL केवल नकारात्मक घरों को इंगित करता है, यह एक सफल रिश्ते में परिणत नहीं हो सकता और अंततः मुरझा सकता है।

C. ऊपर B की निरंतरता में, यहां SL परेशानी वाले घरों 8 और 12 को इंगित करता है, यह रिश्ते को शारीरिक बना देगा। SSL स्तर पर कस्प केवल परिणाम को और निर्दिष्ट करेंगे। अंक 4, 6 और 10 से संबंध समाप्त हो जाएँगे। अन्य कस्प अपना विवरण अलग प्रदान करेंगे।

D. इधर NL ने ही प्रेम प्रसंग से इंकार किया है। यधपि व्यक्ति प्रेम की तलाश में है, उसे कोई नहीं मिलेगा और पहले स्तर पर ही उसे अफेयर से वंचित कर दिया गया है। SL स्तर पर सकारात्मक कस्प की उपस्थिति मदद नहीं कर सकती है।

E. यहां 7, 8 और 12 की उपस्थिति हमले और जबरदस्ती संबंध को इंगित करती है। SSL और कस्पल स्वामी पक्ष के अन्य कस्प वित्तीय लेन-देन का संकेत देते हैं, जिसका अर्थ है व्यापार।

F. यहां SL स्तर पर कस्प 8 के साथ 9 की उपस्थिति काफी हानि रहित हो जाती है और दोस्ती की सीमा के भीतर सामान्य शारीरिक संपर्क को इंगित करती है।

G. कस्पल स्वामी पक्ष में नकारात्मक कस्प की उपस्थिति जातक को शुष्क और प्रेमहीन बना देगी।

यहां यह नोट करना महत्वपूर्ण है कि यदि उपरोक्त संयोजनों को किसी अन्य ग्रह या कस्प के SAL द्वारा इंगित किया गया है, तो परिणाम उस SAL की अवधि के भीतर होंगे। हालांकि, अन्य ग्रह के परिणाम प्रदान करने के लिए मुख्य कस्प को वादा दिखाना चाहिए। दूसरे शब्दों में, यदि मुख्य कस्प 5 उपरोक्त प्रेम केस - 2 की तरह इनकार दिखाता है, तो किसी अन्य ग्रह का फलदायी होने की सम्भावना बहुत कम है।

ऐसे कई संयोजन संभव हैं। क्योंकि एक बार संधर्व पक्का हो जाने पर सभी घर अपना एक अर्थ व्यक्त करेंगे। हमने विचारशील महत्वपूर्ण संयोजनों को दिखने का प्रयास किया है। वास्तविक कुंडलीयां कई अद्वितीय संयोजन प्रदान करेंगी और इन सिद्धांतों के आधार पर ही उनकी व्याख्या की जाएगी।

10

छठा घर

“चिकित्सक के लिए, ज्योतिष रोगों का निदान करने और उपचार निर्धारित करने में अमूल्य है, क्योंकि यह सभी बीमारियों के छिपे हुए कारण को प्रकट करता है।”

मैक्स हिन्डेल

छठे भाव में तीन महत्वपूर्ण गुण होते हैं। आर्थिक रूप से यह सबसे महत्वपूर्ण भाव है क्योंकि यह धन प्राप्ति का संकेत देता है। 6वें घर की भागीदारी के बिना कोई पैसा प्राप्त नहीं किया जा सकता है क्योंकि यह दूसरे पक्ष की जेब से बाहर जाने वाले धन का प्रतिनिधित्व करता है। दुसरे घर के अंतर्गत वित्तीय स्थिति में इस पर विस्तार से चर्चा की गई। छठे भाव का अगला सबसे महत्वपूर्ण पहलू रोग या बीमारी है। इस पर यहां विस्तार से चर्चा की जाएगी। 6वें भाव का तीरारा महत्वपूर्ण पहलू 7वें भाव से 12वां होने के कारन साथी की अनुपस्थिति है, इसलिए यह या तो साथी की अनुपस्थिति या पति पत्नी के अलग होने का संकेत देता है। इन पर विवाह के अंतर्गत अगले अध्याय सप्तम भाव में चर्चा की जाएगी।

रोग या बीमारी

रोग या बीमारी को सामान्य उपयोगी जीवन के लिए खतरे के रूप में परिभाषित किया जा सकता है। जब भी बीमारी आती है, तो बीमारी से लड़ने के लिए बाकी सब कुछ गौण हो जाता है। यह सर्दी और बुखार जैसी मामूली बीमारी से लेकर गंभीर बीमारी तक हो सकती है जिसमें कुछ अंगों या शरीर प्रणालियों के खराब होने से लेकर बहुत गंभीर बीमारियां हो सकती हैं जो जीवन के लिए खतरा और घातक हो सकती हैं। 6वां कस्प रोग के लिए प्रमुख घर माना जाता है। कस्प 1, जो की शरीर का प्रतिनिधित्व करता है, के साथ इसका संबंध बीमारी का संकेत है। कस्प 8 पीड़ा को इंगित करता है और इसकी भागीदारी बीमारी को दर्दनाक या गंभीर बनाती है और सर्जिकल हस्तक्षेप को बढ़ावा देती है। जबकी कस्प 12 इस संयोजन में, अस्पताल में भर्ती होना या बिस्तर से लगने का संकेत करता है, जो बीमारी को और गंभीर दर्शाता है। जैसा कि पहले बताया गया है, प्रत्येक लग्न को एक बाधक घर दिया जाता है, जो चर लग्न [1, 4, 7 और 10], स्थिर लग्न [2, 5, 8 और 11] और सामान्य लग्न [3, 6, 9 और 12] के लिए क्रमशः 11वें, 9वें और 7वें कस्प पर होता है। यह कस्प स्वास्थ्य के लिए हानिकारक होता है और इसके शामिल होने से संयोजन और भी बिगड़ जाता है। तदनुसार, कस्प 5, 9 और 11 स्वास्थ्य को बढ़ावा देने वाले कस्प हैं और उनकी उपस्थिति और कस्प 1 के साथ संबंध स्वास्थ्य और बीमारी से निजाद पाना इंगित करता है। अब बचते हैं घर 2, 3, 4, 7 और 10। इनमें से 2 और 7 को मार्का कस्प माना जाता है और अन्य नकारात्मक कस्प के साथ उनकी उपस्थिति घातक स्थितियों का संकेत देती है, जैसा कि दीर्घायु के तहत चर्चा की गई थी। कस्प 4 जीवन के अंत को निर्धारित कर सकता है यदि अन्य सभी कस्प गंभीर स्थिति का संकेत दे रहे हैं। कस्प 3 और 10 को तटस्थ या आम तौर पर स्वास्थ्य का समर्थन करने वाला माना जाता है।

इसलिए, यदि मुख्य कस्प 6 का SAL या उसमे स्थित ग्रह अपने कस्पल शासकों के माध्यम से केवल नकारात्मक घरों 1, 6, 8, 12 को इंगित करता है और फिर ऐसे नक्षत्र, नवांश [उप] और नव नवांश [उप उप] में स्थित हैं, जिनके स्वामी भी इन नकारात्मक घरों के SAL या निवासी हैं, तो जातक को बीमारी का सामना करना पड़ेगा।

दूसरे शब्दों में, यदि कस्प 6 के SAL या उसमे स्थित ग्रह, अपने कस्पल स्वामी पक्ष की तरफ ओर अपने एस्ट्रल स्वामी पक्ष की तरफ, नकारत्मक घरों 1,

6, 8, 12 से संबंध बनाते हैं तो जातक बीमार होगा। यदि इन घरों से कोई संबंध नहीं है बल्कि सकारत्मक कस्प 1, 5, 9, 11 संबंध बनाते हैं तो बीमारी की कोई सम्भावना नहीं। मिश्रित संबंध के मामले में, नकारात्मक और सकारात्मक घरों के आधार पर एक बुद्धिमान मूल्यांकन किया जा सकता है। इसे नीचे सारणीबद्ध रूप में दर्शाया गया है।

रोग केस - 1						
CRL के घर	CNL के घर	मुख्य घर	NL के घर	SL के घर	SSL के घर	टिप्पणी
1, 6, 8, 12	1, 6, 8, 12	1	1, 6, 8, 12	1, 6, 8, 12	1, 6, 8, 12	बीमारी आयेगी
1, 6, 8, 12	1, 6, 8, 12	6	1, 6, 8, 12	1, 6, 8, 12	1, 6, 8, 12	बीमारी आयेगी
1, 6, 8, 12	1, 6, 8, 12	8 या 12	1, 6, 8, 12	1, 6, 8, 12	1, 6, 8, 12	बीमारी आयेगी

1. सभी संबंधित घरों का सभी कॉलमों में प्रकट होना आवश्यक नहीं है।
2. स्वास्थ्य सम्बन्धित घरों की अनुपस्थिति अधिक महत्वपूर्ण है।
3. स्तंभों को एक साथ मानते हुए दोनों पक्षों के सभी घरों का पूर्ण प्रतिनिधित्व परिणाम को अधिक शक्ति प्रदान करता है।
4. केवल 6 के साथ संबंध सामान्य बीमारी का संकेत देगा। 8 या 12 और बाधक कस्प के जुड़ने से गंभीरता बढ़ जाएगी।
5. यही संयोजन यदि किसी अन्य ग्रह या कस्प के SAL द्वारा प्रस्तुत किया जाता है, तो वही परिणाम इंगित करेगा, बशर्ते मुख्य कस्प 1 और 6 पहले से ही ऐसा स्थापित कर चुके हों।

रोग केस - 2						
CRL के घर	CNL के घर	मुख्य घर	NL के घर	SL के घर	SSL के घर	टिप्पणी
1, 5, 9, 11	1, 5, 9, 11	1	1, 5, 9, 11	1, 5, 9, 11	1, 5, 9, 11	स्वस्थ होगा
1, 5, 9, 11	1, 5, 9, 11	6	1, 5, 9, 11	1, 5, 9, 11	1, 5, 9, 11	स्वस्थ होगा
1, 5, 9, 11	1, 5, 9, 11	8 या 12	1, 5, 9, 11	1, 5, 9, 11	1, 5, 9, 11	स्वस्थ होगा

1. सभी संबंधित घरों का सभी कॉलमों में प्रकट होना आवश्यक नहीं है।
2. रोग सम्बन्धित घरों की अनुपस्थिति अधिक महत्वपूर्ण है।
3. स्तंभों को एक साथ मानते हुए दोनों पक्षों के सभी घरों का पूर्ण प्रतिनिधित्व परिणाम को अधिक शक्ति प्रदान करता है।
4. यही संयोजन यदि किसी अन्य ग्रह या कस्प के SAL द्वारा प्रस्तुत किया जाता है, तो वही परिणाम इंगित करेगा।

दोनों पक्षों का मिला-जुला रूप उपस्थित घरों के आधार पर विभिन्न प्रकार के परिणामों का संकेत देगा। निम्नलिखित तालिकाएँ ऐसी कुछ संभावनाओं का संकेत देंगी। हमेशा की तरह याद रखें कि घरों का पूरा पुंज मौजूद होना जरूरी नहीं है, यह विपक्ष की अनुपस्थिति है जो महत्वपूर्ण है।

रोग केस - 3						
CRL के घर	CNL के घर	मुख्य घर	NL के घर	SL के घर	SSL के घर	टिप्पणी
1, 5, 9, 11	1, 5, 9, 11	1 या 6	1, 6, 8, 12	1, 5, 9, 11	कोई	A
1, 5, 9, 11	1, 5, 9, 11	8 या 12	1, 6, 8, 12	1, 5, 9, 11	कोई	
1, 5, 9, 11	1, 5, 9, 11	1 या 6	1, 6, 8, 12	1, 6, 8, 12	1, 5, 9, 11	B
1, 5, 9, 11	1, 5, 9, 11	8 या 12	1, 6, 8, 12	1, 6, 8, 12	1, 5, 9, 11	
1, 5, 9, 11	1, 5, 9, 11	1 या 6	1, 6, 8, 12	1, 6, 8, 12	1, 6, 8, 12	C
1, 5, 9, 11	1, 5, 9, 11	8 या 12	1, 6, 8, 12	1, 6, 8, 12	1, 6, 8, 12	

A. यहां कस्पल संकेत बताते हैं कि जातक में स्वास्थ्य की आंतरिक शक्ति होगी। जैसा कि NL नकारात्मक कस्प को इंगित करता है, यह बीमारी के लिए परिस्थितियां पैदा करेगा। लेकिन SL केवल सकारात्मक घरों को दर्शाता है, तो रोग प्रकट नहीं होगा। कृपया ध्यान दें कि इसे स्पष्ट करने के लिए विशिष्ट कस्प विभिन्न स्तरों पर इंगित किए गए हैं। वास्तविक कुंडली में, आपको सभी स्तरों पर मिश्रण मिल सकता है और फिर उनकी तुलनात्मक ताकत को देखना होगा। इसे वास्तविक कुंडली अध्ययन में शामिल किया जाएगा।

B. उपरोक्त A की निरंतरता में, यहां SL भी नकारात्मक घरों को इंगित करता है, जो SAL की अवधि के दौरान बीमारी की घटनाओं की पुष्टि करता है। लेकिन जैसा कि SSL केवल सकारात्मक घरों को इंगित करता है, उसी अवधि में बीमारी अंततः ठीक हो जाएगी।

C. ऊपर B की निरंतरता में, यहां SSL भी केवल परेशानी वाले घरों को इंगित करता है, यह कभी राहत नहीं देगा और गंभीर साबित हो सकता है। कस्पल पक्ष की आंतरिक ताकत केवल बीमारी से लड़ने की भावना प्रदान करेगी।

D. कस्पल स्वामी पक्ष में नकारात्मक घरों की उपस्थिति गंभीर बीमारी के मामले को और अधिक गंभीर बना देगी क्योंकि जातक में स्वास्थ्य पाने की कोई आंतरिक शक्ति नहीं होगी।

यहां यह नोट करना महत्वपूर्ण है कि यदि उपरोक्त संयोजनों को किसी अन्य ग्रह या कस्प के SAL द्वारा इंगित किया गया है, तो परिणाम उस ग्रह की अवधि के भीतर भी समान ही होंगे। हालांकि, अन्य ग्रह को परिणाम प्रदान करने के लिए, प्रमुख कस्प को रोग दिखाना चाहिए। दूसरे शब्दों में, यदि मुख्य कस्प 1 और 6 या 8 या 12 अच्छे स्वास्थ्य को दर्शाता है जैसा कि ऊपर स्वास्थ्य केस - 2 में है, किसी अन्य ग्रह के लिए कोई गंभीर स्वास्थ्य खतरा प्रदान करना संभव नहीं है।

एक बार जब बीमारी का होना मुख्य कस्प के माध्यम से स्थापित हो जाता है, तो सभी ग्रहों को नोट करना चाहिए जो कि बीमारी के लिए फलदायी संकेतक ग्रह एफ आई पी [FIP] हैं। फिर इन एफआईपी की संयुक्त दशा अवधि के दौरान रोग हो सकता है। आमतौर पर किसी भी घटना को अंजाम देने के लिए हमें दशा अवधि को 1 महीने से कम समय की अवधि तक देखना होगा। एफआईपी [FIP] के डीबीएएस [DBAS] के दौरान बीमारी होगी। तब चयनित अवधि को पारगमन के आधार पर एक उपयोगी दिन और समय के लिए जांचा जाता है ताकि यह देखा जा सके कि घटना कब होगी। यदि इस फलदायी दशा अवधि के दौरान, फलदायी पारगमन नहीं होता है तो घटना नहीं हो सकती, और एफआईपी [FIP] के अगले डीबीएएस [DBAS] और समवर्ती फलदायी पारगमन सी एफ टी [CFT] की प्रतीक्षा करनी होगी। कृपया ध्यान दें कि यह केवल गंभीर बीमारी के लिए किया जाता है। अंतरा और सूक्ष्म दशा स्तर

पर छोटी दशा अवधि के दौरान सामान्य बीमारी हो सकती है और यहां तक कि सर्दी और बुखार जैसी हलकी बीमारी केवल समवर्ती फलदायी पारगमन, सीएफटी द्‌वारा भी प्रेरित की जा सकती है।

इस तरह की बीमारी से निजाद तभी संभव होगी जब सीएफटी खत्म हो जाए और गंभीर बीमारी की स्थिति में यह बीमारी तब तक बनी रहेगी जब तक कि अगली स्वास्थ्य प्रेरक दशा अवधि शुरू न हो जाए। इसलिए, यदि रोग एक अंतरदशा में प्रहार करता है, तो उसे अगले ऐसे अंतर तक इंतजार करना होगा जो ठीक होने या स्वास्थ्य का संकेत देता है।

हमने यहां केवल रोग की वस्तुनिष्ठ घटना या उसकी गंभीरता के बारे में बात की है। एक और मुद्दा बीमारी की पहचान करना होगा। यह काफी चुनौती भरा है और इसमें आयुर्वेद का अध्ययन शामिल है, क्योंकि परंपरागत रूप से सभी प्राचीन विज्ञानों को उनके मौलिक संबंधों के माध्यम से एकीकृत किया गया है। आयुर्वेद सभी दोषों को पित्त, कफ और वात में विभाजित करता है। इसी प्रकार ज्योतिष की दृष्टि से सभी ग्रहों, राशियों और नक्षत्रों को भी इन दोषों में वर्गीकृत किया गया है। इसके परिणामस्वरूप इन विशेषताओं के साथ मानव शरीर क्रिया विज्ञान का बहुत विस्तृत अध्ययन होता है और यह एक विस्तृत स्वतंत्र अध्ययन का आधार बन सकता है। फिर भी, विश्लेषण के वर्तमान दायरे के तहत हम केवल ग्रहों और घरों की रोग विशेषताओं को परिभाषित करेंगे, जो हमें शरीर के क्षेत्र और रोग के प्रकारों के बारे में पर्याप्त जानकारी प्रदान करेंगे।

छठे भाव पर सह-शासन करने वाले ग्रह यानी इसके राशी स्वामी RL, नक्षत्र स्वामी NL और उप स्वामी SL और इन शासक ग्रहों द्‌वारा दर्शाए गए घर [उन घरों के SAL या निवासी होने के नाते], यानि के 6वें घर के कस्पल स्वामी पक्ष के घर, रोग की संभावनाओं को प्रकट करेंगे। फिर आगे 6वें कस्प के SL या सूक्षम चाप स्वामी SAL के नक्षत्र स्वामी NL, उप स्वामी SL और उप उप स्वामी SSL के माध्यम से जुड़ने वाले अन्य कस्प, यानि के 6वें घर के एस्ट्रल स्वामी पक्ष के घर, द्‌वारा रोग के भाव और अभिव्यक्ति को और स्पष्ट किया जाएगा।

आइए सबसे पहले निम्न तालिका में ग्रहों और घरों की रोग विशेषताओं और शरीर के क्षेत्रों की विशेषताओं का अध्ययन करें।

ग्रहों से सम्बंधित शारीरिक क्षेत्र और रोग		
ग्रह	शारीरिक क्षेत्र	सम्बंधित रोग
सूर्य	हृदय, सिर, मस्तिष्क, हड्डियों, आंखों, प्लीहा [स्प्लीन], फेफड़े और गले पर शासन करता है	सन स्ट्रोक, दिल की परेशानी, सिरदर्द, रक्तचाप, बुखार, आंखों की परेशानी, पित्त और पाचन
चंद्र	रक्त, शरीर के सभी रस, स्तनपान, पेट, स्तन, मन, आंखें, मासिक धर्म चक्र पर शासन करता है	सर्दी, पेचिश, उल्टी, आंखों की परेशानी, मिरगी, साइनसाइटिस, पेट के दर्द, दमा, मासिक धर्म संबंधी विकार, उत्पादक प्रणाली, घबराहट
मंगल	कान, नाक, माथे, मांसपेशियों, पित्ताशय, प्रोस्टेट ग्रंथियों, गर्भाशय, बाहरी यौन अंगों और हीमोग्लोबिन पर शासन करता है।	बुखार, चेचक, सूजन, उच्च रक्तचाप, रक्त विकार, हर्निया, फिस्टुला, मेनिनजाइटिस, गर्भपात, रक्तस्राव, सर्जिकल हस्तक्षेप
बुध	त्वचा, छोटे मस्तिष्क, तंत्रिका तंत्र, पेट, जीभ, फेफड़े, ग्रसनी [फैरिंक्स] और नाक को नियंत्रित करता है	सभी प्रकार के चर्म रोग, मानसिक विकार, तंत्रिका शिथिलता, नपुंसकता, बहरापन, हकलाना और भ्रमित होना।
गुरु	लीवर, पित्ताशय, सभी ग्रंथियों, अग्न्याशय और प्लीहा [स्प्लीन] पर शासन करता है	पीलिया, मधुमेह, चक्कर, मोटापा और यहां तक कि कैंसर भी
शुक्र	प्रजनन अंगों, यौन उत्तेजना, गाल और गुर्दे पर शासन करता है	यौन रोग, ल्यूकोडर्मा, उपदंश [सिफ्लिस], एक्जिमा, गुर्दे की समस्याएं आदि।
शनि	टाँगें, पैर, दांत, हड्डी, नाखून, बाल, स्राव पर शनि का शासन है।	पक्षाघात, पागलपन, गठिया, दिल का दौरा, थकान और अवसाद, भय, हड्डियों की विकृति और गंभीर दर्द
राहु	आमतौर पर इसके राशी स्वामी द्वारा शासित भाग	राहु अपने रोग पोर्टफोलियो में शनि के समान है इसके अलावा यह बीमारी पहचानने में भ्रम का कारण बनता है
केतु	आमतौर पर इसके राशी स्वामी द्वारा शासित भाग	लेप्रोस्कोपिक या सर्जिकल हस्तक्षेप जैसे की मंगल। यह कुष्ठ रोग और विकृत अंगों को भी इंगित करता है। नैदानिक भ्रम पैदा करने के अलावा यह राहु के पोर्टफोलियो को भी जोड़ता है और इस प्रकार सबसे तीव्र स्वास्थ्य पीड़ादायक साबित होता है

जहां तक घरों का संबंध है, ये सिर से पांव तक शरीर के अंगों का प्रतिनिधित्व करते हैं। निम्नलिखित तालिका शरीर के विभिन्न अंगों के लिए जिम्मेदार घरों को परिभाषित करती है। ये किसी भी तरह से पूर्ण और अनन्य नहीं हैं लेकिन कुंडली मूल्यांकन के लिए आपको पर्याप्त जानकारी प्रदान करेंगे।

घरों से सम्बंधित शारीरिक क्षेत्र या अंग	
घर	**शारीरिक क्षेत्र या अंग**
1.	सिर
2.	चेहरा, आंखें, मुंह, जीभ, दांत और ऊपरी खाद्य पथ
3.	कान, निचला भोजन पथ, श्वसन नलिका, और हाथ
4.	छाती, फेफड़े और हृदय
5.	दिल, पेट, प्लीहा, अग्न्याशय, जिगर
6.	छोटी आंत
7.	आंतरिक यौन अंग, गुर्दे
8.	बाहरी यौन अंग, बड़ी आंत, गुदा
9.	कूल्हे और कूल्हे का जोड़, जांघ
10.	ऊपरी टाँगें और घुटने
11.	निचली टांगें, शैंक्स या पिंडलियाँ
12.	पैर

प्रकट होने वाले रोग के प्रकार को समझने के लिए, उस डीबीएएस [DBAS] या दशा ग्रहों को देखना चाहिए जो कि एफआईपी [FIP] या फलदायी संकेतक ग्रह हैं। एक बार जब रोग के प्रकट होने की पुष्टि प्रासंगिक सहायक घरों से हो जाती है, तो अन्य शामिल घरों से शरीर के क्षेत्र या भाग की पहचान करने में मदद मिलेगी। छठे भाव के सह-शासक अपने घरों के साथ उन बीमारियों और क्षेत्रों को इंगित करते हैं जिनसे एक व्यक्ति ग्रस्त हो सकता है।

शनि को रोग का प्राकृतिक कारक माना जाता है और इसलिए इसकी भागीदारी हमेशा गंभीर या पुरानी बीमारियों का संकेत देती है। यहां तक कि अगर यह स्वास्थ्य देने वाले सुधारक घरों का संकेत देता है, तो भी रिकवरी धीमी और समय लेने वाली होगी।

बृहस्पति या गुरु को स्वास्थ्य का प्राकृतिक कारक माना जाता है और इसलिए इसकी भागीदारी उपचारात्मक हो सकती है, खासकर अगर यह स्वास्थ्य देने वाले घरों का प्रतिनिधित्व करता है। लेकिन अगर बृहस्पति रोग का प्रतिनिधित्व करता है तो यह अशुभ हो जाता है। क्योंकि बृहस्पति यदि स्वयं रोग देने वाला है तो कोई और क्या रक्षा करेगा, गुरु की तरह तो कोई और रक्षा नहीं कर सकता, केवल भगवान ही मदद कर सकते हैं।

11

सातवां घर

"कुछ है वहां। ज्योतिष एक अदृश्य साथी के साथ शतरंज के खेल की तरह है। हम बोर्ड और नियम निर्धारित करते हैं, एक चाल चलते हैं, और फिर पाते हैं कि मोहरे अपने आप चल रहे हैं, जैसे कि एक अदृश्य हाथ से।"

नोएल टायल

सप्तम भाव कुंडली का अत्यंत महत्वपूर्ण हिस्सा है क्योंकि यह लग्न के विपरीत है और इसलिए आपके विरोधी का प्रतिनिधित्व करता है। यह मेज के दूसरी ओर की पार्टी है, आपका ग्राहक, आपका यजमान, या क्लाइंट, कोई भी जिसके साथ आप दिए गए समय और स्थान पर काम कर रहे हैं। यह आपका दुश्मन हो सकता है या नहीं भी हो सकता, लेकिन यह आपका दोस्त नहीं है। यदि वह शत्रु है तो तुम उसे जान जाओगे क्योंकि वह खुला विरोधी है। दिलचस्प बात यह है कि यह आपके पार्टनर को जैसे की बिजनेस पार्टनर और आपके जीवनसाथी को भी दर्शाता है। 7वें कस्प का महत्व यह निर्धारित करने में भी है कि, क्या आपके पक्ष में नहीं है। क्योंकि, विपक्ष के अनुकूल घर आपके लिए प्रतिकूल माने जा सकते हैं। जैसे कस्प 2, 6, और 11 आपके वित्तीय लाभ का प्रतिनिधित्व करते हैं, और कस्प 8, 12, और 5 सातवें कस्प या आपके प्रतिद्वंदी के लिए वही लाभ दिखाते हैं और इसलिए आपके नुकसान का संकेत देते हैं।

कस्प 7 का प्रमुख गुण आपका साथी या जीवनसाथी होने से, यह आपके जीवन में एक बहुत ही महत्वपूर्ण घटना, विवाह की पेशकश करता है, जिसे हम अब विस्तार से पढ़ेंगे।

विवाह या शादी

विवाह के लिए मुख्य कस्प 7वां है जो जीवनसाथी का प्रतिनिधित्व करता है। जैसा कि विवाह परिवार के बढ़ने का संकेत देता है, इसमें दूसरा कस्प शामिल होगा और इच्छा की पूर्ति के लिए हमें अपने पसंदीदा 11वें घर को मानना होगा। 5 वां कस्प प्रेम को इंगित करता है, इसकी भागीदारी वांछनीय है लेकिन आवश्यक नहीं है। तो शादी के लिए नकारात्मक कस्प होंगे 6, साथी के अभाव का संकेत, 1, परिवार या परिवार में बढ़ोतरी का अभाब, 10 गैर पूर्ति या मन मुताबिक ना होने का संकेत, और 4 से मतलब होगा प्यार के अभाव का। कस्प 3 और 9 तटस्थ हैं, जबकि 8वें और 12वें कस्प हमेशा की तरह बहुमत पक्ष के साथ जुड़ते हैं। सकारात्मक पक्ष के साथ ये क्रमशः दहेज पर, और धूमधाम व् दिखावे पर खर्च का संकेत देते हैं। यदि बहुमत पक्ष नकारात्मक है तो ये घर गंभीर परेशानी, झगड़े, अपमान, कानूनी मुकदमे और झगडालू तलाक का संकेत देंगे।

विवाह से पहले किसी ग्रह की दशा में दिखाई देने वाले नकारात्मक संकेत उस अवधि में विवाह से इनकार कर देंगे, जबकि विवाह के बाद की दशा अवधि में वही ग्रह शामिल कस्प के आधार पर कलह, अलगाव या तलाक को बढ़ावा देंगे।

इसलिए, यदि मुख्य कस्प 7 का सूक्ष्म चाप स्वामी SAL या उसमे स्थित ग्रह अपने कस्पल शासकों के माध्यम से केवल सकारात्मक घरों 2, 5, 7, 11 को इंगित करता है और फिर ऐसे नक्षत्र, नवांश [उप] और नव नवांश [उप उप] में स्थित हैं, जिनके स्वामी भी सकारात्मक घरों के SAL या निवासी हैं, तो जातक का विवाह हो जायेगा।

दूसरे शब्दों में, यदि कस्प 7 के SAL या उसमे स्थित ग्रह, अपने कस्पल स्वामी पक्ष की तरफ ओर अपने एस्ट्रल स्वामी पक्ष की तरफ, सभी सकारत्मक घरों 2, 5, 7, 11 से संबंध बनाते हैं तो जातक का विवाह हो जायेगा। यदि इन घरों से कोई संबंध नहीं है बल्कि सम्बंध नकारत्मक घरों 1, 4, 6 और 10 से बनते हैं तो शादी होने की कोई सम्भावना नहीं। मिश्रित संबंध के मामले में, नकारात्मक और सकारात्मक

घरों के अनुपात के आधार पर एक बुद्धिमान मूल्यांकन किया जा सकता है। इसे नीचे सारणीबद्ध रूप में दर्शाया गया है।

विवाह केस - 1						
CRL के घर	CNL के घर	मुख्य घर	NL के घर	SL के घर	SSL के घर	टिप्पणी
2, 5, 7, 11	2, 5, 7, 11	2	2, 5, 7, 11	2, 5, 7, 11	2, 5, 7, 11	शादी हो जाएगी
2, 5, 7, 11	2, 5, 7, 11	7	2, 5, 7, 11	2, 5, 7, 11	2, 5, 7, 11	शादी हो जाएगी
2, 5, 7, 11	2, 5, 7, 11	11	2, 5, 7, 11	2, 5, 7, 11	2, 5, 7, 11	शादी हो जाएगी

1. सभी संबंधित घरों का सभी कॉलमों में प्रकट होना आवश्यक नहीं है।
2. नकारात्मक घरों की अनुपस्थिति अधिक महत्वपूर्ण है।
3. स्तंभों को एक साथ मानते हुए दोनों पक्षों के सभी घरों का पूर्ण प्रतिनिधित्व परिणाम को अधिक शक्ति प्रदान करता है।
4. 5 के संबंध के बिना प्रेम प्रसंग नहीं होगा और 11 के अभाव का संकेत असंतुष्टि या शादी मन मुताबिक ना होने का संकेत हो सकता है।
5. यही संयोजन का यदि किसी अन्य ग्रह या कस्प के SAL द्वारा प्रतिनिधित्व किया जाता है, तो वही परिणाम इंगित करेगा, बशर्ते कि मुख्य कस्प 2 और 7 ने पहले ही ऐसा वादा स्थापित कर लिया हो।

विवाह केस - 2						
CRL के घर	CNL के घर	मुख्य घर	NL के घर	SL के घर	SSL के घर	टिप्पणी
1, 4, 6, 10	1, 4, 6, 10	2	1, 4, 6, 10	1, 4, 6, 10	1, 4, 6, 10	शादी नहीं होगी
1, 4, 6, 10	1, 4, 6, 10	7	1, 4, 6, 10	1, 4, 6, 10	1, 4, 6, 10	शादी नहीं होगी
1, 4, 6, 10	1, 4, 6, 10	11	1, 4, 6, 10	1, 4, 6, 10	1, 4, 6, 10	शादी नहीं होगी

1. सभी संबंधित घरों का सभी कॉलमों में प्रकट होना आवश्यक नहीं है।
2. सकारात्मक घरों की अनुपस्थिति अधिक महत्वपूर्ण है।
3. स्तंभों को एक साथ मानते हुए दोनों पक्षों के सभी घरों का पूर्ण प्रतिनिधित्व परिणाम को अधिक शक्ति प्रदान करता है।

4. यही संयोजन का यदि किसी अन्य ग्रह या कस्प के SAL द्वारा प्रतिनिधित्व किया जाता है, तो वही परिणाम इंगित करेगा, बशर्ते कि मुख्य कस्प 2 और 7 ने पहले ही ऐसा वादा किया हो।

5. विवाह के बाद दशा काल में दिखाई देने वाले ऐसे संयोजन वैवाहिक कलह या अलगाव का संकेत देंगे। कस्प 8 और 12 के शामिल होने से मामले और बिगड़ेंगे।

दोनों पक्षों का मिला-जुला रूप उपस्थित घरों के आधार पर विभिन्न प्रकार के परिणामों का संकेत देगा। निम्नलिखित तालिका ऐसी कुछ संभावनाओं का संकेत देती है। हमेशा की तरह याद रखें कि घरों का पूरा पुंज मौजूद होना जरूरी नहीं है, यह विपक्ष की अनुपस्थिति है जो महत्वपूर्ण है।

विवाह केस - 3						
CRL के घर	CNL के घर	मुख्य घर	NL के घर	SL के घर	SSL के घर	टिप्पणी
2, 5, 7, 11	2, 5, 7, 11	2 या 7 या 11	1, 4, 6, 10	2, 5, 7, 11	कोई	A
2, 5, 7, 11	2, 5, 7, 11	कोई SAL	1, 4, 6, 10	2, 5, 7, 11	कोई	
2, 5, 7, 11	2, 5, 7, 11	2 या 7 या 11	2, 5, 7, 11	1, 4, 6, 10	कोई	B1
2, 5, 7, 11	2, 5, 7, 11	कोई SAL	2, 5, 7, 11	2, 5, 7, 11	1, 4, 6, 10	B2
2, 5, 7, 11	2, 5, 7, 11	2 या 7 या 11	2, 5, 7, 11	2, 5, 7, 11	कोई	C1
2, 5, 7, 11	2, 5, 7, 11	कोई SAL	2, 5, 7, 11	2, 5, 7, 11	2, 5, 7, 11	C2

A. यहां कस्पल पक्ष के संकेत बताते हैं कि जातक में विवाह करवाने की आंतरिक शक्ति या इच्छा होगी। जैसा कि NL केवल नकारात्मक संकेतों को इंगित करता है, यह विवाह नहीं होने देगा। जबकि SL केवल सकारात्मक घरों को इंगित करता है, फिर भी विवाह नहीं हो पायेगा। कृपया ध्यान दें कि इसे स्पष्ट करने के लिए विशिष्ट कस्प विभिन्न स्तरों पर इंगित किए गए हैं। वास्तविक चार्ट में, आपको सभी स्तरों पर मिश्रण मिल सकता है और फिर उनकी तुलनात्मक ताकत को देखना होगा।

B. उपरोक्त A की निरंतरता में, यहां NL सकारात्मक घरों को इंगित करता है, जो विवाह के लिए परिस्थितियां पैदा करेगा, लेकिन जैसा कि SL केवल नकारात्मक घरों को इंगित करता है, यह विवाह करने में सफल नहीं होगा।

जबकि B2 के मामले में NL स्तर पर विवाह का संदर्भ स्थापित किया गया है। SL के स्तर पर सकारात्मक संकेत विवाह की परिस्थितियों को आगे बढ़ायेंगे लेकिन चूंकि SSL के संकेत केवल नकारात्मक हैं, इसलिए यह अपनी अवधि में विवाह करने में रूकावट करेगा या अंततः रिश्ता होकर टूट सकता है।

C. ऊपर B की निरंतरता में, यहां C1 में SL केवल सकारात्मक घरों को इंगित करता है और C2 में SSL भी केवल सकारात्मक घरों को इंगित करता है, इसलिए इन दोनों के कम से कम तीन सकारात्मक स्तर हैं और ये विवाह की परिणति में सफल होंगे। प्रक्रिया को याद करने के लिए जानलें, हमें किसी घटना की परिणति के लिए कम से कम तीन सकारात्मक स्तरों की आवश्यकता होती है।

D. कस्पल शासकों के पक्ष में नकारात्मक घरों की उपस्थिति सकारात्मक स्थिति को आगे बढ़ाने के लिए SAL को कमजोर करती है और अगर एस्ट्रल पक्ष की तरफ नकारात्मक कस्प्स मौजूद हों, तो उनका समर्थन करती है।

एक बार जब विवाह का होना मुख्य कस्प के माध्यम से स्थापित हो जाता है, तो सभी ग्रहों को जाँच लेना चाहिए जो विवाह के लिए फलदायी संकेतक ग्रह [FIP] हो सकते हैं। शादी इन एफआईपी की संयुक्त दशा अवधि के दौरान ही हो सकती है। आमतौर पर किसी भी घटना को अंजाम देने के लिए हमें दशा अवधि को 1 महीने से कम समय तक की अबधि तक देखना होगा। ये अंतर दशा या फिर सूक्षम दशा हो सक्ती है। शादी एफआईपी [FIP] के डीबीएएस [DBAS] के दौरान होगी। तब चयनित अवधि को पारगमन के आधार पर एक उपयोगी दिन और समय के लिए जांचा जाता है ताकि यह देखा जा सके कि घटना उस अबधि में कब या कौन सी तारिख को होगी। अगर इस फलदायी दशा अवधि के दौरान, फलदायी पारगमन नहीं होता, वह घटना नहीं हो सकती और एफआईपी [FIP] के अगले डीबीएएस [DBAS] और उसमे समवर्ती फलदायी पारगमन [CFT] की प्रतीक्षा करनी होगी।

लेकिन सवाल ये है कि ये तारीख क्या है? क्या यह उस तारीख को इंगित करता है जब विवाह हो जाता है या यह वह तारीख है जब वे विवाह के लिए सहमत होते हैं। मैंने ऐसे कई मामले देखे हैं जहां इंगित की गई तारीख किसी भी घटना के लिए है, यानी दोनों तिथियों में समान स्थितियां होंगी। तो, पहली फलदायी घटना सहमति की

तारीख को इंगित करेगी और तुरंत या बाद में अगली फलदायी घटना शादी की तारीख का संकेत देगी। इनमे सहमती की तारिख ज्यादा मान्य होगी क्योंकि शादी की तारिख सामाजिक या अन्य कारणों से बदल सकती है।

हमने यहां दो महत्वपूर्ण सवालों के जवाब दिए हैं;

शादी होगी या नहीं? हां, यदि ऊपर बताए अनुसार कस्प 7 या 11 सकारात्मक संबंध बनाता है, तो विवाह होगा।

और

शादी कब होगी? एफआईपी [FIP] के डीबीएएस [DABAS] के दौरान, जब ट्रांजिट या पारगमन भी सहमत होंगे।

ऐसे कई अन्य प्रश्न हैं जो आमतौर पर विवाह के संबंध में उठाए जाते हैं। मुझे किस तरह का जीवनसाथी मिलेगा? क्या वह धनवान, शिक्षित, सुन्दर दिखने वाला होगा? क्या शादी सफल होगी?

अपने पति या पत्नी के बारे में संकेत केवल अपने कस्प 7 के संबंध में देखा जा सकता है। अगर आप 7वें कस्प पर लग्न के रूप में विचार करें, तो एक बड़ी हद तक आपके पति या पत्नी की कुंडली का पता चलता है। कम से कम आपको भाग्य द्वारा तो यही मिलना तय है। इसलिए, अपने जीवनसाथी को समझने के लिए आपको इस पुस्तक में बताए गए सभी गुणों को 7वें भाव को लग्न समझ के पढ़ना होगा। अपने जीवनसाथी के गुणों को जानने का यही एकमात्र पूर्ण और निश्चित तरीका है।

विवाह की सफलता के लिए दोनों भागीदारों के चार्ट या कुंडली का अनुकूलता के लिए अध्ययन करना आवश्यक है। परंपरागत रूप से भारत में अनुकूलता के लिए प्रस्तावित भागीदारों के चार्ट का अध्ययन किया जाता है और कई प्रणालियां प्रचलित हैं। गुन मिलान प्रणाली पूरे भारत में सबसे लोकप्रिय है और आमतौर पर सभी इसका पालन करते हैं। हालाँकि, विवाह की सफलता स्थिति को देखते हुए, इसकी प्रभावशीलता गंभीर संदेह में है। इसका प्रयोग ज्यादातर अनुभवजन्य है और जीवन के विभिन्न पहलुओं के लिए स्कोरिंग प्रणाली पर आधारित है। हालांकि, विश्लेषण की नई पद्धति के आधार पर हम मानते हैं कि संगतता या अनुकूलता स्थापित करने के लिए चार्ट का अधिक सुधारित तरीके से अध्ययन करना ज्यादा अच्छा है।

चार्ट के सभी व्यक्तिगत गुण जैसे शिक्षा, व्यवसायिक सफलता, स्वास्थ्य, बच्चे के जन्म आदि को अपने अपने चार्ट से ही देखा जाना चाहिए। कुछ अन्य विशेषताएं हैं जिनके लिए तुलनात्मक विश्लेषण की आवश्यकता होती है, जो हैं:

1. पारिवारिक पृष्ठभूमि
2. व्यक्ति का स्वभाव
3. स्वाद और भाषण
4. यौन अनुकूलता
5. एक-दूजे के लिए बने

पारिवारिक पृष्ठभूमि

विवाह आम तौर पर एक आजीवन प्रतिबद्धता है और परिवार को, समाज का एक स्वस्थ अणु बनाना इसका उद्देश्य है। हमारी सामाजिक बातचीत परिष्कृत होती है और हमें आमतौर पर अपनी सच्ची भावनाओं को छिपाने के लिए प्रशिक्षित किया जाता है। शादी जैसे रिश्ते में यह संभव नहीं है, क्योंकि आप लंबे समय तक दिखाबा नहीं कर सकते। हमारे वास्तविक स्वरूप को हमारे माता-पिता के परिवार में नामांकित और तैयार किया जाता है और हमारे व्यक्तित्व के कई लक्षण हमारे बचपन में हमारि पारिवारिक परिस्थितियों से प्राप्त होते हैं। बिलकुल भिन्न पारिवारिक पृष्ठभूमि या परिस्थितियों से आने वाले लोगों के पास पुल बनाने के लिए एक विशाल नदी होती है और यह रिश्ता एक ऐसी कमजोरी के साथ शुरू होता है, जब तक की उन्होंने इन मतभेदों को पहले ही हल न कर लिया हो या करने में सक्षम हों। हालाँकि, इसका ज्योतिष से कोई लेना-देना नहीं है, सिवाय इसके कि चौथा घर आपके बचपन की कंडीशनिंग पर कुछ प्रकाश डाल सकता है। क्रूर और हानिकारक ग्रह जैसे मंगल, शनि, राहु और केतु के साथ, प्रत्यक्ष या पहलुओं के माध्यम से, जुड़ा हुआ 4वां घर दुखी बचपन दिखाता है। दूसरी ओर सोम्य लाभकारी ग्रह आरामदायक व् सुखी बचपन प्रदान करेंगे।

व्यक्ति का स्वभाव

एक व्यक्ति का स्वभाव संबंध बनाने के साथ-साथ समानता और अनुकूलता को परिभाषित करने में भी महत्वपूर्ण भूमिका निभाता है। लग्न व्यक्ति को इंगित करता है और इसलिए लग्न के सह-शासन करने वाले ग्रह और लग्न में स्थित राशि व्यक्ति

के स्वभाव के महत्वपूर्ण संकेतक हैं। पहले मूल ज्ञान में राशियों की व्याख्या करते हुए राशियों की विशेषताओं को विस्तार से शामिल किया गया था। ग्रहों की प्रकृति पर भी सामान्य रूप से चर्चा की गई। ये स्थिर संकेत हैं। व्यक्ति की प्रकृति के गतिशील संकेत लग्न के सूक्ष्म चाप स्वामी या SAL और उसमे स्थित ग्रहों द्वारा दर्शाए गए कस्प द्वारा देखे जाते हैं। इन्हें नीचे विस्तार से समझाया गया है।

आक्रामक प्रकृति

यदि मुख्य कस्प 1 का SAL या उसमे स्थित ग्रह अपने कस्पल शासकों के माध्यम से घर 7, 8, 12 को इंगित करता है या फिर ऐसे नक्षत्र, नवांश [उप] और नव नवांश [उप उप] में स्थित हैं, जिनके स्वामी इन्ही घरों के SAL या निवासी हैं, तो जातक आक्रामक स्वभाव के होंगे।

दूसरे शब्दों में, यदि कस्प 1 का SAL या उसमे स्थित ग्रह कस्पल स्वामी पक्ष या एस्ट्रल स्वामी पक्ष की तरफ कस्प 7, 8 और 12 दिखाता है, तो जातक आक्रामक हो जाएगा। यदि इन कस्प से कोई संबंध नहीं है तो आक्रामकता की कोई संभावना नहीं है। ऐसे मामलों में कोई नकारत्मक कस्प नहीं है क्योंकि ये व्यक्ति के स्वभाव से संबंधित हैं।

एक व्यक्ति, अन्य ग्रहों जो 7, 8 और 12 से संबंधित हैं, की अवधि के दौरान भी अस्थायी रूप से आक्रामक हो जाएगा विशेषकर यदि कस्प 1 उपरलिखित समर्थन करता है। इसलिए, अधिकांश ग्रहों का ऐसा संबंध यह दर्शाता है कि व्यक्ति ज्यादातर समय आक्रामक होगा। केवल कुछ ग्रहों के साथ संबंध, लग्न के समर्थन के बिना गंभीर नहीं माना जाना चाहिए। इसी तरह, 7,8 या 7,12 के साथ संबंध आक्रामकता की कम तीव्रता को इंगित करता है।

लग्न के साथ मंगल और राहु जैसे ग्रहों के संबंध से होने वाले इस तरह के संयोजन काफी गंभीर हो सकते हैं। यद्यपि हम घटना की भविष्यवाणी में बाहरी ग्रहों जैसे यूरेनस, नेपच्यून या प्लूटो पर विचार नहीं करते हैं, लेकिन इनकी लग्न में उपस्थिति व्यक्ति के स्वभाव को काफी हद तक प्रभावित कर सकती है। यदि प्लूटो राहु और/या मंगल के साथ ऐसी युति में शामिल हो तो यह डकैतों या आतंकवादियों की ओर इशारा कर सकता है। नेपच्यून गंभीर और कपटपूर्ण संचालन का संकेत दे सकता है। यूरेनस व्यक्ति को अत्यधिक अस्थिर और प्रतिक्रियावादी बना सकता है।

अवसाद ग्रस्त प्रकृति

यदि मुख्य कस्प 1 का SAL या उसमे स्थित ग्रह अपने कस्पल शासकों के माध्यम से घर 2, 1, 6, 8 को इंगित करता है या फिर ऐसे नक्षत्र, नवांश [उप] और नव नवांश [उप उप] में स्थित हैं, जिनके स्वामी इन्ही घरों के SAL या निवासी हैं, तो जातक अवसाद ग्रस्त होगा।

दूसरे शब्दों में, यदि कस्प 1 का SAL या उसमे स्थित ग्रह कस्पल स्वामी पक्ष या एस्ट्रल स्वामी पक्ष की तरफ कस्प 2, 1, 6, 8 दिखाता है, तो जातक अवसाद ग्रस्त हो जाएगा। यदि इन कस्प से कोई संबंध नहीं है तो अवसाद की कोई संभावना नहीं है। ऐसे मामलों में कोई नकारत्मक कस्प नहीं है क्योंकि ये व्यक्ति के स्वभाव से संबंधित हैं।

एक व्यक्ति, अन्य ग्रहों जो 2, 1, 6 और 8 से संबंधित हैं, की अवधि के दौरान भी अस्थायी रूप से अवसाद ग्रस्त हो जाएगा विशेषकर यदि कस्प 1 उपरलिखित समर्थन करता है। इसलिए, अधिकांश ग्रहों का ऐसा संबंध [> 5] यह दर्शाता है कि व्यक्ति ज्यादातर समय अवसाद ग्रस्त होगा। केवल कुछ ग्रहों के साथ संबंध, लग्न के समर्थन के बिना गंभीर नहीं माना जाना चाहिए। इसी तरह, 2, 1, 8 या 2, 1, 6 के साथ संबंध अवसाद की कम तीव्रता को इंगित करता है।

लग्न के साथ शनि, चंद्रमा और केतु जैसे ग्रहों के संबंध से होने वाले ऐसे संयोजन काफी गंभीर होते हैं। प्लूटो यदि शनि, चंद्रमा या केतु के साथ इस तरह के संयोजन में शामिल है तो यह गहरे अवसाद की ओर इशारा कर सकता है। नेपच्यून मनोरोगी का संकेत दे सकता है। यूरेनस व्यक्ति को अत्यधिक अस्थिर बना सकता है और आत्महत्या का कारण बन सकता है।

प्यार और देखभाल की प्रकृति

कस्प 5 और 9 लग्न के समर्थक हैं, और 11 के साथ मिलकर प्रेम और नैतिकता का संकेत देते हैं। यदि प्रधान कस्प 1 का SAL या उसमे स्थित ग्रह, अपने कस्पल शासकों के माध्यम से कस्प 2, 5, 9 और 11 को इंगित करता है या फिर ऐसे ही नक्षत्र, नवांश [उप] और नव नवांश [उप उप] में स्थित हैं जिनके स्वामी इन्ही घरों के SAL या निवासी हैं, तो जातक प्यार और देखभाल करने वाले स्वभाव का होगा।

दूसरे शब्दों में, यदि कस्प 1 का SAL या उसमे स्थित ग्रह कस्पल स्वामी पक्ष या एस्ट्रल स्वामी पक्ष की तरफ कस्प 2, 5, 9 और 11 दिखाता है, तो जातक प्यार

और देखभाल करने वाला होगा। यदि इन कस्प से कोई संबंध नहीं है तो ऐसे व्यबहार की संभावना नहीं। ऐसे मामलों में कोई नकारत्मक कस्प नहीं है क्योंकि ये व्यक्ति के स्वभाव से संबंधित हैं। हालांकि शुष्क प्रकृति के व्यक्ति को इसके विपरीत माना जा सकता है और इस पर अलग से चर्चा की जाएगी।

एक व्यक्ति, अन्य ग्रहों जो 2, 5, 9 और 11 से संबंधित हैं, की अवधि के दौरान भी अस्थायी रूप से ऐसी अच्छी प्रकृति का हो जाएगा विशेषकर यदि कस्प 1 उपरलिखित समर्थन करता है। इसलिए, अधिकांश ग्रहों का ऐसा संबंध [> 5] यह दर्शाता है कि व्यक्ति ज्यादातर समय ऐसा ही रहेगा। केवल कुछ ही ग्रहों के साथ संबंध, लग्न के समर्थन के बिना कुछ अधिक उपयोगी नहीं माना जाना चाहिए। इसी तरह, 2,5,11 या 2,9,11 के साथ संबंध ऐसे व्यवहार की कम तीव्रता को इंगित करता है।

इस तरह के संयोजन हालांकि अच्छे स्वभाव का संकेत देते हैं लेकिन व्यवसाय व्यसन के लिए अच्छे नहीं माने जाते, क्योंकि 5 और 9 का संबंध उन्हें कमजोर बनाता है और कठोर निर्णय लेने में असमर्थ करता है। ऐसे लोग सभी को साथ लेकर चलना पसंद करते हैं और अच्छे स्वभाव के होते हैं और सभी लोगों के लिए अच्छा करना चाहते हैं। आज की कठोर व्यवसायिक व्यसनी दुनिया में इसे कभी-कभी एक कमजोरी माना जाता है।

शुष्क प्रकृति

कस्प 6 और 10, भौतिकता की तिकड़ी का हिस्सा हैं और 11 के साथ मिलकर जीतने और सफल होने की इच्छा का संकेत देते हैं।। यदि प्रधान कस्प 1 का SAL या उसमे स्थित ग्रह, अपने कस्पल शासकों के माध्यम से कस्प 1, 4, 6 और 10 को इंगित करता है या फिर ऐसे ही नक्षत्र, नवांश [उप] और नव नवांश [उप उप] में स्थित हैं जिनके स्वामी इन्ही घरों के SAL या निवासी हैं, तो जातक सफल होने के लिए अत्यधिक दृढ़ होंगे और उनमें प्रेम और देखभाल करने वाली भावनाओं की कमी होगी, जिसे शुष्क प्रकृति कहा जा सकता है।

दूसरे शब्दों में, यदि कस्प 1 का SAL या उसमे स्थित ग्रह कस्पल स्वामी पक्ष या एस्ट्रल स्वामी पक्ष की तरफ कस्प 1, 4, 6 और 10 दिखाता है, तो जातक शुष्क प्रकृति वाला होगा। यदि इन कस्प से कोई संबंध नहीं है तो ऐसे व्यबहार की संभावना नहीं।

एक व्यक्ति, अन्य ग्रहों जो 1, 4, 6 और 10 से संबंधित हैं, की अवधि के दौरान भी अस्थायी रूप से ऐसी शुष्क प्रकृति का हो जाएगा विशेषकर यदि कस्प 1 उपरलिखित समर्थन करता है। इसलिए, अधिकांश ग्रहों का ऐसा संबंध यह दर्शाता है कि व्यक्ति ज्यादातर समय अत्यधिक दृढ़ और शुष्क ही रहेगा। केवल कुछ ही ग्रहों के साथ संबंध, लग्न के समर्थन के बिना कुछ अधिक गंभीर नहीं माना जाना चाहिए। इसी तरह, 1, 4, 10 या 1, 6, 10 के साथ संबंध ऐसे व्यवहार की कम तीव्रता को इंगित करता है। जैसा कि आप देख सकते हैं कि ये पहले भाग में प्यार की कमी [1,4,10] और दूसरे में जीत के रवैये [1,6,10] का संकेत देते हैं।

इस तरह के संयोजनों को अच्छी प्रकृति नहीं माना जा सकता, लेकिन जनूनी करोवारियों के लिए इसे अच्छा माना जाता है। ऐसे लोग अत्यधिक प्रेरित होते हैं, किसी चीज की परवाह नहीं करते। जीत और सफलता ही उनका मात्र लक्ष्य होता है चाहे वो रिश्तों की कीमत पर हो। आज की कठोर पेशेवर दुनिया में इसे कभी-कभी ताकत मान लिया जाता है।

खर्च की प्रकृति

कुछ लोगों के लिए खर्च की आदतें जैसे उदार होना, खर्च करना या मितव्ययी या कंजूस होना काफी महत्वपूर्ण हो सकता है।

यदि प्रधान कस्प 1 का SAL या उसमे स्थित ग्रह गुरु या मंगल हों, और वो अपने कस्पल शासकों के माध्यम से कस्प 6, 8, और 12 को इंगित करता है या फिर ऐसे ही नक्षत्र, नवांश [उप] और नव नवांश [उप उप] में स्थित हैं जिनके स्वामी इन्ही घरों के SAL या निवासी हैं, तो जातक धन के मामले में उदार होंगे और स्वतंत्र रूप से खर्च करेंगे। ध्यान रहे यह खराब स्वास्थ्य का भी एक संयोजन है! दूसरे शब्दों में, यदि कस्प 1 का SAL या उसमे स्थित ग्रह गुरु या मंगल होकर अपने कस्पल स्वामी पक्ष या एस्ट्रल स्वामी पक्ष की तरफ कस्प 6, 8, और 12 दिखाता है, तो जातक खर्चीला होगा। यदि इन कस्प से कोई संबंध नहीं है तो ऐसे व्यबहार की संभावना नहीं।

यही संयोजन अगर शनि या बुध द्वारा कस्प 1 का SAL या उसमे स्थित ग्रह होकर बनाया जाता है तो जातक मितव्ययी या कंजूस हो जायेगा। अन्य ग्रह इस संधर्व को परिभाषित नहीं करते और केवल स्वास्थ्य सम्बन्धी संकेत ही देंगे।

इसके अतिरिक्त अन्य गुण भी हैं जैसे अत्यधिक भावुक होना, उतावला होना, विचारशील होना आदि जो लग्न में उपस्थित राशि से आंका जाना चाहिए। ये व्यक्तित्व लक्षण अनन्य नहीं हैं और एक दूसरे के साथ सह-अस्तित्व में हो सकते हैं और दशा अवधियों में बदल भी सकते हैं। यदि लग्न से ही दो विपरीत लक्षण दिखाई दें तो गंभीर समस्याएँ उत्पन्न हो सकती हैं, जिससे व्यक्तित्व विभाजित हो जाता है। बहुसंख्यक ग्रहों में किसी पूर्ण संयोजन की उपस्थिति व्यक्तित्व की प्रमुख विशेषता का प्रतीक होगी।

स्वाद और वाणी

हम पहले ही दूसरे घर के अध्याय में सामान्य स्वाद और भाषण विशेषताओं पर चर्चा कर चुके हैं। हालांकि, अत्यधिक भोजन और अप्रिय भोजन की आदतें, आमतौर पर उन लोगों में सह-अस्तित्व में होती हैं जो अत्यधिक भावुक होते हैं, अवसाद में होते हैं या बेहद आक्रामक होते हैं। ये लक्षण अगर राहु, केतु या शनि के दूसरे घर के साथ संबंध [SAL या उपस्थित ग्रह] होकर 6, 8 और 12, को भी इंगित करें तो खराब भोजन की आदतों, अत्यधिक शराब पीने, धूम्रपान और यहां तक कि नशा करने की प्रवृत्ति, का कारण बन सकते हैं। राहु धूम्रपान को बढ़ावा देता है जबकि केतु नशीले पदार्थों को शामिल कर सकता है। राहु और शनि मसालेदार और गैर-पारंपरिक खाद्य पदार्थों को बढ़ावा दे सकते हैं। चंद्रमा, शुक्र और जल राशियों के साथ जुड़ने से अत्यधिक शराब पीने को बढ़ावा मिल सकता है।

योन अनुकूलता

यौन इच्छा और असंगति, सामान्य नहीं होने पर, गंभीर चिंता का कारन बन सकती है। यह बहुत ही नाजुक मसला है। इसका मतलब यह है कि अगर कोई व्यक्ति तुलना में अत्यधिक आक्रामक है तो इससे अनुकूलता की कमी हो सकती है और समय के साथ गंभीर मतभेद पैदा कर सकता है। जब मंगल और शुक्र एक चार्ट में युति कर रहे हों और 7, 8 और 12 या 6, 8 और 12 का प्रतिनिधित्व कर रहे हों तो ऐसा व्यवहार हो सकता है। यदि ऐसा संयोजन दोनों चार्ट में मौजूद है तो कोई असंगति नहीं है।

इसी तरह, शनि और शुक्र की युति या पहलू द्वारा, कस्प 7, 8, 12 या 6, 8, 12 का प्रतिनिधित्व करना एक यौन विकृत का संकेत देगा। राहु का शामिल होना अपरंपरागत दृष्टिकोण को इंगित करता है, जबकि केतु तीव्र और हानिकारक संकुचित व्यव्हार का कारण बन सकता है।

किसी अन्य ग्रह युति या पहलु का इससे कोई संबंध नहीं है। इसलिए अगर ऊपर लिखित संबंध नहीं हैं तो सब सामान्य ही होगा।

इक दूजे के लिए

जैसा कि ऊपर से देखा जा सकता है, एक ऐसे व्यक्ति का पता लगाना बेहद मुश्किल है जो सब और सभी बिन्दुओं पर उपयुक्त हो, क्योंकि कोई एक सूत्र नहीं है और साथ ही अलग-अलग आकांक्षाएं और आवश्यकताएं भी होती हैं। भले ही किसी के पास मापदंड स्पष्ट और परिभाषित हों, लेकिन सभी मापदंडों में फिट होना आसान नहीं हो सकता। आपको इसे पैकेज के रूप में स्वीकार करना पड़ सकता है। ऊपर चर्चा की गई बातों के अलावा, चार्ट, व्यक्तिगत लक्षणों और तुलनात्मक लक्षणों और पैकेज की स्वीकृति के पूर्ण अध्ययन और विश्लेषण के बाद भी, क्या अभी भी कुछ ऐसा हो सकता है जो ज्योतिषीय रूप से आपसी सामंजस्य को परिभाषित कर सकता हो?

हाँ है। यह वस्तुनिष्ठ विश्लेषण है और ग्रहों की संरचना पर आधारित है। यह थोड़ा जटिल है और आपको इसका तर्क थोड़ा फैला हुआ लग सकता है, लेकिन यह पूरी तरह से गोचर के ज्योतिषीय सिद्धांतों के अनुरूप है और उसी तर्क का पालन करता है जो आमतौर पर जन्म समय सुधार के लिए अपनाया जाता है। इसके विस्तार में जाये बिना, इसे निम्नानुसार परिभाषित किया जा सकता है:

A. पति या पत्नी के चंद्रमाँ का नक्षत्र स्वामी [मून स्टार], जातक के कस्प 7वें का सूक्ष्म चाप स्वामी SAL होना चाहिए या कम से कम 7वें कस्प के सह-शासकों में से एक होना चाहिए। दूसरे शब्दों में जातक के 7वें कस्प का SAL या सह-शासक उसके जीवनसाथी के चंद्रमाँ का NL या मून स्टार होना चाहिए।

B. दुसरे की कुंडली से वही नियम लागू होगा। यानी, जीवनसाथी के कस्प 7 का SAL या सह-शासक जातक का मून स्टार या उसके चंद्रमा का NL होना चाहिए।

ये दो नियम दो कुंडलियों को प्राकृतिक साथी के रूप में स्थापित करते हैं और तकनीकी रूप से उनका विवाह हो सकता है। इसके अलावा दो नियम और हैं जो ज्योतिषीय रूप से अनुकूलता को और सत्यापित करेंगे।

1. आपके चार्ट के कस्प 1 और 7 के SAL को जीवनसाथी के चार्ट में कस्प 2, 5, 7 और 11 से संबंध बनाना चाहिए और 1, 4, 6, 10 या 6, 8, 12 या 7, 8, 12 के साथ संबंध नहीं बनाना चाहिए और इसी तरह, जीवनसाथी के चार्ट के कस्प 1 और 7 के SAL को, आपके चार्ट में ऐसे संबंध बनाना चाहिए।
2. आपके चार्ट के कस्प 5 के SAL को जीवनसाथी के चार्ट में 2, 5 और 11 के साथ संबंध बनाना चाहिए और 1, 4, और 10 के साथ संबंध नहीं बनाना चाहिए। इसी तरह, जीवनसाथी के चार्ट के कस्प 5 के SAL को, आपके चार्ट में ऐसे संबंध बनाने चाहिए।

विवाह जीवन का एक महत्वपूर्ण हिस्सा है और विवाह की अनुकूलता के महत्व को कम नहीं आँका जा सकता। जबकि प्यार एक सर्वव्यापी भावना है और इसमें कई चीजें शामिल हो सकती हैं। एक-दूसरे को जानना उतना ही महत्वपूर्ण है जितना कि व्यक्तित्व के उन पहलुओं का सत्यापन जो अन्यथा ज्ञात नहीं होती। संबंध विकसित करने से पहले संगतता को सत्यापित करने के लिए सभी प्रयास किए जाने चाहिए और संबंध बनने के बाद संगतता विकसित करने के लिए।

12

आठवां घर

"ज्योतिष, दुनिया में मौजूद भ्रामक और स्पष्ट अराजकता के पीछे या उसके भीतर छिपि हुइ तरतीब को खोजने के लिए, मनुष्य द्वारा किए गए पुरातन प्रयासों में से एक है।"

कारेन हामेकर-ज़ोंडाग

कुंडली में आठवां घर सबसे पेचीदा घर है। एक तरफ, यह वो सब दर्शाता है जो गलत है, जीवन में बाधाएं और संघर्ष, पीड़ा, दर्द, गंभीर बीमारी, मृत्यु तुल्य अनुभव, दुर्घटनाएं, तथा अप्रत्याशित परेशानियां और कस्प पुंज में इसकी उपस्थिति आम तौर पर दुर्भाग्य का पूर्वाभास देती है। 9वें घर, जो सामान्यता भाग्य का है, से 12वां होने के नाते, अपने सामान्य गुण से यह दुर्भाग्य ही दर्शाता है। हालांकि, इस घर का एक और आयाम है जो काफी दिलचस्प है और यह, वो सब कुछ दर्शाता है जो छिपा हुआ है और अचानक होता है। इसलिए, सभी अप्रत्याशित या अनर्जित लाभ भी इस घर से आते हैं, अर्थात् लॉटरी, बीमा, विरासत, दहेज, रिश्वत आदि। ये आम तौर पर दूसरे छोर पर किसी नुकसान से ही संबंधित होते हैं। फिर हठयोग और तपस्या द्वारा अर्जित गुप्त विज्ञान, तंत्र, गहन अंत:दृष्टि और ज्योतिष जैसे छिपे हुए कौशल हैं, जिनकी

व्यवस्थित दृष्टिकोण की आवश्यकता वाली तकनीकों के लिए भी आठवें घर को ही जिम्मेदार ठहराया गया है।

दुर्भाग्य तिकड़ी [4,8,12] का भाग होने के कारण और प्रथम भाव से आठवें स्थान पर होने के कारण इसका प्रभाव लग्न पर सदैव नकारात्मक ही होता है। इसके नकारात्मक प्रभावों को प्रत्येक घर में प्रत्येक संदर्भ में लिया गया है, अर्थात दीर्घायु, वित्तीय स्थिति, शिक्षा, रोग और विवाह आदि। हम यहां इस घर के तथाकथित सकारात्मक पहलुओं का भी अध्ययन कर सकते हैं। विशिष्ट पहलू जो केवल 8वें घर से ही देखा जा सकता है वह है अनर्जित लाभ और मृत्यु।

अनर्जित लाभ

हमने पहले पढ़ा है कि वित्तीय लाभ तभी होता है जब 6वां घर 2 और 11 के साथ जुड़ता है, जो सेवा प्रदान करने से लाभ का संकेत देता है। हालांकि, अगर 8वां घर 2 और 11 के साथ शामिल होता है, तो 6वें के बिना यह अनर्जित वित्तीय लाभ का संकेत देता है। ये विभिन्न प्रकार के स्रोतों से हो सकते हैं, जो कि कस्पल शासकों की ओर से और एस्ट्रल पक्ष की ओर से शामिल अन्य घरों पर निर्भर करता है। 3वां घर रजिस्ट्री, अनुबंध और दस्तावेजों के साथ संबंध का संकेत होगा। 5वां घर अटकलों या सट्टे का संकेत देगा। इसलिए 3 और 5 मिलकर लॉटरी का संकेत देते हैं। यहां 5 और 12 के शामिल होने से अनर्जित लाभ को नकार दिया जाएगा जो की सामान्य कारोबार में भी संघर्ष, बाधाओं और वित्तीय नुकसान का संकेत देता है। हानि या नौकरी के परिवर्तन का संकेत देने वाले कस्प पुंज के साथ ये संचित धन की एकमुश्त प्राप्ति का संकेत देगी। नौकरी के अंत में यह भविष्य निधि या सेवानिवृत्ति निधि की प्राप्ति का संकेत देगा।

इसलिए, यदि प्रधान कस्प 8 का सूक्ष्म चाप स्वामी SAL या उसमे स्थित ग्रह, अपने कस्पल शासकों के माध्यम से कस्प 2 और 11 को इंगित करता है और फिर ऐसे ही नक्षत्र, नवांश [उप] और नव नवांश [उप उप] में स्थित हैं जिनके स्वामी इन्ही घरों के SAL या निवासी हैं, तो जातक अनर्जित या अनापेक्षित धन प्राप्त कर सकता है।

दूसरे शब्दों में, यदि कस्प 8 का SAL या उसमे स्थित ग्रह कस्पल स्वामी पक्ष और एस्ट्रल स्वामी पक्ष की तरफ कस्प 2 और 11 दिखाता है, तो जातक अनर्जित या अनापेक्षित धन प्राप्त कर सकता है। यदि इन घरों के साथ कोई संबंध नहीं है लेकिन जुड़े

हुए कस्प 5 और 12 हैं तो इस तरह के वित्तीय लाभ की कोई संभावना नहीं है बल्कि वित्तीय नुकसान होगा। मिश्रित संबंध के मामले में, हानी लाभ के तौर-तरीकों के बारे में एक बुद्धिमान मूल्यांकन किया जा सकता है। इसे नीचे सारणीबद्ध रूप में दर्शाया गया है।

अनर्जित लाभ केस - 1						
CRL के घर	CNL के घर	मुख्य घर	NL के घर	SL के घर	SSL के घर	टिप्पणी
5	5	8	2, 6, 11	2, 6, 11	2, 6, 11	सट्टे से लाभ
3, 5	3, 5	8	2, 6, 11	2, 6, 11	2, 6, 11	लौटरी से लाभ
8, 11	8, 11	8	2, 11	2, 11	2, 11	बिमा या रिश्वत से लाभ[4]

1. सभी संबंधित घरों का सभी कॉलमों में प्रकट होना आवश्यक नहीं है।
2. सम्बन्धित घरों की उपस्थिति अधिक महत्वपूर्ण है।
3. स्तंभों को एक साथ मानते हुए दोनों पक्षों के सभी घरों का पूर्ण प्रतिनिधित्व परिणाम को अधिक शक्ति प्रदान करता है।
4. शनी, राहु और केतू जैसे पाप ग्रहों के साथ संबंध रिश्वत या ऐसे स्रोतों का संकेत देगा, सौम्य ग्रह सामान्य उपहारों का संकेत देंगे।

अनर्जित लाभ केस - 2						
CRL के घर	CNL के घर	मुख्य घर	NL के घर	SL के घर	SSL के घर	टिप्पणी
5	5	8	5, 12	5, 12	5, 12	सट्टे से हानी
3, 5	3, 5	8	5, 12	5, 12	5, 12	लौटरी में हानि
8, 11	8, 11	8	5, 12	5, 12	5, 12	बिमा या रिश्वत से हानि[4]

1. सभी संबंधित घरों का सभी कॉलमों में प्रकट होना आवश्यक नहीं है।
2. सम्बन्धित घरों की उपस्थिति अधिक महत्वपूर्ण है।
3. स्तंभों को एक साथ मानते हुए दोनों पक्षों के सभी घरों का पूर्ण प्रतिनिधित्व परिणाम को अधिक शक्ति प्रदान करता है।
4. शनी, राहु और केतू जैसे पाप ग्रहों के साथ संबंध रिश्वत या ऐसे स्रोतों का संकेत देगा, सौम्य ग्रह सामान्य उपहारों का संकेत देंगे।

दोनों पक्षों का मिला-जुला रूप विभिन्न प्रकार के परिणामों का संकेत देगा। निम्नलिखित तालिकाएँ ऐसी कुछ संभावनाओं का संकेत देंगी। हमेशा की तरह याद रखें कि कस्प का पूरा सेट मौजूद होना जरूरी नहीं है, यह दूसरे पक्ष की अनुपस्थिति है जो महत्वपूर्ण है।

अनर्जित लाभ केस - 3						
CRL के घर	CNL के घर	मुख्य घर	NL के घर	SL के घर	SSL के घर	टिप्पणी
कोई	कोई	8	2, 11	5, 8, 12	कोई	A
कोई	कोई	8	2, 11	2, 11	कोई	B
कोई	कोई	8	2, 11	2, 11	5, 8, 12	C
कोई	कोई	8	5, 12	2, 6, 11 के आलावा कोई	कोई	D
कोई	कोई	8	5, 12	2, 6, 11	5, 8, 12	E
कोई	कोई	8	5, 12	2, 6, 11	5, 8, 12 के आलावा कोई	F

A. यहां एनएल NL केवल सकारात्मक संकेत देता है, यह अनर्जित लाभ के लिए परिस्थितियां पैदा करेगा। जैसा कि SL केवल नकारात्मक घरों को दर्शाता है, यह वास्तव में होगा नहीं।

B. उपरोक्त A की निरंतरता में, यहां एनएल NL सकारात्मक घरों को इंगित करता है, जो लाभ के लिए परिस्थितियां पैदा करेगा, और जैसा कि एसएल SL भी केवल सकारात्मक घरों को इंगित करता है, यह निश्चित रूप से अनर्जित लाभ को प्राप्त करेगा। कस्पल स्वामी पक्ष के घर स्रोतों को इंगित करेंगे और SSL के घर आगे परिणाम निर्दिष्ट करेगा।

C. यहां एसएसएल SSL पूरी तरह से नकारात्मक होने का संकेत होगा कि अंततः जो कुछ भी प्राप्त हुआ है वह इस अवधि के भीतर खो जाएगा।

D. एनएल NL स्तर पर नकारात्मक कस्प और वित्तीय लाभ का समर्थन नहीं करने वाले एसएल SL घरों से लाभ की कोई संभावना नहीं होगी।

E. यहां NL कस्प संदर्भ के रूप में कार्य कर सकता है क्योंकि SL सकारात्मक कस्प को इंगित करता है, यह सट्टा निवेश से लाभ की परिस्थितियां तो पैदा करेगा, लेकिन SSL पूरी तरह से नकारात्मक होने के कारण इसका परिणाम केवल नुकसान होगा।

F. उपरोक्त E की निरंतरता में, यहां एसएसएल SSL भी वित्तीय लाभ का समर्थन करता है और इसलिए सट्टा निवेश फलदायी होगा।

ये संयोजन यह दर्शाने के लिए हैं कि विभिन्न स्तर एक साथ कैसे काम करते हैं। किसी घटना क्रम सेतु या अभिव्यक्ति के पुल [ब्रिज ऑफ मैनिफेस्टेशन] को बनाने के लिए हमें हमेशा कम से कम तीन लगातार सकारात्मक स्तरों की आवश्यकता होती है।

ये तीन स्तरीय क्रम हो सकते हैं, या तो

[SAL कोई ग्रह] - [NL] - [SL] या

[NL] - [SL] - [SSL]

[SAL अगर राहू या केतु] - [RL] - [NL] या

[RL] - [NL] - [SL] या

[NL] - [SL] - [SSL]

सेतु के बाईं ओर कस्पल पक्ष में स्थित कस्प और कस्पल स्वामी, हमेशा स्रोत होते हैं जबकि दाईं ओर, एस्ट्रल पक्ष की और, सेतु में स्थित एस्ट्रल स्वामी और कस्प केवल परिणाम को स्पष्ट करते हैं।

अष्टम भाव का दूसरा महत्वपूर्ण संकेत मृत्यु की प्रकृति और परिस्थितियाँ हैं। इनकी चर्चा नीचे की गई है।

मृत्यु की प्रकृति

कस्प 8 के सत्तारूढ़ ग्रह जो की RL, NL और SL के रूप में आठवीं कस्प के सह शासक बनते हैं जिन्हें कस्पल स्वामी कहते हैं, और उसमे स्थित राशी से मृत्यु और मृत्यु की परिस्थितियों का पता चलता है। और फिर अपने NL के माध्यम से

8वें कस्प का SAL परिणाम को आगे निर्दिष्ट करेगा। सभी कस्पल विश्लेषण विशुद्ध रूप से व्यक्तिपरक होते हैं और इसलिए सभी संकेतकों पर एक साथ विचार करके ही व्याख्या की जानी चाहिए।

इसी तरह कस्प 8 में स्थित राशी, पहले से निर्दिष्ट राशियों के गुण अनुसार, अग्नि, पृथ्वी, वायु या पानी के रूप में एक तत्व को इंगित करता है जो विश्लेषण में काम आएगा। इसे संक्षिप्त रूप से निचे दोहराया गया है:

मेष, सिंह और धनु	संकेत	अग्नि तत्व
वृष, कन्या और मकर	संकेत	पृथ्वी तत्व
मिथुन, तुला और कुंभ	संकेत	वायु तत्व
कर्क, वृश्चिक और मीन	संकेत	जल तत्व

यही मृत्यु का जिम्मेदार तत्व बन जाता है। उदाहरण के लिए,

अग्नि तत्व का अर्थ होगा अग्नि का शामिल होना, चाहे वह वास्तविक रूप से प्रकट आग हो, जैसे कि भवन में आग, विस्फोट, दंगा आदि, तात्विक अग्नि जैसे बुखार, सूजन, या अग्नि तत्व से संबंधित रोग जैसे कि अपच, तनाव, आदि।

पृथ्वी तत्व का अर्थ प्रकट पृथ्वी हो सकता है जैसे भूकंप, भूमि का खिसकना, ऊंचाई से गिरना आदि या अत्यधिक निष्क्रियता, और भरी वजन आदि के कारण।

वायु तत्व हवाई यात्रा, घुटन आदि या गठिया, तंत्रिका या अवसाद रोग, अस्थमा आदि का संकेत दे सकता है।

जल तत्व डूबने, बाढ़, शरीर में जल प्रतिधारण, फेफड़ों की बीमारियों, रक्त संबंधी रोग आदि का संकेत देगा।

यह संभावनाओं की केवल एक संक्षिप्त सांकेतिक सूची है। यह काफी व्यापक हो सकती है यदि तीन दोषों के आयुर्वेदिक संकेत भी इन तत्वों से जुड़े हों। फिर भी, यह आपको परिस्थितियों का आंकलन करने के लिए पर्याप्त दिशा प्रदान करेगा।

कस्पल शासकों के रूप में ग्रहों की भागीदारी व्याख्याओं को अपना रंग प्रदान करेगी। नीचे दी गई तालिका इस संदर्भ में ग्रहों के गुण दिखाती है।

ग्रहों के मृत्यु सम्बन्धी गुण	
ग्रह	मृत्यु और मृत्यु की परिस्थितियां
सूर्य	प्राधिकरन दण्ड के कारण, अग्नि, सूर्य आघात, हृदय रोग, सिरदर्द, रक्तचाप, ज्वर, नेत्र रोग, पित्त और पाचन क्रिया
चंद्र	सार्वजनिक स्थान, भीड़, भगदड़, डूबना, जुकाम, पेचिश, उल्टी, आंखों में परेशानी, मिर्गी, साइनसाइटिस, पेट का दर्द, दमा, मासिक धर्म संबंधी विकार, उत्पादक प्रणाली, घबराहट
मंगल	दुर्घटनाएं, लड़ाई, युद्ध, हथियार, बिजली का झटका, बुखार, चेचक, सूजन, उच्च रक्तचाप, रक्त विकार, हर्निया, फिस्टुला, मेनिनजाइटिस, गर्भपात, रक्तस्राव, सर्जिकल हस्तक्षेप
बुध	दमा, सभी प्रकार के त्वचा रोग, मानसिक विकार, तंत्रिका, या गर्भा समाप्ति के दौरान
गुरु	पीलिया, मधुमेह, चक्कर, मोटापा और यहां तक कि कैंसर भी
शुक्र	यौन रोग, ल्यूकोडर्मा, उपदंश, एक्जिमा, गुर्दे की समस्याएं आदि।
शनि	पक्षाघात, पागलपन, गठिया, दिल का दौरा, थकान और अवसाद, भय, अकाल, खाद्य विषाक्तता, कैंसर
राहू	राहु शनि की तरह है, चिकित्सा भ्रम, पुरानी बीमारियां, अल्सर
केतु	लेप्रोस्कोपिक या सर्जिकल हस्तक्षेप जैसे मंगल। कुष्ठ रोग, चिकित्सा भ्रम, राहु का पोर्टफोलियो भी और दुर्घटनाएं

एक बार राशी और कस्पल शासकों के आधार पर पृष्ठभूमि स्थापित हो जाने के बाद, SAL अपनी स्थिति और उसके NL के माध्यम से घटना को प्रकट करेगा। इसमें शामिल घर मृत्यु के तरीके को और स्पष्ट करेंगे। घर 1 में दुर्घटना और अचानक मृत्यु के लिए बताए गए और घर 6 में बताये रोग सम्बन्धी गुण इस संदर्भ में भी उपयोगी होंगे। शरीर के विभिन्न अंग, जैसा कि पहले बताया गया है, सम्बंधित अंग या क्षेत्र को और अधिक परिभाषित कर सकते हैं। कस्प 1 का होना, घर पर, 12वें का, घर से दूर, 3वां आस-पास के संकेत देगा, आदि।

आमतौर पर एक व्यापक विश्लेषण मौखिक परिस्थितियों को समझने के लिए पर्याप्त होता है और इसका उपयोग उसी के लिए और उतना ही किया जाना चाहिए।

13

नौवां घर

"जीवन के समुद्र को पार करने में किसी व्यक्ति की मदद करने के लिए कुंडली से बेहतर कोई नाव नहीं।"

वराह मिहिर

नवम भाव को भाग्य का भाव माना जाता है। यह धर्म या चरित्र, परंपराओं और नैतिकता को इंगित करता है जो किसी व्यक्ति को उस समाज के मानदंडों से बांधता है जिसमें वह पैदा होता है। तदनुसार, यह भौतिक लाभ का घर नहीं है। यह उच्च ज्ञान और इस प्रकार उच्च शिक्षा का प्रतिनिधित्व करता है। नवम भाव का सबसे सामान्य गुण लंबी यात्राएं हैं। यह पिता के लग्न का भी प्रतिनिधित्व करता है और इस प्रकार आपके पिता से संबंधित हर चीज का अध्ययन नवम भाव के संबंध से लग्न के रूप में किया जा सकता है।

हमने पहले भी कुछ अध्याय में कस्प 9 के कुछ पहलुओं का अध्ययन किया है। किसी व्यक्ति के स्वभाव पर इसके नैतिक प्रभाव की चर्चा भी पहले ही की जा चुकी है। यहां जिन दो मुख्य क्षेत्रों का अध्ययन किया जा सकता है, वे हैं लंबी यात्रा और उच्च ज्ञान।

लम्बी यात्रा

हमने अध्याय 3 में स्थान परिवर्तन का अध्ययन किया, जो हमेशा यात्रा के लिए एक आवश्यक शर्त है। यह आसपास के क्षेत्रों की छोटी यात्रा का भी संकेत देता है। जब भी कस्प 9 जुड़ता है तो यह लंबी यात्रा का संकेत देता है। यह एक सापेक्षिक और व्यक्तिपरक मूल्यांकन है। हम कह सकते हैं कि जब भी कस्प 9 शामिल होता है तो यह आपके अनुभव में एक लंबी यात्रा होगी। इसलिए 3 अकेले छोटी यात्रा का संकेत दे सकते हैं, लेकिन 9 को केवल लंबी यात्रा के लिए माना जा सकता है। घर 12 विदेशी भूमि, या आपके लिए अपरिचित स्थान को इंगित करता है। इसका अर्थ अनिवार्य रूप से विदेश नहीं है, यह आपके देश के भीतर दूर-दराज के क्षेत्र भी हो सकते है जिनसे आप परिचित नहीं हैं।

इसलिए, यदि प्रधान कस्प 9 का सूक्ष्म चाप स्वामी SAL या उसमे स्थित ग्रह, ऐसे नक्षत्र, नवांश [उप] और नव नवांश [उप उप] में स्थित हैं जिनके स्वामी घर 3, 12 के SAL या निवासी हैं, तो जातक जातक लम्बी यात्रा पे जायेगा।

दूसरे शब्दों में, यदि कस्प 9 का SAL या उसमे स्थित ग्रह अपने एस्ट्रल स्वामी पक्ष की तरफ कस्प 3 और 12 दिखाता है, तो जातक लम्बी यात्रा पे जायेगा। यदि इन घरों के साथ कोई संबंध नहीं है तो ऐसी यात्रा संभव नहीं, और जुड़े हुए कस्प अगर 4 और 11 हैं तो भी यात्रा की कोई संभावना नहीं है बल्कि जातक अगर यात्रा पर गया है तो घर वापिस आ जायेगा। कस्पल पक्ष के घर यहाँ केवल यात्रा के कारन या स्त्रोत इंगित करेंगे। इसे नीचे सारणीबद्ध रूप में दर्शाया गया है।

लम्बी यात्रा केस - 1						
CRL के घर	CNL के घर	मुख्य घर	NL के घर	SL के घर	SSL के घर	टिप्पणी
2, 6, 10, 11	2, 6, 10, 11	9	3,9,12	3,9,12	3,9,12	कारोवार के लिए लम्बी यात्रा
5,11	5,11	9	3,9,12	3,9,12	3,9,12	मौज मस्ती के लिए लम्बी यात्रा
6, 8, 12	6, 8, 12	9	3,9,12	3,9,12	3,9,12	इलाज के लिए लम्बी यात्रा

1. सभी संबंधित घरों का सभी कॉलमों में प्रकट होना आवश्यक नहीं है। कस्प 3 या 9 की उपस्थिति जरूरी है। कस्प 12 अगर हो तो यात्रा अपरिचित जगह या विदेश में होगी।
2. घर 4 और 11 की अनुपस्थिति अधिक महत्वपूर्ण है।
3. स्तंभों को एक साथ मानते हुए दोनों पक्षों के सभी घरों का पूर्ण प्रतिनिधित्व परिणाम को अधिक शक्ति प्रदान करता है।
4. कस्पल पक्ष के घर केवल स्रोतों का संकेत देंगे, जैसे पस्पल पक्ष में 4, 9, 11 का होना पढाई के लिए यात्रा का संकेत देगा।
5. कृपया ध्यान दें, अन्य सभी उपस्थित कस्प यात्रा के बारे में और भी जानकारी देंगे।

दोनों पक्षों का मिला-जुला रूप विभिन्न प्रकार के परिणामों का संकेत देगा। निम्नलिखित तालिकाएँ ऐसी कुछ संभावनाओं का उल्लेख करती हैं।

लम्बी यात्रा केस - 2						
CRL के घर	CNL के घर	मुख्य घर	NL के घर	SL के घर	SSL के घर	टिप्पणी
2,6,10,11	2,6,10,11	9	3,9,12	4,11	4,11	A
5,11	5,11	9	3,9,12	3,9,12	4,11	B
6,8,12	6,8,12	9	3,9,12	3,9,12	3,9,12	C

A. यहां मुख्य कस्प के कस्पल स्वामी पक्ष की और के घर स्रोत को इंगित करते हैं। यहाँ NL यात्रा के सम्बंधित घरों को इंगित करता है, यह संभावित यात्रा के लिए परिस्थितियाँ पैदा करेगा। लेकिन जैसा कि SL और SSL दोनों ही नकारात्मक घरों का संकेत देते हैं, यह सेतु बंद हो जाएगा और मूल निवासी को यात्रा करने की आवश्यकता नहीं होगी।

B. उपरोक्त A की निरंतरता में, यहां SL भी सहायक घरों को इंगित करता है, यह किसी भी कारण से दूसरे स्थान की लंबी यात्रा की ओर ले जाएगा। लेकिन यहाँ SSL केवल नकारात्मक घरों को इंगित करता है, यह लंबे समय तक रहने के बाद समाप्त हो जाएगा और जातक अंततः वापस आ जाएगा।

C. ऊपर B की निरंतरता में, यहां SSL भी सहायक घरों को इंगित करता है और इसलिए इसका परिणाम घर से दूर रहना होगा जब तक कि किसी अन्य दशा स्वामी द्वारा वापसी का संकेत न दिया जाए।

D. कस्पल पक्ष की और स्थित घर केवल यात्रा के कारणों या स्रोत का संकेत देंगे। ऊपर की तालिका से देखें की ये स्त्रोत कौन से हो सकते हैं।

E. कस्प 12 यदि मौजूद है तो गंतव्य विदेश या अपरिचित स्थान होगा।

एक बार जब प्राइम कस्प के माध्यम से लंबी यात्रा का वादा स्थापित हो जाता है, तो अन्य सभी ग्रहों को भी नोट कर लेना चाहिए जो इस यात्रा के लिए फलदायी संकेतक ग्रह [एफआईपी] हैं। यात्रा इन FIP की संयुक्त दशा अवधि के दौरान घटित हो सकती हैं। आमतौर पर किसी भी घटना को अंजाम देने के लिए हमें दशा अवधि को 1 महीने से कम समय तक की अवधि में देखना होगा। यात्रा एफआईपी के डीबीएएस के दौरान ही होगी। तब चयनित अवधि को पारगमन के आधार पर एक उपयोगी दिन और समय के लिए जांचा जाता है ताकि यह देखा जा सके कि यात्रा कब होगी। अगर इस फलदायी दशा अवधि के दौरान, फलदायी पारगमन नहीं होता है, तो यात्रा नहीं हो सकती, और एफआईपी के अगले डीबीएएस तथा समवर्ती फलदायी पारगमन [सीएफटी] की प्रतीक्षा करनी होगी।

उच्च ज्ञान

उच्च ज्ञान के दो अर्थ होते हैं। एक गूढ़ अध्यात्मिक है और इसका अर्थ है अब तक अज्ञात या अदृश्य का ज्ञान। इसका अधिक संबंध उच्चतर चेतना से है। दूसरा अधिक सांसारिक है और स्कूली शिक्षा से परे शिक्षा के उच्च स्तर से संबंधित है। हम हाउस बारह के तहत गूढ़ अध्यात्मिक से निपटेंगे। यहां हम उच्च शिक्षा पर चर्चा करेंगे।

एक समय में दुर्लभ, स्कूल से परे आगे की शिक्षा अब अपेक्षाकृत आम हो गई है। शिक्षा के लिए संयोजनों में कस्प 9 का शामिल होना, जिसकी चर्चा पहले घर 4 में की गई है, उच्च शिक्षा का संकेत देता है। हमने शिक्षा में सफलता या असफलता के संयोजनो पर चर्चा की थी। उच्च शिक्षा का पात्र बनने के लिए व्यक्ति का बेसिक शिक्षा में सफल होना आवश्यक है। एक बार जब यह कस्प 4 के सम्बंधों के आधार पर स्थापित हो जाता है, तो उच्च शिक्षा की संभावनाएं खुल जाती हैं और उन्ही संयोजनों को कस्प 9 के SAL और अन्य सभी ग्रहों, खास तौर पर चल रहे दशा

स्वामियों, के माध्यम से जांचा जाएगा। कस्प 4 और 9 एक दुसरे के पूरक हैं और उनके संयोजन भी समान ही हैं, जिन्हें सीधे संदर्भ ताजा करने के लिए नीचे संक्षेप में दोहराया गया है।

आइए नीचे दिए गए कुछ संयोजनों की जांच करें। यहां कस्प 9 की उपस्थिति महत्वपूर्ण है, क्योंकि हम स्कूली शिक्षा से परे उच्च शिक्षा पर चर्चा कर रहे हैं। व्यावसायिक शिक्षा भी इसी श्रेणी में आती है।

उच्च शिक्षा केस - 1						
CRL के घर	CNL के घर	मुख्य घर	NL के घर	SL के घर	SSL के घर	टिप्पणी
कोई	कोई	4 या 9 या 11	3, 4, 5, 6, 9, 10, 11	3, 4, 5, 6, 9, 10, 11	1, 6, 8, 10, 11, 12	A
कोई	कोई	4 या 9 या 11	3, 4, 5, 6, 9, 10, 11	3, 4, 6, 8, 9, 12	1, 6, 8, 10, 11, 12	B
कोई	कोई	4 या 9 या 11	3, 4, 6, 8, 9, 12	3, 4, 5, 6, 9	1, 6, 8, 10, 11, 12	C

A. यहां कस्पाल स्वामी पक्ष [CRL और CNL] की और मुख्य कस्प से जुड़े घर तटस्थ या न्यूट्रल है। जैसा कि NL और SL सभी सकारात्मक और सहायक संकेतों को इंगित करते हैं, यह शिक्षा में बड़ी सफलता की परिस्थितियां पैदा करेगा। SSL स्तर पर उपस्थित कस्प अब केवल अध्ययन के क्षेत्र को परिभाषित करेंगे। 10 और 11 के साथ 1, 6, 8, 12 का संबंध सफल चिकित्सा शिक्षा का संकेत दे सकता है।

B. उपरोक्त A की निरंतरता में, यहां SL बहुमत में सहायक घरों को इंगित नहीं करता है, इसका मतलब यह होगा कि जातक कोशिश करेगा लेकिन चिकित्सा शिक्षा में सफल नहीं होगा। हालाँकि, कुछ सहायक घरों की उपस्थिति का मतलब होगा कि शिक्षा जारी रहेगी लेकिन वांछित नहीं।

C. ऊपर B की निरंतरता में, यहां NL स्वयं बहुमत नकारात्मक घरों को इंगित करता है। अब SL स्तर पर सकारात्मक घरों की उपस्थिति मदद नहीं करेगी। यह केवल शिक्षा स्तर को और नीचे रखेगा और सफल होने की इच्छा और दृढ़ता कम हो जाएगी।

उच्च शिक्षा के दौरान अध्ययन का क्षेत्र बहुत महत्वपूर्ण हो जाता है। आज की प्रतिस्पर्धात्मक दुनिया में अध्ययन क्षेत्र में सफलता के लिए छात्र के स्वाभाविक झुकाव को समझना काफी सहायक है। वास्तव में, यह व्यवसाय के क्षेत्र के साथ मिलकर सफलता का प्रमुख घटक बन जाता है। यद्यपि ये दोनों जातक के चार्ट के अनुसार काफी भिन्न हो सकते हैं, जिसका अर्थ है कि कोई व्यक्ति अपनी शिक्षा से अलग एक व्यवसाय अपना सकता है। इसी तरह, आप इस बात को भी समझ सकते हैं कि यह किसी भी तरह से वित्तीय सफलता को इंगित नहीं करता है, क्योंकि वित्तीय सफलता के लिए संयोजन काफी भिन्न होते हैं। इसलिए, एक सफल शिक्षा वित्तीय सफलता की कोई गारंटी नहीं है।

उच्च शिक्षा का क्षेत्र

रुचि के विषय को समझने के लिए, हमें मानसिक झुकाव के कस्प 3 का अध्ययन करना चाहिए। आइए इस प्रक्रिया के चरणों को परिभाषित करें।

1. शिक्षा के बुनियादी संयोजनों से शिक्षा के स्तर को स्थापित करें। यदि शिक्षा का स्तर कम है और स्कूली शिक्षा तक सीमित है तो यह अध्ययन का क्षेत्र केवल जातक का शौक या रुझान ही दिखाएगा।
2. यदि शिक्षा का स्तर अच्छा है तो हम कस्प 3 के SAL का अध्ययन करने के लिए आगे बढ़ सकते हैं। इस संदर्भ में ग्रहों के गुण पहले से ही घर 4 के तहत दिए गए हैं।
3. जिस नक्षत्र में तीसरा SAL रखा गया है, वह रुचि के क्षेत्रों को प्रकट करेगा। नक्षत्र की विशेषताएं कुछ विषयों को प्रभावित करेंगी। इन्हें नीचे दी गई तालिका में दर्शाया गया है।
4. अब इन्हें NL द्वारा प्रतिनिधित्व किए गए कस्प के आधार पर और परिष्कृत किया जाएगा, जैसे कि 2, 11 वित्त को इंगित करता है, 7 व्यवसाय या वाणिज्य को इंगित करता है जैसा कि पहले से ही घर 4 के अध्याय में परिभाषित किया गया है।
5. तीसरे SAL का SL और SSL उनके सम्बंधित कस्प के आधार पर रुचि के क्षेत्र को और भी सूक्ष्मता से जाना जा सकता है।

शिक्षा क्षेत्र-नक्षत्र	
नक्षत्र	नक्षत्रों की शिक्षा और व्यवसाय सम्बन्धी विशेषताएं
अश्विनी	इलेक्ट्रिकल, केमिकल इंजीनियरिंग, कानूनी, गणित, कला, हस्तशिल्प, जूलॉजी, वनस्पति विज्ञान, रेडियोलॉजी, फोटोग्राफी, अंतरिक्ष प्रौद्योगिकी
भरणी	कंप्यूटर, रसायन, सिविल इंजीनियरिंग, चिकित्सा, बिजली, कला, गृह विज्ञान, पाक कला, लेखा, वाणिज्य, बैंकिंग, कानून, विदेशी भाषा
कृतिका	साहित्य, ज्योतिष, विदेशी भाषा, मुद्रण और प्रकाशन, शिक्षा, ईएनटी, चिकित्सा, रसायन, सिविल, वैमानिकी इंजीनियरिंग
रोहिणी	नेत्र चिकित्सक, दंत चिकित्सक, पशु चिकित्सा, रसायनज्ञ, पाक कला, कार्यक्रम प्रबंधन, भूविज्ञान, कानून, त्वचा विज्ञान, आंतरिक सजावट, जल प्रबंधन
मृगसिरा	कानून, कपड़ा, प्रकाश और ध्वनि, यांत्रिक, हड्डियों, आंख, दंत चिकित्सक, फिल्म, भवन निर्माण
अरिद्र	इलेक्ट्रिकल, इलेक्ट्रॉनिक्स, रेडियोलॉजी, फोटोग्राफी, परमाणु वैज्ञानिक, रबड़, कृषि, परिवहन, पर्यटन और यात्रा, पर्यटन, पत्रकारिता, चिकित्सक
पुनर्वसु	कानून, दर्शनशास्त्र, विदेशी अध्ययन, वाणिज्य, राजनीति विज्ञान, चार्टर्ड एकाउंटेंट, व्यवसाय और वित्त प्रबंधन, बीमा, ज्योतिष
पुष्यामी	पेट्रोलियम, भूविज्ञान, वाणिज्य, अर्थशास्त्र, गणित, महासागर, कृषि, बीए, एमए
अश्लेषा	वैदिक अध्ययन, तर्क, कानून, गणित, पत्रकारिता, जल संबंधी, चिकित्सा, बिक्री, खरीद, विपणन, सिविल, मैकेनिकल इंजीनियरिंग, परिवहन और पर्यटन
माघ	अंतरिक्ष विज्ञान, रेडियोलॉजी, चिकित्सा, आयुर्वेद, शल्य चिकित्सा, इतिहास
पूर्व फाल्गुनी	रसायन विज्ञान, कृषि, पशु चिकित्सा, शिक्षण, एमबीए, कंप्यूटर इंजीनियरिंग, स्त्री रोग, रेडियोलॉजी, नैदानिक अध्ययन
उतर फाल्गुनी	भूविज्ञान, रसायन विज्ञान, पर्यटन, शिक्षण, विद्युत इंजीनियरिंग, कार्डियोलॉजी, सर्जरी, पशु चिकित्सा, हड्डी रोग, अस्पताल प्रबंधन
हस्त	मनोविज्ञान, रसायन विज्ञान, कपड़ा, डॉक्टर, खनन, फोरेंसिक चिकित्सा, दंत चिकित्सक, वेनेरोलॉजी, अस्पताल प्रबंधन
चित्रा	सर्जरी, सिविल इंजीनियरिंग, आयुर्वेद, चिकित्सा, कृषि, मत्स्य पालन, पर्यावरण, साहित्य, कानून, बीए
स्वाति	रेडियोलॉजी, स्पेस साइंस, जियोग्राफी, लाइब्रेरी मैनेजमेंट, बीए, एमए, सर्जरी, गाईने, वेनेरोलॉजी, डर्मेटोलॉजी

शिक्षा क्षेत्र-नक्षत्र	
नक्षत्र	नक्षत्रों की शिक्षा और व्यवसाय सम्बन्धी विशेषताएं
विशाखा	राजनीति विज्ञान, दर्शनशास्त्र, कानून, बैंकिंग, रेडियोलॉजी, वास्तुकला, होम्योपैथी, कपड़ा, बीएससी, इंजीनियरिंग, सर्जरी
अनुराधा	पेट्रोलियम, खनन, उद्योग, सिविल, कृषि इंजीनियरिंग, कानून, पैथोलॉजी
ज्येष्ठ:	गणित, पत्रकारिता, विज्ञापन, साहित्य, डॉक्टर, आयुर्वेद और चिकित्सा, सर्जरी, पर्यावरण, लेखा, सीए, इंजीनियरिंग
मूल	रेडियोलॉजी, फोटोग्राफी, इलेक्ट्रिकल, इलेक्ट्रॉनिक्स और कंप्यूटर, सिविल इंजीनियरिंग, वाणिज्य, रसायन विज्ञान, इतिहास
पूर्व शधा	डेयरी फार्मिंग, टेक्सटाइल्स, प्लास्टिक्स, केमिकल इंजीनियरिंग, मैथमेटिक्स, टेलीकॉम, अकाउंट्स
उतर शधा	मेडिसिन, केमिस्ट्री, ज्योग्राफी, बीए, इकोनॉमिक्स, कंप्यूटर, इंजीनियरिंग, डेंटिस्ट
श्रवण	टेक्सटाइल्स, वाटर इंजीनियरिंग, साइकोलॉजी, मेडिसिन, सर्जरी, कार्डियोलॉजी, एनेस्थीसिया, एजुकेशन, हाइड्रॉलिक्स
धनिष्ठा	सिविल, मैकेनिकल इंजीनियरिंग, आर्किटेक्चर, फिजिक्स, लिटरेचर, नर्सिंग, टेक्सटाइल्स, हॉस्पिटल मैनेजमेंट, एमबीए, बैंकिंग
सतभिषा	रेडियोलॉजी, एक्स-रे, स्त्री रोग, दंत चिकित्सक, चिकित्सा, इलेक्ट्रॉनिक्स, तकनीकी शिक्षा, माइक्रोवेव, रडार, कृषि
पूर्व भद्र	प्रशासन, दर्शन, अंतर्राष्ट्रीय कानून, व्यवसाय प्रबंधन, बैंकिंग, रेडियोलॉजी, इलेक्ट्रॉनिक्स, चिकित्सा, कला और विज्ञान
उतर भद्र	रिफाइनरी, इंजीनियरिंग, भूविज्ञान, कपड़ा, औद्योगिक, समुद्री प्रौद्योगिकी, वाणिज्य, व्यवसाय प्रबंधन, दंत चिकित्सक
रेवती	गणित, पत्रकारिता, विज्ञापन, औद्योगिक, इलेक्ट्रॉनिक्स, सिविल इंजीनियरिंग, चिकित्सा, कला, मुद्रण

उपरोक्त सूची को प्रासंगिक वर्तमान विषयों को शामिल करके समायोजित किया गया है, लेकिन यह पूरीपूर्ण नहीं है और शायद हो भी नहीं सकती। लेकिन, यह उच्च या व्यावसायिक अध्ययन के क्षेत्र और विषय को निर्धारित करने के लिए ऊपर चर्चा किए गए अन्य संकेतकों के साथ पर्याप्त जानकारी प्रदान करेगा।

ये सारणियां व्यवसाय पर भी समान रूप से लागू होती हैं, जिनके बारे में अगले अध्याय में चर्चा की जाएगी।

14

दसवां घर

"ज्योतिष एक मौसम रिपोर्ट की तरह है; यह आपको बताता है कि भविष्य में आपको किन परिस्थितियों का सामना करना पड़ सकता है। अगर मौसम विज्ञानी कहता है कि शायद बारिश होने वाली है, तो आप एक छाता लेकर आएं। यदि आप उस सलाह का पालन करते हैं, तो आप गीले नहीं होंगे।"

ली गोल्डबर्ग

दशम भाव आपके चार्ट का शीर्ष है। यह भौतिक त्रिमूर्ति 2, 6 और 10 का भी शीर्ष है। यह इस जीवन में कर्म का प्रतिनिधित्व करता है जिसका सामान्य भाषा में अर्थ है व्यवसाय या पेशा। यह वास्तव में अस्तित्व का प्रतीक है क्योंकि यह अहंकार का प्रतिनिधित्व करता है जिसका सामान्य भाषा में अर्थ है अधिकार या पॉवर, नाम और प्रसिद्धि। इसे आसानी से सांसारिक सफलता का संकेत देने वाला कहा जा सकता है। हालांकि, 11 वें घर, जो की इच्छाओं की पूर्ति का प्रतिनिधित्व करता है, से 12वें स्थान पर होने से यह व्यक्तिपरक भावनाओं और भौतिक दुनिया से असंबंधित प्राप्ति की कमी या निराशा को भी दर्शाता है।

नाम, प्रसिद्धि और सफलता का आयाम हमेशा संबोधित संदर्भ के बारे में होना चाहिए। शिक्षा के लिए, इसका संबंध शिक्षा में सफलता और संबंधित प्रसिद्धि का संकेत देता है। आर्थिक संदर्भ के लिए इसका अर्थ आपके व्यवसाय के संबंध में सफलता और प्रसिद्धि होगा। लेकिन, प्रेम प्रसंग [5,11] जैसे व्यक्तिपरक संदर्भ में, यह निराशा का संकेत देगा। इसी तरह, यह विवाह [2,7,11] और बच्चे के जन्म [2,5,11] में तृप्ति की कमी या निराशा को इंगित करता है।

10वां घर 11 के साथ प्रदर्शित होने पर भोतिक संदर्भ में हमेशा बेहद सकारात्मक, सफलता और संतुष्टि का संकेत देता है। जबकि गैर-भौतिक संदर्भ में, यह संतुष्टि की कमी का संकेत देते हुए, 11वें कस्प को निष्प्रभावी करने का प्रयास करेगा।

हम इन संयोजनों पर हर संदर्भ के लिए उपयुक्त घर में पहले ही चर्चा कर चुके हैं। अब जिसकी हमें यहाँ चर्चा करने की आवश्यकता है वो है 10वें कस्प की प्रधान विशेषता, व्यवसाय या पेशा।

व्यवसायिक स्तर

व्यवसाय या पेशा एक ऐसी गतिविधि या गतिविधियों का एक समूह है, जो व्यक्ति अपनी जिम्मेदारी के रूप में लेता है और जिसके लिए उस गतिविधि से लाभान्वित लोगों द्वारा उसे उचित मुआवजा दिया जाता है। इसे उपयोगी व्यस्तता कहा जा सकता है और इसलिए यह किसी व्यक्ति की आत्म-छवि [अहंकार], पहचान [नाम] और संभावित प्रसिद्धि के लिए अत्यंत महत्वपूर्ण हो जाता है यदि यह लाभार्थियों द्वारा पसंद किया जाये। इसके विपरीत, उपयोगी व्यस्तता या रोजगार की कमी से यह सब खो सकता है और इसलिए हर व्यक्ति एक उपयोगी व्यवसाय चाहता है। अब यह जानना जरूरी है कि आपका पेशा क्या होगा? आपके पेशे की स्थिति क्या होगी? क्या आपके पेशे में कोई बदलाव आएगा और क्या वह बदलाव अच्छा होगा?

एक पेशे को तभी अच्छा माना जा सकता है जब वह उपयोगी रोजगार हो, जिसका अर्थ है कि उसमें आर्थिक रूप से अच्छा मुआवजा मिलता हो। अत: कस्प, 2, 6 और 11 प्रत्यक्ष रूप से अनुकूल हैं। कस्प 1, 5 और 9 सीधे प्रतिकूल हैं। 8 और 12 एक साथ दिखाई देने पर ऋणात्मक हैं। अकेले होने पर ये बहुमत पक्ष का साथ देंगे। कस्प 7 सामने वाली पार्टी, ग्राहक या क्लाइंट का प्रतिनिधित्व करता है। कस्प 3 और 4 तटस्थ हैं और केवल संदर्भ को स्पष्ट करते हैं।

इसलिए, यदि प्रधान कस्प 10 का SAL या उसमे स्थित ग्रह, अपने कस्पल शासकों के माध्यम से सकारत्मक कस्प को इंगित करता है और फिर ऐसे ही नक्षत्र, नवांश [उप] और नव नवांश [उप उप] में स्थित हैं जिनके स्वामी इन्ही घरों के SAL या निवासी हैं, तो जातक को उपयोगी व्यवसाय प्राप्त होगा।

दूसरे शब्दों में, यदि कस्प 10 का SAL या उसमे स्थित ग्रह कस्पल स्वामी पक्ष और एस्ट्रल स्वामी पक्ष की तरफ सकारत्मक कस्प दिखाता है, तो जातक उपयोगी व्यवसाय प्राप्त करेगा। यदि इन घरों के साथ कोई संबंध नहीं है बल्कि जुड़े हुए कस्प नकारत्मक हैं तो इस तरह के लाभ की कोई संभावना नहीं है बल्कि जातक बेरोजगार रहेगा। सभी कस्प नकारत्मक होने से स्थिति काफी गंभीर हो जाएगी लेकिन कुछ ही नकारत्मक घर अगर हैं तो परिणाम मामूली होंगे और स्थिति को उनके आधार पर आँका जा सकता है। मिश्रित संबंध के मामले में, सकारत्मक और नकारत्मक घरों के अनुपात पर एक बुद्धिमान मूल्यांकन किया जा सकता है। इसे नीचे सारणीबद्ध रूप में दर्शाया गया है।

व्यवसाय केस - 1						
CRL के घर	CNL के घर	मुख्य घर	NL के घर	SL के घर	SSL के घर	टिप्पणी
2, 6, 10, 11	2, 6, 10, 11	10	2, 6, 10, 11	2, 6, 10, 11	2, 6, 10, 11	अत्यधिक सफल व्यवसाय
2, 6, 10, 11	2, 6, 10, 11	10	2, 6, 8, 10, 11	2, 6, 8, 10, 11	2, 6, 8, 10, 11	मेहनत व् अनर्जित लाभ सम्मलित होंगे
2, 6, 10, 11	2, 6, 10, 11	10	2, 6, 10, 11, 12	2, 6, 10, 11, 12	2, 6, 10, 11, 12	करोवारी निवेश सम्मलित होगा

1. सभी कॉलमों में सभी सकारात्मक कस्प दिखाई देना आवश्यक नहीं है।
2. नकारात्मक कस्प पुंज की अनुपस्थिति अधिक महत्वपूर्ण है।
3. दोनों पक्षों के स्तंभों पर एक साथ विचार करने से सभी सकारात्मक कस्प का पूर्ण प्रतिनिधित्व परिणाम को अधिक मजबूती प्रदान करता है।
4. उपरोक्त संयोजनों के साथ अकेले कस्प 1 का समावेश स्वयं के व्यवसाय या स्वरोजगार का भी संकेत दे सकता है।

5. अन्य ग्रहों में होने वाले इस तरह के संयोजन उनके दशा काल में व्यवसाय की प्राप्ति या फिर पदोन्नति या पुरस्कार का संकेत देंगे।

6. शेष कस्प 3, 4, और 7 भी इस संयोजन का समर्थन करते हैं और संचार (3), अचल संपत्ति (4) और ग्राहक (7) जैसे स्रोतों को इंगित करते हैं।

व्यवसाय केस - 2						
CRL के घर	CNL के घर	मुख्य घर	NL के घर	SL के घर	SSL के घर	टिप्पणी
1, 5, 9, 8 &12	1, 5, 9, 8 &12	10	1, 5, 9	1, 5, 9	1, 5, 9	कोई उपयोगी रोजगार नहीं
1, 5, 9, 8 &12	1, 5, 9, 8 &12	10	1, 5, 9, 8	1, 5, 9, 8	1, 5, 9, 8	कोई उपयोगी रोजगार नहीं
1, 5, 9, 8 &12	1, 5, 9, 8 &12	10	1, 5, 9, 8 और12	1, 5, 9, 8 और12	1, 5, 9, 8 और12	कोई उपयोगी रोजगार नहीं

1. सभी कॉलमों में सभी नकारात्मक कस्प दिखाई देना आवश्यक नहीं है।
2. सकारात्मक कस्प्स की अनुपस्थिति अधिक महत्वपूर्ण है।
3. स्तंभों को एक साथ देखते हुए दोनों पक्षों के सभी नकारात्मक कस्प का पूर्ण प्रतिनिधित्व परिणाम को और अधिक मजबूती प्रदान करता है।
4. यदि ऐसे योगों को पहली और दसवीं, दोनों कस्प के SAL द्वारा इंगित किया जाता है, तो जातक के पास कभी भी कोई उपयोगी रोजगार नहीं होगा।
5. अन्य ग्रहों के माध्यम से प्रकट होने वाले ऐसे संयोजन या योग इनकी दशा अवधि के दौरान रोजगार के नुकसान का संकेत देंगे।

दोनों पक्षों का मिला-जुला रूप विभिन्न प्रकार के परिणामों का संकेत देगा। निम्नलिखित तालिकाएँ ऐसी कुछ संभावनाओं का संकेत देंगी। हमेशा की तरह याद रखें कि कस्प का पूरा सेट मौजूद होना जरूरी नहीं है, यह दूसरे पक्ष की अनुपस्थिति है जो महत्वपूर्ण है।

व्यवसाय केस - 3						
CRL के घर	CNL के घर	मुख्य घर	NL के घर	SL के घर	SSL के घर	टिप्पणी
2, 6, 10, 11	2, 6, 10, 11	10	2, 6, 10, 11	2, 6, 10, 11	2 या 10 या 11	A
2, 6, 10, 11	2, 6, 10, 11	10	10	2, 6, 11	2 या 10 या 11	B
2, 6, 10, 11	2, 6, 10, 11	10	10	2, 5, 6, 8 और12	2 या 9 या 11	C
2, 6, 10, 11	2, 6, 10, 11	10	5, 6, 8 &10	2, 5, 6, 8 और12	5 या 9 या 11	D
2, 6, 10, 11	2, 6, 10, 11	10	5, 6, 8 &10	2, 5, 9, 8 और12	5 या 8 या 12	E
2, 6, 10, 11	2, 6, 10, 11	10	1, 5, 9, 8 &12	5, 8 और 12	5 या 8 या 12	F

A. यहां प्रमुख कस्प के कास्पल पक्ष संकेत बताते हैं कि जातक में धन संचय करने की आंतरिक शक्ति होगी। जैसा कि NL सकारात्मक संकेत देता है, यह उपयोगी रोजगार के लिए परिस्थितियों का निर्माण करेगा। SL और SSL भी केवल घरों में सुधार का संकेत देते हैं, इसलिए जातक का एक सफल व्यवसाय या पेशा होगा।

B. उपरोक्त A की निरंतरता में, यहां NL केवल घर 10 को इंगित करता है जबकि SL और SSL बिना किसी नकारात्मक संकेत के समर्थन कर रहे हैं। यह अच्छा है लेकिन A से थोड़ा कम क्रम का है। इसका मतलब है कि नकारात्मक ग्रहों की अवधि के दौरान सीमित प्रतिरोध होगा।

C. ऊपर B की निरंतरता में, यहां SL और SSL भी आंशिक रूप से नकारात्मक घरों को इंगित करता है। जैसे-जैसे सकारात्मक पुल बनते हैं, उपयोगी रोजगार उपलब्ध होंगे, लेकिन अन्य नकारात्मक ग्रहों की अवधियों द्वारा समर्थित होने पर बेरोजगारी की अवधि भी होगी।

D. यहां NL भी नकारात्मक कस्प का मिश्रण दिखाता है और इसलिए यह ऊपर C से भी बदतर है। जातक का करियर बहुत अस्थिर रहेगा।

E. अब SSL पूरी तरह से असमर्थ है। ऊपरी तीन स्तरों पर मामूली समर्थन बिना किसी स्थिरता और निम्न स्तर वाले छोटे रोजगार परिदृश्यों को दर्शाता है।

F. कोई रोजगार नहीं, हालांकि कस्पल शासक पक्ष की आंतरिक ताकत के कारण जातक के प्रयास हमेशा जारी रहेंगे।

कस्पल शासकों की ओर से भी नकारात्मक संकेतों की उपस्थिति जातक के लिए उपयोगी रोजगार की कोई उम्मीद नहीं छोड़ेगी।

कस्प 3, 5 और 9 का शामिल होना आमतौर पर बदलाव का संकेत देता है। कस्पल शासक पक्ष या यहां तक कि SAL या NL स्तर पर इनकी उपस्थिति, बेहतर के लिए बदलाव का संकेत दे सकती है, अगर SL और SSL स्तर पर शामिल कस्प पूरी तरह से सकारात्मक हैं। यदि SL और SSL भी अनुकूल नहीं हैं, तो पेशे में इस तरह के बदलाव प्रगतिशील नहीं हैं। यदि किसी ग्रह की दशा अवधि में इस तरह के संयोजनों को दिखाकर किसी परिवर्तन का संकेत दिया जाता है, तो तुरंत अगली दशा अवधि में आने वाला संयोजन यह भी दिखा सकता है कि वह परिवर्तन अनुकूल है या नहीं।

व्यवसायिक क्षेत्र

हमने उपयोगी रोजगार की स्थिति और सफलता के बारे में तथ्यों तक पहुंचने के लिए चार्ट में निर्धारित संयोजनों पर चर्चा की है। लेकिन एक प्रश्न अभी भी बना हुआ है, कि चार्ट में ऐसे कौन से व्यवसाय क्षेत्र का संकेत दिया गया है, जिसे जातक को अनुसरण करना होगा। इसे 10वें कस्प के कस्पल शासकों द्वारा इंगित किया जाता है, यानी RL, NL और 10वें कस्प के SAL द्वारा। ये शासक व्यावसायिक क्षेत्र को व्यापक रूप से परिभाषित करेंगे। SAL द्वारा 10वें कस्प के एस्ट्रल पक्ष में स्थापित संबंध इसकी अभिव्यक्ति और सफलता को प्रकट करेंगे जैसा कि पहले ही ऊपर बताया जा चुका है। 10वें SAL का नक्षत्र, व्यवसयिक क्षेत्रों के एक समूह को इंगित करेगा और इसके कस्प के साथ-साथ SAL के कस्प और स्वयं SAL ग्रह, पेशे को और परिभाषित करेंगे।

शिक्षा के विषय के लिए परिभाषित क्षेत्रों को ग्रहों और घरों के गुणों के रूप में, घर 4 के तहत और नक्षत्रों के लिए घर 9 के तहत दिया गया, और ये दोनों अन्य बातों

के साथ-साथ व्यवसायिक क्षेत्र को भी इंगित करते हैं। इसलिए, इन्हें उस व्यवसाय क्षेत्र को समझने के लिए इस्तेमाल किया जा सकता है जिसे आगे बढ़ाना आपकी नियति है। हालांकि, एक महत्वपूर्ण अंतर है, जिसे स्पष्ट रूप से समझा जाना चाहिए।

तीसरे SAL की सारणी आपके झुकाव और रुचि को दर्शाती है। ये वे विषय या क्षेत्र हैं जिन्हें आगे बढ़ाने में आपकी रूचि है। चौथी और नौवीं कस्प के SAL द्वारा प्रकट किए गए कस्प [शिक्षा से सीधे संबंधित कस्प्स से अतिरिक्त प्रकट कस्प्स] उन विषयों को इंगित करते हैं जिनका आप वास्तव में अध्ययन कर सकते हैं। जबकि, 10वीं कस्प के कस्पल स्वामी और SAL के कनेक्शन उस व्यवसायिक क्षेत्र को इंगित करेंगे जिसे आप आगे बढ़ाने के लिए नियत हैं। यहीं पर चार्ट का अध्ययन आपकी पसंद के अनुसार एक सार्थक और उत्पादक करियर के लिए इन संकेतों को समझने और सार्थक मिश्रण के लिए उपयोगी जानकारी प्रदान कर सकता है। अन्यथा, तीसरे SAL द्वारा इंगित क्षेत्र केवल शौक बन जाएंगे और आपके अध्ययन और व्यवसाय के क्षेत्र भी अलग हो सकते हैं।

इसी तरह, जैसा कि आप देख सकते हैं कि वित्तीय स्थिति और पेशे के बीच कोई सीधा संबंध नहीं है। हालांकि एक सफल पेशा अच्छी कमाई का संकेत देगा, लेकिन धन सृजन पेशे से स्वतंत्र हो सकता है, जैसे सट्टा निवेश, विरासत, लॉटरी, या ऐसे अन्य साधन जो व्यवसाय से संबंधित नहीं हैं।

इसलिए, चिकित्सा अध्ययन की रूचि [3] के व्यक्ति, हो सकता है इंजीनियरिंग का अध्ययन[4,9] कर रहे होंगे और अंत में प्रबंधन में कार्यरत[10] हों। वहीं चिकित्सा उपकरण या दवा के डिजाइन और उत्पादन में एक कैरियर जो की तीनों का मिश्रण है स्वयं उसके स्वभाव के अनुरूप होगा और उसे बहुत संतुष्टि मिलेगी।

इसलिए व्यवसायिक क्षेत्र चुनने के लिए रूचि या झुकाव [3वां], शिक्षा [4वां और 9वां] और पेशा [10वां] घर का अध्ययन करना चाहिए जो आपको वांछित खुशी और सफलता देगा।

नौकरी या व्यवसाय

बहुत सारे प्रश्न इस बात से संबंधित हैं कि किसी को अपना व्यवसाय करना चाहिए या नौकरी। कभी-कभी बदलाव की मांग की जाती है और यह जानने की उत्सुकता रहती है कि कौन सा पक्ष बेहतर है। इसे अधिकार या पॉवर की तलाश और अपने मालिक

होने के नाते स्वामित्व की भावना के रूप में समझा जाना चाहिए। ये सभी भी 10वें कस्प के ही गुण हैं! इसलिए कस्प 1 या लग्न का 10वें घर से कनेक्शन एक हद तक, एक व्यक्ति को निरंकुश बना देता है। ऐसे व्यक्ति कार्य भी उसी प्रकार करेंगे। उनमें स्वामित्व की भावना होगी और वे आमतौर पर अपने काम में उत्कृष्टता प्राप्त करेंगे। इसी तरह, घर 7 ग्राहक या क्लाइंट का प्रतिनिधित्व करता है। इसका कनेक्शन ग्राहक के साथ सीधे संपर्क का संकेत देगा और इसलिए अपने व्यवसाय के स्वामित्व की सुविधा प्रदान करता है। लेकिन यह बिक्री और विपणन नौकरियों का भी संकेत दे सकता है।

परंपरागत रूप से नौकरी या व्यवसाय के बीच कोई भेद नहीं था। इसका मतलब हमेशा से केवल फलदायी व्यवसाय ही था और इसलिए इसे ऐसे ही रखा जाना चाहिए। हालांकि, यह आसानी से समझा जा सकता है कि कस्प 1 और 10 या 1, 7 और 10 के साथ संबंध की कमी को अधिकार और स्वामित्व की कमी के रूप में व्याख्यायित किया जाएगा और इसलिए यह अपने व्यवसाय के लिए उपयुक्त नहीं होगा। पहले चर्चा की गई अन्य कस्प के साथ इन संयोजनों की उपस्थिति केवल सफलता ही प्रदान करती है, चाहे वह व्यवसाय में हो या नौकरी। संयोजन ज्यादा मजबूत या अछे न होने पर नौकरी ही करनी चाहिए।

15

ग्यारहवां घर

"कारण और प्रभाव के नियमाँनुसार, प्रत्येक प्रभाव का एक कारण होना चाहिए। दूसरे शब्दों में, जो कुछ भी होता है उसका एक उत्प्रेरक होता है; जो कुछ भी अस्तित्व में आया है उसमें कुछ ऐसा है जो इसका कारण बना। चीजें सिर्फ अपने आप नहीं हो जातीं।"

रे कम्फर्ट

यह इच्छाओं की पूर्ति का घर है और इसलिए लगभग सभी वांछित घटनाओं में उत्प्रेरक के रूप में कार्य करता है। यह संसार वासनाओं के लिए है, क्योंकि जब तक इच्छा न हो, कुछ भी गतिशील नहीं हो सकता। एक व्यक्ति अपना पूरा जीवन, एक इच्छा से दूसरी इच्छा के पूरा होने में गुजार देता है। सभी इच्छाओं की पूर्ति ही परम सफलता है, जब पाने के लिए और कुछ नहीं बचता। इसे 'मोक्ष' या मुक्ति भी कहा जाता है जिस का प्रतिनिधित्व 12वां घर करता है। 12वें से 12वें, यानि मोक्ष का नाश, होने के नाते 11वाँ भाव उपयुक्त ही है, क्योंकि इच्छा हो तो मुक्ति नहीं हो सकती। इसलिए, सभी वांछनीय घटनाओं में 11 वें घर के संबंध की अत्यधिक मांग की जाती है।

यह बड़े भाई-बहन और दोस्तों का भी प्रतिनिधित्व करता है, जो जीवन के बहुत मददगार और महत्वपूर्ण अंग हैं। 11वें भाव को लग्न मानकर आप अपने बड़े भाई के बारे में जानकारी प्राप्त कर सकते हैं। मित्रों की विश्वसनीयता का अध्ययन भी इसी घर से किया जा सकता है।

हमने पिछले अध्यायों में अधिकांश संदर्भों और संबंधित घरों का अध्ययन किया है जहां 11वें कस्प की भागीदारी पर विस्तार से चर्चा की गई थी। तो चाहे यह स्वास्थ्य और दीर्घायु [कस्प 1] हो, वित्तीय स्थिति [कस्प 2], साहस और विश्वास [घर 3], शिक्षा, संपत्ति और अचल संपत्ति [4], बच्चे [5], विवाह [7], या व्यवसाय [10] हो तो 11वें कस्प का संबंध इच्छा की पूर्ति के लिए हमेशा आवश्यक होता है। ऐसे संयोजनों में इसकी अनुपस्थिति का अर्थ है संतुष्टि की कमी, या परिणाम का आपकी अपेक्षा के अनुरूप नहीं होना। तो इसे पूर्ति या संतुष्टि का विशेष कस्प लेकर एक स्वतंत्र अध्ययन भी किया जा सकता है:

संतुष्टि

तो इस कस्प का महत्वपूर्ण पहलू सभी वांछनीय घटनाओं के लिए प्रमुख कस्प के रूप में कार्य करने की क्षमता है। किसी भी घर से संबंधित हर घटना की इच्छा में ही उसका बीज है, इसलिए, यदि प्रधान कस्प 11 का SAL या उसमे स्थित ग्रह, अपने कस्पल शासकों के माध्यम से किसी भी घटना से सम्बंधित सकारत्मक घर दिखाते हैं और फिर ऐसे ही नक्षत्र, नवांश [उप] और नव नवांश [उप उप] में स्थित हैं जिनके स्वामी इन्ही घरों के SAL या निवासी हैं, तो जातक की उस घटना से इच्छा पूर्ति होगी।

दूसरे शब्दों में, यदि कस्प 11 का SAL या उसमे स्थित ग्रह कस्पल स्वामी पक्ष और एस्ट्रल स्वामी पक्ष की तरफ कस्प किसी भी घटना से सम्बंधित सकारत्मक घर दिखाता है, तो जातक के जीवन में वो घटना होगी और उसके मन मुताबिक होगी। यदि इन घरों के साथ कोई संबंध नहीं है बल्कि जुड़े हुए कस्प नकारत्मक हैं तो इस तरह के इच्छा पूर्ति की कोई संभावना नहीं है। या कहें की 11 वें कस्प के एस्ट्रल स्वामी पक्ष की और संबंध, चाहे वो किन्ही घरों से हों, उनके संधर्व में इच्छा पूर्ति ही दर्शाएंगे। कस्पल स्वामी पक्ष के घर उनका स्त्रोत इंगित करेंगे।

यह केवल कुछ मुख्य घटनाओं के लिए एक सारणीबद्ध प्रारूप में नीचे प्रस्तुत किया गया है क्योंकि विस्तृत संयोजन पहले से ही पिछले अध्यायों में शामिल हैं। फर्क सिर्फ इतना है कि अब 11वां कस्प प्रधान कस्प के रूप में कार्य करेगा। जैसा कि देखा गया, प्रासंगिक मुख्य कस्प से चेक किए जाने पर घटना के संतोषजनक समापन के लिए, संयोजन में 11वें घर का जुड़ना जरूरी था। अब 11वें कस्प से जांचे जाने पर उसे केवल उस संयोजन के लिए प्रासंगिक सकारात्मक घरों को इंगित करने की आवश्यकता होगी।

इच्छा पूर्ति केस - 1						
CRL के घर	CNL के घर	मुख्य घर	NL के घर	SL के घर	SSL के घर	टिप्पणी
2, 6, 10, 11	2, 6, 10, 11	11	2, 6, 10	2, 6, 10	2, 6, 10	अच्छि वित्तीय स्थिति
कोई	कोई	11	3, 4, 5, 6, 9, 10	3, 4, 5, 6, 9, 10	3, 4, 5, 6, 9, 10	अत्यधिक सफल शिक्षा
2, 5, 7, 11	2, 5, 7, 11	11	2, 5, 7	2, 5, 7	2, 5, 7	मन मुताबिक शादी
2, 5, 11	2, 5, 11	11	2, 5	2, 5	2, 5	बच्चा होने की इच्छा पूर्ति
4, 11, 12	4, 11, 12	11	4, 12	4, 12	4, 12	अचल संपत्ति की प्राप्ति
1, 5, 9, 11	1, 5, 9, 11	11	1, 5, 9	1, 5, 9	1, 5, 9	अच्छा स्वास्थ्य

1. सभी कॉलमों में सभी सकारात्मक कस्प दिखाई देना आवश्यक नहीं है।
2. नकारात्मक कस्प पुंज की अनुपस्थिति अधिक महत्वपूर्ण है।
3. दोनों पक्षों के स्तंभों पर एक साथ विचार करने से सभी सकारात्मक कस्प का पूर्ण प्रतिनिधित्व परिणाम को अधिक मजबूती प्रदान करता है।

नीचे दी गई तालिका इस कथन के विस्तृत चित्रण को इंगित करेगी कि 11वें कस्प के संबंध हमेशा पूर्ति का संकेत देते हैं, चाहे कोई घर हो।

इच्छा पूर्ति केस - 2				
मुख्य घर	NL के घर	SL के घर	SSL के घर	टिप्पणी
11	1	सहायक कस्प		स्वास्थ्य से पूर्ति और स्वयं में विश्वास
11	2	सहायक कस्प		परिवार और वित्तीय स्थिति से पूर्ति
11	3	सहायक कस्प		आत्म विश्वास और साहस से पूर्ति
11	4	सहायक कस्प		माता और संपत्ति से पूर्ति, शिक्षा
11	5	सहायक कस्प		प्यार और बच्चों से पूर्ति
11	6	सहायक कस्प		प्रतियोगिता में जीत, ऋण, नकदी प्रवाह
11	7	सहायक कस्प		विवाह, साथी, ग्राहक आदि से पूर्ति।
11	8	सहायक कस्प		अचानक लाभ, अनर्जित लाभ, विरासत से पूर्ति
11	9	सहायक कस्प		पिता से पूर्ति, धर्म, नैतिक रूप से सही और सौम्य होना
11	10	सहायक कस्प		कर्म, पेशे, नाम और प्रसिद्धि से पूर्ति
11	11	सहायक कस्प		बड़े भाई-बहनों, मित्रों, समाज से पूर्ति
11	12	सहायक कस्प		खर्च, सेक्स और अच्छी नींद से पूर्ति

उपरोक्त परिणामों को मिलाकर किसी संयोजन की व्याख्या की जा सकती है। हालांकि, यह आवश्यक है कि SL और SSL स्तर पर कस्प ऐसे संदर्भ का समर्थन करें। ऐसे कस्प जो NL के कस्प द्वारा दिखाए गए संदर्भ में नकारात्मक हैं, परिणाम बिगाड़ देंगे। उदाहरण के लिए, NL के माध्यम से 7वें के साथ 11वें कस्प का संबंध विवाह की संभावना को इंगित करता है, केवल अगर SL, 6 इंगित नहीं करता। नहीं तो इस तरह के संबंध का मतलब वित्तीय लाभ के माध्यम से संतुष्टि हो जायेगा, जिसे SSL द्वारा आगे स्पष्ट करना होगा।

मित्रता

मित्रों के साथ संबंधों का भी 11वें भाव से अध्ययन किया जा सकता है। यहां 11वें कस्प का सूक्ष्म चाप स्वामी SAL और उसमे स्थित ग्रह मित्र का प्रतिनिधित्व करेगा और परिस्थितियों का स्त्रोत बनेगा। NL के कस्प संदर्भ को इंगित करेंगे और परिणाम SL और SSL द्वारा निर्दिष्ट किया जाएगा। इसलिए, यदि NL निर्दिष्ट करता है कस्प 1 या खुद को और आगे SL और SSL से 2, 5, 9 और 11 का

संकेत मिलता है तो आपसी सद्भाव के साथ बहुत करीबी और सच्ची मित्रता होगी। वहीं, 4, 6, 10 खुश्क और दूर के रिश्ते को दर्शाएगा। NL में वित्तीय कस्प की उपस्थिति, SL/SSL में घाटे वाली कस्प के साथ दोस्ती आदि के माध्यम से वित्तीय नुकसान का संकेत देगी। सपष्टता के लिए इनमें से कुछ संयोजन नीचे एक तालिका में दर्शाए गए हैं।

मित्रता केस - 1				
मुख्य घर	NL के घर	SL के घर	SSL के घर	टिप्पणी
11	1	2, 5, 9, 11		सच्चे और मिलनसार मित्र
11	1	7, 8, 12		दोस्तों द्वारा पीड़ा और प्रताड़ित
11	1	4, 6, 10		दोस्तों के साथ सूखा और दूर का रिश्ता
11	2	2, 6, 11		दोस्तों के माध्यम से वित्तीय लाभ
11	2	5, 8, 12		दोस्तों के माध्यम से वित्तीय नुकसान
11	5	2, 7		दोस्त के साथ प्रेम विवाह
11	8	1, 2, 7, 8,12 और बाधक		दोस्त द्वारा संभावित हत्या
11	6	3, 10, 11		दोस्तों के सहयोग से प्रतियोगिता जीतना

आप अब ऐसे संयोजनों के गठन को समझने लगेंगे और संभवतः यहां अन्य संदर्भों के लिए कुछ संयोजन बना भी सकें। 11वाँ कस्प सबसे बहुमुखी कस्प है और इसलिए इसका हर संदर्भ में अध्ययन किया जाना चाहिए।

16

बारहवां घर

"सितारों की आवाज पर मत हंसो। वे दूर हैं, उनकी किरणें हल्की और पीली हैं, और हम मुश्किल से उनकी सोई परछाइयों को देख सकते हैं, लेकिन उनका जादू कठोर और गहरा है।"

लियोनिद आंद्रेयेव

12वां कस्प 8वें की तरह चार्ट में दूसरा सबसे परेशानी भरा घर है। यह नुकसान, व्यय, वित्तीय समस्याओं, षड्यंत्र, जेल, अस्पताल में भर्ती, कारावास, हमला, तस्करी, दंगे, दुर्भाग्य और मृत्यु का प्रतिनिधित्व करता है। सकारात्मक पक्ष पर यह निवेश, विदेशी भूमि, सेक्स, अच्छी नींद और 'मोक्ष' या मुक्ति का संकेत दे सकता है।

हम कुंडली के अंतिम भाव में हैं जो अपनी प्रकृति में व्यक्तिपरक है और इसलिए इसके अधिकांश अनुप्रयोग पहले से ही पिछले अध्यायों में शामिल हैं।

प्रथम भाव के संदर्भ में यह शरीर की हानि या मृत्यु का संकेत देता है।

दूसरे भाव के संदर्भ में यह 5 या 8 कस्प के साथ युग्मित होने पर व्यय और हानि को इंगित करता है। जबकि अन्य सकारात्मक संकेतों के साथ यह निवेश का संकेत देता है।

तीसरे भाव के संदर्भ में यह घर से दूर अकेलेपन को इंगित करता है, और 8 के साथ यह जेल और 9 के साथ विदेश यात्रा को इंगित करता है।

4वें घर के संदर्भ में यह संपत्ति पर खर्च का संकेत देगा। शिक्षा के लिए इसका अर्थ अनुसंधान होगा, जब अन्य सकारात्मक घर साथ हों लेकिन नकारात्मक कस्प के साथ विफलता ही देगा।

पंचम भाव के संदर्भ में यह दूसरे पक्ष को लाभ, आपको नुकसान और बच्चों को परेशानी का संकेत देता है।

छठे भाव के संदर्भ में यह अस्पताल में भर्ती होने, साथी से अलगाव का संकेत देता है

7वें घर के संदर्भ में दूसरी पार्टी के लिए भुगतान होगा और जब 8वें के साथ हो तो यह बल या लूट द्वारा हो सकता है।

8वें के संदर्भ में इसका अर्थ ऋण का भुगतान हो सकता है

9वें के संदर्भ में यह 'मोक्ष' के लिए तपस्या और भ्रमण को इंगित करता है जो भौतिक संसार में नुकसान ही दिखाता है।

10वें के संदर्भ में यह विदेशी संबंध और निवेश को इंगित करता है जब अन्य सकारात्मक घरों का साथ हो। 5 और 8 के साथ होने पर यह नुकसान का संकेत देगा। जबकि अन्य सकारात्मक घरों के साथ केवल 5 और 12 का मतलब सट्टा व्यापार निवेश या इस तरह का व्यवसाय होगा।

11वें भाव के संदर्भ में इसका अर्थ व्यय से पूर्ति और निःस्वार्थ सेवा होगा।

देखा जा सकता है कि 12वें भाव का प्रयोग आमतौर पर अन्य घरों के संदर्भ में होता है और इसलिए इसे केवल उसी संदर्भ में ही देखा जाना चाहिए। हालांकि एक पहलू है जिसका अध्ययन 12वें कस्प के SAL और उसमे स्थित ग्रह के संबंध में किया जा सकता है और वह है यौन संबंध। यदि 12वें कस्प का SAL, 9वें को शामिल किए बिना, 5वें और 8वें कस्प के साथ संबंध बनाता है तो यह निंदनीय प्रेम संबंधों को इंगित करता है और व्यक्ति की बड़ी बदनामी का कारण बन सकता है। यदि 4वां कस्प शामिल है तो यह संबंध गुप्त होगा लेकिन अंततः उजागर हो जाएगा। इस तरह की युति यदि ज्यादात्तर ग्रहों में मौजूद हो तो व्यक्ति को सभी प्रकार के दोषों में लिप्त

और हमेशा परेशानी में रहने वाला आवारा बना सकता है। केवल 2, 5 और 11 की उपस्थिति ही कुछ राहत प्रदान कर सकती है।

यह आश्चर्य की बात नहीं है कि तपस्वियों के चार्ट में 12वां कस्प काफी प्रमुख होता है। उस संदर्भ में, यह इच्छाओं से तृप्ति को इंगित करता है। 1, 5 और 9 के साथ मिलकर यह भौतिक वस्तुओं से अलगाव को पूरा करेगा और एक व्यक्ति को जीवन के उच्चतम अर्थ की तलाश में ले जाएगा। सूर्य, चंद्रमा, मंगल और बृहस्पति जैसे शुभ ग्रहों का शामिल होना वास्तविक आकांक्षा का संकेत देता है जबकि राहु जैसे अशुभ ग्रह केवल एक दिखावा करने का संकेत दे सकते हैं। शनि और बुध गहन चिंतन की ओर ले जा सकते हैं, जबकि शुक्र और केतु 8वें घर की भागीदारी के साथ गुप्त और तांत्रिक साधनाओं की ओर ले जा सकते हैं। जब घर 3 भी शामिल हो तो व्यक्ति अपना घर छोड़ देता है और यदि ये संयोजन अधिकांश ग्रहों में मौजूद हैं, तो कभी वापस नहीं लौटता। ऐसे मामलों में भाव 8 गहरी तपस्या और साधना का संकेत देता है। कोई आश्चर्य नहीं कि घर 1, 5 और 9 को हमेशा संतत्व के लिए शीर्ष घर माना जाता था, जबकि भौतिक समृद्धि की तो ये घर कमी ही करते हैं!

हमने सभी 12 घरों पर चर्चा पूरी कर ली है और अब तक आप जीवन के विभिन्न संदर्भों में घरों की विशेषताओं और उनकी परस्पर अंतर्क्रिया से भली-भांति परिचित हो चुके होंगे। अगले अध्याय में, हम एक वास्तविक कुंडली लेंगे और इन सिद्धांतों का पुनरावर्तन करने के लिए, जिनकी अब तक चर्चा की गई, सभी कस्प का क्रमवार अध्ययन करेंगे।

17

12 घरों पर पुनर्कथन

"यद्यपि ज्योतिष एक गहरे समुद्र की तरह है...कोई भी व्यक्ति पानी की गहराई में जाकर ज्ञान प्राप्त कर सकता है और इस दिव्य ज्ञान के अमृत की कुछ बूंदों को प्राप्त कर सकता है।"

ओंकारलाल शर्मा प्रमाद

इन सिद्धांतों की पुनरावृति के लिए, हमने एक वास्तविक कुंडली या होरोस्कोप लिया है जिसे आगे के पन्नों में दर्शाया गया है। आप उपलब्ध जन्म विवरण के आधार पर यह जानकारी किसी भी कंप्यूटर सॉफ्टवेयर से प्राप्त कर सकते हैं। जैसा कि आप देख सकते हैं कि बाईं ओर के चार्ट को लगन चार्ट कहा जाता है जो जन्म के समय और स्थान पर राशियों में ग्रहों की स्थिति को दर्शाता है। दायीं ओर के चार्ट को कस्प चार्ट कहा जाता है और यह प्लासीडियस हाउस सिस्टम या विषम घरों के आधार पर घर के विभाजन को दर्शाता है।

नीचे दी गई तालिकाएँ, जन्म के समय और स्थान पर, ग्रहों और कस्प की स्थिति के बारे में जानकारी प्रदान करती हैं। यह राशि, राशि में डिग्री, इसके राशि स्वामी [आरएल] RL, नक्षत्र स्वामी [एनएल] NL, नवांश स्वामी या उप स्वामी [एसएल] SL

और नव नवांश स्वामी या उप उप स्वामी [एसएसएल] SSL को कस्पों और ग्रहों के लिए दर्शाता है। राशि चक्र में डिग्री की स्थिति के आधार पर इन शासकों को जाना जा सकता है जैसा कि पहले ही बताया जा चुका है और ये सिर्फ अभ्यास के लिए करना चाहिए। क्योंकि, यह किसी भी कंप्यूटर सॉफ्टवेयर में आसानी से उपलब्ध जानकारी है और कुंडली का अध्ययन करने के लिए हमें बस इतना ही चाहिए!

अब हम इस चार्ट के लिए "सूक्ष्म चाप विधि - ग्रह संकेतक तालिका" [SAM-PIT] तैयार करेंगे, जैसा कि अगले पृष्ठ पर दर्शाया गया है। इसके लिए सबसे अच्छा तरीका यह है कि पहले प्रत्येक ग्रह द्वारा शासित कस्प को कस्पल तालिका से नोट करें। जैसे,

सूर्य Sun को लें, और देखें कि क्या यह किसी भी कस्प के SL के रूप में प्रकट होता है, ऐसा नहीं है। तो अब आगे जांचें कि क्या यह किसी भी कस्प के NL के रूप में दिखाई देता है, हां तीसरे कस्प के लिए। इसलिए, सूर्य तीसरे कस्प के SAL के रूप में प्रकट होता है। अब कस्पल चार्ट में सूर्य के स्थिति वाले घर की जांच करें। यह घर 2 में स्थित है, इसलिए सूर्य केवल कस्प 2 और 3 का प्रतिनिधित्व करेगा।

अब चंद्रमा Mon की जांच करते हैं। यह भी किसी कस्प के SL के रूप में प्रकट नहीं होता। अब जांचें कि क्या यह NL के रूप में दिखाई देता है, हाँ, यह 12वें कस्प के NL के रूप में दिखाई देता है। अब जिस घर में चंद्रमा है वह भी दूसरा भाव है, इसलिए चंद्रमा कस्प 2 और 12 का प्रतिनिधित्व करता है।

मंगल Mar की जाँच करें, यह कस्प 5 के SL के रूप में दिखाई देता है इसलिए आगे जाँच करने की कोई आवश्यकता नहीं, यह कस्प 5 का SAL बन जाता है और कस्पल चार्ट में 4वें घर में स्थित है। तो, मंगल कस्प 4 और 5 का प्रतिनिधित्व करेगा।

ऐसे ही, बुध Mer 8वें कस्प के SL रूप में प्रकट होकर 2वें घर में स्थित है और इसलिए प्रतिनिधित्व करता है कस्प 2 और 8 का। बृहस्पति Jup कस्प 1, 3, 6, 7 और 10 के SL के रूप में दिखाई दे रहा है और 7वें घर में है और इसलिए कस्प 1, 3, 6, 7 और 10 का प्रतिनिधित्व करता है। शुक्र Ven दूसरे भाव का SL है और यह दूसरे भाव में ही है, इसलिए शुक्र केवल कस्प 2 का ही प्रतिनिधित्व करेगा। शनि Sat कुंडली में 12 के SL के रूप में प्रकट होता है और 9 वें भाव में रहता है, इसलिए यह कस्प 9 और 12 का प्रतिनिधित्व करता है।

EXAMPLE CHART - 17.1

DOB – 29 APR 1957 | TOB - 3:12:30 | POB - PATIALA

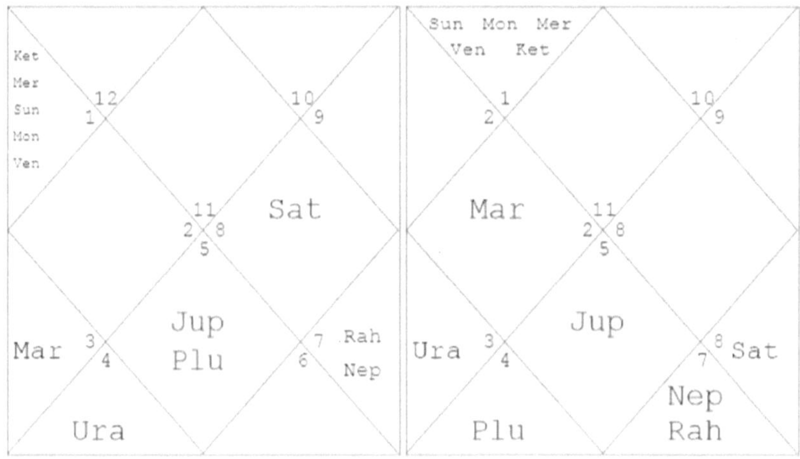

PLANET POSITIONS

Planet	Sign	Degree	RL	NL	SL	SSL
Sun	Aries	15:09'11"	Mar	Ven	Ven	Mer
Mon	Aries	02:18'22"	Mar	Ket	Ven	Sat
Mar	Gemini	03:13'56"	Mer	Mar	Ven	Mon
Mer-R	Aries	25:41'02"	Mar	Ven	Mer	Sat
Jup-R	Leo	29:17'04"	Sun	Sun	Rah	Rah
Ven	Aries	18:53'30"	Mar	Ven	Rah	Sat
Sat-R	Scorpio	20:07'41"	Mar	Mer	Ven	Mar
Rah-R	Libra	27:18'14"	Ven	Jup	Ven	Mar
Ket-R	Aries	27:18'14"	Mar	Sun	Sun	Ven
Ura	Cancer	09:51'04"	Mon	Sat	Ven	Sat
Nep-R	Libra	07:52'18"	Ven	Rah	Rah	Ket
Plu-R	Leo	04:47'14"	Sun	Ket	Mar	Mar

CUSP POSITIONS

Cusp	Sign	Degree	RL	NL	SL	SSL
1	Aquarius	20:25'44"	Sat	Jup	Jup	Sat
2	Aries	0:53'5"	Mar	Ket	Ven	Ven
3	Taurus	1:38'40"	Ven	Sun	Jup	Sat
4	Taurus	26:23'0"	Ven	Mar	Jup	Sat
5	Gemini	19:39'42"	Mer	Rah	Mar	Mer
6	Cancer	15:48'32"	Mon	Sat	Jup	Ven
7	Leo	20:25'44"	Sun	Ven	Jup	Sat
8	Libra	0:53'5"	Ven	Mar	Mer	Mon
9	Scorpio	1:38'40"	Mar	Jup	Rah	Jup
10	Scorpio	26:23'0"	Mar	Mer	Jup	Sat
11	Sagittarius	19:39'42"	Jup	Ven	Rah	Ven
12	Capricorn	15:48'32"	Sat	Mon	Sat	Sat

SAM PIT - उदहारण चार्ट 17.1

RL के कस्प					RL	NL के कस्प					NL	ग्रह	घर	RL	घर	NL	घर	SL	घर	SSL	घर
			9	12	Sa	1 3	4	6	7	10	Ju	Ke केतु	1	Ma	4	Su	2	Su	2	Ve	2
			4	5	Ma	1 2	3 4	6 7	8	10	Ke		2		5		3		3		
				2	Ve				2	3	Su		3								
				2	Ve	1 3	4	6	7	10	Ju		4								
			2	12	Mo				9	12	Sa		6								
			2	3	Su					2	Ve		7								
				2	Ve				4	5	Ma		8								
			4	5	Ma				2	8	Me		10								
			4	5	Ma	1 2	3 4	6 7	8	10	Ke	Ve शुक्र	2			Ve	2	Ra	8	Sa	9
																			9		12
																			11		
			4	5	Ma	1 2	3 4	6 7	8	10	Ke	Su सूर्य	2			Ve	2	Ve	2	Me	2
				2	Ve				2	3	Su		3								8
			4	5	Ma	1 2	3 4	6 7	8	10	Ke केतु	Mo चंद्र	2			Ke	1	Ve	2	Sa	9
			9	12	Sa				2	12	Mo		12				2				12
																	3				
																	4				
																	6				
																	7				
																	8				
																	10				
				2	Ve	1 3	4	6	7	10	Ju	Ma मंगल	4			Ma	4	Ve	2	Mo	2
			2	8	Me			8	9	11	Ra		5				5				12

SAM PIT - उदहारण चार्ट 17.1

RL के कस्प					RL	NL के कस्प					NL	ग्रह	घर	RL	घर	NL	घर	SL	घर	SSL	घर
				2	Ve				4	5	Ma	Ra राहू	8	Ve	2	Ju	1	Ve	2	Ma	4
			4	5	Ma	1 3	4	6	7	10	Ju		9				3				5
1 3	4	6	7	10	Ju					2	Ve		11				4				
																	6				
																	7				
																	10				
			9	12	Sa	1 3	4	6	7	10	Ju	Ju गुरु	1			Su	2	Ra	8	Ra	8
				2	Ve				2	3	Su		3				3		9		9
				2	Ve	1 3	4	6	7	10	Ju		4						11		11
			2	12	Mo				9	12	Sa		6								
			2	3	Su					2	Ve		7								
			4	5	Ma				2	8	Me		10								
			4	5	Ma	1 3	4	6	7	10	Ju	Sa शनि	9			Me	2	Ve	2	Ma	4
			9	12	Sa				2	12	Mo		12				8				5
			4	5	Ma	1 2	3 4	6 7	8	10	Ke	Me बुध	2			Ve	2	Me	2	Sa	9
				2	Ve				4	5	Ma		8						8		12

अब राहु Rah को लें। यह 9 और 11 के SL के रूप में प्रकट होता है जबकि यह 8वें घर में है। वहाँ किसी भी ग्रह की ओर से युति या राहु पर दृष्टि नहीं हैं इसलिए राहु कस्प 8, 9 और 11 का प्रतिनिधित्व करेगा। केतु किसी भी कस्प के SL के रूप में प्रकट नहीं होता, लेकिन ये कस्प 2 का NL है और घर 2 में ही है। इसलिए, केतु केवल 2 का प्रतिनिधित्व करेगा। लेकिन केतु 5 डिग्री के भीतर बुध के साथ युति में है और 5 डिग्री के भीतर ही बृहस्पति द्वारा देखा भी जा रहा है। आप लगन चार्ट में आसानी से पहलुओं या दृष्टियों की जांच कर सकते हैं, जो ग्रहों की राशि स्थिति को दर्शाता है। केतु, बृहस्पति

के कब्जे वाली राशि [सिंह - 5] से गिना जाये तो 9वीं राशि [मेष - 1] में है, और इसलिए केतु बुध और बृहस्पति द्वारा दर्शाए गए कस्प को भी अवशोषित करेगा। तो इनको मिला कर, केतु कस्प 1, 2, 3, 4, 6, 7, 8 और 10 का प्रतिनिधित्व करता है। बस इतना ही।

अब हम इन कस्प को SAM PIT में भर सकते हैं। पहले मध्य में ग्रह और उसके द्वारा दर्शाए गए कस्प लिखें। फिर बाईं ओर प्रत्येक कस्प के लिए कस्पल स्वामी CRL और CNL, उनके कस्प के साथ जोड़ें। अंत में एस्ट्रल स्वामी, RL, NL, SL और SSL को दाहिनी ओर उनके कस्प के साथ जोड़ दें, और बस बन गया हमारा SAM PIT।

हम आगे के अध्यायों में प्रत्येक संदर्भ के लिए चार्ट के विश्लेषण में SAM PIT का ही उपयोग करेंगे। यही इस विधि का विशेष यंत्र है। इसलिए इसे यहां पूरी तरह से समझाया गया है। एक बार जब आप प्रक्रिया के अभ्यस्त हो जाते हैं, तो इसे तैयार करने में केवल कुछ मिनट लगेंगे। जैसा कि पहले चर्चा की गई थी, हम अब प्रत्येक कस्प के लिए चार्ट की समीक्षा करने के लिए तैयार हैं।

घर - 1: स्वाश्य और लम्बी उम्र

केतु Ke यहाँ कस्प 1 का SAL है। यह मंगल Ma की राशी में है जो की कस्प 4 और 5 का प्रतिनिधित्व करता है और तीसरे स्तर पर यह सूर्य Su, जो की कस्प 2 और 3 का प्रतिनिधि है, के नक्षत्र में है। यहाँ कस्प 6, 8, 12 से कोई संबंध नहीं और ना ही कस्प 9 के साथ जो की कुम्भ लग्न के लिए बाधक है।

RL के कस्प				RL	NL के कस्प						NL	ग्रह	घर	RL	घर	NL	घर	SL	घर	SSL	घर
		9	12	Sa	1	3	4	6	7	10	Ju	Ke	1	Ma	4	Su	2	Su	2	Ve	2
												केतु			5		3		3		

इसलिए, ये अछे स्वास्थ्य और लम्बी उम्र को दर्शाता है। कस्पल पक्ष की और 6, 12 और 9 के साथ संबंध आन्तरिक रोग रोधक शक्ति को कम करता है। यहाँ गुरु Ju भी कस्प 1 का SAL है, तो चलो गुरु को भी जाँच लेते हैं।

RL के कस्प				RL	NL के कस्प						NL	ग्रह	घर	RL	घर	NL	घर	SL	घर	SSL	घर
		9	12	Sa	1	3	4	6	7	10	Ju	Ju	1			Su	2	Ra	8	Ra	8
																	3		9		9
												गुरु							11		11

गुरु Ju सूर्य Su के नक्षत्र में है जो कस्प 2 और 3 का प्रतिनिधि है। इसका नवांश स्वामी राहू Ra है जो की कस्प 8,9,11 दर्शाता है। यहाँ 2,8 और 9 से सम्बन्ध के कारन ये केतु से थोडा कमजोर है लेकिन 3, 11 के साथ संबंध इस कमजोरी को हटा देंगे। इसलिए जातक अछे स्वास्थ्य और लम्बी उम्र का लाभ लेगा।

घर - 2: वित्तीय स्थिति

शुक्र कस्प 2 का SAL है और केतु, सूर्य, चंद्र और बुध घर 2 में स्थित हैं शुक्र के साथ। वित्तीय स्थिति की जाँच के लिए, चलिए इन सभी के संबंध का अध्ययन SAM PIT के माध्यम से करते हैं।

SAM PIT - उदहारण चार्ट 17.1: कस्प 2

RL के कस्प	RL	NL के कस्प	NL	ग्रह	घर	RL	घर	NL	घर	SL	घर	SSL	घर
				Ke		Ma	4	Su	2	Su	2	Ve	2
4 5	Ma	1 2 3 4 6 7 8 10	Ke		2		5		3		3		
4 5	Ma	1 2 3 4 6 7 8 10	Ke	Ve	2			Ve	2	Ra	8	Sa	9
											9		12
											11		
4 5	Ma	1 2 3 4 6 7 8 10	Ke	Su	2			Ve	2	Ve	2	Me	2
													8
4 5	Ma	1 2 3 4 6 7 8 10	Ke	Mo	2			Ke	1	Ve	2	Sa	9
									2				12
									3				
									4				
									6				
									7				
									8				
									10				
4 5	Ma	1 2 3 4 6 7 8 10	Ke	Me	2			Ve	2	Me	2	Sa	9
											8		12

कस्प 2 के कस्पल स्वामी मंगल Ma और केतु Ke लगभग सभी सकारात्मक घरों को दर्शाते हैं 5, 8, को छोड़कर, जिसका अर्थ है साथी को लाभ।

अब केतु Ke, मंगल Ma की राशि में 4,5 और सूर्य Su के नक्षत्र में 2,3 का संकेत दे रहा है। पहले तीन स्तर सकारात्मक घरों को इंगित करते हैं केवल 5 को छोड़कर जो अकेले कोई नुकसान नहीं कर सकता सिवाय नौकरी के परिवर्तन के। सटीक होने के लिए, हमारे पास पहले तीन स्तरों पर निम्नलिखित संभावित संयोजन बनते हैं।

2-4-2: संपत्ति से वित्तीय लाभ

2-4-3: संपत्ति की बिक्री से वित्तीय लाभ

2-5-2: मनोरंजन पर पैसा खर्च करना और अटकलों या सट्टे से लाभ होना

2-5-3: बांड आदि निवेश से धन खर्च करना और लाभ प्राप्त करना

यह ब्रेकडाउन विशुद्ध रूप से शुरुआती समझ की दृष्टि से है और इसका सहारा समझने के लिए ही लिया जाना चाहिए। इन्हें एक साथ पढ़ने का अभ्यास विकसित करना चाहिए। जैसा कि उपरोक्त मामले में इसका अर्थ होगा 'बांडों के विघटन से लाभ, जो एक निवेश संपत्ति है। ध्यान रहे कि हम यहाँ दूसरी कस्प और केवल वित्तीय संदर्भ का अध्ययन कर रहे हैं।

अगला ग्रह शुक्र Ve उसके अपने ही नक्षत्र में कस्प 2 और राहु Ra के नवांश में 8,9,11 इंगित कर रहा है। इसका मतलब है कि अनर्जित स्रोत से वित्तीय स्थिति में लाभ, क्योंकि यहां 9 नुकसान नहीं मर्यादा ही दिखायेगा।

अब चंद्र Mo को लें, जो केतू Ke [1,2,3,4,6,7,8,10] के नक्षत्र में और शुक्र Ve [2] के नवांश में, 2,3,4,6 की भागीदारी के कारण वित्तीय स्थिति में पर्याप्त लाभ इंगित करता है, 7,10 भी सकारात्मक हैं, जबकि 1,8 का मतलब केवल कड़ी मेहनत हो सकता है। SSL शनि Sa [9,12] विदेश यात्रा संधर्व इंगित करता है।

बुध Me - शुक्र Ve [2] - बुध Me [2,8] - शनि Sa [9,12] सकारात्मक संयोजन के साथ वित्तीय तनाव को इंगित करता है बुध [2]-शुक्र [2]-बुध [2] जो कुछ ज्यादा लाभ नहीं सिर्फ स्थिति को बनाए रखेने वाला होगा।

इसलिए, पेशे और निवेश संपत्ति से लाभ के साथ, जातक की समग्र वित्तीय स्थिति काफी अच्छी होने का वादा कहा जा सकता है।

आइए स्वाद और वाणी को देखें। बहुत से ग्रह इस कस्प से संबंधित होने के कारण जातक अधिकतर चीजें खाना पसंद कर सकता है। इसलिए जो ग्रह नहीं हैं उन्हें देखना बेहतर होगा। ये राहु, गुरु और शनि हैं। अत: घर-2 की विशेषताओं की तालिका के अनुसार जातक अधिक खाने वाला नहीं होगा [शनि], अधिक मात्रा में नहीं खायेगा [गुरु] और उसके लिए भोजन की गुणवत्ता, मात्रा से अधिक महत्वपूर्ण होगी [राहू]। आप इसी तरह वाणी की गुणवत्ता की जांच कर सकते हैं। उसके पास गहरी आवाज नहीं होगी [गुरु] और उसके पास कोई मिथ्या ज्ञान या आचरण नहीं होगा [राहू]। वह सतर्क नहीं होगा और अपने दिल की बात कह देगा [शनि]।

घर - 3: साहस और विश्वास

3वां कस्प राशि स्वामी शुक्र Ve और नक्षत्र स्वामी सूर्य Su द्वारा शासित है। जबकि, केतु Ke, सूर्य Su और गुरु Ju सूक्ष्म चाप स्वामी बनते हैं।

SAM PIT - उदहारण चार्ट 17.1: कस्प 3

RL के कस्प					RL	NL के कस्प					NL	ग्रह	घर	RL	घर	NL	घर	SL	घर	SSL	घर
				2	Ve				2	3	Su	Ke	3	Ma	4	Su	2	Su	2	Ve	2
															5		3		3		
				2	Ve				2	3	Su	Su	3			Ve	2	Ve	2	Me	2
																					8
				2	Ve				2	3	Su	Ju	3			Su	2	Ra	8	Ra	8
																	3		9		9
																			11		11

पहले बताये सिधांतो के अनुसार कस्पल शासक, शुक्र Ve भेदपूर्ण क्षमता के आत्मविश्वास को इंगित करता है और सूर्य Su, सटीक, सिमित, आधिकारिक और साहस इंगित करता है। गुरु Ju अर्जित ज्ञान के आधार पर साहस और आत्मविश्वास का संकेत देता है। चूंकि दोनों तरफ 2,6,8 और 12 नकारात्मक कस्पों से कोई संबंध नहीं है, इसलिए जातक स्वस्थ दिमाग का होगा और उसमें मानसिक क्षमता अछि

होगी। सिर्फ 2 और 8 के साथ संबंध काफी गंभीर नहीं है और ये 3,9 और 11 से पूरी तरह से पराजित हो गया है।

SAL गुरु की ट्रेन में 3 और 9 का संबंध लंबी यात्रा को इंगित करता है। यदि बहुमत ग्रहों की ट्रेन में पूर्ण योग 3,9 और 12 मौजूद होता, तो यह कहा जाता कि व्यक्ति विदेश में रहेगा। यहां लंबी यात्राओं की संभावना से इनकार नहीं किया जा सकता और उपयुक्त फलदायी दशा अवधि में ये हो सकता है। इन अध्यायों में हम किसी घटना के होने की क्षमता तक सीमित है जबकि वास्तविक घटना के समय पर आगे के अध्यायों में चर्चा की जाएगी।

घर - 4: शिक्षा और संपत्ति

यहाँ शुक्र और गुरु 4वें कस्प के कस्पल स्वामी हैं और शिक्षा के संदर्भ में सभी सकारात्मक कस्पों को इंगित करते हैं, जो 4वें कस्प के मजबूत शैक्षिक झुकाव को दर्शाता है। 6 और 10 के साथ कस्प 3 केवल प्रतियोगितायें जीतने का संकेत देगा।

SAM PIT - उदहारण चार्ट 17.1: कस्प 4

RL के कस्प					RL	NL के कस्प						NL	ग्रह	घर	RL	घर	NL	घर	SL	घर	SSL	घर
				2	Ve	1	3	4	6	7	10	Ju	Ke	4	Ma	4	Su	2	Su	2	Ve	2
																5		3		3		
				2	Ve	1	3	4	6	7	10	Ju	Ma	4			Ma	4	Ve	2	Mo	2
																		5				12
				2	Ve	1	3	4	6	7	10	Ju	Ju	4			Su	2	Ra	8	Ra	8
																		3		9		9
																				11		11

गुरु SAL है और केतू दृष्टि के कारन गुरु का प्रतिनिधित्व करता है, जबकि मंगल 4वें घर में स्थित है। ये सभी अपने NL, SL और SSL के माध्यम से शिक्षा के सकारात्मक घरों से मजबूत संबंध दर्शाते हैं। इसलिए, बिना किसी ब्रेक के अच्छी शिक्षा का वादा स्थापित होता है। सकारात्मक घरों के साथ बिखरे हुए 8 और 12 की उपस्थिति केवल गहन अध्ययन को इंगित करती है।

संपत्ति के अधिग्रहण के लिए, गुरु और मंगल संभावनाओं का संकेत देते हैं लेकिन केतू ऐसा कोई वादा नहीं दिखाता। इस ट्रेन के भीतर 4, 11 और 12 का कोई स्पष्ट संकेत नहीं है और इसलिए, यह कमजोर है लेकिन इनकार नहीं किया गया है, और अभिव्यक्ति के लिए अन्य सकारात्मक दशा अवधियों के समर्थन की आवश्यकता होगी।

कस्पल शासक शुक्र और गुरु सौम्य ग्रह हैं और 7, 8 और 12 के साथ इनका कोई संबंध नहीं हैं, जो सौम्य बचपन के वातावरण और कोई दर्दनाक अनुभव का ना होना दर्शाता है।

घर - 5: बच्चे का जन्म

घर 5 पर बुध और राहू का शासन है और मंगल उसका SAL है। बच्चे के जन्म के लिए नकारात्मक संकेत 1, 4 और 10 हैं।

SAM PIT - उदहारण चार्ट 17.1: कस्प 5																						
RL के कस्प					RL	NL के कस्प					NL	ग्रह	घर	RL	घर	NL	घर	SL	घर	SSL	घर
												Ma				Ma	4	Ve	2	Mo	2
			2	8	Me			8	9	11	Ra		5				5				12

कस्पाल स्वामी की ओर तथा एस्ट्रल पक्ष की ओर से 1, 4 और 10 का कोई संबंध नहीं है। NL में 4 है लेकिन 5 के साथ, जो SL और SSL स्तर पर पूरी तरह से समर्थित है। तो, बच्चे के जन्म का वादा या क्षमता है।

प्रेम संबंध, प्लेटोनिक या अन्यथा का कोई संयोजन नहीं है और इस तरह के संबंध का वादा भी नहीं किया जाता। 1, 4 और 10 की अनुपस्थिति सामान्य सौम्य प्रकृति के व्यक्ति को इंगित करती है।

घर - 6: रोग

6वें कस्प पर चंद्र और शनि का शासन है। गुरु SAL है, जिसका केतू द्वारा भी, गुरु की दृष्टि के कारन, प्रितिनिधित्व किया गया है।

SAM PIT - उदहारण चार्ट 17.1: कस्प 6																					
RL के कस्प					RL	NL के कस्प					NL	ग्रह	घर	RL	घर	NL	घर	SL	घर	SSL	घर
			2	12	Mo				9	12	Sa	Ke	6	Ma	4	Su	2	Su	2	Ve	2
															5		3		3		
			2	12	Mo				9	12	Sa	Ju	6			Su	2	Ra	8	Ra	8
																	3		9		9
																			11		11

केतू यहाँ मंगल [4,5] की राशि में है और पहले स्तर पर ही बीमारी से इनकार करते हैं। यह निचले स्तरों पर भी अच्छी तरह से समर्थित है। इसी तरह गुरु, सूर्य [2,3] के नक्षत्र में है, जिसका रोग को बढ़ावा देने वाले घरों से कोई संबंध नहीं है। निचले स्तरों पर कस्प 8 की उपस्थिति रोग का कोई संदर्भ नहीं दिखाती। कस्पल शासक पक्ष में कस्प 12 और बाधक 9 का समावेश अवरोधक शक्ति को कमजोर करता है और एसे ग्रहों की अवधि के दौरान छोटी बीमारियों को बढ़ावा दे सकता है, जिनके NL और SL रोग को बढ़ावा देने वाले कस्पों से संबंधित हों। रोग की सम्भावना को 8 और 12 कस्प से भी देखना चाहिए। हम उन्हें उन तालिकाओं में नीचे कवर करेंगे। इसलिए, कुल मिलाकर कोई भी बड़ी बीमारी 6वें कस्प से दिखाई नहीं देती।

यह समझने के लिए कि किस प्रकार की बीमारी हो सकती है, हमें घर - 6 के अध्याय में दी गई तालिका से कस्पल शासकों चंद्र, शनि और गुरु का अध्ययन करने की आवश्यकता है।

चंद्रमा इंगित करता है: सर्दी, पेचिश, उल्टी, आंखों में परेशानी, मिरगी, साइनसाइटिस, पेट का दर्द, दमा, मासिक धर्म संबंधी विकार, उत्पादक प्रणाली, घबराहट

शनि इंगित करता है: पक्षाघात, पागलपन, गठिया, दिल का दौरा, थकान और अवसाद, भय, हड्डियों का विरूपण और गंभीर दर्द

बृहस्पति इंगित करता है: पीलिया, मधुमेह, चक्कर, मोटापा और यहां तक कि कर्क रोग भी

प्रतिनिधित्व किए गए कस्प केतू के RL मंगल [4,5] हैं और सूर्य [2,3] गुरु के NL होने के कारन। इसलिए 2,3,4 और 5 के कस्प क्या इंगित करते हैं:

2	चेहरा, आंखें, मुंह, जीभ, दांत और ऊपरी खाद्य पथ
3	कान, निचला भोजन पथ, श्वसन नहर, हाथ और हाथ
4	छाती, फेफड़े और हृदय
5	दिल, पेट, प्लीहा, अग्न्याशय या पैंक्रियाज, जिगर

अब आप इन विशेषताओं में समानता का मिलान और समाधान कर सकते हैं। हम चंद्रमा से मिर्गी, मासिक धर्म संबंधी विकार, उत्पादक प्रणाली और घबराहट को निकाल सकते हैं। इसी तरह, सिर का चक्कर, मोटापा और कैंसर [इसके लिए गंभीर रोग संयोजनों की आवश्यकता होती है] बृहस्पति से और पक्षाघात, पागलपन, गठिया, थकान और अवसाद, भय, हड्डियों की विकृति और गंभीर दर्द को शनि से खत्म करें।

तो, हमारे पास बचे,

सर्दी, पेचिश, उल्टी, आंखों की परेशानी, साइनसाइटिस, पेट के दर्द, दमा, पीलिया, मधुमेह और दिल का दौरा।

अब इनमे से अंतिम चार के लिए दशा ग्रहों में गंभीर बीमारी के संयोजनों की आवश्यकता होगी। आठवीं और बारहवीं कस्प के अध्ययन के बाद ही इसका निष्कर्ष निकाला जा सकता है। अभी के लिए, ऐसा लगता है कि पहले सेट में बताई गई सामान्य बीमारियां ही केवल जातक को परेशान कर सकती हैं।

घर - 7: विवाह

कस्प 7 पर सूर्य और शुक्र का शासन है। गुरु और केतु SAL के रूप में कार्य करते हैं।

SAM PIT - उदहारण चार्ट 17.1: कस्प 7																					
RL के कस्प					RL	NL के कस्प					NL	ग्रह	घर	RL	घर	NL	घर	SL	घर	SSL	घर
			2	3	Su					2	Ve	Ke	7	Ma	4	Su	2	Su	2	Ve	2
															5		3		3		
			2	3	Su					2	Ve	Ju	7			Su	2	Ra	8	Ra	8
																	3		9		9
																			11		11

विवाह के लिए नकारात्मक संकेत 1, 4, 6 और 10 हैं। इन घरों के साथ कस्पल शासक पक्ष के साथ-साथ एस्ट्रल स्वामी पक्ष पर भी कोई संबंध नहीं है। इसलिए, एक सफल और समय पर शादी का वादा दिखता है। कस्पल शासक पक्ष में 2 और 3 स्रोत को इंगित करते हैं जिसका यहाँ अर्थ हो सकता है, परिवार[2] और आसपास[3] से।

केवल 1, 4, 6 और 10 की उपस्थिति इनकार का संकेत देगी और एक मिश्रित संयोजन देरी का संकेत देगा, जैसा कि पहले ही समझाया जा चुका है। विवाह में अनुकूलता के लिए निश्चित रूप से हमें जीवनसाथी चार्ट का अध्ययन करने की आवश्यकता है। लेकिन उपरोक्त योगों से वैवाहिक जीवन में कोई समस्या, लड़ाई-झगड़ा या मनमुटाव नहीं है, जहाँ तक इस जातक की कुंडली का संबंध है।

घर - 8: परेशानियाँ

8वें घर पर शुक्र Ve और मंगल Ma का सह-शासन है। राहु घर में स्थित है और बुध Me, SAL है, तो युति के माध्यम से केतू भी है।

SAM PIT - उदहारण चार्ट 17.1: कस्प 8

RL के कस्प					RL	NL के कस्प				NL	ग्रह	घर	RL	घर	NL	घर	SL	घर	SSL	घर
				2	Ve			4	5	Ma	Ke	8	Ma	4	Su	2	Su	2	Ve	2
														5		3		3		
				2	Ve			4	5	Ma	Ra	8	Ve	2	Ju	1	Ve	2	Ma	4
																3				5
																4				
																6				
																7				
																10				
				2	Ve			4	5	Ma	Me	8			Ve	2	Me	2	Sa	9
																		8		12

केतू अपने राशी स्वामी RL मंगल [4,5] के माध्यम से सट्टा संपत्ति के संदर्भ को इंगित करता है और NL/SL/SSL के माध्यम से मामूली लाभ दिखाता है। राहु अपने RL शुक्र [2] के माध्यम से वित्तीय संदर्भ को इंगित करता है और अपने NL गुरु

[1,3,4,6,7,10] के माध्यम से लाभ के साथ SL शुक्र [2] द्वारा समर्थित है, लेकिन यहां कुछ भी शानदार नहीं है। ऐसे ही बुध भी अपने NL शुक्र [2] के माध्यम से वित्तीय संदर्भ को इंगित करता है, लेकिन SL और SSL द्वारा पूरी तरह समर्थित नहीं है, इसलिए केवल वित्तीय नुकसान का ही संकेत देता है। तो, आठवां घर विरासत, लॉटरी, बीमा या रिश्वत आदि जैसे किसी भी अनर्जित बड़े लाभ का संकेत नहीं देता है। राहु में कुछ संभावनाएं हैं लेकिन मुख्य रूप से सट्टा निवेश से।

इसी प्रकार, रोग के लिए केवल बुध ही भाव - 2 से संबंधित गंभीर बीमारी को इंगित करता है। बुध और दूसरा भाव चेहरे, गले और श्वसन तंत्र से संबंधित है। ऐसे में बीमारी को लेकर तस्वीर और साफ होती जा रही है।

आइए अब हम मृत्यु की परिस्थितियां तथा कारणों की समीक्षा करें।

8 वें कस्प पर तुला राशि है जो शुक्र द्वारा शासित एक वायु तत्व चिन्ह है।

वायु तत्व हवाई यात्रा, घुटन या गठिया, तंत्रिकायें टूटने, अस्थमा आदि का संकेत दे सकता है।

कस्पल स्वामी CRL शुक्र [Ve], CNL मंगल [Ma] और SAL बुध [Me] हैं। इस संबंध में विशेषताएँ नीचे पुन: प्रस्तुत की गई हैं:

बुध	दमा, सभी प्रकार के त्वचा रोग, मानसिक विकार, तंत्रिका टूटना, या गर्भावस्था की समाप्ति के दौरान
मंगल	दुर्घटनाएं, लड़ाई, युद्ध, हथियार हमला, बिजली का झटका, बुखार, चेचक, सूजन, उच्च रक्तचाप, रक्त विकार, हर्निया, फिस्टुला, मेनिनजाइटिस, गर्भपात, रक्तस्राव, सर्जिकल हस्तक्षेप
शुक्र	यौन रोग, ल्यूकोडर्मा, उपदंश, एक्जिमा, गुर्दे की समस्याएं आदि।

चूंकि केवल बुध ही अपने NL शुक्र और घर - 2 के माध्यम से रोग प्रकट करता है, और वायु तत्व शामिल है, हम साइनसाईटिस या अस्थमा से संबंधित श्वसन संबंधी विकार होने के कारण मृत्यु के तरीके को लगभग पक्का कर सकते हैं।

घर - 9: उच्च शिक्षा

कस्प 9 पर RL मंगल और NL गुरु का शासन है। शनि घर 9 में स्थित है और राहू इसका SAL है।

SAM PIT - उदहारण चार्ट 17.1: कस्प 9

RL के कस्प					RL	NL के कस्प						NL	ग्रह	घर	RL	घर	NL	घर	SL	घर	SSL	घर
			4	5	Ma	1	3	4	6	7	10	Ju	Ra	9	Ve	2	Ju	1	Ve	2	Ma	4
																		3				5
																		4				
																		6				
																		7				
																		10				
			4	5	Ma	1	3	4	6	7	10	Ju	Sa	9			Me	2	Ve	2	Ma	4
																		8				5

SAL और स्थित ग्रह दोनों ही शिक्षा के लिए सकारात्मक संबंध बनाते हैं। एक समूह के रूप में यहाँ 3, 6, 8 और 12 की कोई भागीदारी नहीं है। केवल 3 और 6 की उपस्थिति समस्या का संकेत नहीं देती। तो, जातक को उच्च शिक्षा प्राप्त करने के लिए नियत माना जा सकता है।

आइए अध्ययन के संभावित विषयों को देखें। 3वां कस्प शुक्र/सूर्य/गुरु द्वारा शासित है जो निम्नलिखित क्षेत्रों का संकेत करते हैं।

शुक्र	कला और सिनेमा, अभिनय, फैशन डिजाइनिंग, मॉडलिंग, होटल प्रबंधन, ग्लैमर
रवि	चिकित्सा, रसायन विज्ञान, राजनीति, प्रशासन
गुरु	कानून, विदेश सेवा, शिक्षा, स्त्री रोग, बाल रोग, प्रचारक

कस्प 3 का SAL गुरु, सिंह राशी में सूर्य के दूसरे नक्षत्र उत्तर फाल्गुनी में है। यह नक्षत्र भूविज्ञान, रसायन विज्ञान, पर्यटन, शिक्षण, विद्युत इंजीनियरिंग, कार्डियोलॉजी, सर्जरी, पशु चिकित्सा, हड्डी रोग, अस्पताल प्रबंधन जैसे विषयों को इंगित करता है।

इनमें केवल एक ही चीज समान प्रतीत होती है, शिक्षा और अध्यापन। इसके अलावा NL सूर्य प्रशासन को इंगित करते हुए कस्प 2 और 3 से जुड़े होने के नाते कला, दर्शन और संचार जैसे सामान्य विषयों को इंगित कर सकता है। जातक का झुकाव दर्शन और शिक्षण में उच्च ज्ञान प्राप्त करने के लिए हो सकता है। SL/SSL राहु [8,9,12] और अधिक छिपे हुए, गूढ़ और आध्यात्मिक क्षेत्रों को परिभाषित करता है।

इसलिए, जातक इन विषयों में उच्च ज्ञान का अध्ययन करने और प्राप्त करने और ऐसे विषयों को पढ़ाने के लिए इच्छुक होगा।

लंबी यात्राओं का कोई बड़ा संयोग नहीं है। राहु की ट्रेन में घर 3 और 4 के साथ संबंध अन्य उपयुक्त दशा अवधियों में संभावित यात्रा को इंगित करता है।

घर - 10: व्यवसाय

आइए अब अध्ययन करें कि जातक का व्यवसाय क्या हो सकता है। कस्प 10 पर मंगल [4,5] और बुध [2,8] कस्पल शासकों के रूप में शासन करते हैं।

SAM PIT - उदहारण चार्ट 17.1: कस्प 10																					
RL के कस्प					RL	NL के कस्प					NL	ग्रह	घर	RL	घर	NL	घर	SL	घर	SSL	घर
			4	5	Ma				2	8	Me	Ke	10	Ma	4	Su	2	Su	2	Ve	2
															5		3		3		
			4	5	Ma				2	8	Me	Ju	10			Su	2	Ra	8	Ra	8
																	3		9		9
																			11		11

मंगल और बुध स्पष्ट रूप से दो चीजों का संकेत देते हैं, इंजीनियरिंग या प्रिंटिंग और प्रकाशन। एस्ट्रल पक्ष की तरफ के संबंध ठीक उसी तरह इंगित करते हैं जैसे तीसरे कस्प में, क्योंकि उनका SAL समान है। इसलिए, जातक कस्पल स्वामी पक्ष को गुरु द्वारा दर्शाए गए रूप में प्रकट करेगा। वह या तो एक शिक्षक/सलाहकार के रूप में इंजीनियरिंग कर सकता है या गूढ़ ज्ञान के क्षेत्र में अपने काम के प्रकाशन के साथ शिक्षक बन सकता है।

व्यवसाय या करियर की स्थिति के लिए, कोई गंभीर नकारात्मक संबंध नहीं हैं। केतू के NL में कस्प 5 का शामिल होना नौकरी में बदलाव का संकेत है और गुरु के SL में कस्प 9 का शामिल होना पेशे में बदलाव का संकेत है। यदि साथ-साथ नकारात्मक संकेत 8 और 12 भी शामिल होते तो यह निलंबन, अपमान और रोजगार के नुकसान का संकेत होता।

तो, संक्षेप में, जातक इंजीनियरिंग या शिक्षण में अपना करियर बना सकता है। उसे पेशे से अच्छा वित्तीय लाभ होगा। वह अपनी नौकरी बदलेंगे और पेशे की

लाइन में भी बदलाव देखा जा सकता है। जैसा कि तीसरा कस्प गूढ़ ज्ञान को इंगित करता है, एक पेशे के रूप में इंजीनियरिंग में शामिल होने से ऐसे विषय बस शौक बन जाएंगे।

घर - 11: पूर्ति

11 वें कस्प पर गुरु, शुक्र और राहु का सह-शासन है।

SAM PIT - उदहारण चार्ट 17.1: कस्प 11													
RL के कस्प	RL	NL के कस्प	NL	ग्रह	घर	RL	घर	NL	घर	SL	घर	SSL	घर
							2		1		2		4
									3				5
1 3 4 6 7 10	Ju	2	Ve	Ra	11	Ve		Ju	4	Ve		Ma	
									6				
									7				
									10				

गुरु और शुक्र दोनों पक्षों में कस्पल शासक ग्रह और RL & NL के रूप में दिखाई देते हैं। इन ग्रहों द्वारा दर्शाए गए कस्प शुक्र Ve[2] और गुरु Ju[1,3,4,6,7,10] हैं। जातक इन सभी क्षेत्रों में इच्छाओं की पूर्ति का आनंद लेगा, विशेष रूप से कस्प 2 के माध्यम से जो की SL द्वारा इंगित एकमात्र कस्प है, जो मुख्य रूप से धन, सम्मान और परिवार का प्रतिनिधित्व करता है। इस सारे संदर्भ में केवल 8, 9 और 12 गायब हैं। इसलिए, अनर्जित लाभ, नैतिक रूप से ईमानदार और बिस्तर के सुख से कम पूर्ति का संकेत मिलता है।

घर - 12: व्यय और विदेश यात्रा

कस्प 12 पर राशि स्वामी के रूप में शनि, नक्षत्र स्वामी के रूप में चंद्र और शुक्ष्म चाप स्वामी के रूप में भी शनि का शासन है। चंद्र भी इसका NL होने के कारण 12वें कस्प के SAL के रूप में कार्य करता है, क्योंकि यह SL के रूप में किसी अन्य कस्प का प्रतिनिधित्व नहीं करता।

इसलिए, शनि [9,12] और चंद्र [2,12] पूरी तरह से 12वें पुच्छ का प्रतिनिधित्व करते हैं।

SAM PIT - उदहारण चार्ट 17.1: कस्प 12

RL के कस्प				RL		NL के कस्प					NL	ग्रह	घर	RL	घर	NL	घर	SL	घर	SSL	घर
												Mo				Ke	1	Ve	2	Sa	9
			9	12	Sa				2	12	Mo		12				2				12
																	3				
																	4				
																	6				
																	7				
																	8				
																	10				
												Sa				Me	2	Ve	2	Ma	4
			9	12	Sa				2	12	Mo		12				8				5

शनि बुध [2,8] के नक्षत्र में है जो संदर्भ को वित्तीय नुकसान के रूप में परिभाषित करते हुए, SSL द्वारा भी समर्थित है। इसलिए, कस्प 12 शनि के माध्यम से वित्तीय नुकसान को इंगित करता है। यहाँ ध्यान देंने योग्य बात है सकारत्मक घरों की अनुपस्थिति और अभिव्यक्ति के पुल का न बन पाना।

चंद्र [2,12] केतू [1,2,3,4,6,7,8,10] के नक्षत्र में है। यहां 8 की उपस्थिति 2, 6 और 10 को पछाड़ नहीं सकती। अब शुक्र [2] का समर्थन, SSL शनि [9,12] विदेश यात्रा, से बड़े वित्तीय लाभ का संकेत देगा। इसलिए कस्प 12 चंद्र के माध्यम से महत्वपूर्ण वित्तीय लाभ को इंगित करता है। 3, 9 के साथ संबंध व्यवसाय के संदर्भ में विदेश यात्रा को इंगित करता है। यहाँ ध्यान देंने योग्य बात है नकारत्मक घरों की अनुपस्थिति और अभिव्यक्ति के पुल का बनना।

इस प्रकार हमने वास्तविक कुंडली के आधार पर सभी बारह घरों पर अपनी चर्चा पूरी कर ली है। यह पिछले अध्यायों में वर्णित सिद्धांत और उसके व्यावहारिक अनुप्रयोग को स्पष्ट करेगा। वास्तविक समीक्षा में इतने सारे अलग अलग SAM PIT की जरूरत नहीं होती। यहाँ केवल समझने के लिए विस्तार में दिखाया गया है। जैसा कि आप देख सकते हैं कि यह केवल प्रत्येक कस्प की क्षमता और वादे को इंगित करता है। किसी घटना की वास्तविक अभिव्यक्ति क्षमता से भिन्न हो सकती है, जो दशा पर निर्भर करती है, और इसे आगे पढ़ा जाएगा।

संधर्व घटनाओं और समय का विश्लेषण

जीवन की घटनाओं का अध्ययन करने के लिए कई घरों का एक साथ अध्ययन किया जाना चाहिए। यह समझना महत्वपूर्ण है कि किसी घटना को परिभाषित करने के लिए घर विभिन्न संदर्भों में कैसे भाग लेते हैं। इसका बहुत कुछ घरों के अध्ययन में स्पष्ट कर दिया गया है। फिर भी, संक्षेप में, कुछ बिंदुओं को और स्पष्ट किया जाना चाहिए जो विधि का मुख्य हिस्सा हैं। ये संदर्भ घटनाओं के विश्लेषण को समझने में और उपयोगी होंगे। इन्हें आप बहुत ध्यान से समझें।

1. प्रत्येक घर में तीन प्रकार के गुण होते हैं। पहली और सबसे महत्वपूर्ण, नवजात परिभाषा जैसे कस्प 1 लग्न स्वयं, कस्प 2 का मतलब धन, 10वें कस्प से व्यवसाय आदि, यह स्थिर गुण है और यह किसी भी संदर्भ में कभी नहीं बदलेगा। दूसरी बात यह है कि प्रत्येक कस्प का एक प्रासंगिक अर्थ भी होता है जो किसी दिए गए संदर्भ के लिए ही होता है। जैसे कि 6वें कस्प का स्थिर गुण रोग है, लेकिन यह धन के संदर्भ में नकदी प्रवाह और विवाह के संदर्भ में साथी की अनुपस्थिति इंगित करता है। तीसरा, प्रत्येक कस्प को किसी और कस्प से उसकी क्रम स्थिति के अनुसार, जैसे 3वीं, 5वीं, 9वीं और 11वीं कस्प को उस कस्प के लिए अनुकूल माना जाता है, जबकि कस्प 4वीं, 7वीं, 8वें, 12वें कस्प को प्रतिकूल माना जाता है। यह कम महत्वपूर्ण है और इसका अर्थ स्तर 1 और 2 से अधिक नहीं हो सकता। इसका उपयोग केवल एक कस्प को समझने के लिए किया जाता है जब इसका अर्थ किसी संदर्भ में अन्यथा स्पष्ट नहीं होता।

2. कस्प का अध्ययन चार्ट की क्षमता और वादे को दर्शाता है। कस्प का SAL इंगित करता है कि क्या किसी घटना का वादा किया गया है, और इसकी गुणवत्ता और क्षमता क्या है। पर क्या वह घटना प्रकट होगी और उसके प्रकट होने का समय दशाओं, दशा [डी], भुक्ति [बी], अंतरा [ए] और सूक्ष्म [एस] - डीबीएएस DBAS पर निर्भर करेगा।

3. घटना से सम्बंधित किसी कस्प का SAL, एक फलदायी संकेतक ग्रह - एफआईपी [FIP] हो सकता है, बशर्ते इसके बाद के दो स्तर भी उस घटना का समर्थन करते हैं या कम से कम इनकार नहीं करते। ये स्तर राहु और केतू के मामले में RL और NL हैं, अन्य ग्रहों के मामले में NL और SL हैं। इस

तीन-स्तरीय समर्थन को "अभिव्यक्ति का पुल" या "ब्रिज ऑफ मैनिफेस्टेशन" [बीओएम] BOM कहा जायेगा।

4. एक ग्रह जो घटना से संबंधित किसी कस्प का एसएएल नहीं है, वह भी एक फलदायी संकेतक ग्रह - एफआईपी हो सकता है, बशर्ते उसका अगला स्तर, अर्थात राहु और केतू के लिए RL या NL और अन्य ग्रहों के लिए NL, घटना से सम्बंधित किसी एक कस्प का SAL हो और अगले दो स्तरों द्वारा समर्थित हो या कम से कम इनकार नहीं किया गया हो। ये निचले स्तर अब राहु और केतू के मामले में NL और SL या SL और SSL होंगे और अन्य ग्रहों के मामले में SL और SSL होंगे।

5. ऊपर 3 और 4 के नियम को पूरा नहीं करने वाला ग्रह फलदायी संकेतक ग्रह एफआईपी [FIP] नहीं है और घटना का समर्थन नहीं करता।

6. एक घटना FIPs के DBAS में ही होती है और वो भी तब, जब 'ट्रांजिट' या 'गोचर' या पारगमन भी समर्थन करते हैं। पारगमन, ग्रहों की वर्तमान स्थिति को कहते हैं।

7. चयनित महा दशा में, जातक की उम्र के आधार पर, एक FIP की एक भुक्ति चुनें और भुक्ति में एक अंतरा। डीबीएएस एक ही ग्रह का हो सकता है, अगर उम्र की कोई बाधा नहीं है। यदि अंतरा 1 महीने से कम का हो तो रुक जाएं। नहीं तो एक कदम आगे जाकर सूक्ष्म दशा की ओर बढ़ें। अब हमने FIP का संभावित DBA या DBAS चुना लिया है।

8. अब दशा स्वामी, भक्ति स्वामी, अंतर स्वामी या सूक्ष्म स्वामी की पारगमन में स्थिति की जांच करें, इस 1 महीने से कम की अवधि के दौरान। उस अवधि के दौरान ये अपनी गति से राशि चक्र में भ्रमण कर रहे होंगे। यदि उरा समय में ये फलदायी स्थिति में आ जाते हैं, तो घटना प्रकट होने के लिए तैयार हो जाएगी। किसी FIP ग्रह का ही नक्षत्र और नवांश फलदायी स्थिति हो सकती है। इसे उस समय के एस्ट्रल स्वामियों द्वारा भी परिभाषित किया जा सकता है जो घटना से संबंधित कस्पों का प्रतिनिधित्व करते हैं। हालांकि, ट्रांजिट में एस्ट्रल स्वामी उन सभी कस्पों का प्रतिनिधित्व करने वाले मानें जाएँगे, जिनमें वे या तो रहने वाले हैं, या फिर NL, SL, SSL हैं।

9. यदि ऐसा नहीं होता तो चयनित एफआईपी FIP की अगली संभावित दशा अवधि पर जाएं और ऊपर बताए अनुसार ट्रांजिट की दोबारा जांच करें।
10. एक बार जब वह समवर्ती फलदायी पारगमन [सीएफटी] 'कांकुरेंट फ्रूटफुल ट्रांजिट' CFT हो जाए, तो उपरोक्त स्थिति के लिए उस फलदायी अवधि में सूर्य के पारगमन की जाँच करें। यदि उस दोरान, सूर्य फलदायी स्थिति में गोचर करता है, तो घटना सूर्य के फलदायी समय के दौरान प्रकट होने के लिए पक्की हो जाएगी।
11. यदि ऐसा नहीं होता है तो इस अवधि में घटना नहीं हो सकती और हमें अगले एफआईपी के सूक्ष्म या अंतरा में जाना होगा।
12. एक और संभावना है कि ग्रह किसी घटना के लिए पूरी अवधि के लिए फलदायी स्थिति में ही रहें। ऐसे मामलों में घटना का समय निकालने के लिए फलदायी स्थिति में एफआईपी की अगली छोटी दशा अवधि के माध्यम से अवधि को परिष्कृत करना आवश्यक हो जाएगा।
13. एक बार जब घटना प्रकट होने के लिए पक जाती है, तो यह कुछ दिनों की एक अवधि प्रदान करेगी जब दशा स्वामी और सूर्य एक उपयोगी स्थिति सीएफटी CFT में होंगे। उन दिनों के दौरान चंद्रमा के गोचर की जाँच करें जब यह ऊपर बताए अनुसार एक फलदायी स्थिति में हो, वही घटना का दिन और समय होगा।
14. उस समय के दौरान, आप एक फलदायी लग्न भी चुन सकते हैं जैसे कि उसके सह-शासक सभी एफआईपी FIP हों। यह घटना के सटीक समय को भी परिभाषित कर देगा।

व्यावहारिक रूप से किसी घटना के दिन और समय निर्धारित करने की आवश्यकता नहीं होती। हालांकि, तकनीकी रूप से यह संभव है और सटीक समझ के हित के लिए कभी-कभी सत्यापित किया जाना चाहिए। जन्म का सही समय, अक्षांश, देशांतर, ग्रहों की स्थिति की गणना करने वाले सॉफ्टवेयर का एल्गोरिदम, और अयनांश में छोटी-मोटी अशुद्धियाँ, कभी-कभी इस तरह की बारीक गणना में अशुद्धि का कारण बन सकती हैं। हालांकि, कुछ दिनों के भीतर घटना की भविष्यवाणी करना संभव होना चाहिए।

उपरोक्त प्रणाली को हमारी नवीनतम प्रथाओं के अनुरूप प्रक्रिया प्रवाह चार्ट में संक्षेपित किया गया है और वर्तमान संदर्भ के लिए नीचे दिया गया है। आगे के अध्यायों में भविष्यवाणियों के लिए इसी प्रक्रिया का पालन किया जाएगा।

कुंडली में कस्प या घर का वादा

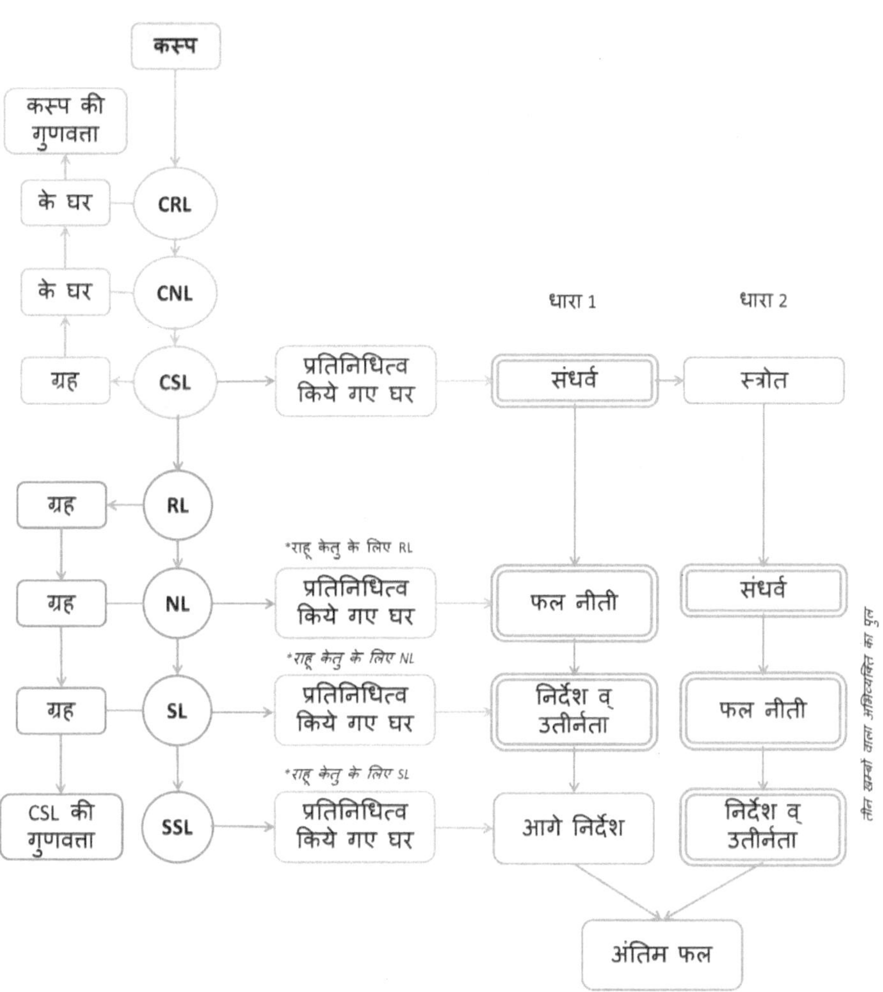

काल चक्र – कस्प के वादे का निर्देश

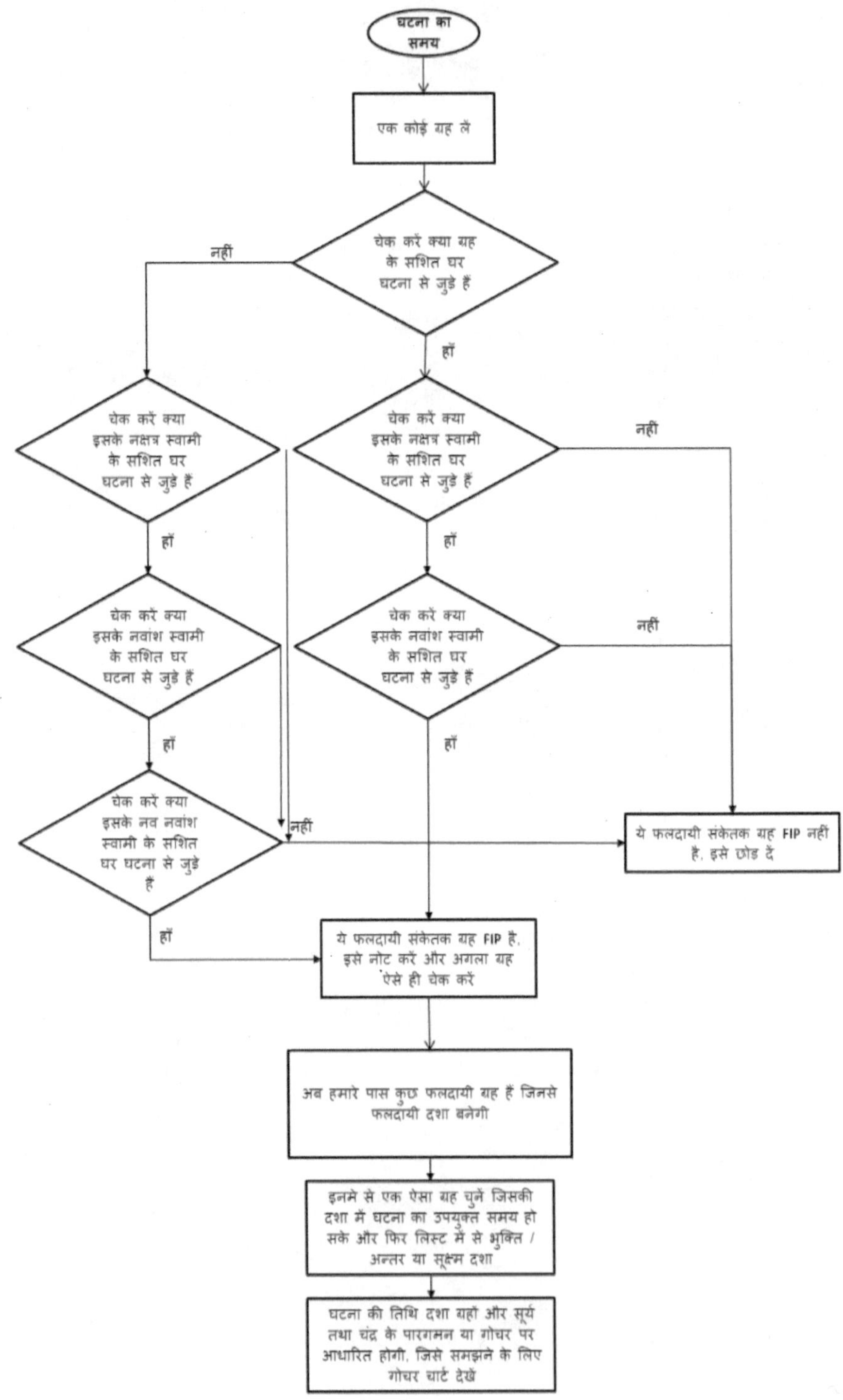
घटना का समय
एक कोई ग्रह लें
चेक करें क्या ग्रह के सशित घर घटना से जुड़े हैं
नहीं
हाँ
चेक करें क्या इसके नक्षत्र स्वामी के सशित घर घटना से जुड़े हैं
हाँ
चेक करें क्या इसके नवांश स्वामी के सशित घर घटना से जुड़े हैं
हाँ
चेक करें क्या इसके नव नवांश स्वामी के सशित घर घटना से जुड़े हैं
नहीं
हाँ
चेक करें क्या इसके नक्षत्र स्वामी के सशित घर घटना से जुड़े हैं
नहीं
हाँ
चेक करें क्या इसके नवांश स्वामी के सशित घर घटना से जुड़े हैं
नहीं
हाँ
ये फलदायी संकेतक ग्रह FIP नहीं है, इसे छोड़ दें
ये फलदायी संकेतक ग्रह FIP है, इसे नोट करें और अगला ग्रह ऐसे ही चेक करें
अब हमारे पास कुछ फलदायी ग्रह हैं जिनसे फलदायी दशा बनेगी
इनमे से एक ऐसा ग्रह चुनें जिसकी दशा में घटना का उपयुक्त समय हो सके और फिर लिस्ट में से भुक्ति / अन्तर या सूक्ष्म दशा
घटना की तिथि दशा ग्रहों और सूर्य तथा चंद्र के पारगमन या गोचर पर आधारित होगी, जिसे समझने के लिए गोचर चार्ट देखें

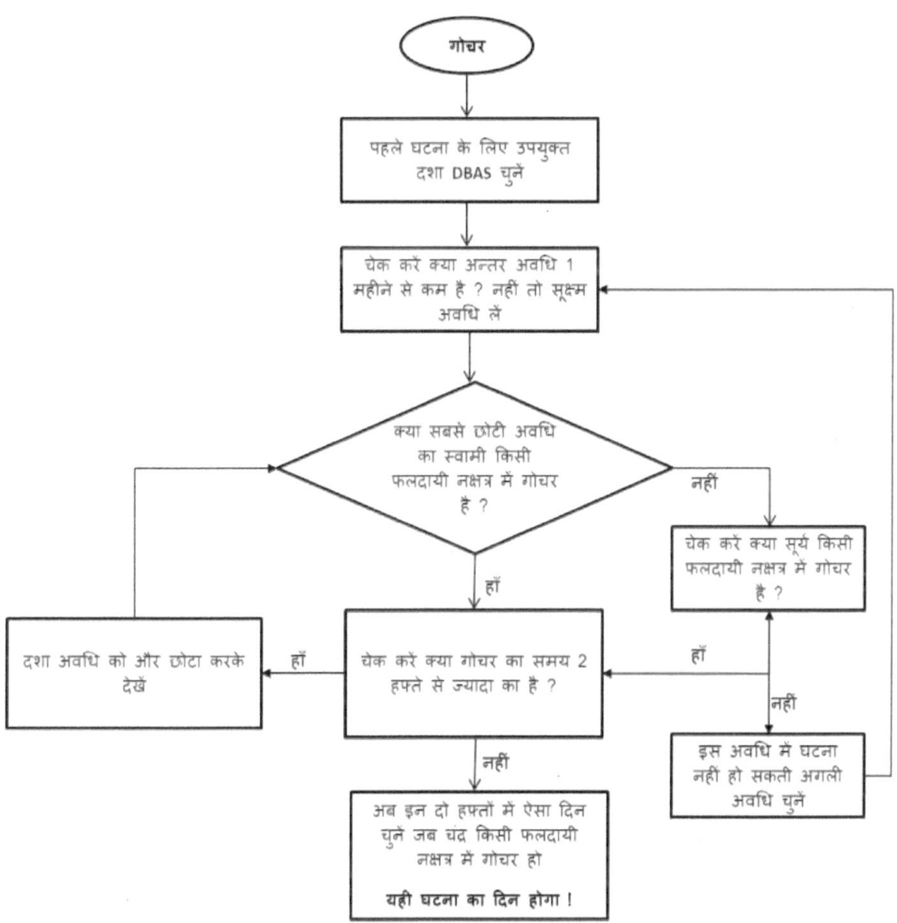
गोचर
पहले घटना के लिए उपयुक्त दशा DBAS चुनें
चेक करें क्या अन्तर अवधि 1 महीने से कम है ? नही तो सूक्ष्म अवधि लें
क्या सबसे छोटी अवधि का स्वामी किसी फलदायी नक्षत्र में गोचर है ?
नहीं
चेक करें क्या सूर्य किसी फलदायी नक्षत्र में गोचर है ?
हाँ
दशा अवधि को और छोटा करके देखें
हाँ
चेक करें क्या गोचर का समय 2 हफ्ते से ज्यादा का है ?
हाँ
नहीं
इस अवधि में घटना नहीं हो सकती अगली अवधि चुनें
नहीं
अब इन दो हफ्तों में ऐसा दिन चुनें जब चंद्र किसी फलदायी नक्षत्र में गोचर हो
यही घटना का दिन होगा !

ये चार्ट पहले से बताई गई प्रक्रिया को संक्षेप में प्रस्तुत करते हैं और सिस्टम को बेहतर ढंग से समझने में मदद करेंगे। राहु और केतु के लिए आप हमेशा आर एल RL को दूसरा स्तर मान सकते हैं और उसके अनुसार बाद के स्तरों को पढ़ सकते हैं।

अब हम निम्नलिखित अध्यायों में प्रत्येक संदर्भ का अध्ययन करेंगे और उसे कुछ उदाहरण कुंडलियों के माध्यम से समझेंगे।

18

शिक्षा

"शिक्षा धन की शुरुआत है। शिक्षा स्वास्थ्य की शुरुआत है। शिक्षा अध्यात्म की शुरुआत है। खोज और शिक्षा वह जगह है जहां चमत्कार की प्रक्रिया शुरू होती है।"

जिम रोहन

शिक्षा ज्ञान का व्यवस्थित अधिग्रहण है। व्यक्तित्व के विकास में प्रमुख कारकों में से एक शिक्षा है। इस क्षेत्र में सभी समाजों में बहुत जोर दिया जाता है। परंपरागत रूप से और आधुनिक समय में भी आपके जीवन का प्रथम 25% से 30% शिक्षा प्राप्त करने में व्यतीत होता है। इसलिए, यह जीवन का एक बहुत ही महत्वपूर्ण घटक है। आम तौर पर शिक्षा को दो भागों में माना जाता है, नियमित कक्षाएं प्राप्त करना, परीक्षाओं में शामिल होना, विभिन्न स्तरों को पास करना और स्कूल से प्रमाणपत्र प्राप्त करना, जिसे बेसिक शिक्षा कहा जाता है। फिर उच्च स्तर पर आगे का अध्ययन बड़े संस्थानों में होता है और व्यावसायिक शिक्षा आदि, प्राप्त करने को उच्च शिक्षा कहा जाता है।

आम तौर पर सफल शिक्षा को बेहतर जीवन, उपयोगी रोजगार के अवसर खोलने और आरामदेह जीवन के लिए पैसा कमाने का लाइसेंस माना जाता है। यह ज्यादातर मामलों में सच भी है और इसलिए माता-पिता के लिए बहुत चिंता का विषय होता है।

शिक्षा की क्षमता का चार्ट में विश्लेषण करने के लिए हमें सबसे पहले इस संदर्भ में, शामिल ग्रहों द्वारा दर्शाए गए घरों के व्यवहार को समझना चाहिए। बारह घर होते हैं और प्रत्येक घर की एक भूमिका होती है। अब हम प्रत्येक घर को परिभाषित करेंगे कि यह शिक्षा के संदर्भ में अपनी भूमिका कैसे निभाता है।

घरों की व्याख्या

कस्प 1 - जातक और उसके प्रयासों को दर्शाता है

कस्प 2 - ज्ञान का आत्मसात

कस्प 3 - साहस और आत्मविश्वास, मानसिक क्षमता, झुकाव, अभिव्यक्ति मौखिक और लिखित दोनों। हालाँकि, यह कस्प चतुर्थ भाव, शिक्षा के प्रमुख घर के विनाश का भी संकेत देता है, इसलिए, इसकी भूमिका साथी घरों के आधार पर तय की जाएगी। यदि संयोजन में आने वाले अधिकांश घर सकारात्मक हैं, तब और केवल तभी वह इस क्लब में शामिल होगा और सकारात्मक परिणाम दिखाएगा।

कस्प 4 - यह शिक्षा का प्रमुख भाव है जो बचपन की परिस्थितियों का भी संकेत देता है।

कस्प 5 - यह समझ और सीखने का घर है।

कस्प 6 - यह कस्प विपक्ष को नुकसान का संकेत देता है और इसलिए प्रतिस्पर्धा की सफलता में आवश्यक है। हालांकि, जब अन्य नकारात्मक संकेतों के साथ जोड़ा जाता है तो यह विघटनकारी व्यवहार के माध्यम से शिक्षा को नुकसान पहुंचा सकता है।

कस्प 7 - यह प्रतिद्वंद्वी का प्रतिनिधित्व करता है। जब 8 और 12 जैसे अन्य नकारात्मक संकेतों के साथ जोड़ा जाता है, तो दुष्ट व्यवहार शिक्षा को बाधित करेगा। हालांकि, अन्य सकारात्मक बिंदुओं के साथ यह कोई नुकसान नहीं पहुंचाएगा और एक तरह से उच्च शिक्षा का समर्थन ही करता है, 9वें घर से 11वां होने के कारन।

कस्प 8 - यह दुर्भाग्य का केंद्र है और जब इसे 3 और 6 के साथ जोड़ा जाता है तो यह शैक्षिक गतिविधियों को नुकसान पहुंचाता है, जब तक कि इसे बेअसर करने के

लिए मजबूत सकारात्मक संयोजन न हों। फिर भी यह ग्रेड कम करके कुछ नुकसान जरूर पहुंचाएगा। मजबूत सकारात्मक संयोजन के साथ, यह जिज्ञासु प्रकृति, दिमाग के तकनीकी झुकाव और बुनियादी बातों की समझ का संकेत देगा।

कस्प 9 - यह उच्च शिक्षा का प्रमुख केंद्र है।

कस्प 10 - यहाँ यह नाम, प्रसिद्धि और पुरस्कारों को इंगित करता है। जब भी यह शिक्षा के सकारात्मक संयोजन के साथ प्रकट होता है, प्रथम होने की उम्मीद की जा सकती है।

कस्प 11 - वांछित परिणाम और उच्च ग्रेड प्राप्त करने के लिए 4, 5, 9 आदि के साथ संयोजन में इच्छाओं की पूर्ति के शिखर कस्प 11 का होना आवश्यक है। जैसा कि पहले चर्चा की गई है कि 11वां उत्प्रेरक है और 11वें कस्प की उपस्थिति के बिना सकारात्मक संयोजन अपनी चमक खो देते हैं और केवल औसत परिणाम ही देंगे।

कस्प 12 - कारावास के घर की भी दोहरी भूमिका होती है। यदि 3, 6, 8 जैसे नकारात्मक भावों से जुड़े तो यह ग्रहों की शिक्षा का समर्थन करने की क्षमता को समाप्त कर सकता है और विफलताओं का कारण बन सकता है और यहां तक कि शिक्षा को पूरी तरह बंद भी कर सकता है, यदि कोई सकारात्मक समर्थन मौजूद नहीं हो। एक मजबूत सकारात्मक संयोजन के साथ भी यह ग्रेड को काफी कम कर सकता है, यदि और नकारात्मक कस्प मौजूद हों। हालांकि, अपने आप में अन्य सकारात्मक संयोजनों के साथ यह हानिरहित है और केवल शोध उन्मुख दिमाग और अध्ययन के बंधन को इंगित करेगा।

जैसा कि आप देख सकते हैं कि यह घरों का संयोजन ही है जो परिणाम का संकेत देगा। इसलिए परिणाम की भविष्यवाणी करने के लिए, आपको पता होना चाहिए कि उस समय कौन सा संयोजन काम कर रहा है और यह चल रही दशा, डीबीएएस DBAS, पर निर्भर करता है।

यह वह तरीका है जिसका हम अभी से अनुसरण करेंगे। पिछले अध्यायों में, हमने चार्ट के वादे और क्षमता का अध्ययन किया था। अब से हम विश्लेषण करेंगे कि क्या वह वादा प्रकट होता है और कब। जन्म के समय से लेकर मृत्यु के समय तक प्रत्येक क्षण को ज्योतिषीय समय में दशा द्वारा परिभाषित किया गया है। सीधे शब्दों में दशा का अर्थ है स्थिति। तो दशा एक निश्चित समय पर स्थिति को परिभाषित

करती है, चाहे जो भी संदर्भ हो। प्रत्येक घटना ऐसे समय होती है जब दशा शासक या डीबीएएस ग्रह सहमत होते हैं। दूसरे शब्दों में, किसी निश्चित समय में DBAS ग्रहों द्वारा जो भी संकेत दिया जाता है, वही होगा। महत्वपूर्ण घटनाओं के वास्तविक समय को गोचर, राशि चक्र में ग्रहों की वर्तमान स्थिति, द्वारा और अधिक परिष्कृत करने की आवश्यकता होगी।

ग्रहों की शक्ति

इसके लिए, पहले हम चर्चा के अनुसार सैम पिट तैयार करते हैं और फिर प्रत्येक ग्रह का अध्ययन करते हैं। SAM PIT में नौ ग्रहों के लिए 9 ब्लॉक हैं, जो केतु से शुरू होकर, दशा क्रम का पालन करते हुए, बुध पर समाप्त होते हैं। प्रत्येक खंड को उस ग्रह की ट्रेन या 'लिपि' या 'स्क्रिप्ट' कहा जाता है।

शिक्षा आम तौर पर 5 साल की उम्र से शुरू होती है और 30 साल की उम्र तक चलती है। हम इस समय के दोरान महादशा ग्रहों के आंकलन से शुरू कर सकते हैं। यदि आप किसी भी समय स्थिति को देखने के इच्छुक हैं, तो बस उस समय चल रहे DBAS ग्रहों की लिपि में दिखाई देने वाले संयोजनों को देखें, और परीक्षा और परिणाम के समय चल रहे DBAS को देख लें। महा दशा स्वामी [डीएल] सामान्य प्रवृत्ति या पृष्ठभूमि का संकेत देंगे, क्योंकि यह लंबे समय तक रहता है। भुक्ति स्वामी [बीएल] इसकी अवधि के आधार पर स्थिति को और अधिक बारीकी से इंगित करेगा। अंतरा स्वामी [एएल] घटना का संकेत देगा। यदि तीनों सकारात्मक संयोजनों का संकेत देते हैं, तो सफलता निश्चित है। कितनी, ये संयोजनों की सकारात्मकता पर निर्भर करेगा। यदि केवल DL और BL सकारात्मक हैं, तो AL इसके संयोजन के आधार पर बीच-बीच में अस्वीकृति की अवधि दिखाएगा। यदि BL और AL दोनों नकारात्मक हैं, तो उस अवधि के दौरान सफलता की संभावना बहुत कम है। अगली सकारात्मक भक्ति के दौरान ही स्थिति बदलेगी।

उपरोक्त को और अधिक बारीकी से समझने के लिए आइए देखें कि पारंपरिक रूप से कहे जाने वाले ये संयोजन या 'योग' कैसे काम करते हैं। घटना को पूरी तरह से परिभाषित करने वाले घरों के एक सेट को पूर्ण संयोजन या योग कहा जाता है। शिक्षा के लिए 4, 5, 9 और 11 को पूर्ण सकारात्मक योग कहा जाएगा। हम पहले ही अभिव्यक्ति के पुल [BOM] पर चर्चा कर चुके हैं, जिसे तीन-स्तरीय सर्वांगसम समर्थन

के रूप में परिभाषित किया गया है, जो कि ग्रह, आरएल या एनएल से शुरू होता है। बीओएम के तीन लगातार स्तरों में इन घरों की उपस्थिति या तो व्यक्तिगत रूप से या भागों में जिससे कि एक साथ सभी घरों का प्रतिनिधित्व हो जाये, तो एक पूर्ण संयोजन बन जाता है। यह [4,5 - 5,9 - 9,11] या [4 - 5,9,11 - 9] या [5,9 - 4,5,9,11 - 4,5] या ऐसा कोई भी हो सकता है। सभी स्तरों में कम से कम एक सकारात्मक घर होना चाहिए और एक साथ पूरा सेट बनना चाहिए। ऐसे ग्रह को शिक्षा और अच्छे ग्रेड का पूर्ण समर्थन करने वाला कहा जाएगा।

शिक्षा के लिए पूर्ण नकारात्मक संयोजन 3, 6, 8 और 12 है। इसकी उपस्थिति को बीओएम में दोहराया जा सकता है, जैसा कि ऊपर, [3,6 - 6,8 - 8,12] या [3 - 6,8 - 6,12] या [3,6,8 - 3 - 3,6,8,12] आदि, और इसे शिक्षा को पूरी तरह से नकारने वाला कहा जाएगा इसलिए ऐसा ग्रह विफलता का संकेत देता है।

हालाँकि, ये संयोजन पूरी तरह से प्रकट नहीं भी होते, जैसे [4 - 5 - 11], [4,5 - 5,9 - 5], आदि। ये अभी भी सकारात्मक हैं लेकिन कम ताकत के हैं और इस प्रकार निम्न ग्रेड का संकेत देते हैं। कस्पल स्वामी यदि सकारात्मक हो तो अधिक शक्ति प्रदान कर सकते हैं। लेकिन ऐसे मामलों में जहां आंशिक नकारात्मक संयोजन ही दिखाई देते हैं [3 - 6 - 8] या [3,6 - 3 - 12] आदि, इसका मतलब पूरी तरह से नकारात्मक ही होगा, क्योंकि इनमे कोई भी सकारात्मक घर नहीं है।

जब दोनों प्रकार के घरों का प्रतिनिधित्व किया जाये, जो कि काफी सामान्य है, तो बहुमत परिणाम को निर्धारित करता है। उनकी तुलनात्मक या सापेक्ष शक्ति उस ग्रह के लिए परिणाम के स्तर को इंगित करती है।

हालांकि शिक्षा के संदर्भ में एक अपवाद है। जब एक पूर्ण सकारात्मक संयोजन मौजूद हो और बहुमत में हो, तो यह अन्य नकारात्मक संकेतों को अपना व्यवहार बदलने और उनके सकारात्मक गुणों को सामने लाने के लिए मजबूर करता है।

यहां याद रखना महत्वपूर्ण है, कस्पल पक्ष द्वारा प्रतिनिधित्व किए गए घर, ये SAL ग्रह के संदर्भ में अधिक स्पष्टता प्रदान करते हैं। हमें ट्रेन में लोड की गयी सामग्री को ध्यान में रखना चाहिए, क्योंकि इसमें से जो एनएल की धुन पर कंपन करता है केवल वही आगे बढ़ेगा।

इस प्रकार हम प्रत्येक संदर्भ में ग्रह की शक्ति का निर्धारण करते हैं। तो, ग्रहों की शक्ति - 1, पूरी तरह से नकारात्मक, से लेकर +1 तक, पूरी तरह से सकारात्मक और बीच के सभी स्तरों पर हो सकती है।

यह समझने पर, अब हम आगे DBAS में चलते हैं।

दशा की ताकत

ग्रहों की तरह, हमारे पास DBAS में भी अभिव्यक्ति का एक सेतु है। यदि लगातार तीन दशा स्वामी सकारात्मक हों तो घटना उस अवधि में घटित होगी। लेकिन यहां थोड़ा अंतर है। जीवन की मुख्य घटनाओं के लिए, महा दशा स्वामी [डीएल] शामिल होना ही चाहिए और डीबीए DBA स्तर पर पुल का निर्माण होना चाहिए। अन्य छोटी या आवर्ती घटनाओं के लिए, यहां तक कि बीएएस BAS भी सेतु का निर्माण कर सकता है। घटना को प्रकट करने के लिए दशा की ताकत, शामिल ग्रहों की ताकत पर निर्भर करेगी। इसलिए, यदि शामिल सभी तीन ग्रह +1 हैं, तो दशा की शक्ति अत्यंत सकारात्मक +3 होगी। यदि तीनों ग्रह - 1 हैं, तो दशा अत्यंत नकारात्मक - 3, और फिर बीच में सभी स्तर हो सकते हैं। तो दशा सकारात्मक या नकारात्मक या कुछ बीच हो सकती है, जैसा की नीचे:

तीन सकारात्मक [+,+,+]: शिक्षा के लिए बेहद अच्छा

दो सकारात्मक [+,+]: एक ग्रह तटस्थ है, शिक्षा के लिए अच्छा है

दो नकारात्मक [-,-]: एक ग्रह तटस्थ, शिक्षा के लिए अशुभ

तीन नकारात्मक [-,-,-]: शिक्षा के लिए बहुत बुरा

अन्य दशा संयोजन नीचे बताए अनुसार हो सकते हैं:

[+] [+] [-] - कुल मिलाकर अवधि शिक्षा के लिए अच्छी है लेकिन अस्थायी रूप से अंतर दशा अवधि के दौरान जातक को एएल द्वारा संकेतित नकारात्मक कस्प से संबंधित शिक्षा में समस्या होगी।

[+] [-] [+] - कुल अवधि औसत है लेकिन अस्थायी रूप से अंतर के दौरान जातक शिक्षा में अच्छा प्रदर्शन करेगा जैसा कि एएल कस्प द्वारा इंगित किया गया है।

[-] [+] [+] - कुल अवधि औसत है लेकिन अस्थायी रूप से अंतर के दौरान जातक शिक्षा में बेहतर प्रदर्शन करेगा जैसा कि एएल कस्प द्वारा इंगित किया गया है।

[-] [+] [-] - कुल अवधि औसत है लेकिन अस्थायी रूप से अंतर के दौरान जातक को शिक्षा में बदतर स्थिति का सामना करना पड़ेगा जैसा कि एएल कस्प द्वारा इंगित किया गया है।

[-] [-] [+] - कुल मिलाकर अवधि शिक्षा के लिए अच्छी नहीं है लेकिन अस्थायी रूप से अंतरा जातक की अवधि के दौरान थोड़ा बेहतर होगा, जैसा कि एएल कस्प द्वारा इंगित किया गया है।

ये केवल गणितीय निरूपण हैं और इन्हें विषयगत रूप से समझा जाएगा। इसलिए भविष्यवाणी का कुल योग दशा अवधि के मूल्यांकन पर आ जाता है। दशा की ताकत दशा ग्रहों की शक्ति पर निर्भर करती है और दशा ग्रहों की शक्ति उनकी लिपि में आने वाले संयोजन की ताकत पर निर्भर करती है। संयोजन घरों द्वारा बनते हैं; जिनके SAL या उनमे स्थित ग्रह राशि चक्र में ग्रह की आंशिक स्थिति वाले स्थान के सह-शासक [आरएल-एनएल-एसएल-एसएसएल] के रूप में दिखाई देते हैं। इसलिए, आपके जन्म स्थान और समय पर राशि चक्र में किसी ग्रह और कस्प की स्थिति, भाग्य को प्रकट करने की कुंजी बनती है।

एक और पहलू है जिस पर हमें यहां चर्चा करने की जरूरत है। अपनी प्रकृति के अनुसार ग्रह की भूमिका। एक बार जब घटना संयोजनों को समझ लिया जाता है, तो हम ग्रह के व्यक्तित्व की भूमिका को भूल जाते हैं या उसकी उपेक्षा करते हैं। हम उन्हें बिना किसी व्यक्तित्व के डिलीवरी बॉयज के रूप में मान लेते हैं। शुरुआत में जटिलता से बचने के लिए यह ठीक है। हालांकि, जैसे जैसे हम भविष्यवाणी करना शुरू करते हैं, ग्रह की अपनी विशेषताओं पर विचार करना भी महत्वपूर्ण हो जाता है। क्या मंगल या शनि या अन्य किसी की लिपि में दिखाई देने वाले एक ही संयोजन का एक ही अर्थ हो सकता है? पक्का, नहीं। ग्रह अपना स्वाद जोड़ते हैं और अब समय आ गया है कि हम इसे भी समझें।

ग्रहों की विशेषताओं को हम मूल ज्ञान में पहले ही परिभाषित कर चुके हैं। ये सामान्य व्यक्तित्व लक्षण हैं। आप उन्हें डिलीवरी बॉय मान सकते हैं, जैसे दूध पहुंचाना, लेकिन कार्य होगा अपने व्यक्तित्व के अनुरूप।

यदि यह शनि है, तो वह हमेशा धीमा और सुस्त हो सकता है इसलिए देर हो जाएगी। वह माप पूरा नहीं मापेगा और कम तोल सकता है। आप इसे एक बहुत ही

उच्च सरकारि अधिकारी के अजीबोगरीब और अड़ियल नौकर के रूप में चित्रित कर सकते हैं।

यदि यह बुध है, तो वह बातूनी होगा और जल्दी में रहेगा, जल्दी से डिलीवर करेगा और कभी-कभी गायब ही हो जाएगा, जिससे आपको आश्चर्य होगा कि क्या आपने सही सही पाया है। उसे एक स्ट्रीट स्मार्ट बच्चे के रूप में देखें।

बृहस्पति स्थिर रहेगा, जल्दी में नहीं होगा और एक सौम्य गुरु या दादा की तरह अपने माप में उदार होगा। सूर्य और चंद्रमा थोड़े निरंकुश हैं। बहुत समय का पाबंद और बहुत सटीक माप और बस काम से काम। उच्च प्राधिकरण अधिकारी के रूप में सूर्य की कल्पना करें और चंद्रमा उनकी पत्नी के रूप में।

मंगल आक्रामक और सख्त है और आपसे अपेक्षा करेगा कि आप भी प्राप्त करने में कुछ प्रयास करें। यह अधीर है और आपके प्रतिक्रिया करने से पहले ही फिर से घंटी बजाएगा। कल्पना कीजिए कि एक पुलिस वाला दूध पहुंचा रहा है। शुक्र बृहस्पति की तरह है, लेकिन उतना उदार नहीं है और थोड़ा स्टाइल में वितरण करेगा। पैकेजिंग अधिक महंगी होगी जैसे कि आपने दूध देने के लिए एक उच्च श्रेणी के प्रबंधन सलाहकार को काम पर रखा है।

राहु और केतु बहुत अस्थिर हैं। राहु शनि की तरह कार्य करता है जबकि केतु मंगल की तरह। राहु स्थानीय गली के गुंडे की तरह है जो दूध देने के लिए सहमत हो गया है, जबकि केतु को पुलिस वाले की पत्नी के रूप में कल्पना करें, जो इस गुंडे से प्यार करती है। वे अपने आरएल के गुणों और उन्हें देखने वाले ग्रहों को भी व्यक्तित्व में शामिल करते हैं और इसलिए उनके व्यक्तित्व विभाजित होते हैं और इस प्रकार अप्रत्याशित होते हैं।

यहां दूध केवल एक साधारण दैनिक वस्तु है। आप डिलीवरी की इन्हीं विशेषताओं की कल्पना कर सकते हैं जब ये जीवन की घटनाओं में शामिल होती हैं।

उनके व्यक्तित्व लक्षणों का एक और सरल तरीका है जिसका उपयोग आप भविष्यवाणी में उनके प्रभावों को जोड़ने के लिए कर सकते हैं। प्रत्येक ग्रह कुछ राशियों का स्वामी होता है। सूर्य सिंह [5] का प्रतिनिधित्व करता है, मंगल मेष [1] और वृश्चिक [8] आदि का प्रतिनिधित्व करता है। आपको यह याद रखने की आवश्यकता है। आप संदर्भ के लिए नीचे दी गई एक साधारण तालिका का इस्तेमाल कर सकते हैं।

राशी का स्वामित्व		बुध	शुक्र	मंगल	गुरु	शनि
चंद्र	4	3	2	1	12	11
सूर्य	5	6	7	8	9	10
अतिरिक्त अधिकार					2,5	12

आप इसके प्रभाव को समझने के लिए डिलीवरी बॉय, आमतौर पर सबसे छोटी दशा के स्वामी, की स्क्रिप्ट में इन्हें प्रतिनिधित्व किए गए कस्प्स के रूप में जोड़ सकते हैं। मान लें कि ये सूर्य है या चंद्रमा है, तो उनके व्यक्तित्व के अलावा दोनों ही शिक्षा के समर्थक होंगे, क्यों? घर 4 या 5 दोनों शिक्षा के लिए उत्तम हैं। बुध का योग बहुत अच्छा भी हो सकता है। अन्यथा यह काफी नकारात्मक साबित हो सकता है। शुक्र भी सहायक है। मंगल सकारात्मक संकेत के साथ कड़ी मेहनत का संकेत देता है, अन्यथा यह विफलता का कारण बन सकता है। गुरु बहुत सकारात्मक है। विस्तारित शोध कार्य के माध्यम से शनि पुरस्कृत कर सकता है। इनका इस्तेमाल संदर्भ पर निर्भर करेगा और भविष्यवाणी में रंग जोड़ने के लिए इसे सावधानी से लिया जाना चाहिए, यह समझने के लिए कि भाग्य कैसे सामने आता है।

भाग्य की अन्य बारीकियों को समझने के लिए आप पुस्तक में पहले परिभाषित विशेष ग्रह पहलुओं का भी उपयोग कर सकते हैं, जैसे कि दैवीय सहायता प्राप्त होना, दूसरों के कारण बाधाएँ आना या फिर भौतिक सहायता मिलना।

हमने पहले घर-4 के अध्याय में ग्रहों और घरों से संबंधित शिक्षा के क्षेत्रों पर चर्चा की है। फिर भी, आमतौर पर अपनाए जाने वाले वांछित क्षेत्रों के संयोजन नीचे दिए गए हैं:

मेधावी छात्रों के लिए चिकित्सा पेशा प्रमुख रुचि का है। रोग का प्रतिनिधित्व करने वाले घर 6, 8 और 12 हैं। बहुसंख्यक ग्रहों में शिक्षा के अच्छे संयोजन के साथ बिखरे हुए इन घरों की उपस्थिति, चिकित्सा शिक्षा का संकेत देगी। भाव 8 तकनीकी दिमागी झुकाव को इंगित करता है और शिक्षा के अच्छे संयोजन के साथ इसकी बिखरी हुई उपस्थिति तकनीकी शिक्षा का संकेत देगी।

10 और 11 के साथ घर 7 व्यवसाय को इंगित करता है और शिक्षा के अच्छे संयोजन के साथ उनकी उपस्थिति व्यावसायिक अध्ययन का संकेत देगी। कोई भी शामिल घरों के आधार पर विभिन्न विषयों के लिए उपयुक्त संयोजन बन सकते हैं।

उदाहरण चार्ट

चलिए अब हम असली जीवन से कुछ उदाहरण चार्ट विश्लेषण के लिए लेते हैं

उदाहरण चार्ट 1 - KC001

यह वही चार्ट है जिसकी चर्चा पिछले अध्याय में की गई थी। चार्ट के पहले पृष्ठ पर ग्रहों तथा कस्प की स्थिति और अगले पृष्ठ पर संबंधित सैम पिट को इंगित किया गया है। चंद्रमा का स्थान जन्म के समय दशा को इंगित करता है। तो, जातक के जन्म के समय केतु दशा, शुक्र भुक्ति और शनि अंतरा चला रहा था। केतु दशा 7 साल तक चलती है और जिसका लगभग एक साल बीत चुका है और अगली शुक्र दशा 6 साल की उम्र में शुरू होगी। आप हमेशा प्रत्येक चार्ट के साथ सामान्य रूप से उपलब्ध दशा तालिकाओं का संज्ञान ले सकते हैं और जहां भी आवश्यक हो हम उनका संज्ञान लेंगे भी।

तो, शुक्र की प्रमुख अवधि 26 वर्ष तक रहेगी। आइए शुक्र का अध्ययन दशा स्वामी [डीएल] के रूप में करें।

शुक्र की लीपि Ve को दूसरे घर के SAL के रूप में इंगित करती है, जो शिक्षा के लिए सकारात्मक घर है। कस्पल स्वामी पक्ष [ट्रेन बोगियां] में, मंगल [RL] शिक्षा के लिए सकारात्मक घरों [4,5] को इंगित करता है और कस्पल NL केतू [1,2,3,4,6,7,8,10] घरों का मिश्रण दर्शाता है। दोनों, नकारात्मक [3,6,8] और सकारात्मक [2,4,10] कस्प। दोनों मिला कर, यह इंगित करता है कि सकारात्मक कस्प का बहुमत में हैं और कस्पल स्वामी पक्ष शिक्षा के लिए सकारात्मक ही है।

एस्ट्रल पक्ष की ओर, शुक्र [2] अपने ही नक्षत्र शुक्र [2] - [कस्टम कार्यालय] में है जो की सकारात्मक है, और फिर राहु का नवांश [8,9,11] - [राज्य कार्यालय] जो 9 और 11 के साथ इंगित करता है 8। यह अत्यधिक सकारात्मक है, क्योंकि सकारात्मक संयोजनों के साथ 8, गहराई से अध्ययन, बुनियादी बातों के ज्ञान, और दिमाग के तकनीकी झुकाव को इंगित करेगा। तो, डीएल शुक्र शिक्षा के लिए काफी सकारात्मक है या अच्छा है।

आइए अन्य ग्रहों पर भी नजर डालते हैं जो इस अवधि में भुक्ति और अंतरा स्वामी के रूप में कार्य करेंगे।

EXAMPLE CHART - KC 001

DOB - 29 APR 1957 | TOB - 3:12:30 | POB - PATIALA

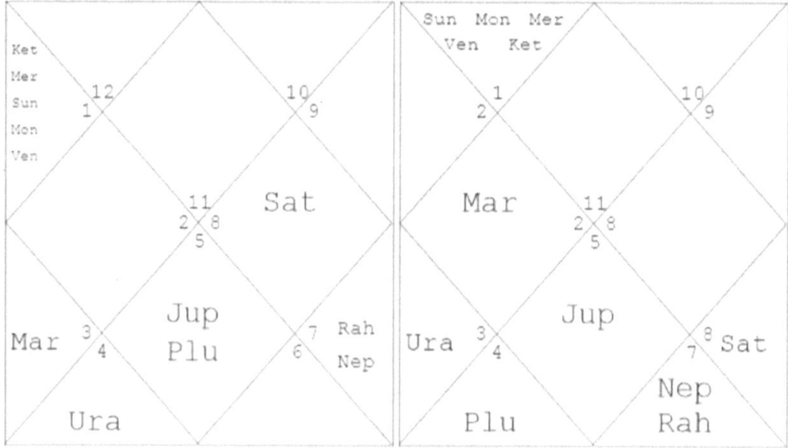

PLANET POSITIONS

Planet	Sign	Degree	RL	NL	SL	SSL
Sun	Aries	15:09'11"	Mar	Ven	Ven	Mer
Mon	Aries	02:18'22"	Mar	Ket	Ven	Sat
Mar	Gemini	03:13'56"	Mer	Mar	Ven	Mon
Mer-R	Aries	25:41'02"	Mar	Ven	Mer	Sat
Jup-R	Leo	29:17'04"	Sun	Sun	Rah	Rah
Ven	Aries	18:53'30"	Mar	Ven	Rah	Sat
Sat-R	Scorpio	20:07'41"	Mar	Mer	Ven	Mar
Rah-R	Libra	27:18'14"	Ven	Jup	Ven	Mar
Ket-R	Aries	27:18'14"	Mar	Sun	Sun	Ven
Ura	Cancer	09:51'04"	Mon	Sat	Ven	Sat
Nep-R	Libra	07:52'18"	Ven	Rah	Rah	Ket
Plu-R	Leo	04:47'14"	Sun	Ket	Mar	Mar

CUSP POSITIONS

Cusp	Sign	Degree	RL	NL	SL	SSL
1	Aquarius	20:25'44"	Sat	Jup	Jup	Sat
2	Aries	0:53'5"	Mar	Ket	Ven	Ven
3	Taurus	1:38'40"	Ven	Sun	Jup	Sat
4	Taurus	26:23'0"	Ven	Mar	Jup	Sat
5	Gemini	19:39'42"	Mer	Rah	Mar	Mer
6	Cancer	15:48'32"	Mon	Sat	Jup	Ven
7	Leo	20:25'44"	Sun	Ven	Jup	Sat
8	Libra	0:53'5"	Ven	Mar	Mer	Mon
9	Scorpio	1:38'40"	Mar	Jup	Rah	Jup
10	Scorpio	26:23'0"	Mar	Mer	Jup	Sat
11	Sagittarius	19:39'42"	Jup	Ven	Rah	Ven
12	Capricorn	15:48'32"	Sat	Mon	Sat	Sat

SAM PIT - उदाहरण चार्ट - KC 001																							
RL के कस्प				RL	NL के कस्प								NL	ग्रह	घर	RL	घर	NL	घर	SL	घर	SSL	घर
		9	12	Sa	1	3	4		6		7	10	Ju	Ke	1	Ma	4	Su	2	Su	2	Ve	2
		4	5	Ma	1	2	3	4	6	7	8	10	Ke		2		5		3		3		
			2	Ve							2	3	Su		3								
			2	Ve	1	3	4		6		7	10	Ju		4								
		2	12	Mo							9	12	Sa		6								
		2	3	Su								2	Ve		7								
			2	Ve							4	5	Ma		8								
		4	5	Ma							2	8	Me		10								
		4	5	Ma	1	2	3	4	6	7	8	10	Ke	Ve	2			Ve	2	Ra	8	Sa	9
																					9		12
																					11		
		4	5	Ma	1	2	3	4	6	7	8	10	Ke	Su	2			Ve	2	Ve	2	Me	2
			2	Ve							2	3	Su		3								8
		4	5	Ma	1	2	3	4	6	7	8	10	Ke	Mo	2			Ke	1	Ve	2	Sa	9
		9	12	Sa							2	12	Mo		12				2				12
																			3				
																			4				
																			6				
																			7				
																			8				
																			10				
			2	Ve	1	3	4		6		7	10	Ju	Ma	4			Ma	4	Ve	2	Mo	2
		2	8	Me					8		9	11	Ra		5				5				12

SAM PIT - उदाहरण चार्ट - KC 001

RL के कस्प					RL	NL के कस्प					NL	ग्रह	घर	RL	घर	NL	घर	SL	घर	SSL	घर
				2	Ve				4	5	Ma	Ra	8	Ve	2	Ju	1	Ve	2	Ma	4
			4	5	Ma	1 3	4	6	7	10	Ju		9				3				5
1 3	4	6	7	10	Ju					2	Ve		11				4				
																	6				
																	7				
																	10				
			9	12	Sa	1 3	4	6	7	10	Ju	Ju	1			Su	2	Ra	8	Ra	8
				2	Ve				2	3	Su		3				3		9		9
				2	Ve	1 3	4	6	7	10	Ju		4						11		11
			2	12	Mo				9	12	Sa		6								
			2	3	Su					2	Ve		7								
			4	5	Ma				2	8	Me		10								
			4	5	Ma	1 3	4	6	7	10	Ju	Sa	9			Me	2	Ve	2	Ma	4
			9	12	Sa				2	12	Mo		12				8				5
			4	5	Ma	1 2	3 4	6 7	8	10	Ke	Me	2			Ve	2	Me	2	Sa	9
				2	Ve				4	5	Ma		8						8		12

सूर्य कस्प 2 और 3 का SAL है। हम पहले यह देख चुके हैं कि कस्प 2 अपने कस्पल शासक पक्ष में शुद्ध सकारात्मक है। कस्प 3 का RL Ve [2] और NL Su [2,3] हैं। इसलिए, यहां कोई नकारात्मक प्रभाव नहीं है। एस्ट्रल पक्ष की तरफ, सूर्य, शुक्र [2] - [कस्टम ऑफिस] के नक्षत्र में है जो सकारात्मक है, और नवांश में भी शुक्र [2] - [राज्य कार्यालय] भी सकारात्मक है। चूंकि अभिव्यक्ति का पुल पूरा हो गया है, इसलिए हमें और आगे जाने की आवश्यकता नहीं है, क्योंकि निचले स्तर पर स्थित कस्प केवल संदर्भ को और स्पष्ट करेंगे। इसलिए, सूर्य भी शिक्षा के लिए सकारात्मक है, लेकिन, जैसा कि आप देख सकते हैं कि इसमें शिक्षा के लिए, एस्ट्रल पक्ष की तरफ

कोई बड़ा संकेत नहीं है जैसे कि [4,9,11] आदि। इसलिए आन्तरिक इच्छा और 2वें कस्प के कस्पल शासकों की ताकत का उपयोग करते हुए, बस शिक्षा को पटरी पर ररखेगा।

मंगल कस्प 4 और 5 का SAL है। कस्प 4 प्रमुख कस्प है और इसमें RL शुक्र Ve[2] और NL, गुरु Ju[1,3,4,6,7,10] हैं। यह काफी अच्छा है क्योंकि 10 के साथ 3 और 6 प्रतिस्पर्धा का संकेत देते हैं। कस्प 5 भी शिक्षा का मुख्य केंद्र है और इसका RL बुध Me[2,8] और NL राहू Ra[8,9,11] हैं। यह भी बहुत अच्छा है, और एक साथ लिया गया मंगल का कस्पल शासक पक्ष बहुत मजबूत है। एस्ट्रल स्वामी पक्ष की ओर मंगल, Ma[4,5] - [कस्टम कार्यालय] अपने ही नक्षत्र में है जो सकारात्मक है ही, और शुक्र Ve[2] - [राज्य कार्यालय] के नवांश में भी सकारात्मक है। इसलिए मंगल शिक्षा के लिए अत्यंत सकारात्मक बनता है। इसी तरह, आप देख सकते हैं, इसी तर्क का पालन करते हुए, राहु और बृहस्पति भी शिक्षा के लिए काफी सकारात्मक हैं। आइए अब बुध की जाँच करें।

बुध कस्प 2 और 8 का SAL है। कस्प 2 का अध्ययन पहले ही ऊपर किया जा चुका है। कस्प 8 के RL शुक्र Ve[2] और NL मंगल Ma[4,5] हैं। यह काफी अच्छा है। एस्ट्रल स्वामी पक्ष की तरफ, बुध Me[2,8], शुक्र Ve[2] - [कस्टम कार्यालय] के नक्षत्र में है जो सकारात्मक है, और नवांश बुध Me[2,8] - [राज्य कार्यालय] भी अच्छा है, इसलिए बुध सकारात्मक है लेकिन थोडा सा क्योंकि SSL शनि Sa[9,12] है। यहां एस्ट्रल पक्ष की तरफ दो नकारात्मक कस्प, 8 और 12 की उपस्थिति पर विचार करते हुए, केवल दो सकारात्मक कस्प 2 और 9 के साथ, बुध कमजोर बनता है। विशेष रूप से बुध, एक ग्रह के रूप में अपने घर [3,6] के साथ, यहाँ नकारात्मक पक्ष के साथ है और इसलिए इसे थोड़ा नकारात्मक ही माना जायेगा।

यही स्थिति शनि में भी है, लेकिन थोडा अंतर है। यहां, एस्ट्रल स्वामी पक्ष में सकारातमक कस्प [2,4,5,9] की संख्या और नकारात्मक [8,12] की तुलना है। तो, शनि सकारात्मक तो है लेकिन कमजोर है और शनि होने के कारण इस अवधि में जातक को पढ़ाई में मेहनत करनी पड़ेगी। मेहनत रंग लाएगी शनि[10,11], कोई ढिलाई शनि की कमजोरी के रूप में दिखाई देगी और पढ़ाई पर असर पड़ेगा।

जातक, 10वीं कक्षा तक Ve, Su, Mo, Ma & Ra की भुक्ति में होगा, Sa तथा Me की अन्तर दशा अवधि में कुछ ढिलाई के अलावा कोई बड़ी समस्या नहीं थी। Ve/Ju के दौरान जातक उच्च कक्षाओं में था और ये आगे के कॉलेज अध्ययन के अवसरों के निर्णायक वर्ष होते हैं। गुरु अत्यंत सकारात्मक है और जातक के लिए एक पेशेवर पढाई में सुगम प्रवेश सुनिश्चित करता है। 8वें कस्प की महत्वपूर्ण उपस्थिति ने इंजीनियरिंग की डिग्री सुनिश्चित की। Ve/Sa थोड़ा मुश्किल साबित हुआ होगा और जातक को पिछली प्रतिष्ठा को ध्यान में रखते हुए कड़ी मेहनत करनी पड़ी जिसने पुरस्कार और मान्यता के साथ अंतिम सफलता सुनिश्चित की।

उदाहरण चार्ट 2 - KC002

यह जन्म कुंडली है जब चंद्रमा गुरु के नक्षत्र में था। तो, जन्म के समय दशा गुरु, भुक्ति शनि और अंतरा राहु थी। गुरु दशा 12 वर्ष की आयु तक थी और प्रारंभिक शिक्षा गुरु दशा में ही थी। सातवीं कक्षा के बाद शेष शिक्षा शनि की दशा में थी।

आइए गुरु Ju की जाँच करें। तालिका गुरु को 1,4,8 और 11 के SAL के रूप में इंगित करती है। कस्प 4 और 11 शिक्षा से संबंधित हैं। कस्पल शासक पक्ष [ट्रेन बोगी] में, कस्प 4 शिक्षा के लिए प्रमुख केंद्र है और इसके कस्पल RL Ve [3,11,12] और कस्पल NL Ra [1,4,5,8,11] हैं। यह सकारात्मक कस्प [4,5,11] को नकारात्मक कस्प [3,8,12] के साथ इंगित करता है और इसलिए कस्पल शासक पक्ष शिक्षा के लिए औसत है। कस्प 11 में RL Ve [3,11,12] और NL Mo [4,6] हैं। यह कुछ अच्छा है क्योंकि 3,6,11 प्रतियोगिताओं में जीत का संकेत देते हैं।

एस्ट्रल पक्ष की तरफ, Ju [1,4,8,11], Mo [4,6] - [कस्टम ऑफिस] के नक्षत्र में है जो सकारात्मक है, और फिर नवांश Me [3,11,12] - [राज्य कार्यालय]। तीनों स्तरों पर 4 और 11 की उपस्थिति औसत शिक्षा को दर्शाती है। जबकि, 3,6,8,12 के संयोजन की उपस्थिति सिर्फ 4,11 की तुलना में बहुत शक्तिशाली है और इसलिए यह गुरु को शिक्षा के लिए नकारात्मक बना देगा।

EXAMPLE CHART - KC 002

DOB – 11 JUN 1965 | TOB - 09:13:00 | POB - PATIALA

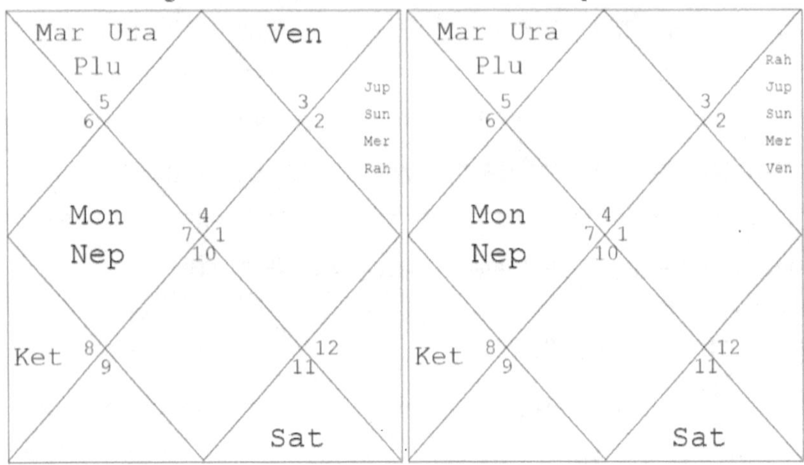

PLANET POSITIONS

Planet	Sign	Degree	RL	NL	SL	SSL
Sun	Taurus	26:38'57"	Ven	Mar	Jup	Mer
Mon	Libra	23:25'29"	Ven	Jup	Sat	Rah
Mar	Leo	28:19'38"	Sun	Sun	Mon	Ven
Mer	Taurus	25:51'16"	Ven	Mar	Rah	Mon
Jup	Taurus	18:03'44"	Ven	Mon	Mer	Ket
Ven	Gemini	12:30'38"	Mer	Rah	Sat	Jup
Sat	Aquarius	23:37'16"	Sat	Jup	Sat	Jup
Rah-R	Taurus	20:04'57"	Ven	Mon	Ket	Rah
Ket-R	Scorpio	20:04'57"	Mar	Mer	Ven	Mar
Ura	Leo	17:34'56"	Sun	Ven	Mar	Jup
Nep-R	Libra	24:27'08"	Ven	Jup	Mer	Ven
Plu	Leo	20:23'46"	Sun	Ven	Jup	Sat

CUSP POSITIONS

Cusp	Sign	Degree	RL	NL	SL	SSL
1	Cancer	16:26'11"	Mon	Sat	Jup	Rah
2	Leo	10:10'39"	Sun	Ket	Sat	Ven
3	Virgo	8:4'26"	Mer	Sun	Ven	Ven
4	Libra	10:18'16"	Ven	Rah	Jup	Rah
5	Scorpio	14:18'45"	Mar	Sat	Rah	Ven
6	Sagittarius	16:46'40"	Jup	Ven	Mon	Sat
7	Capricorn	16:26'11"	Sat	Mon	Sat	Ven
8	Aquarius	10:10'39"	Sat	Rah	Jup	Mar
9	Pisces	8:4'26"	Jup	Sat	Ket	Mer
10	Aries	10:18'16"	Mar	Ket	Sat	Ven
11	Taurus	14:18'45"	Ven	Mon	Jup	Sat
12	Gemini	16:46'40"	Mer	Rah	Ven	Sat

SAM PIT - उदाहरण चार्ट - KC 002																			
RL के कस्प				RL	NL के कस्प					NL	ग्रह	घर	RL	घर	NL	घर	SL	घर	SSL	घर
		4	6	Mo		2	7	8	10	Sa	Ke	1	Ma	2	Me	3	Ve	3	Ma	2
		3	11	Su	1 2	4 5	8	9	11	Ke		2		5		11		11		5
	3	11	12	Ve	1	4	5	8	11	Ra		4		10		12		12		10
	2	5	10	Ma		2	7	8	10	Sa		5								
2	7	8	10	Sa	1	4	5	8	11	Ra		8								
1	4	8	11	Ju		2	7	8	10	Sa		9								
	3	11	12	Ve				4	6	Mo		11								
	3	11	12	Me				3	11	Su	Ve	3			Ra	1	Sa	2	Ju	1
	3	11	12	Ve				4	6	Mo		11				4		7		4
	3	11	12	Me	1	4	5	8	11	Ra		12				5		8		8
																8		10		11
																11				
	3	11	12	Me				3	11	Su	Su	3			Ma	2	Ju	1	Me	3
	3	11	12	Ve				4	6	Mo		11				5		4		11
																10		8		12
																		11		
	3	11	12	Ve	1	4	5	8	11	Ra	Mo	4			Ju	1	Sa	2	Ra	1
1	4	8	11	Ju			3	11	12	Ve		6				4		7		4
																8		8		5
																11		10		8
																				11

SAM PIT - उदाहरण चार्ट - KC 002

RL के कस्प				RL	NL के कस्प					NL	ग्रह	घर	RL	घर	NL	घर	SL	घर	SSL	घर
		3	11	Su	1 2	4 5	8	9	11	Ke		2				3		4		3
	2	5	10	Ma		2	7	8	10	Sa	**Ma**	5			Su	11	Mo	6	Ve	11
	2	5	10	Ma	1 2	4 5	8	9	11	Ke		10								12
		4	6	Mo		2	7	8	10	Sa		1		3		4		1		1
	3	11	12	Ve	1	4	5	8	11	Ra		4		11		6		2		4
	2	5	10	Ma		2	7	8	10	Sa		5		12				4		5
2	7	8	10	Sa	1	4	5	8	11	Ra	**Ra**	8	Ve		Mo		Ke	5	Ra	8
	3	11	12	Ve				4	6	Mo		11						8		11
																		9		
																		11		11
		4	6	Mo		2	7	8	10	Sa		1				4		3		1
	3	11	12	Ve	1	4	5	8	11	Ra		4				6		11		2
2	7	8	10	Sa	1	4	5	8	11	Ra		8						12		4
	3	11	12	Ve				4	6	Mo	**Ju**	11			Mo		Me		Ke	5
																				8
																				9
																				11
		3	11	Su	1 2	4 5	8	9	11	Ke		2				1		2		1
2	7	8	10	Sa				4	6	Mo	**Sa**	7			Ju	4	Sa	7	Ju	4
2	7	8	10	Sa	1	4	5	8	11	Ra		8				8		8		8
	2	5	10	Ma	1 2	4 5	8	9	11	Ke		10				11		10		11

SAM PIT - उदाहरण चार्ट - KC 002																					
RL के कस्प					RL	NL के कस्प					NL	ग्रह	घर	RL	घर	NL	घर	SL	घर	SSL	घर
		3	11	12	Me				3	11	Su		3				2		1		4
		3	11	12	Ve				4	6	Mo		11				5		4		6
		3	11	12	Me	1	4	5	8	11	Ra	**Me**	12			Ma	10	Ra	5	Mo	
																			8		
																			11		

इसलिए प्राइम कस्प 4 जातक की मजबूत प्रतिस्पर्धी भावना के बावजूद शिक्षा में बाधाओं को इंगित करता है। कक्षा 7 के बाद की शिक्षा शनि की अगली दशा में होगी। आइए शनि का अध्ययन करें।

शनि [2,7,8,10] का SAL है। आइए कस्पल पक्ष की ओर से कस्प 2 की जाँच करें। RL सूर्य [3,11] और NL केतू [1,2,4,5,8,9,11] बहुसंख्यक सकारात्मक संकेत देते हैं और शिक्षा के लिए काफी सकारात्मक हैं। एस्ट्रल स्वामी पक्ष की ओर शनि[2,7,8,10], गुरु[1,4,8,11] के नक्षत्र और अपने ही नवांश शनि[2,7,8,10] में है। यहाँ 2,4,10,11 का योग अच्छा है लेकिन 9 का न होना उच्च शिक्षा की कमी को दर्शाता है। जैसा कि ऊपर चर्चा की गई, प्राइम कस्प 4 की बुनियादी कमजोरी के साथ, जातक के लिए कॉलेज स्तर पर उच्च शिक्षा में सफल होना मुश्किल है।

आइए अन्य ग्रहों को देखें जो इस अवधि में भुक्ति स्वामी के रूप में कार्य करेंगे। शनि की अपनी भुक्ति के बाद अगली भुक्ति बुध होगी। बुध कस्प [3,11,12] का SAL है और मंगल [2,5,10] के नक्षत्र और राहु [1,4,5,8,11] के नवांश में है। अंतिम स्तर SSL चंद्र भी [4,6] इंगित करता है। 4,5,11 और 3,6,8 का योग उच्च शिक्षा नहीं दे सकता। इसलिए, यह स्पष्ट है कि जातक स्कूल पूरा करने के लिए संघर्ष कर रहा होगा और शनि/शनि की अवधि के बाद शनि/बुध में कॉलेज को पूरा करना बेहद मुश्किल बना देगा।

जातक ने बड़ी मुश्किल से बीए में दाखिला किया, लेकिन बहुत कोशिशों के बाद भी पूरा नहीं कर सका और शनि/बुध की दशा अवधि में पढ़ाई छोड़ दी।

उदाहरण चार्ट 3 - KC007

इस जातक का जन्म चंद्र की दशा में हुआ था, जैसा कि चार्ट में चंद्र की स्थिति से संकेत मिलता है। चंद्र दशा केवल 3 साल तक चली [क्या आप जाँच सकते हैं कैसे?] और फिर मंगल की दशा शुरू हुई।

आइए कस्प 4 की जाँच करें। यहाँ चंद्र Mo, RL शुक्र Ve[7,8,11] और NL राहू Ra[2,10] वाले, कस्प 4 का SAL है। यह अच्छा है, इसलिए जातक में शिक्षा के लिए आंतरिक शक्ति होगी। एस्ट्रल पक्ष में चंद्र Mo [1,2,4,6] खुद Mo [1,2,4,6] के ही नक्षत्र में और केतू Ke [3,6,8,12] के नवांश में है। यह पुल को पूरा नहीं करता है और नकारात्मक पुच्छ बहुसंख्यक हैं। अतः जातक के लिए शिक्षा प्राप्त करना कठिन होगा।

आगे मंगल Ma [5,9,10] में शिक्षा के लिए दोनों सकारात्मक संकेत हैं। कस्प 5 में RL Ma[5,9,10] और नक्षत्र स्वामी बुध Me [1,5,11] है जो अच्छा है। एस्ट्रल पक्ष की ओर, मंगल Ma [5,9,10], केतू Ke [3,6,8,12] के नक्षत्र में और शुक्र Ve[7,8,11] के नवांश में है। यह पूरी तरह से नकारात्मक है। यहां शिक्षा के कस्प से कोई संबंध नहीं है। 11 अपने आप में मदद नहीं कर सकता। केतू शिक्षा में किसी भी प्रयास को पूरी तरह से रोकता है। इस संयोजन में 7,8,12 की उपस्थिति उपद्रवी व्यवहार को और भी दर्शाती है।

जातक कुछ वर्षों के लिए स्कूल गया लेकिन कक्षा 4 में ही पढ़ाई छोड़ दी। अन्य ग्रहों को जांचने पर आप देख सकते हैं कि राहु को छोड़कर सभी ग्रह शिक्षा के लिए नकारात्मक हैं।

इस अभ्यास के बाद अब आप किसी के भी चार्ट से उसकी शिक्षा के स्तर और विषय की जाँच कर सकते हैं। अब अगले संधर्व की और बढ़ते हैं।

EXAMPLE CHART – KC 007

DOB – 13 JUN 1960 | TOB - 09:29:20 | POB - KHANPUR

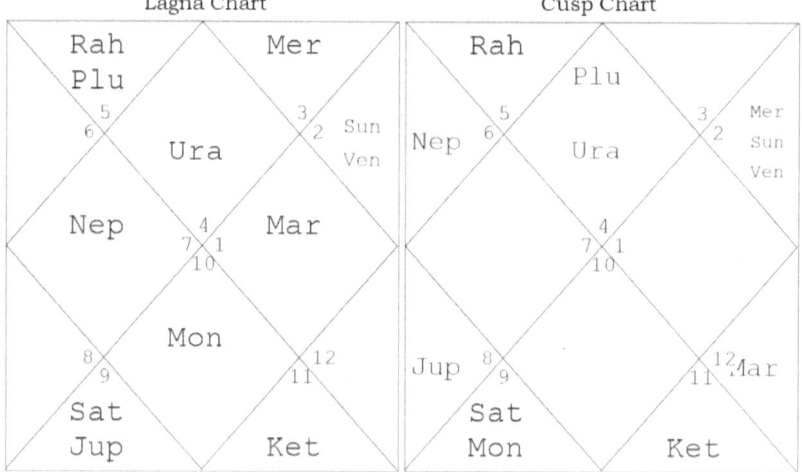

PLANET POSITIONS

Planet	Sign	Degree	RL	NL	SL	SSL
Sun	Taurus	28:55'47"	Ven	Mar	Sat	Ven
Mon	Capricorn	20:00'48"	Sat	Mon	Ket	Rah
Mar	Aries	01:29'50"	Mar	Ket	Ven	Mar
Mer	Gemini	22:41'11"	Mer	Jup	Sat	Ven
Jup	Sagittarius	06:24'38"	Jup	Ket	Rah	Sat
Ven	Taurus	26:19'30"	Ven	Mar	Jup	Jup
Sat	Sagittarius	23:36'44"	Jup	Ven	Sat	Rah
Rah	Leo	26:49'35"	Sun	Sun	Sun	Rah
Ket	Aquarius	26:49'35"	Sat	Jup	Ven	Ven
Ura	Cancer	24:47'38"	Mon	Mer	Rah	Sat
Nep	Libra	13:28'23"	Ven	Rah	Mer	Mon
Plu	Leo	10:35'32"	Sun	Ket	Sat	Mon

CUSP POSITIONS

Cusp	Sign	Degree	RL	NL	SL	SSL
1	Cancer	22:31'37"	Mon	Mer	Mon	Rah
2	Leo	17:16'1"	Sun	Ven	Mon	Ven
3	Virgo	16:5'14"	Mer	Mon	Sat	Mer
4	Libra	18:25'56"	Ven	Rah	Mon	Rah
5	Scorpio	21:37'18"	Mar	Mer	Sun	Mon
6	Sagittarius	23:12'32"	Jup	Ven	Sat	Mon
7	Capricorn	22:31'37"	Sat	Mon	Ven	Mer
8	Aquarius	17:16'1"	Sat	Rah	Ven	Mer
9	Pisces	16:5'14"	Jup	Sat	Jup	Sun
10	Aries	18:25'56"	Mar	Ven	Rah	Jup
11	Taurus	21:37'18"	Ven	Mon	Ven	Jup
12	Gemini	23:12'32"	Mer	Jup	Sat	Mar

SAM PIT - उदाहरण चार्ट - KC 007

RL के कस्प	RL	NL के कस्प	NL	ग्रह	घर	RL	घर	NL	घर	SL	घर	SSL	घर
1 5 11	Me	1 2 4 6	Mo	**Ke**	3	Sa	3	Ju	5	Ve	7	Ve	7
5 9	Ju	7 8 11	Ve		6		6		9		8		8
3 6 12	Sa	2 10	Ra		8		12				11		11
1 5 11	Me	5 9	Ju		12								
3 6 12	Sa	12 4 6	Mo	**Ve**	7			Ma	5	Ju	5	Ju	5
3 6 12	Sa	2 10	Ra		8				9		9		9
7 8 11	Ve	12 4 6	Mo		11				10		10		
5 9 10	Ma	1 5 11	Me	**Su**	5			Ma	5	Sa	3	Ve	7
7 8 11	Ve	1 2 4 6	Mo		11				9		6		8
									10		12		11
1 2 4 6	Mo	1 5 11	Me	**Mo**	1			Mo	1	Ke	3	Ra	2
5 11	Su	7 8 11	Ve		2				2		6		10
7 8 11	Ve	2 10	Ra		4				4		8		
5 9	Ju	7 8 11	Ve		6				6		12		
5 9 10	Ma	1 5 11	Me	**Ma**	5			Ke	3	Ve	7	Ma	5
5 9	Ju	3 6 12	Sa		9				6		8		9
					10				8		11		
									12				
5 11	Su	7 8 11	Ve	**Ra**	2	Su	5	Su	5	Su	5	Ra	2
5 9 10	Ma	7 8 11	Ve		10		11		11		11		10
5 9 10	Ma	1 5 11	Me	**Ju**	5			Ke	3	Ra	2	Sa	3
5 9	Ju	3 6 12	Sa		9				6		10		6
									8				12
									12				

SAM PIT - उदाहरण चार्ट - KC 007

RL के कस्प	RL	NL के कस्प	NL	ग्रह	घर	RL	घर	NL	घर	SL	घर	SSL	घर
1 5 11	Me	1 2 4 6	Mo		3				7		3		2
5 9	Ju	7 8 11	Ve	**Sa**	6			Ve	8	Sa	6	Ra	10
1 5 11	Me	5 9	Ju		12				11		12		
1 2 4 6	Mo	1 5 11	Me		1				5		3		7
5 9 10	Ma	1 5 11	Me	**Me**	5			Ju	9	Sa	6	Ve	8
7 8 11	Ve	1 2 4 6	Mo		11						12		11

19

सम्पदा

"धन, खुशी की तरह, कभी प्राप्त नहीं होता जब सीधे उसके पीछे भागा जाये। यह एक उपयोगी सेवा प्रदान करने के उप-उत्पाद के रूप में ही आता है।"

हेनरी फ़ोर्ड

कोई अन्य विषय इतनी रुचि नहीं जगाता जितना कि धन जो इस दुनिया की मुद्रा है। हम एक भौतिक दुनिया में रहते हैं और ऐसी कोई भी सामग्री नहीं, जिसे पैसा नहीं खरीद सकता। इस जन्म का एक मात्र उद्देश्य है, इच्छा की पूर्ति, क्योंकि अन्यथा आप इच्छा रहित 'मोक्ष' की स्थिति में कैसे पहुंच सकते हैं, जिसकी सभी आध्यात्मिक प्रवचनों में प्रशंसा की जाती है। दो ही मार्ग हैं, दूसरे भाव का मार्ग, धन का या बारहवें भाव का मार्ग, त्याग का। मोक्ष का दूसरा नाम सफलता ही होगी, कम से कम धन के संदर्भ में। आइए इस अध्याय में धन के बारे में बात करते हैं।

इस संसार में सामग्री की कुल मात्रा निश्चित है। इसे बनाया नहीं जा सकता। तो वही पैसे के साथ है। इसे केवल एक जेब से दूसरी जेब में स्थानांतरित किया जा सकता है और धन सृजन एक प्रकार की मिथ्या है, बस केवल लेन-देन है। आप बदले में कुछ प्रदान करके, एवज में पैसा कमा सकते हैं। यह एक वस्तु विनिमय

है। इसलिए, आपको प्राप्त होने के लिए, दूसरे व्यक्ति को भुगतान करने के लिए सहमत होना चाहिए। दूसरे व्यक्ति द्वारा भुगतान का उसके नुकसान से संकेत मिलता है, यानी 7वें घर से 12वां, जो कि आपका 6वां भाव है। यह कस्प लेन-देन में वो सब कुछ का प्रतिनिधित्व करता है, जो आप प्रदान करते हैं और जो आपको प्राप्त होता है। इसलिए यह सेवा या जॉब या नौकरी का घर भी है जैसा कि हम सामान्य रूप से इसे कहते हैं। पैसा आपके खाते में जाता है, जो कि 2वें कस्प, संचय के घर द्वारा दर्शाया जाता है। तो, आइए इस धन के संदर्भ में सभी 12 घरों को परिभाषित करें।

घरों की व्याख्या

कस्प 1 - अपने आप को और आपके द्वारा किए गए प्रयास को इंगित करता है। दूसरे भाव से 12 वें में होने का मतलब संचय की हानि भी है।

कस्प 2 - यह धन का प्रतिनिधित्व करता है और धन, संचित सम्पत्ति के लिए प्रमुख कस्प है।

कस्प 3 - यह लिखित या मौखिक, विनिमय या लेनदेन के लिए बातचीत का प्रतिनिधित्व करता है।

कस्प 4 - यह आपकी अचल संपत्ति जैसे घर, वाहन, भूमि आदि को इंगित करता है।

कस्प 5 - यह 7वें कस्प से 11वां होने के कारन दूसरे पक्ष के लिए तृप्ति का संकेत देता है और इस भौतिक संदर्भ में इसे आपकी निराशा माना जाता है।

कस्प 6 - लेन-देन, सेवा, नौकरी, नकदी की प्राप्ति आदि

कस्प 7 - दूसरा पक्ष, क्लाइंट, नियोक्ता, ग्राहक, आदि।

कस्प 8 - दुर्भाग्य का केंद्र। विरोधियों की बैंक स्थिति या संचय को इंगित करता है। अन्य नकारात्मक कस्प 5, 12 के साथ मिलकर गंभीर नुकसान करेगा। हालांकि, केवल सकारात्मक कस्प के साथ इसकी भागीदारी अनर्जित और अप्रत्याशित लाभ प्रदान कर सकती है।

कस्प 9 - यह सौम्य स्वभाव और नैतिक उच्च आधार को इंगित करता है। 10वें से 12वें पे होना पेशे में बदलाव या हानि का संकेत भी देता है। 7वें से 3वें स्थान पर

होने के नाते, यह भी इंगित करता है कि दूसरे पक्ष से बातचीत का रूप, जैसे जातक का 3वां कस्प।

कस्प 10 - आपकी प्रतिष्ठा, पेशा, व्यवसाय या कौशल, और धन के कस्प 2, 6 और 11 के साथ संयोजन आपके पेशे से वांछनीय कमाई को इंगित करता है।

कस्प 11 - पूर्ति का शिखर। अन्य कस्पों के साथ इसका संयोजन आपकी कमाई से संतुष्टि के लिए वास्तविक उत्प्रेरक है।

कस्प 12 - नुकसान और खर्च का संकेत देता है। अन्य नकारात्मक कस्प, 5, 8 के साथ संयोजन से गंभीर नुकसान होगा, जबकि अन्य सकारात्मक कस्प के साथ शामिल होने से खर्च या निवेश का संकेत मिलेगा।

जैसा कि आप देख सकते हैं कि यह कस्पों का संयोजन है जो परिणाम का संकेत देता है। इसलिए परिणाम की भविष्यवाणी करने के लिए, आपको पता होना चाहिए कि उस समय कौन सा संयोजन काम कर रहा है और यह उस समय की दशा या डीबीएएस पर निर्भर करता है।

ग्रहों की शक्ति

पहले हम चर्चा के अनुसार सैम पिट तैयार करते हैं और फिर प्रत्येक ग्रह का अध्ययन, धन के संधर्व में उसकी शक्ति आंकने के लिए। SAM PIT में नौ ग्रहों के लिए 9 ब्लॉक हैं, जो केतु से शुरू होकर, दशा क्रम का पालन करते हुए, बुध पर समाप्त होते हैं। प्रत्येक खंड को उस ग्रह की ट्रेन या 'लीपि' या 'स्क्रिप्ट' कहा जाता है।

दरअसल कमाई की कोई उम्र नहीं होती। कुछ अपनी पारिवारिक परिस्थितियों के आधार पर बचपन में ही कमाई शुरू कर सकते हैं। हालाँकि, आम तौर पर कमाई 25 साल की उम्र से शुरू होती है और लगभग 60 साल की उम्र तक चलती है। यहाँ कोई उम्र की सीमा नहीं है, आप आखिरी सांस तक कमाई करते रह सकते हैं। हम सामान्य कमाई के समय में चल रहे महा दशा ग्रहों के साथ शुरुआत कर सकते हैं। यदि आप वर्तमान स्थिति को देखने में रुचि रखते हैं, तो वर्तमान में चल रहे DBAS ग्रहों की लीपि में दिखाई देने वाले संयोजनों को देखें। महा दशा स्वामी [डीएल] सामान्य प्रवृत्ति या पृष्ठभूमि का संकेत देंगे, क्योंकि यह लंबे समय तक रहता है। भुक्ति स्वामी [बीएल] इसकी अवधि के आधार पर स्थिति को और अधिक बारीकी से इंगित करेगा। जबकि, अंतरा स्वामी [एएल] चल रही स्थिति का संकेत देगा। यदि तीनों सकारात्मक

संयोजनों को इंगित करते हैं तो पैसा बनाना सुनिश्चित है। क्वांटम या मात्रा, संयोजनों की सकारात्मकता पर निर्भर करेगी। यदि दशा और भुक्ति सकारात्मक हैं, तो अन्तर अपने संयोजन के आधार पर कुछ सेट बैक की अवधि दिखाएगा। यदि भुक्ति और अन्तर दोनों नकारात्मक हैं, तो उस अवधि के दौरान कमाई की संभावना बहुत कम है। अगली सकारात्मक भक्ति के दौरान ही स्थिति बदलेगी।

उपरोक्त को और अधिक बारीकी से समझने के लिए आइए देखें कि ये संयोजन कैसे कार्य करते हैं। घटना को पूरी तरह से परिभाषित करने वाले घरों के एक पुंज को पूर्ण संयोजन कहा जाता है। धन के लिए, 2, 6, 10 और 11 को पूर्ण सकारात्मक संयोजन कहा जाएगा। अभिव्यक्ति के पुल में इन घरों की उपस्थिति से, लगातार तीन स्तरों पर, या तो व्यक्तिगत रूप से या भागों में, एक साथ सभी घरों का प्रतिनिधित्व हो जाता है तो, इसका मतलब एक पूर्ण संयोजन बनता है। यह [2,6 - 6,10 - 10,11] या [2 - 6,10,11 - 10] या [6,10 - 2,6,10,11 - 2,6] या ऐसा कोई भी हो सकता है। सभी स्तरों में कम से कम एक सकारात्मक घर होना चाहिए और एक साथ पूरा सेट बनना चाहिए। यह ग्रह पूरी तरह से कमाई का समर्थन करने वाला कहा जाएगा और भौतिक सफलता और धन सृजन के लिए शानदार परिणाम देगा।

धन के लिए पूर्ण नकारात्मक संयोजन 1, 5, 9, 8 और 12 है। इसकी उपस्थिति को ऊपर की तरह ही दोहराया जा सकता है, [5,8 - 9,12 - 1,5] या [1,12 - 5,8,9 - 8,12] या [1,8,12 - 5 - 5,8,9,12] आदि, और इसे पूरी तरह से नकारात्मक कहा जाएगा और इसके परिणामस्वरूप नौकरी का नुकसान, कमाई की हानि, व्यापार में भारी नुकसान, आदि होगा।

हालाँकि, हो सकता है ये पूरी तरह से प्रकट न हों, जैसे [2 - 6 - 10], [2,6 - 2,10 - 6], आदि। ये अभी भी सकारात्मक हैं लेकिन कम ताकत के हैं और इस प्रकार छोटे लाभ का संकेत देते हैं। ऐसे मामलों में जहां आंशिक नकारात्मक संयोजन दिखाई देते हैं [5 - 8 - 12] या [1,5 - 9 - 12], आदि। इसका मतलब अभी भी पूरी तरह से नकारात्मक ही होगा क्योंकि कोई सकारात्मक समर्थन नहीं है। कस्पल शासक भी ग्रह को शक्ति प्रदान कर सकते हैं यदि उनमे सकारात्मक घर दिखाई देते हैं, तो।

जब दोनों प्रकार के घरों का प्रतिनिधित्व किया जाता है, जो कि काफी संभव और सामान्य है, तो बहुमत परिणाम को निर्धारित करेगा। उनकी सापेक्ष शक्ति उस ग्रह के लिए परिणाम के स्तर को इंगित करती है। कमाई की मात्रा शुद्ध सकारात्मकता पर

निर्भर करती है। इस संदर्भ में ताकत को समझने के लिए आप सीधे दो प्रकार के घरों को घटा सकते हैं। यदि तीन धनात्मक और दो ऋणात्मक घर हैं, तो शुद्ध शक्ति (3-2)/(3+2) = 0.2 ही होगी। तो, कमाई की संभावना सकारात्मक है लेकिन केवल 20%। ये केवल सामान्य समझ के लिए है। क्षमता व्यक्ति की परिस्थितियों और समाज के सापेक्ष ही होती है जिसमें वो रहता है।

इस तरह हम धन के संदर्भ में किसी ग्रह की शक्ति का निर्धारण करते हैं। तो, शक्ति - 1 से, पूरी तरह से नकारात्मक, +1 से, पूरी तरह से सकारात्मक और बीच के सभी स्तरों में भिन्न हो सकती है और 0 या शून्य, औसत या तटस्थ होगा।

दशा की ताकत

धन प्रदान करने के लिए DBAS या दशा की ताकत शामिल ग्रहों, दशा स्वामी, भुक्ति स्वामी और अन्तर स्वामी, की ताकत पर निर्भर करेगी। यदि शामिल तीनों ग्रह +1 हैं, तो दशा की शक्ति अत्यंत सकारात्मक +3 होगी। यदि तीनों ग्रह - 1 हैं, तो दशा अत्यंत नकारात्मक - 3, और बीच में सभी स्तर होंगे। तो दशा हो सकती है

तीन सकारात्मक [+,+,+]: कमाई के लिए बेहद अच्छा

दो सकारात्मक [+,+]: एक ग्रह तटस्थ है, कमाई के लिए अच्छा है

दो ऋणात्मक [-,-]: एक ग्रह तटस्थ है, कमाई में हानि

तीन नकारात्मक [-,-,-]: गंभीर नुकसान

अन्य दशा संयोजन हो सकते हैं,

[+] [+] [-] - कुल मिलाकर आर्थिक रूप से एक अच्छी अवधि है लेकिन अन्तर की अवधि में अस्थायी झटके या नुकसान की उम्मीद है। यह समग्र स्थिति को खराब नहीं करेगा।

[+] [-] [+] - आर्थिक रूप से इतनी अच्छी अवधि नहीं है लेकिन अस्थायी रूप से सकारात्मक लाभ स्थिति से राहत दिलाएगा।

[-] [+] [+] - आर्थिक रूप से इतनी अच्छी अवधि नहीं है लेकिन इस अवधि में अच्छा लाभ होगा। यदि जातक की नौकरी पहले चली गई हो तो उसे इस अवधि में मिल सकती है।

[-] [+] [-] - आर्थिक रूप से इतनी अच्छी अवधि नहीं है और ऐसी अवधि में कोई अपनी नौकरी खो सकता है और व्यापार में असफलताओं का सामना कर सकता है।

[-] [-] [+] - कुल मिलाकर आर्थिक रूप से खराब अवधि लेकिन किसी को अस्थायी राहत महसूस हो सकती है, इस अवधि में कुछ लाभ और आशाएं बढ़ेंगी।

ग्रह भी अपना स्वाद जोड़ते हैं और उस पर भी विचार किया जाना चाहिए। उनके व्यक्तिगत लक्षणों के अलावा आप उनके द्वारा सर्वथा शाशित मूल घरों का उपयोग भविष्यवाणी में उनके प्रभाव को जोड़ने के लिए कर सकते हैं। आमतौर पर इसके प्रभाव को समझने के लिए इन्हें डिलीवरी बॉय, सबसे छोटी दशा के स्वामी, की स्क्रिप्ट में, प्रतिनिधित्व किए गए घरों के साथ जोड़ लेना चाहिए।

मान लें कि ये ग्रह सूर्य है, तो उसके व्यक्तित्व के अलावा, सूर्य सेवा या नौकरी का पक्ष नहीं लेता। नकारात्मक संयोजनों के साथ सूर्य केवल सेवा समाप्ति में मदद करेगा।

चंद्रमा संपत्ति अधिग्रहण का समर्थक होगा।

बुध की युति बहुत अच्छी है अच्छे संयोजन के साथ। यह त्वरित रिटर्न प्रदान करेगा और नौकरी को बरकरार रखने की कोशिश करेगा।

शुक्र व्यापार और धन संचय का सहायक है। सकारात्मक संकेतों के साथ यह शानदार रिटर्न दे सकता है।

मंगल सकारात्मक संकेतों के साथ कड़ी मेहनत करने का संकेत देता है, अन्यथा नकारात्मक संकेतों के साथ मिलकर यह नुकसान और झटके, निष्फल संघर्ष का कारण बन सकता है।

धन सृजन के लिए बृहस्पति सहायक नहीं है; केवल इसका उदार गुण ही मात्रा में मदद करता है। सकारात्मक घरों के साथ यह बड़ा रिटर्न दे सकता है लेकिन नकारात्मक घरों के साथ यह भारी नुकसान भी देगा। लेकिन इसकी अवधि हमेशा परिस्थितियों को अनुकूल रखने और धैर्य का संकेत देती है।

शनि का धीमा और सुस्त होना सकारात्मक संयोजन के साथ लंबी अवधि के निवेश के माध्यम से पुरस्कृत कर सकता है। हालांकि, नकारात्मक संयोजनों के साथ यह करियर का धीमा, सुस्त और पीड़ाजनक अंत ला सकता है। इसकी अवधि हमेशा बृहस्पति की तुलना में कम सौम्य परिस्थितियों को दर्शाती है।

भविष्यवाणी में रंग भरने के लिए उपरोक्त विवरण को सावधानीपूर्वक जोड़ा जाना चाहिए, यह समझने के लिए कि भाग्य किस प्रकार सामने आता है।

भाग्य की अन्य बारीकियों को समझने के लिए आप पुस्तक में पहले परिभाषित विशेष ग्रह पहलुओं का भी उपयोग कर सकते हैं, जैसे कि दैवीय सहायता प्राप्त होना, दूसरों के कारण बाधाएँ आना या भौतिक सहायता मिलना, जो की ग्रह पर किसी दृष्टि पर निर्भर करेंगी।

इस संदर्भ को और समझने के लिए अब हम कुछ जातकों के चार्ट लेंगे।

उदाहरण चार्ट

उदाहरण चार्ट 1 - KC001

आइए धन के संदर्भ में इस चार्ट की समीक्षा करें। यह वही चार्ट है जिसकी पहले भी कई बार समीक्षा की गई है, लेकिन अब ग्रह यहाँ धन के बारे में भाग्य बताएंगे।

कमाई और दौलत की शुरुआत लिए हम आम तौर पर 25 साल की उम्र को देखते हैं। यहां पे जातक शुक्र दशा के अंतिम भाग में होंगे। क्यों, जरा सोचिये?

शुक्र की लीपि Ve को दूसरे घर के सूक्ष्म चाप स्वामी SAL के रूप में इंगित करती है, जो धन के लिए एक सकारात्मक घर है। कस्पल स्वामी पक्ष [ट्रेन बोगीज़] में, RL मंगल Ma [4,5] है और कस्पल NL केतु Ke [1,2,3,4,6,7,8,10], जो इंगित करते हैं दोनों का मिश्रण, नेगेटिव [1,5,8] और सकारात्मक [2,6,7,10] कस्प। एक साथ लिया जाये तो, यह इंगित करता है कि सकारात्मक कस्प बहुमत हैं और धन कमाने के लिए कस्पल शासक पक्ष शुद्ध सकारात्मक है।

एस्ट्रल पक्ष की तरफ, शुक्र [2] अपने ही नक्षत्र में है जो सकारात्मक है, और फिर राहु [8,9,11] का नवांश है जो 11 को 8 और 9 के साथ इंगित करता है। यह सिर्फ सकारात्मक है, क्योंकि 2,11 के सकारात्मक संयोजन के साथ केवल 8 नुकसान नहीं कर सकता जब तक कि 5 या 12 के साथ युग्मित न हो। इसलिए, दशा स्वामी शुक्र बहुत मजबूत तो नहीं है, लेकिन सकारात्मक है। मजबूत कस्पल शासक पक्ष, इस सकारात्मक अभिव्यक्ति के पुल का लाभ उठा सकता है।

सूर्य कस्प 2 और 3 का एसएएल है। हम पहले ही अध्ययन कर चुके हैं कि कस्पल शासक पक्ष में कस्प 2 शुद्ध धनात्मक है। अब कस्प 3 में RL शुक्र Ve [2] और NL

सूर्य Su [2,3] हैं। इसलिए, यहां कोई नकारात्मक संकेत नहीं हैं। एस्ट्रल स्वामी पक्ष की ओर सूर्य, शुक्र [2] के नक्षत्र में है जो सकारात्मक है, और नवांश भी शुक्र [2] ही है। चूंकि अभिव्यक्ति का पुल पूरा हो गया है, इसलिए हमें और आगे जाने की जरूरत नहीं है। इसलिए, सूर्य कमाई के लिए सकारात्मक है, लेकिन जैसा कि आप देख सकते हैं कि इसमें एस्ट्रल स्वामी पक्ष की तरफ कमाई के लिए कोई बड़ा संकेत नहीं है जैसे कि [6, 10 और 11] और इसलिए, कस्पल शासकों की ताकत का उपयोग करके, बस जातक को कमाई में रखेगा। यहां कुछ भी शानदार होने की उम्मीद नहीं है। नकारात्मक घरों की अनुपस्थिति ही महत्वपूर्ण है।

अब चन्द्र, 2 और 12 का SAL है। कस्प 2 धनात्मक है। कस्प 12 में RL Sa [9,12] और NL, Mo [2,12] है। यह कस्पल शासक पक्ष में चंद्र को थोड़ा कमजोर बनाता है। एस्ट्रल पक्ष की तरफ चंद्र [2,12] केतू [1,2,3,4,6,7,8,10] के नक्षत्र में है और शुक्र [2] के नवांश में है। यह धन के लिए बहुत मजबूत संयोजन है [2,3,4,6,7,10] लेकिन पुल में [8,12] की उपस्थिति कस्पल शासकों के नकारात्मक भार का भी समर्थन करेगी। चूंकि नवांश स्तर पर कोई नकारात्मक समर्थन नहीं है, इससे कोई स्थायी नुकसान नहीं होगा। यदि आप करीब से देखें तो चंद्र 12 का एसएएल है, यहां 3 और 9 के संयोजन में विदेश यात्रा को भी बढ़ावा देता है। मूल निवासी ने भारत में अपनी नौकरी छोड़ दी और रोजगार के लिए विदेश चला गया। अंततः इस अवधि में बहुत पैसा कमाया।

EXAMPLE CHART – KC 001

DOB – 29 APR 1957 | TOB - 3:12:30 | POB - PATIALA

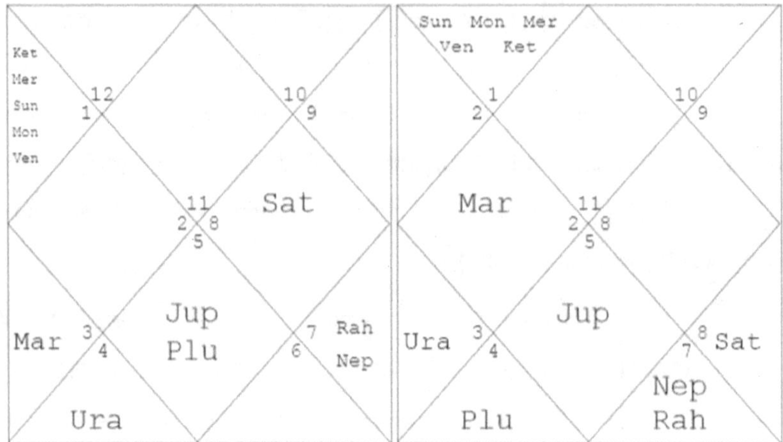

PLANET POSITIONS

Planet	Sign	Degree	RL	NL	SL	SSL
Sun	Aries	15:09'11"	Mar	Ven	Ven	Mer
Mon	Aries	02:18'22"	Mar	Ket	Ven	Sat
Mar	Gemini	03:13'56"	Mer	Mar	Ven	Mon
Mer-R	Aries	25:41'02"	Mar	Ven	Mer	Sat
Jup-R	Leo	29:17'04"	Sun	Sun	Rah	Rah
Ven	Aries	18:53'30"	Mar	Ven	Rah	Sat
Sat-R	Scorpio	20:07'41"	Mar	Mer	Ven	Mar
Rah-R	Libra	27:18'14"	Ven	Jup	Ven	Mar
Ket-R	Aries	27:18'14"	Mar	Sun	Sun	Ven
Ura	Cancer	09:51'04"	Mon	Sat	Ven	Sat
Nep-R	Libra	07:52'18"	Ven	Rah	Rah	Ket
Plu-R	Leo	04:47'14"	Sun	Ket	Mar	Mar

CUSP POSITIONS

Cusp	Sign	Degree	RL	NL	SL	SSL
1	Aquarius	20:25'44"	Sat	Jup	Jup	Sat
2	Aries	0:53'5"	Mar	Ket	Ven	Ven
3	Taurus	1:38'40"	Ven	Sun	Jup	Sat
4	Taurus	26:23'0"	Ven	Mar	Jup	Sat
5	Gemini	19:39'42"	Mer	Rah	Mar	Mer
6	Cancer	15:48'32"	Mon	Sat	Jup	Ven
7	Leo	20:25'44"	Sun	Ven	Jup	Sat
8	Libra	0:53'5"	Ven	Mar	Mer	Mon
9	Scorpio	1:38'40"	Mar	Jup	Rah	Jup
10	Scorpio	26:23'0"	Mar	Mer	Jup	Sat
11	Sagittarius	19:39'42"	Jup	Ven	Rah	Ven
12	Capricorn	15:48'32"	Sat	Mon	Sat	Sat

SAM PIT - उदाहरण चार्ट - KC 001

RL के कस्प					RL	NL के कस्प					NL	ग्रह	घर	RL	घर	NL	घर	SL	घर	SSL	घर
			9	12	Sa	1 3	4	6	7	10	Ju	Ke	1	Ma	4	Su	2	Su	2	Ve	2
			4	5	Ma	1 2	3 4	6 7	8	10	Ke		2		5		3		3		
				2	Ve				2	3	Su		3								
				2	Ve	1 3	4	6	7	10	Ju		4								
			2	12	Mo				9	12	Sa		6								
			2	3	Su					2	Ve		7								
				2	Ve				4	5	Ma		8								
			4	5	Ma				2	8	Me		10								
			4	5	Ma	1 2	3 4	6 7	8	10	Ke	Ve	2			Ve	2	Ra	8	Sa	9
																			9		12
																			11		
			4	5	Ma	1 2	3 4	6 7	8	10	Ke	Su	2			Ve	2	Ve	2	Me	2
				2	Ve				2	3	Su		3								8
			4	5	Ma	1 2	3 4	6 7	8	10	Ke	Mo	2			Ke	1	Ve	2	Sa	9
			9	12	Sa				2	12	Mo		12				2				12
																	3				
																	4				
																	6				
																	7				
																	8				
																	10				

SAM PIT - उदाहरण चार्ट - KC 001																					
RL के कस्प					RL	NL के कस्प					NL	ग्रह	घर	RL	घर	NL	घर	SL	घर	SSL	घर
				2	Ve	1 3	4	6	7	10	Ju	**Ma**	4			Ma	4	Ve	2	Mo	2
			2	8	Me			8	9	11	Ra		5				5				12
				2	Ve				4	5	Ma	**Ra**	8	Ve	2	Ju	1	Ve	2	Ma	4
			4	5	Ma	1 3	4	6	7	10	Ju		9				3				5
1 3	4	6	7	10	Ju					2	Ve		11				4				
																	6				
																	7				
																	10				
			9	12	Sa	1 3	4	6	7	10	Ju	**Ju**	1			Su	2	Ra	8	Ra	8
				2	Ve				2	3	Su		3				3		9		9
				2	Ve	1 3	4	6	7	10	Ju		4						11		11
			2	12	Mo				9	12	Sa		6								
			2	3	Su					2	Ve		7								
			4	5	Ma				2	8	Me		10								
			4	5	Ma	1 3	4	6	7	10	Ju	**Sa**	9			Me	2	Ve	2	Ma	4
			9	12	Sa				2	12	Mo		12				8				5
			4	5	Ma	1 2	3 4	6 7	8	10	Ke	**Me**	2			Ve	2	Me	2	Sa	9
				2	Ve				4	5	Ma		8						8		12

मंगल 4 और 5 का SAL है। कस्प 4 में RL शुक्र Ve[2] और NL गुरु Ju [1,3,4,6,7,10] हैं। यह काफी अच्छा है क्योंकि यहां कोई नकारात्मक संकेत नहीं हैं। कस्प 5 में RL बुध Me[2,8] और NL राहू Ra[8,9,11] हैं। यह औसत है क्योंकि 5 और 8, 2,11 को बेअसर कर देगा। इसलिए एक साथ मिला कर मंगल का कस्पल शासक पक्ष मजबूत है, लेकिन स्वयं कस्प 5 तटस्थ है। एस्ट्रल स्वामी की ओर मंगल [4,5] अपने ही नक्षत्र में है जो थोड़ा नकारात्मक है, और शुक्र[2] के नवांश में जो थोड़ा सकारात्मक है। NL में कस्प 5 यहां नौकरी में बदलाव का संकेत देता है। जातक विदेश में नौकरी छोड़कर अपना खुद का व्यवसाय शुरू करने के लिए भारत लौट आया।

आगे राहु और बृहस्पति भी धन के लिए काफी सकारात्मक हैं। आप खुद चेक करें। आइए यहाँ बुध की जाँच करें।

बुध कस्प 2 और 8 का SAL है। कस्प 2 का अध्ययन पहले ही ऊपर किया जा चुका है। कस्प 8 में RL शुक्र Ve [2] और NL मंगल Ma [4,5] हैं। यह इतना अच्छा नहीं है। एस्ट्रल स्वामी पक्ष की ओर बुध शुक्र [2] के नक्षत्र में है जो सकारात्मक है, और बुध [2,8] के नवांश में भी सकारात्मक ही है, इसलिए बुध सकारात्मक तो है लेकिन कमजोर है। यहां एसएसएल को देखते हुए, एस्ट्रल पक्ष की और नकारात्मक कस्प, 8,9 और 12, सकारात्मक कस्प केवल 2, बुध को काफी कमजोर बनाता है।

शनि की स्थिति और भी खराब है। यहाँ, एस्ट्रल स्वामी पक्ष में सकारात्मक कस्प, नकारात्मक [5,8,9 और 12] की तुलना में सिर्फ 2 ही है। तो, शनि धन के लिए बेहद नकारात्मक है और अपनी अवधि में नुकसान लाएगा। राहु/शनि की अवधि में जातक को भारी नुकसान हुआ और लगभग व्यवसाय से बाहर हो गया। राहू/बुध भी कमजोर ही है और आगे राहू/केतु में स्थिति बदलेगी।

उदाहरण चार्ट 2 - KC002

आइए इस संदर्भ में दूसरे चार्ट का विश्लेषण करें।

यहां व्यक्ति ने शिक्षा समाप्त की और शनि की दशा में काम करने निकला। शनि 2,7,8 और 10 का SAL है। आइए कस्प 2 की जाँच करें। कस्प्ल शासक पक्ष की ओर

कस्प 2 में RL सूर्य Su[3,11] और NL केतु Ke[1,2,4,5,8,9,11 है। यह एक मिश्रित संयोजन बनता है [2,11] सकारात्मक सेट बनाम [1,5,8,9] का नकारात्मक सेट। यह कस्प 2 को कस्पल स्वामी पक्ष की तरफ बहुत कमजोर बनाता है। कस्प 3 और 4 केवल सहायक हैं। धन के लिए मुख्य कस्प होने के कारण कस्प 2 धन के वादे को इस चार्ट में काफी कमजोर बना देता है।

कस्प 10 में RL मंगल Ma[2,5,10] और NL केतु Ke[1,2,4,5,8,9,11] हैं। यह बहुत अलग नहीं है और कमजोर ही रहता है। इसलिए कस्पल शासक पक्ष में शनि भी काफी कमजोर है। केवल कस्प 7 में कुछ ताकत है, ट्रेन की बोगी में 2,6,10 होने के कारन।

एस्ट्रल पक्ष की ओर, शनि [2,7,8,10] गुरु [1,4,8,11] के नक्षत्र में और शनि [2,7,8,10] के नवांश है। इसने जातक को व्यापार करने के लिए प्रेरित किया। अभिव्यक्ति के पुल में [2,7,10,11] व्यवसाय और [1,8] संघर्ष के संयोजन ने उसे कठिन संघर्ष करने के लिए मजबूर किया, शनि होने के कारण इसने भी संघर्ष में और अपना रंग जोड़ा। कस्पल शासक पक्ष की अंतर्निहित कमजोरी ने उसे बहुत कम लाभ होने दिया। यदि कस्पल शासक पक्ष मजबूत होता तो यही संयोजन उसे अच्छा लाभ देता।

अगली दशा बुध की है। बुध 3,11,12 का 'सूक्ष्म चाप स्वामी' एसएएल है। कस्प 11 में RL शुक्र Ve[3,11,12] और NL चंद्र Mo[4,6] हैं। यह अच्छा है क्योंकि अकेले 12 ज्यादा नुकसान नहीं पहुंचा सकता।

EXAMPLE CHART – KC 002

DOB – 11 JUN 1965 | TOB - 09:13:00 | POB - PATIALA

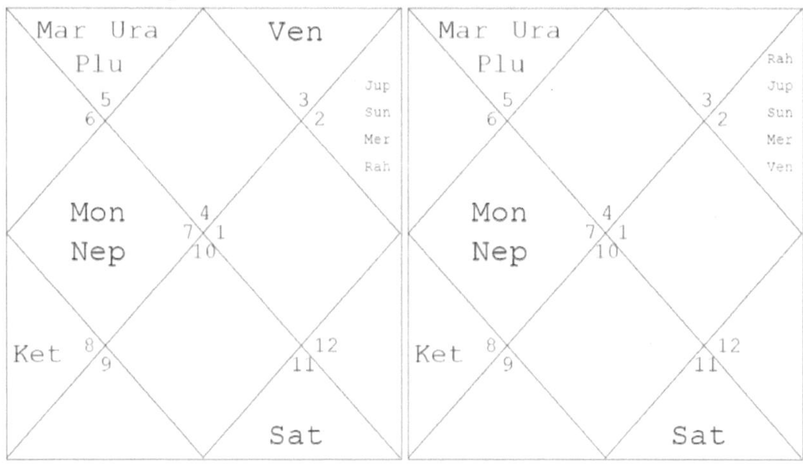

PLANET POSITIONS

Planet	Sign	Degree	RL	NL	SL	SSL
Sun	Taurus	26:38'57"	Ven	Mar	Jup	Mer
Mon	Libra	23:25'29"	Ven	Jup	Sat	Rah
Mar	Leo	28:19'38"	Sun	Sun	Mon	Ven
Mer	Taurus	25:51'16"	Ven	Mar	Rah	Mon
Jup	Taurus	18:03'44"	Ven	Mon	Mer	Ket
Ven	Gemini	12:30'38"	Mer	Rah	Sat	Jup
Sat	Aquarius	23:37'16"	Sat	Jup	Sat	Jup
Rah-R	Taurus	20:04'57"	Ven	Mon	Ket	Rah
Ket-R	Scorpio	20:04'57"	Mar	Mer	Ven	Mar
Ura	Leo	17:34'56"	Sun	Ven	Mar	Jup
Nep-R	Libra	24:27'08"	Ven	Jup	Mer	Ven
Plu	Leo	20:23'46"	Sun	Ven	Jup	Sat

CUSP POSITIONS

Cusp	Sign	Degree	RL	NL	SL	SSL
1	Cancer	16:26'11"	Mon	Sat	Jup	Rah
2	Leo	10:10'39"	Sun	Ket	Sat	Ven
3	Virgo	8:4'26"	Mer	Sun	Ven	Ven
4	Libra	10:18'16"	Ven	Rah	Jup	Rah
5	Scorpio	14:18'45"	Mar	Sat	Rah	Ven
6	Sagittarius	16:46'40"	Jup	Ven	Mon	Sat
7	Capricorn	16:26'11"	Sat	Mon	Sat	Ven
8	Aquarius	10:10'39"	Sat	Rah	Jup	Mar
9	Pisces	8:4'26"	Jup	Sat	Ket	Mer
10	Aries	10:18'16"	Mar	Ket	Sat	Ven
11	Taurus	14:18'45"	Ven	Mon	Jup	Sat
12	Gemini	16:46'40"	Mer	Rah	Ven	Sat

SAM PIT - उदाहरण चार्ट - KC 002

RL के कस्प					RL	NL के कस्प					NL	ग्रह	घर	RL	घर	NL	घर	SL	घर	SSL	घर
			4	6	Mo		2	7	8	10	Sa	**Ke**	1	Ma	2	Me	3	Ve	3	Ma	2
			3	11	Su	1 2	4 5	8	9	11	Ke		2		5		11		11		5
		3	11	12	Ve	1	4	5	8	11	Ra		4		10		12		12		10
		2	5	10	Ma		2	7	8	10	Sa		5								
	2	7	8	10	Sa	1	4	5	8	11	Ra		8								
	1	4	8	11	Ju		2	7	8	10	Sa		9								
		3	11	12	Ve				4	6	Mo		11								
		3	11	12	Me				3	11	Su	**Ve**	3			Ra	1	Sa	2	Ju	1
		3	11	12	Ve				4	6	Mo		11				4		7		4
		3	11	12	Me	1	4	5	8	11	Ra		12				5		8		8
																	8		10		11
																	11				
		3	11	12	Me				3	11	Su	**Su**	3			Ma	2	Ju	1	Me	3
		3	11	12	Ve				4	6	Mo		11				5		4		11
																	10		8		12
																			11		
		3	11	12	Ve	1	4	5	8	11	Ra	**Mo**	4			Ju	1	Sa	2	Ra	1
	1	4	8	11	Ju			3	11	12	Ve		6				4		7		4
																	8		8		5
																	11		10		8
																					11

SAM PIT - उदाहरण चार्ट - KC 002																					
RL के कस्प				RL	NL के कस्प					NL	ग्रह	घर	RL	घर	NL	घर	SL	घर	SSL	घर
		3	11	Su	1 2	4 5	8	9	11	Ke		2				3		4		3
	2	5	10	Ma		2	7	8	10	Sa	**Ma**	5			Su	11	Mo	6	Ve	11
	2	5	10	Ma	1 2	4 5	8	9	11	Ke		10								12
		4	6	Mo		2	7	8	10	Sa		1		3		4		1		1
	3	11	12	Ve	1	4	5	8	11	Ra		4		11		6		2		4
	2	5	10	Ma		2	7	8	10	Sa		5		12				4		5
2	7	8	10	Sa	1	4	5	8	11	Ra	**Ra**	8	Ve		Mo		Ke	5	Ra	8
	3	11	12	Ve				4	6	Mo		11						8		11
																		9		
																		11		11
		4	6	Mo		2	7	8	10	Sa		1				4		3		1
	3	11	12	Ve	1	4	5	8	11	Ra		4				6		11		2
2	7	8	10	Sa	1	4	5	8	11	Ra		8						12		4
	3	11	12	Ve				4	6	Mo	**Ju**	11			Mo		Me		Ke	5
																				8
																				9
																				11
		3	11	Su	1 2	4 5	8	9	11	Ke		2				1		2		1
2	7	8	10	Sa				4	6	Mo		7				4		7		4
2	7	8	10	Sa	1	4	5	8	11	Ra	**Sa**	8			Ju	8	Sa	8	Ju	8
	2	5	10	Ma	1 2	4 5	8	9	11	Ke		10				11		10		11

SAM PIT - उदाहरण चार्ट - KC 002																					
RL के कस्प					RL	NL के कस्प					NL	ग्रह	घर	RL	घर	NL	घर	SL	घर	SSL	घर
		3	11	12	Me				3	11	Su		3				2		1		4
		3	11	12	Ve				4	6	Mo		11				5		4		6
		3	11	12	Me	1	4	5	8	11	Ra	**Me**	12			Ma	10	Ra	5	Mo	
																			8		
																			11		

कस्प 3 में RL बुध Me [3,11,12] और NL सूर्य Su [3,11] भी अच्छा है, क्योंकि यहाँ कोई नकारात्मक कस्प नहीं हैं। तो, कस्पल शासक पक्ष में बुध काफी मजबूत है।

एस्ट्रल पक्ष की ओर, बुध [3,11,12], मंगल [2,5,10] के नक्षत्र में और राहु [1,4,5,8,11] के नवांश में है। अभिव्यक्ति का पुल, ब्रिज ऑफ मैनिफेस्टेशन [BOM] पूरा हो गया है लेकिन काफी कमजोर है। यह सकारात्मक सेट [2,10,11] बनाम नकारात्मक सेट [1,5,8,12] है। तो, ट्रेन पुल को पार तो करेगी लेकिन इतनी सावधानी से और धीरे-धीरे और रास्ते में गड्ढे होंगे। जातक नौकरी के लिए गया था। 17 वर्षों तक बुध की अवधि के दौरान, कस्पल शासक पक्ष की अंतर्निहित ताकत के कारण, वह भुक्ति काल के अनुसार, अक्सर बदलते हुए, एक काम या दूसरा करने में लगा रहा। चार्ट में धन क्षमता की कमजोरी के कारण वह कोई भी धन संचित नहीं कर सका।

बाकी आगे के दशा ग्रहों पर एक नज़र डालने से पता चलेगा कि अन्य ग्रहों केतू, शुक्र और सूर्य में कोई ताकत नहीं या बहुत कम ताकत है। केवल चंद्र, मंगल और राहु में ही कुछ क्षमता है। चूंकि ये दशाएं जीवन के अंत में आएंगी, केवल उनके उपकाल में ही कुछ राहत प्रदान कर सकती हैं।

उदाहरण चार्ट 3 - KC004

आइए कस्प 2,6,10 और 11 के के साथ चार्ट की धन क्षमता की समीक्षा करें।

कस्प 2 में RL बुध Me[3,11] और NL गुरु Ju[2,6,7] हैं, जो काफी अच्छा है क्योंकि यहां कोई नकारात्मक संकेत नहीं हैं। कस्प 6 में RL शुक्र Ve[1,3,5,6,10,11]

और NL गुरु Ju[2,6,7] हैं। यह भी काफी मजबूत है। 5 अकेले किसी भी नुकसान का कारण नहीं बन सकता है और केवल संदर्भ को स्पष्ट करता है। कस्प 10 में RL शनि Sa[5,9,10] और NL राहू Ra[10,12] है। यह पेशे में बदलाव को दर्शाता है। कस्प 11 में RL गुरु Ju[2,6,7] और NL बुध Me[3,11] फिर से बहुत सकारात्मक हैं क्योंकि यहां कोई नकारात्मक संकेत नहीं हैं। कुल मिलाकर चार्ट में अपार धन संभावना है।

आइए एस्ट्रल पक्ष में अभिव्यक्ति की समीक्षा करें।

जातक ने चंद्र की दशा में शिक्षा पूरी की। तो, चलिए शुरू करते हैं, Mo [4,7], शुक्र Ve[1,3,5,6,10,11] के नक्षत्र में है और मंगल [4,5,12] का नवांश, 4 को एक सहायक कस्प के रूप में देखते हुए यह सकारात्मक सेट [3,4,6,10,11] बनाम नकारात्मक सेट [1,5,12] के रूप में काफी मजबूत है।

यहां 5,12 की उपस्थिति विपक्ष से कड़ी प्रतिस्पर्धा का संकेत देती है। कैंपस प्लेसमेंट में कड़ी प्रतिस्पर्धा के बाद गुरु की सकारात्मक भुक्ति में जातक को एक उचित नौकरी मिली। यह नौकरी बदलने का भी संकेत देता है और दो साल के भीतर, शनि की भुक्ति में नौकरी में बदलाव आया।

मंगल [4,5,12] की अगली दशा जो गुरु [2,6,7] के नक्षत्र और शुक्र [1,3,5,6,10,11] के नवांश में है। पुल पूरा नहीं हुआ है क्योंकि मंगल [4,5,12] में कोई संबंधित कस्प नहीं है। हालांकि, अभिव्यक्ति का पुल अगले स्तर पर राहु [10,12] के साथ पूरा हो गया है। इससे कमाई चलती रहेगी। लेकिन मंगल [4,5,12] ने जातक से आगे की शिक्षा के लिए जाने का आग्रह किया, जो एक शिक्षण धन सहायता [स्कोलरशिप] के साथ आया। तो, वित्तीय शिक्षा के साथ कमाई जारी रही।

EXAMPLE CHART – KC 004

DOB – 10 MAY 1984 | TOB - 08:02:10 | POB - PATIALA

Lagna Chart | Cusp Chart

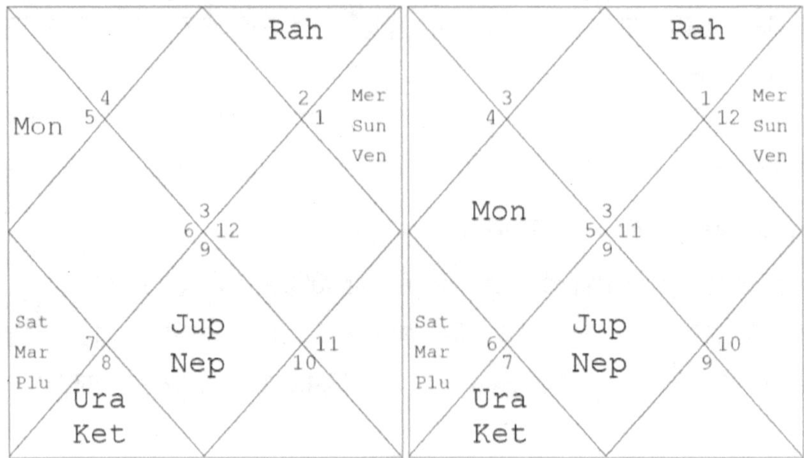

PLANET POSITIONS

Planet	**Sign**	**Degree**	**RL**	**NL**	**SL**	**SSL**
Sun	Aries	26:00'02"	Mar	Ven	Ket	Ven
Mon	Leo	17:26'07"	Sun	Ven	Mar	Rah
Mar-R	Libra	27:40'24"	Ven	Jup	Ven	Rah
Mer	Aries	03:28'29"	Mar	Ket	Sun	Mer
Jup-R	Sagittarius	19:10'21"	Jup	Ven	Rah	Mer
Ven	Aries	16:05'46"	Mar	Ven	Sun	Ket
Sat-R	Libra	18:57'03"	Ven	Rah	Mon	Ket
Rah-R	Taurus	14:00'58"	Ven	Mon	Jup	Jup
Ket-R	Scorpio	14:00'58"	Mar	Sat	Rah	Mer
Ura-R	Scorpio	18:51'05"	Mar	Mer	Ket	Mar
Nep-R	Sagittarius	07:26'19"	Jup	Ket	Rah	Mon
Plu-R	Libra	06:35'30"	Ven	Mar	Mon	Ven

CUSP POSITIONS

Cusp	Sign	Degree	RL	NL	SL	SSL
1	Gemini	3:47'24"	Mer	Mar	Ven	Rah
2	Gemini	26:20'42"	Mer	Jup	Ket	Sat
3	Cancer	19:48'58"	Mon	Mer	Ven	Mon
4	Leo	17:26'0"	Sun	Ven	Mar	Rah
5	Virgo	21:13'8"	Mer	Mon	Ven	Mar
6	Libra	28:46'1"	Ven	Jup	Ven	Ket
7	Sagittarius	3:47'24"	Jup	Ket	Mon	Mar
8	Sagittarius	26:20'42"	Jup	Ven	Ket	Jup
9	Capricorn	19:48'58"	Sat	Mon	Ket	Ven
10	Aquarius	17:26'0"	Sat	Rah	Ven	Ket
11	Pisces	21:13'8"	Jup	Mer	Ven	Mer
12	Aries	28:46'1"	Mar	Sun	Mar	Sat

SAM PIT - उदाहरण चार्ट - KC 004													
RL के कस्प	RL	NL के कस्प	NL	ग्रह	घर	RL	घर	NL	घर	SL	घर	SSL	घर
3 11	Me	2 6 7	Ju	Ke	2		4		5		10		3
1 3 5 6 1011	Ve	2 6 7	Ju		6		5		10		12		11
2 6 7	Ju	1 3 5 6 1011	Ve		8		12						
5 9 10	Sa	4 7	Mo		9								
3 11	Me	45 12	Ma	Ve	1			Ve	1	Su	11	Ke	2
4 7	Mo	3 11	Me		3				3		12		6
3 11	Me	4 7	Mo		5				5				8
1 3 5 6 1011	Ve	2 6 7	Ju		6				6				9
5 9 10	Sa	10 12	Ra		10				10				
2 6 7	Ju	3 11	Me		11				11				
2 6 7	Ju	3 11	Me	Su	11			Ve	1	Ke	2	Ve	1
4 5 12	Ma	1112	Su		12				3		6		3
									5		8		5
									6		9		6
									10				10
									11				11
1112	Su	1 3 5 6 1011	Ve	Mo	4			Ve	1	Ma	4	Ra	10
2 6 7	Ju	2 6 8 9	Ke		7				3		5		12
									5		12		
									6				
									10				
									11				
1112	Su	1 3 5 6 1011	Ve	Ma	4			Ju	2	Ve	1	Ra	10
3 11	Me	4 7	Mo		5				6		3		12
4 5 12	Ma	1112	Su		12				7		5		
											6		
											10		
											11		

SAM PIT - उदाहरण चार्ट - KC 004

RL के कस्प	RL	NL के कस्प	NL	ग्रह	घर	RL	घर	NL	घर	SL	घर	SSL	घर
5 9 10	Sa	10 12	Ra	Ra	10	Ve	1	Mo	4	Ju	2	Ju	2
4 5 12	Ma	1112	Su		12		3		7		6		6
							5				7		7
							6		4				
							10						
							11						
3 11	Me	2 6 7	Ju	Ju	2			Ve	1	Ra	10	Me	3
1 3 5 6 1011	Ve	2 6 7	Ju		6				3		12		11
2 6 7	Ju	2 6 8 9	Ke		7				5				
									6				
									10				
									11				
3 11	Me	4 7	Mo	Sa	5			Ra	10	Mo	4	Ke	2
5 9 10	Sa	4 7	Mo		9				12		7		6
5 10	Sa	10 12	Ra		10								8
													9
4 7	Mo	3 11	Me	Me	3			Ke	2	Su	11	Me	3
2 6 7	Ju	3 11	Me		11				6		12		11
									8				3
									9				

अगली दशा राहु [10,12] शुक्र [1,3,5,6,10,11] की राशि में और चंद्र [4,7] के नक्षत्र में है, निचले स्तर पर गुरु [2,6,7] से अच्छे समर्थन के साथ। यह काफी मजबूत है, खासकर अगर हम सट्टा निवेश के संदर्भ में 5,12 पर विचार करें। अन्यथा, ये सामान्य किसी और नौकरी में कमाई की संभावना को कम कर देंगे।

गुरु [2,6,7] भी शुक्र [1,3,5,6,10,11] के नक्षत्र में है और राहु [10,12] के नवांश में। यह भी राहु के समान ही मजबूत है, लेकिन उसी संदर्भ में।

अन्य सभी ग्रह, शक्ति की अलग-अलग डिग्री में, धन के सकारात्मक कनेक्शन का संकेत देते हैं और राहु और गुरु की ये दो दशाएं लगभग 34 वर्षों तक चलती हैं, जातक की लगभग पूर्ण कार्य अवधि। यहां तक कि शनि और बुध भी कमाई को ट्रैक पर रखते हैं। इसलिए, यह चार्ट एक विशाल धन क्षमता का संकेत देता है।

20

विवाह

"विवाह, अपने सच्चे अर्थों में, बराबरी की साझेदारी है, जिसमें दूसरे पर प्रभुत्व नहीं, बल्कि, जो भी जिम्मेदारियां और आकांक्षाएं हो सकती हैं, उन्हें प्रोत्साहित करने और एक दूसरे की सहायता करने का साथ।"

गॉर्डन बी हिंकली

शादी व्यक्ति के जीवन की एक महत्वपूर्ण घटना है। जिस जीवन साथी के साथ हम अपना शेष जीवन बिताने की योजना बना रहे हैं, उसके बारे में बहुत उम्मीदें होती है। यह एक बड़ी प्रतिबद्धता है और इसकी सफलता जीवन की सफलता में बहुत योगदान देती है। हम एक चार्ट से यह देखने की उम्मीद करते हैं कि इस संदर्भ में नियति ने हमारे लिए क्या रखा है। ये कहा जाता है और इस धारणा में बहुत विश्वास भी है, कि विवाह स्वर्ग में तय होते हैं और आपका जीवन साथी पहले से तय होता है। लेकिन आपका अपना एजेंडा भी तो हो सकता है, खासकर जब आपके पास कोई विकल्प हो। भाग्य घातक नहीं है। यह सिर्फ एक एजेंडा है और अगर आपके पास पर्याप्त इच्छाशक्ति है तो इसे बदला जा सकता है, कुछ हद तक। क्या यह आपके भाग्य को जानने का वास्तविक उद्देश्य नहीं है?

हम यह जानने की उम्मीद करते हैं कि मेरी शादी कब होगी? मेरा वैवाहिक जीवन कैसा रहेगा और मेरा साथी कैसा होगा? क्या तालमेल होगा या फिर ब्रेकअप? अगर ऐसा है तो क्या मैं दोबारा शादी करूंगा? आदि। साथी या जीवनसाथी का निर्णय 7वें कस्प से होता है। इस संदर्भ में अन्य कस्प कैसे व्यवहार करते हैं, यह नीचे दिया गया है।

घरों की व्याख्या

कस्प 1 - अपने आप को और आपके द्वारा किए गए प्रयास को इंगित करता है। 2वें भाव से 12 वें स्थान पर होने के नाते इसका अर्थ परिवार का विलोपन भी है।

कस्प 2 - यह परिवार में आत्मसात या जोड़ का प्रतिनिधित्व करता है।

कस्प 3 - यह बातचीत या लेन-देन, लिखित या मौखिक, एक साक्षात्कार, विवाह अनुबंध आदि का प्रतिनिधित्व करता है।

कस्प 4 - यह 5 वें कस्प से 12 वें होने के कारण मौज और मस्ती, प्यार और भावना के विनाश का प्रतिनिधित्व करता है और इसलिए प्यार जैसी भावनाओं की कमी को इंगित करता है।

कस्प 5 - यह प्रेम और भावना का प्रतिनिधित्व करता है। जीवन का मज़ा।

कस्प 6 - 7वें से 12वाँ होकर यह साथी की अनुपस्थिति का संकेत देता है।

कस्प 7 - यह विवाह और जीवनसाथी का प्रमुख घर है।

कस्प 8 - यह यौन संबंधों का प्रतिनिधित्व करता है और विवाह में सहायक कस्प है। हालांकि, अन्य नकारात्मक घरों के साथ मिलकर गंभीर परेशानी और घोटाले का कारण बन सकता है।

कस्प 9 - यह सौम्य स्वभाव और नैतिक उच्च आधार को इंगित करता है और साथी का तीसरा कस्प होना उनके संचार को इंगित करता है।

कस्प 10 - अहंकार और व्यावसायिकता का प्रतिनिधित्व करता है। 11वें से 12वां भाव होने के कारण यहां यह रिश्तों में निराशा का संकेत देता है।

कस्प 11 - पूर्ति का शिखर। अन्य सकारात्मक घरों के साथ इसका संयोजन आपकी संतुष्टि के अनुरूप विवाह प्रदान करने के लिए वास्तविक उत्प्रेरक है।

कस्प 12 - विवाह पर होने वाले खर्च का संकेत देता है। अन्य नकारात्मक संकेतों के साथ संयोजन, साथी से दूर जाने का संकेत देगा, जबकि अन्य सकारात्मक घरों के साथ शामिल होना महंगी शादी का संकेत देगा।

जैसा कि आप देख सकते हैं कि 7वां घर अकेला विवाह प्रदान नहीं कर सकता। 2 और 11 के साथ योग ही विवाह का संकेत देता है। इसलिए शादी के समय की भविष्यवाणी करने के लिए, आपको पता होना चाहिए कि ये संयोजन काम कर रहा है या नहीं और यह उस समय की दशा [डीबीएएस] पर निर्भर करता है।

ग्रहों की शक्ति

ग्रह सांकेतिक तालिका [सैम पिट] तैयार करें जैसा कि पहले ही चर्चा की गई है और फिर प्रत्येक ग्रह की लीपि को देखें। विवाह आमतौर पर शिक्षा पूरी होने के बाद की युवा उम्र में होता है। उस समय चल रहे दशा स्वामी DL को चुनें। यदि आप किसी अन्य समय की स्थिति को देखने में रुचि रखते हैं, तो उस समय चल रहे डीबीएएस ग्रहों की लीपि में दिखाई देने वाले संयोजनों को देखें। महा दशा स्वामी [डीएल] सामान्य प्रवृत्ति या पृष्ठभूमि का संकेत देंगे, क्योंकि यह लंबे समय तक रहता है, लेकिन इसे शादी से इनकार नहीं करना चाहिए। भुक्ति स्वामी [बीएल] महत्वपूर्ण है और इसे विवाह को सकारात्मक रूप से इंगित करना चाहिए। अंतरा स्वामी [एएल] तब इस सकारात्मक भक्ति की अवधि के भीतर और अधिक उपयुक्त समय का संकेत देगा। यदि तीनों सकारात्मक संयोजनों का संकेत देते हैं तो विवाह निश्चित है। सटीक समय पारगमन पर निर्भर करेगा। यदि भुक्ति या अन्तर नकारात्मक हैं, तो उस अवधि के दौरान विवाह की संभावना बहुत कम होती है। अगली सकारात्मक भुक्ति के दौरान ही स्थिति बदलेगी।

उपरोक्त को और अधिक बारीकी से समझने के लिए आइए देखें कि ये संयोजन कैसे कार्य करते हैं। विवाह की घटना को पूरी तरह से परिभाषित करने वाले घरों के एक सेट, 2, 7 और 11 को पूर्ण सकारात्मक संयोजन कहा जाएगा। अभिव्यक्ति के पुल में इन घरों की उपस्थिति, लगातार तीन स्तरों पर, या तो व्यक्तिगत रूप से या भागों में, जिससे कि एक साथ सभी घरों का प्रतिनिधित्व हो जाये, तो एक पूर्ण संयोजन बनता है। यह [2 - 7 - 11] या [2,7 - 2,11 - 7] या [2,11 - 2,7,11 - 2,7] या ऐसा कोई भी हो सकता है। सभी स्तरों में कम से कम एक सकारात्मक घर होना चाहिए और

एक साथ मिलकर पूरा सेट बनना चाहिए। यह ग्रह विवाह को पूर्ण रूप से समर्थन देने वाला कहा जाएगा और यह अपनी अवधि में विवाह दे सकता है।

विवाह के लिए पूर्ण नकारात्मक संयोजन 1, 6, और 10 का है। इसके स्वरूप को ऊपर की तरह ही दोहराया जा सकता है, [1,6 - 6,10 - 1,10] या [1 - 6 - 10] या [1,6 - 10 - 1,6,10] आदि, और ये शादी के लिए पूरी तरह से नकारात्मक कहा जाएगा और इसकी अवधि में शादी नहीं होगी। अगर पहले से शादीशुदा है तो यह अलगाव या जुदाई का कारण भी बन सकता है।

हालाँकि, हो सकता है ये संयोजन पूरी तरह से प्रकट न हो जैसे [2 - 7 - 2], [7 - 2,7 - 7], आदि। ये अभी भी सकारात्मक ही हैं, लेकिन कम ताकत वाले पर फिर भी शादी के लिए सकारात्मक हैं और इसे पूरा करने के लिए, या संयोजन को पूरा करने के लिए, दूसरे ग्रह की आवश्यकता होगी। लेकिन जहां आंशिक नकारात्मक संयोजन दिखाई देते हैं [1 - 6 - 1] या [1 - 1 - 10] आदि। इसका मतलब अभी भी पूरी तरह से नकारात्मक होगा क्योंकि कोई सकारात्मक घर का समर्थन नहीं है।

इस संदर्भ में अन्य घर, 3 और 9 को तटस्थ माना जाता है। 5 हमेशा सकारात्मक होता है और 4 हमेशा नकारात्मक होता है, लेकिन ये पूर्ण संयोजनों में आवश्यक नहीं हैं। घर 8 और 12 बहुमत के पक्ष में होंगे। इसलिए, वे बहुसंख्यक सकारात्मक संयोजन को विवाह के लिए मजबूत और बहुसंख्यक नकारात्मक संयोजन को बेहद नकारात्मक बना देंगे। शादी के बाद की दशा में नकारात्मक संयोजन के साथ उनकी भागीदारी झगड़े के साथ निंदनीय तलाक और उसके भुगतान के कारण भारी नुकसान का संकेत देती है।

जब दोनों प्रकार के घरों का प्रतिनिधित्व होता है, जो कि काफी सामान्य है, तो बहुमत परिणाम को निर्धारित करता है। उनकी सापेक्ष शक्ति उस ग्रह के लिए परिणाम के स्तर को इंगित करती है। विवाह देने की शक्ति सकारात्मक संकेतों पर निर्भर करती है, बशर्ते बीओएम या पुल साकार हो। आप इस संदर्भ में दो प्रकारों को सीधे घटा नहीं सकते, जैसे धन के संधर्व में। यदि तीन धनात्मक और एक ऋणात्मक घर हैं, तो शुद्ध शक्ति होगी (3)/(3+1) = 0.75 केवल। तो, विवाह की संभावना सकारात्मक है लेकिन उस ग्रह के लिए केवल 75%। जब दोनों संयोजन पूर्ण रूप से प्रकट होते हैं तो यह अन्य संगत ग्रहों की शक्ति अनुसार, उनकी दशा के दौरान, विवाह या अलगाव दोनों का संकेत दे सकता है।

ऐसे मामलों में जहां ग्रह के पास केवल तटस्थ घर हैं, जैसे कि 3,9 आदि, तो कस्पल शासकों द्वारा प्रतिनिधित्व किए गए प्रासंगिक सकारात्मक घर विवाह के संदर्भ को स्पष्ट कर सकते हैं। तब भी ये ग्रह अपने सकारात्मक नक्षत्र और नवांश के साथ फलदायी ग्रह 'एफआईपी' के रूप में उतीर्ण होंगे।

तो इस तरह से हम विवाह के संदर्भ में किसी ग्रह की ताकत का निर्धारण करते हैं। ताकत - 1 से, पूरी तरह से नकारात्मक, +1 से, पूरी तरह से सकारात्मक और बीच के सभी स्तरों में भिन्न हो सकती है।

दशा की ताकत

विवाह प्रदान करने के लिए दशा 'डीबीएएस' की ताकत शामिल ग्रहों की ताकत पर निर्भर करेगी। यदि शामिल तीनों ग्रह +1 हैं, तो दशा की ताक़त अत्यंत सकारात्मक +3 होगी। यदि तीनों ग्रह - 1 हैं, तो दशा अत्यंत नकारात्मक - 3, और बीच में सभी स्तर होंगे। तो दशा हो सकती है

तीन सकारात्मक [+,+,+]: शादी करने के लिए बेहद मजबूत

दो सकारात्मक [+,+]: एक ग्रह तटस्थ है, विवाह के लिए प्रबल है

दो ऋणात्मक [-,-]: एक ग्रह तटस्थ है, अपनी अवधि में विवाह नहीं करा सकता। शादी के बाद की स्थिति में, यह संभावित अलगाव का संकेत देगा।

तीन नकारात्मक [-,-,-]: इस अवधि में विवाह नहीं हो सकता। शादी के बाद इस तरह की अवधि अलगाव या तलाक का भी संकेत देगी।

अन्य दशा संयोजन हो सकते हैं,

[+] [+] [-] - चूंकि दशा और भुक्ति सकारात्मक हैं, यह किसी नकारात्मक अन्तर की अवधि में अस्थायी रूप से विवाह के लिए एक नकारात्मक अवधि का संकेत देगा। शादी के बाद, ऐसी अवधि अन्तर द्वारा प्रतिनिधित्व किए गए संयोजन के आधार पर अस्थायी असंगति का संकेत देगी।

[+] [-] [+] - चूंकि भुक्ति स्वामी नकारात्मक है, इस अवधि में कोई विवाह नहीं हो सकता है। सकारात्मक अन्तर केवल आशा पैदा करेगा लेकिन कोई अभिव्यक्ति नहीं। शादी के बाद, यह अन्तर की अवधि के दौरान असामंजस्य की स्थिति में अस्थायी राहत की अवधि होगी।

[-] [+] [+] - दशा नकारात्मक है, इस अवधि में विवाह नहीं हो सकता। भुक्ति और अन्तर दोनों के सकारात्मक होने से यह शादी के लिए मजबूत परिस्थितियां पैदा करेगा, बशर्ते उम्र सही हो, लेकिन ऐसा होगा नहीं। यदि आप इस शादी को बलपूर्वक कर देते हैं तो यह अगली नकारात्मक भक्ति या अंतरा में टूट जाएगी। शादी के बाद, यह बिना किसी बड़ी समस्या के सामान्य अच्छी अवधि का संकेत देगा।

[-] [+] [-] - चूंकि दशा और अन्तर नकारात्मक हैं, इस अवधि में विवाह नहीं हो सकता है। विवाह के बाद, यह विवाह में अनबन की अवधि का संकेत देगा।

[-] [-] [+] - चूंकि दशा और भुक्ति दोनों नकारात्मक हैं, विवाह नहीं हो सकता। विवाह के बाद, यह विवाह में अन्यथा विघटन और असंगत वाली अवधि से एक अस्थायी राहत का संकेत देगा।

यदि विवाह टूट जाता है तो दूसरा विवाह तभी हो सकता है जब और केवल तभी जब एक सकारात्मक दशा DBAS आगे हो जैसा कि ऊपर बताया गया है। जीवन साथी के बारे में हम पिछले अध्याय घर 7 में पहले ही बता चुके हैं।

ग्रह भी अपना स्वाद जोड़ते हैं और उस पर भी विचार किया जाना चाहिए। उनके व्यक्तिगत लक्षणों के अलावा आप उनके मूल घरों का उपयोग भविष्यवाणी में उनके प्रभाव को जोड़ने के लिए कर सकते हैं। आप इसके प्रभाव को समझने के लिए सबसे छोटी दशा स्वामी की लीपि में प्रतिनिधित्व किए गए घरों के साथ इनको जोड़ सकते हैं। ध्यान रहे ये घटना को नहीं बस उसके होने के अंदाज को और स्पष्ट करेंगे।

मानो अगर ग्रह सूर्य है, तो यह रिश्ते में प्यार को बढ़ावा देता है। हालांकि, इसकी प्रकृति अलग करने की होने के कारण, नकारात्मक घरों के साथ इसका संयोजन केवल जुदाई में मदद करेगा।

चंद्रमा भावुक है और चतुर्थ राशि का प्रतिनिधित्व भी करता है इसलिए विवाह में तटस्थ है।

अन्य नकारात्मक घरों के साथ बुध अलगाव को बढ़ावा दे सकता है, जबकि सकारात्मक घरों के साथ यह तटस्थ रहता है।

शुक्र पूरी तरह से सहायक है और विवाह और वैवाहिक सद्भाव को बढ़ावा देता है।

मंगल का नकारात्मक संयोजन वैवाहिक जीवन में बदनामी और वैमनस्य को बढ़ावा दे सकता है। सकारात्मक संयोजन के साथ, यह अंतरंग संबंधों को बढ़ावा देगा।

बृहस्पति विवाह और विवाह में सामंजस्य को बढ़ावा देता है।

विवाह के मामले में शनि तटस्थ रहता है। अपनी धीमी प्रकृति के कारण, यह सकारात्मक संयोजनों के साथ विवाह में देरी का संकेत दे सकता है, जबकि नकारात्मक संकेतों के साथ यह डाइवोर्स के लिए धीमी और विस्तरित लड़ाई का संकेत देगा।

भविष्यवाणी में रंग जोड़ने के लिए उपरोक्त विवरण को सावधानीपूर्वक लागू किया जाना चाहिए और यह समझना चाहिए कि भाग्य सामने कैसे आता है।

पुस्तक में पहले परिभाषित ग्रहों के पहलू या दृष्टि भी एक भूमिका निभाते हैं, जैसे दैवीय सहायता प्राप्त करना, दूसरों के कारण बाधाएं या भौतिक सहायता।

इस संदर्भ को और समझने के लिए अब हम कुछ चार्ट का विश्लेषण करेंगे।

उदाहरण चार्ट

उदाहरण चार्ट 1 - KC004

आइए विवाह की संभावनाओं के लिए नीचे दिए गए चार्ट की समीक्षा करें। विवाह के लिए मुख्य कस्प 7 है, चंद्र इसका सूक्षम चाप स्वामी 'एसएएल' है और गुरु 7वें घर में स्थित है। कस्प 7 का राशी स्वामी RL गुरु Ju [2,6,7] और नक्षत्र स्वामी केतू Ke [2,6,8,9] है, जो अच्छा है क्योंकि सकारात्मक घरों का बहुमत हैं, लेकिन कमजोर है। एस्ट्रल स्वामी पक्ष की ओर, चंद्र Mo [4,7], शुक्र Ve [1,3,5,6,10,11] के नक्षत्र में है और मंगल Ma [4,5,12] के नवांश में जो कि फलदायी पुल 'बीओएम' के पूर्ण होने के कारण अच्छा तो है, लेकिन बहुत कमजोर, [3/(3+4)=0.43]। यह [5,7,11] का सकारात्मक सेट बनाम [1,4,6,10] का पूर्ण नकारात्मक सेट है, जो चार्ट की कमजोर विवाह क्षमता को इंगित करता है। यहां इसका मतलब है कि शादी का वादा किया गया है। तो, चंद्र सकारात्मक है लेकिन बहुत कमजोर है।

गुरु Ju 2,6 और 7 का प्रतिनिधित्व करता है। आइए कस्प 2 की जाँच करें। इसका RL बुध Me[3,11] और NL गुरु Ju[2,6,7] हैं। यह बेहतर है क्योंकि 2,7,11 केवल 6 की तुलना में काफी मजबूत है। एस्ट्रल पक्ष की तरफ, गुरु [2,6,7], शुक्र [1,3,5,6,10,11] के नक्षत्र में है और राहु [10,12] के नवांश में। यह शादी के पुल को पूरा नहीं करता। तो, गुरु विवाह नहीं करा सकता। इसके विपरीत नकारात्मक सेट पुल

को पूरा करता है जो दर्शाता है कि गुरु शादी के बाद वैमनस्य को बढ़ावा दे सकता है। गुरु की नकारात्मक शक्ति [4/(3+4)=0.57] है।

वर्ष 2010 में जातक 25 वर्ष का था, जब चंद्र की दशा चल रही थी, इस दशा में, हालांकि उम्मीद लगी रही, लेकिन विवाह नहीं हो सका, चंद्र की कमजोरी के कारण।

अगली दशा मंगल की है। मंगल 4,5,12 कस्प का प्रतिनिधित्व करता है। आइए कस्प 5 की जाँच करें। इसमें RL बुध Me[3,11] और NL चंद्र Mo[4,7] है, जो अच्छा है क्योंकि इस में कोई नकारात्मकता घर नहीं है। हालांकि, अन्य घरों के साथ मिलकर, कस्पल शासक पक्ष की ताकत औसत है।

एस्ट्रल पक्ष की ओर, मंगल [4,5,12], गुरु [2,6,7] के नक्षत्र में है और शुक्र [1,3,5,6,10,11] का नवांश है जो अभिव्यक्ति के पुल 'बीओएम' के रूप में अच्छा है। [5 - 2,7 - 11] पूरा हो गया है। धनात्मक पुंज [2,5,7,11] भी पूर्ण है, यह दर्शाता है कि विवाह इस दशा में हो सकता है, हालाँकि पूर्ण ऋणात्मक पुंज [1,4,6,10] की उपस्थिति के कारण शक्ति औसत बनी रहती है [(4/(4+4)= 0.5]।

EXAMPLE CHART – KC 004

DOB – 10 MAY 1984 | TOB - 08:02:10 | POB - PATIALA

Lagna Chart

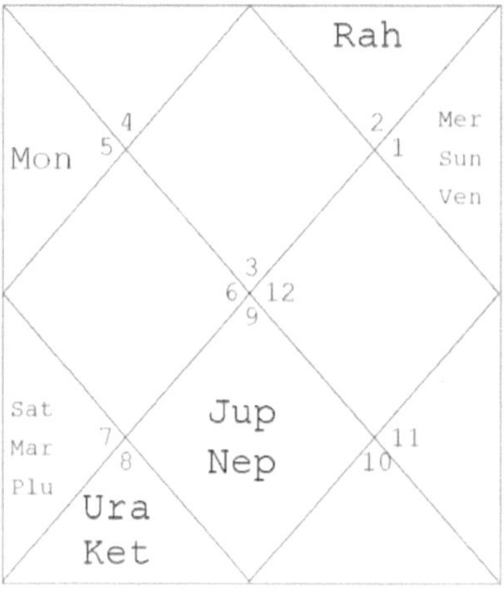

Rah
Mon 4 5
2 1 Mer Sun Ven
3 6 12 9
Sat Mar Plu 7 8
Jup Nep
11 10
Ura Ket

Cusp Chart

Rah
3 4
1 12 Mer Sun Ven
Mon
3 5 11 9
Sat Mar Plu 6 7
Jup Nep
10 9
Ura Ket

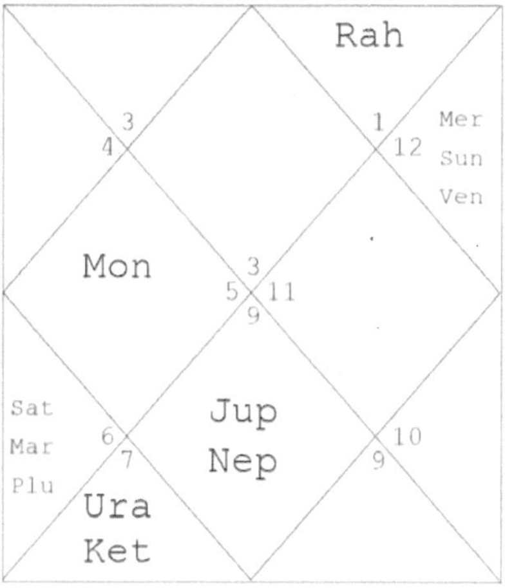

PLANET POSITIONS

Planet	**Sign**	**Degree**	**RL**	**NL**	**SL**	**SSL**
Sun	Aries	26:00'02"	Mar	Ven	Ket	Ven
Mon	Leo	17:26'07"	Sun	Ven	Mar	Rah
Mar-R	Libra	27:40'24"	Ven	Jup	Ven	Rah
Mer	Aries	03:28'29"	Mar	Ket	Sun	Mer
Jup-R	Sagittarius	19:10'21"	Jup	Ven	Rah	Mer
Ven	Aries	16:05'46"	Mar	Ven	Sun	Ket
Sat-R	Libra	18:57'03"	Ven	Rah	Mon	Ket
Rah-R	Taurus	14:00'58"	Ven	Mon	Jup	Jup
Ket-R	Scorpio	14:00'58"	Mar	Sat	Rah	Mer
Ura-R	Scorpio	18:51'05"	Mar	Mer	Ket	Mar
Nep-R	Sagittarius	07:26'19"	Jup	Ket	Rah	Mon
Plu-R	Libra	06:35'30"	Ven	Mar	Mon	Ven

CUSP POSITIONS

Cusp	Sign	Degree	RL	NL	SL	SSL
1	Gemini	3:47'24"	Mer	Mar	Ven	Rah
2	Gemini	26:20'42"	Mer	Jup	Ket	Sat
3	Cancer	19:48'58"	Mon	Mer	Ven	Mon
4	Leo	17:26'0"	Sun	Ven	Mar	Rah
5	Virgo	21:13'8"	Mer	Mon	Ven	Mar
6	Libra	28:46'1"	Ven	Jup	Ven	Ket
7	Sagittarius	3:47'24"	Jup	Ket	Mon	Mar
8	Sagittarius	26:20'42"	Jup	Ven	Ket	Jup
9	Capricorn	19:48'58"	Sat	Mon	Ket	Ven
10	Aquarius	17:26'0"	Sat	Rah	Ven	Ket
11	Pisces	21:13'8"	Jup	Mer	Ven	Mer
12	Aries	28:46'1"	Mar	Sun	Mar	Sat

SAM PIT - उदाहरण चार्ट - KC 004

RL के कस्प	RL	NL के कस्प	NL	ग्रह	घर	RL	घर	NL	घर	SL	घर	SSL	घर
3 11	Me	2 6 7	Ju	Ke	2		4		5		10		3
1 3 5 6 1011	Ve	2 6 7	Ju		6		5		10		12		11
2 6 7	Ju	1 3 5 6 1011	Ve		8		12						
5 9 10	Sa	4 7	Mo		9								
3 11	Me	45 12	Ma	Ve	1			Ve	1	Su	11	Ke	2
4 7	Mo	3 11	Me		3				3		12		6
3 11	Me	4 7	Mo		5				5				8
1 3 5 6 1011	Ve	2 6 7	Ju		6				6				9
5 9 10	Sa	10 12	Ra		10				10				
2 6 7	Ju	3 11	Me		11				11				
2 6 7	Ju	3 11	Me	Su	11			Ve	1	Ke	2	Ve	1
4 5 12	Ma	1112	Su		12				3		6		3
									5		8		5
									6		9		6
									10				10
									11				11
1112	Su	1 3 5 6 1011	Ve	Mo	4			Ve	1	Ma	4	Ra	10
2 6 7	Ju	2 6 8 9	Ke		7				3		5		12
									5		12		
									6				
									10				
									11				
1112	Su	1 3 5 6 1011	Ve	Ma	4			Ju	2	Ve	1	Ra	10
3 11	Me	4 7	Mo		5				6		3		12
4 5 12	Ma	1112	Su		12				7		5		
											6		
											10		
											11		

SAM PIT - उदाहरण चार्ट - KC 004													
RL के कस्प	RL	NL के कस्प	NL	ग्रह	घर	RL	घर	NL	घर	SL	घर	SSL	घर
5 9 10	Sa	10 12	Ra	Ra	10	Ve	1	Mo	4	Ju	2	Ju	2
4 5 12	Ma	1112	Su		12		3		7		6		6
							5				7		7
							6		4				
							10						
							11						
3 11	Me	2 6 7	Ju	Ju	2			Ve	1	Ra	10	Me	3
1 3 5 6 1011	Ve	2 6 7	Ju		6				3		12		11
2 6 7	Ju	2 6 8 9	Ke		7				5				
									6				
									10				
									11				
3 11	Me	4 7	Mo	Sa	5			Ra	10	Mo	4	Ke	2
5 9 10	Sa	4 7	Mo		9				12		7		6
5 9 10	Sa	10 12	Ra		10								8
													9
4 7	Mo	3 11	Me	Me	3			Ke	2	Su	11	Me	3
2 6 7	Ju	3 11	Me		11				6		12		11
									8				3
									9				

अगला राहु की जाँच करें। यह दूसरे और तीसरे स्तर पर कमजोर पुल बनाता है, और शादी करने के लिए कमजोर ही रहता है। शनि [5,9,10], राहु [10,12] के नक्षत्र में और चंद्र [4,7] के नवांश में है, जो विवाह नहीं करा सकता, क्योंकि कोई फलदायी पुल बीओएम नहीं बनता।

बुध Me कस्पल शासक पक्ष में मजबूत है [2,7,11] बनाम [4,6]। एस्ट्रल स्वामी पक्ष की ओर, बुध [3,11], केतू [2,6,8,9] के नक्षत्र में है और सूर्य [11,12] के नवांश, जो अच्छा है क्योंकि यह तीनों स्तरों को सकारात्मक घरों से जोड़ता है। तो, बुध Me शुद्ध सकारात्मक और शादी के लिए मजबूत है [2/(2+1)=0.67]।

इसलिए मंगल दशा, बुध भुक्ति में विवाह की आशा की जाती है। ऐसे मामलों में हमेशा उम्मीद रहती है कि विवाह निकट ही होगा लेकिन ग्रहों की कमजोरी के कारण घटना को प्रकट होने के लिए संयोजनों में कुछ ताकत की प्रतीक्षा करनी पड़ती है।

उदाहरण चार्ट 2 - KC006

आइए नीचे दिए गए एक अन्य चार्ट को देखें। यहाँ, 7वें कस्प को केतु Ke, मंगल Ma और शनि Sa द्वारा दर्शाया गया है। कस्पल शासक पक्ष में इसके RL शनि Sa [1,5,7,11] और NL मंगल Ma [7,11] हैं जो विवाह के लिए काफी मजबूत हैं।

केतू Ke [7], शनि Sa [1,5,7,11] की राशि और राहु Ra [1,4,5,8,12] के नक्षत्र में है, जो सकारात्मक है और फलदायी पुल को पूरा करता है। निचला स्तर भी सकारात्मक संकेत देता है। चूंकि अभिव्यक्ति के पुल 'बीओएम' में कोई नकारात्मक संकेत नहीं हैं, यह मजबूत है। तो, विवाह निश्चित रूप से होगा और केतू एक फलदायी संकेतक ग्रह 'एफआईपी' है।

अगला विचार करें, मंगल Ma [7,11] जो की गुरु Ju [4,5,8,12] के नक्षत्र में और शनि Sa [1,5,7,11]के नवांश में है। यहां भी संयोजन समान और सकारात्मक है। इसलिए मंगल भी एक एफआईपी है।

शनि Sa [1,5,7,11] शुक्र Ve [2,6,10] के नक्षत्र में है और स्वयं शनि Sa [1,5,7,11] का नवांश है। यहां भी पुल पूरा हो गया है और हमारे पास घरों का मिश्रण है। धनात्मक पुंज [2,5,7,11] ऋणात्मक पुंज [1,6,10] से अधिक प्रबल है।

तो, शनि तुलना में थोड़ा कमजोर है लेकिन सकारात्मक है और इसलिए शादी के लिए एक एफआईपी है।

आइए अन्य ग्रहों की समीक्षा करें। शुक्र Ve [2,6,10], सूर्य Su [3,4] के नक्षत्र और शनि Sa [1,5,7,11] के नवांश में है। यह नक्षत्र से पुष्टिकारक समर्थन प्रदान नहीं करता। इसलिए, हम शुक्र Ve को एक फलदायी संकेतक 'एफआईपी' नहीं मान सकते।

सूर्य Su [3,4], बुध Me [2,4,8,10] के नक्षत्र और चंद्र Mo [9,12] के नवांश में है। बीओएम पुल निचले स्तर पर भी पूरा नहीं होता। यहां कोई सकारात्मक समर्थन नहीं है और इसलिए सूर्य को एफआईपी के रूप में नहीं माना जा सकता है। इसी तरह, चंद्र Mo [9,12] का नवांश स्तर पर कोई समर्थन नहीं है। बीओएम पुल ग्रह या नक्षत्र स्तर पर पूर्ण नहीं है, इसलिए चंद्र Mo भी एफआईपी नहीं है।

EXAMPLE CHART – KC 006

DOB – 07 DEC 1960 | TOB - 22:24:00 | POB - PATIALA

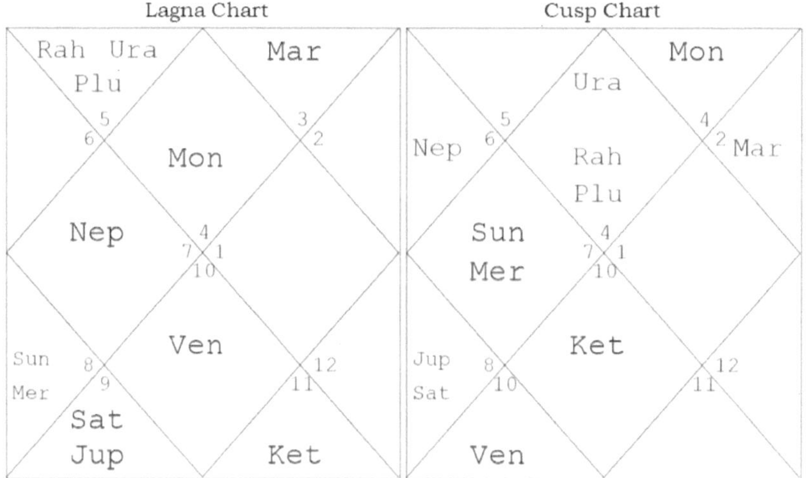

PLANET POSITIONS

Planet	**Sign**	**Degree**	**RL**	**NL**	**SL**	**SSL**
Sun	Scorpio	22:23'33"	Mar	Mer	Mon	Rah
Mon	Cancer	11:58'30"	Mon	Sat	Mon	Ven
Mar	Gemini	23:24'17"	Mer	Jup	Sat	Rah
Mer	Scorpio	06:45'07"	Mar	Sat	Mer	Rah
Jup	Sagittarius	15:19'29"	Jup	Ven	Ven	Mer
Ven	Capricorn	03:38'05"	Sat	Sun	Sat	Ket
Sat	Sagittarius	23:37'23"	Jup	Ven	Sat	Rah
Rah	Leo	17:25'06"	Sun	Ven	Mar	Rah
Ket	Aquarius	17:25'06"	Sat	Rah	Ven	Ket
Ura	Leo	02:34'29"	Sun	Ket	Ven	Mer
Nep	Libra	16:57'29"	Ven	Rah	Ven	Sat
Plu	Leo	14:55'13"	Sun	Ven	Ven	Sat

CUSP POSITIONS

Cusp	Sign	Degree	RL	NL	SL	SSL
1	Cancer	29:11'44"	Mon	Mer	Sat	Mon
2	Leo	24:5'20"	Sun	Ven	Mer	Mer
3	Virgo	23:10'24"	Mer	Mon	Sun	Mer
4	Libra	25:36'13"	Ven	Jup	Mer	Sat
5	Scorpio	28:41'50"	Mar	Mer	Sat	Ven
6	Capricorn	0:8'4"	Sat	Sun	Rah	Mer
7	Capricorn	29:11'44"	Sat	Mar	Sat	Mon
8	Aquarius	24:5'20"	Sat	Jup	Mer	Mer
9	Pisces	23:10'24"	Jup	Mer	Mon	Ven
10	Aries	25:36'13"	Mar	Ven	Mer	Sat
11	Taurus	28:41'50"	Ven	Mar	Sat	Ven
12	Cancer	0:8'4"	Mon	Jup	Mon	Mer

SAM PIT - उदाहरण चार्ट - KC 006

RL के कस्प	RL	NL के कस्प	NL	ग्रह	घर	RL	घर	NL	घर	SL	घर	SSL	घर
1 5 7 11	Sa	7 11	Ma	**Ke**	7	Sa	1	Ra	1	Ve	2	Ke	7
							5		4		6		
							7		5		10		
							11		8				
									12				
3 4	Su	2 6 10	Ve	**Ve**	2			Su	3	Sa	1	Ke	7
1 5 7 11	Sa	3 4	Su		6				4		5		
7 11	Ma	2 6 10	Ve		10						7		
											11		
2 4 8 10	Me	9 12	Mo	**Su**	3			Me	2	Mo	9	Ra	1
2 6 10	Ve	4 5 8 12	Ju		4				4		12		4
									8				5
									10				6
													8
													12
4 5 8 12	Ju	2 4 8 10	Me	**Mo**	9			Sa	1	Mo	9	Ve	2
9 12	Mo	45 8 12	Ju		12				5		12		6
									7				10
									11				
1 5 7 11	Sa	7 11	Ma	**Ma**	7			Ju	4	Sa	1	Ra	1
2 6 10	Ve	7 11	Ma		11				5		5		4
									8		7		5
									12		11		6
													8
													12

SAM PIT - उदाहरण चार्ट - KC 006

RL के कस्प	RL	NL के कस्प	NL	ग्रह	घर	RL	घर	NL	घर	SL	घर	SSL	घर
9 12	Mo	2 4 8 10	Me	**Ra**	1	Su	3	Ve	2	Ma	7	Ra	1
2 6 10	Ve	4 5 8 12	Ju		4		4		6		11		4
7 11	Ma	2 4 8 10	Me		5				10				5
1 5 7 11	Sa	3 4	Su		6								6
1 5 7 11	Sa	4 5 8 12	Ju		8								8
9 12	Mo	4 5 8 12	Ju		12								12
2 6 10	Ve	4 5 8 12	Ju	**Ju**	4			Ve	2	Ve	2	Me	2
7 11	Ma	2 4 8 10	Me		5				6		6		4
1 5 7 11	Sa	4 5 8 12	Ju		8				10		10		8
9 12	Mo	4 5 8 12	Ju		12								10
9 12	Mo	2 4 8 10	Me	**Sa**	1			Ve	2	Sa	1	Ra	1
7 11	Ma	2 4 8 10	Me		5				6		5		4
1 5 7 11	Sa	7 11	Ma		7				10		7		5
2 6 10	Ve	7 11	Ma		11						11		6
													8
													12
3 4	Su	2 6 10	Ve	**Me**	2			Sa	1	Me	2	Ra	1
2 6 10	Ve	4 5 8 12	Ju		4				5		4		4
1 5 7 11	Sa	4 5 8 12	Ju		8				7		8		5
7 11	Ma	2 6 10	Ve		10				11		10		6
													8
													12

राहु Ra [1,4,5,6,8,12], सूर्य Su [3,4] की राशि और शुक्र Ve [2,6,10] के नक्षत्र में है जो ऋणात्मक है। हम नक्षत्र स्वामी शुक्र Ve [2,6,10] के स्तर पर जो मंगल Ma [7,11] के नवांश में और राहु Ra [1,4,5,6,8,12] के नव नवांश में है, बीओएम

पर विचार कर सकते हैं। यह [2,5,7,11] के सकारात्मक सेट बनाम [1,4,6,10] के नकारात्मक सेट के साथ पूरा होता है जो इसे केवल औसत ताकत का बनाता है। इसलिए राहु को केवल एक कमजोर एफआईपी ही माना जा सकता है।

गुरु Ju [4,5,8,12], शुक्र Ve [2,6,10] के नक्षत्र में है और नवांश भी शुक्र Ve [2,6,10] है। यहां भी हमें एक सकारात्मक कनेक्शन मिलता है लेकिन सकारात्मक सेट [5-2-2] की तुलना नकारात्मक सेट [4,6,10] से करना नकारात्मक ही है और इसलिए, गुरु को एफआईपी माना जा सकता है लेकिन बहुत ही कमजोर [2/(2+3)=0.4]।

अब हमाँरे पास रह गए हैं बुध जो कि कस्प 2 का एसएएल है। आइए कस्पल शासक की तरफ से कस्प 2 की जांच करें। इसमें RL Su[3,4] और NL Ve[2,6,10] हैं। शादी के मामले में यह काफी कमजोर है। बुध Me [2,4,8,10], शनि Sa [1,5,7,11] के नक्षत्र में है और अपने ही नवांश बुध Me [2,4,8,10] में है। यह बीओएम पुल को भी पूरा करता है और सकारात्मक सेट [2,5,7,11] बनाम नकारात्मक सेट [1,4,10] प्रदान करता है। यह शुद्ध सकारात्मक है और इसलिए बुध, गुरु की तुलना में अपेक्षाकृत मजबूत एफआईपी है।

विवाह केतू/मंगल के दौरान संभव था, लेकिन इस अवधि के दौरान केतू, चंद्र और फिर सूर्य के नक्षत्र में गोचर कर रहा था, जो पारगमन में बीओएम पुल को पूरा नहीं कर सका। केतू ने मई 1988 में शुक्र के नक्षत्र में प्रवेश किया, जब जातक केतू/राहु/शुक्र दशा में चला रहा था, लेकिन अन्तर स्वामी शुक्र और फिर सूर्य और फिर चंद्र एफआईपी नहीं हैं। इसलिए, विवाह अगस्त 1988 के अंत में ही तय हुआ, जब जातक केतू/राहु/मंगल दशा में चला रहा था। *आप देख सकते हैं कि शुक्र, एक सकारात्मक कस्प 2 का प्रतिनिधित्व करता है, लेकिन FIP नहीं है। लेकिन अन्य ग्रहों के लिए, एक एस्ट्रल स्वामी के रूप में प्रकट होने पर BOM पुल को जन्म कुंडली और पारगमन में पूरा कर सकता है।*

उदाहरण चार्ट 3 - KC007

प्राइम कस्प 7 को SAL Ve द्वारा दर्शाया गया है। इसमें RL Sa[3,6,12] और NL Mo[1,2,4,6] है जो कमजोर है। एस्ट्रल पक्ष की ओर शुक्र [7,8,11] मंगल [5,9,10] के नक्षत्र और गुरु [5,9] के नवांश में है। यह तीन स्तरों पर सकारात्मक संबंध बनाता है और इस प्रकार बीओएम पुल पूर्ण होता है। शादी का वादा किया जाता है और शुक्र एक FIP बनता है।

जातक विवाह योग्य उम्र में राहु की दशा में चला रहा था।

राहु कस्प 2 और 10 का प्रतिनिधित्व करता है। कस्प 2 में RL Su[5,11] और NL Ve[7,8,11] है जो अच्छा है। एस्ट्रल पक्ष की ओर, राहु [2,10], सूर्य [5,11] की राशि और सूर्य [5,11] के नक्षत्र में है जो बीओएम या अभिव्यक्ति के पुल को पूरा करता है और सकारात्मक है। इसलिए, राहु शादी के लिए फलदायी संकेतक ग्रह 'एफआईपी' है।

आइए अन्य ग्रहों की जाँच करें। अगला गुरु [5,9], केतू [3,6,8,12] के नक्षत्र में और राहु [2,10] के नवांश में है। यह पुल बनाने के लिए तीन स्तरों का समर्थन नहीं पाता और इसलिए विवाह प्रदान नहीं कर सकता। गुरु शादी के लिए फलदायी संकेतक ग्रह 'एफआईपी' नहीं है।

इसी तरह, यदि आप शनि Sa, और बुध Me को चेक करते हैं, तो कोई सकारत्मक पुल नहीं बनता और इन्हें FIP 'एफआईपी' नहीं माना जा सकता है। केतु Ke तीसरे स्तर पर पुल बनाता है और इस प्रकार सकारात्मक है।

जातक का विवाह 21 वर्ष की आयु में राहु/शुक्र की दशा में हुआ।

EXAMPLE CHART – KC 007

DOB – 13 JUN 1960 | TOB - 09:29:20 | POB - KHANPUR

Lagna Chart

Rah Plu 5 6
Mer 3 2
Sun Ven
Ura
Nep 4 7 1 10
Mar
Mon
8 9 Sat Jup
12 11 Ket

Cusp Chart

Rah
Plu
Nep 5 6
Ura
3 2 Mer Sun Ven
4 7 1 10
Jup 8 9
Sat Mon
12 11 Mar
Ket

PLANET POSITIONS

Planet	**Sign**	**Degree**	**RL**	**NL**	**SL**	**SSL**
Sun	Taurus	28:55'47"	Ven	Mar	Sat	Ven
Mon	Capricorn	20:00'48"	Sat	Mon	Ket	Rah
Mar	Aries	01:29'50"	Mar	Ket	Ven	Mar
Mer	Gemini	22:41'11"	Mer	Jup	Sat	Ven
Jup	Sagittarius	06:24'38"	Jup	Ket	Rah	Sat
Ven	Taurus	26:19'30"	Ven	Mar	Jup	Jup
Sat	Sagittarius	23:36'44"	Jup	Ven	Sat	Rah
Rah	Leo	26:49'35"	Sun	Sun	Sun	Rah
Ket	Aquarius	26:49'35"	Sat	Jup	Ven	Ven
Ura	Cancer	24:47'38"	Mon	Mer	Rah	Sat
Nep	Libra	13:28'23"	Ven	Rah	Mer	Mon
Plu	Leo	10:35'32"	Sun	Ket	Sat	Mon

CUSP POSITIONS

Cusp	Sign	Degree	RL	NL	SL	SSL
1	Cancer	22:31'37"	Mon	Mer	Mon	Rah
2	Leo	17:16'1"	Sun	Ven	Mon	Ven
3	Virgo	16:5'14"	Mer	Mon	Sat	Mer
4	Libra	18:25'56"	Ven	Rah	Mon	Rah
5	Scorpio	21:37'18"	Mar	Mer	Sun	Mon
6	Sagittarius	23:12'32"	Jup	Ven	Sat	Mon
7	Capricorn	22:31'37"	Sat	Mon	Ven	Mer
8	Aquarius	17:16'1"	Sat	Rah	Ven	Mer
9	Pisces	16:5'14"	Jup	Sat	Jup	Sun
10	Aries	18:25'56"	Mar	Ven	Rah	Jup
11	Taurus	21:37'18"	Ven	Mon	Ven	Jup
12	Gemini	23:12'32"	Mer	Jup	Sat	Mar

SAM PIT - उदाहरण चार्ट - KC 007

RL कस्प	RL	NL कस्प	NL	ग्रह	घर	RL	घर	NL	घर	SL	घर	SSL	घर
1 5 11	Me	1 2 4 6	Mo	**Ke**	3	Sa	3	Ju	5	Ve	7	Ve	7
5 9	Ju	7 8 11	Ve		6		6		9		8		8
3 6 12	Sa	2 10	Ra		8		12				11		11
1 5 11	Me	5 9	Ju		12								
3 6 12	Sa	12 4 6	Mo	**Ve**	7			Ma	5	Ju	5	Ju	5
3 6 12	Sa	2 10	Ra		8				9		9		9
7 8 11	Ve	12 4 6	Mo		11				10				
5 9 10	Ma	1 5 11	Me	**Su**	5			Ma	5	Sa	3	Ve	7
7 8 11	Ve	1 2 4 6	Mo		11				9		6		8
									10		12		11
1 2 4 6	Mo	1 5 11	Me	**Mo**	1			Mo	1	Ke	3	Ra	2
5 11	Su	7 8 11	Ve		2				2		6		10
7 8 11	Ve	2 10	Ra		4				4		8		
5 9	Ju	7 8 11	Ve		6				6		12		
5 9 10	Ma	1 5 11	Me	**Ma**	5			Ke	3	Ve	7	Ma	5
5 9	Ju	3 6 12	Sa		9				6		8		9
					10				8		11		10
									12				
5 11	Su	7 8 11	Ve	**Ra**	2	Su	5	Su	5	Su	5	Ra	2
5 9 10	Ma	7 8 11	Ve		10		11		11		11		10
5 9 10	Ma	1 5 11	Me	**Ju**	5			Ke	3	Ra	2	Sa	3
5 9	Ju	3 6 12	Sa		9				6		10		6
									8				12
									12				
1 5 11	Me	1 2 4 6	Mo	**Sa**	3			Ve	7	Sa	3	Ra	2
5 9	Ju	7 8 11	Ve		6				8		6		10
1 5 11	Me	5 9	Ju		12				11		12		
1 2 4 6	Mo	1 5 11	Me	**Me**	1			Ju	5	Sa	3	Ve	7
5 9 10	Ma	1 5 11	Me		5				9		6		8
7 8 11	Ve	1 2 4 6	Mo		11						12		11

21

सन्तान

“आप ही वह धनुष हैं जिससे आपकी सन्तान जीवित तीरों के समान आगे भेजी जाती है।”

खलील जिब्रान

हमारा अस्तित्व प्रजनन पर निर्भर करता है और इसलिए बच्चे का जन्म माता-पिता और बच्चे के जीवन की सबसे महत्वपूर्ण घटनाओं में से एक है। मानवता के भरण-पोषण के लिए बच्चों को पालने की यह इच्छा स्वाभाविक ही है।

बच्चे का जन्म माता-पिता का सह-निर्माण है और इसलिए दोनों की कुंडली से वादा किया जाना चाहिए। यदि किसी एक कुंडली में संतान का वादा नहीं किया गया है तो दंपति संतान पैदा करने में असफल होंगे। इसलिए संतान प्राप्ति के लिए दोनों की कुंडली का विश्लेषण करना चाहिए।

किसी भी घटना के होने के लिए, जैसा कि पहले ही चर्चा की जा चुकी है, प्रासंगिक घरों की भागीदारी उस समय एक फलदायी तरीके से होना आवश्यक है। इसलिए, आइए देखें कि इस आयोजन में कस्प कैसे भाग लेते हैं।

घरों की व्याख्या

कस्प 1 - अपने आप को और आपके द्वारा किए गए प्रयास को इंगित करता है। दूसरे भाव से 12वें स्थान पर होने का अर्थ यहाँ परिवार की अनुपस्थिति भी है।

कस्प 2 - यह परिवार में आत्मसात या जोड़ का प्रतिनिधित्व करता है।

कस्प 3 - यह बातचीत या लेन-देन का प्रतिनिधित्व करता है और बच्चे के जन्म के लिए तटस्थ है। हालांकि, 5वीं से 11वीं और 11वीं से 5वीं होने के कारण इसका कोई नकारात्मक अर्थ नहीं है।

कस्प 4 - यह प्रेम और भावनाओं के विनाश का प्रतिनिधित्व करता है। 5वें भाव से 12वें होने के कारण यह संतान की अनुपस्थिति का संकेत देता है।

कस्प 5 - यह प्यार का प्रतिनिधित्व करता है और संतान के लिए प्रमुख कस्प है।

कस्प 6 - रोग को इंगित करता है और इसकी उपस्थिति बच्चे के जन्म में कुछ बीमारी दिखाएगी, खासकर अगर अन्य नकारात्मक घरों से जुड़ी हो।

कस्प 7 - यह साथी का प्रतिनिधित्व करता है और बच्चे के जन्म के लिए तटस्थ है। हालांकि, पांचवीं से तीसरी होना छोटे भाई-बहन का प्रतिनिधित्व करता है और इसलिए दूसरे बच्चे के लिए प्रमुख कस्प बन जाता है।

कस्प 8 - यह दुर्भाग्य का प्रतिनिधित्व करता है और बच्चे के जन्म में इसका शामिल होना हमेशा परेशानी भरा होता है। यह सीज़ेरियन की ओर ले जाने वाली कठिनाइयों का कारण बन सकता है। अन्य नकारात्मक घरों के साथ, यह गर्भपात और अन्य जटिलताओं को दे सकता है।

कस्प 9 - यह पार्टनर के लिए कस्प 3 के बराबर है और इसके समान प्रभाव हैं। हालाँकि, ऊपर 7वें की तरह यह तीसरे बच्चे के लिए प्रमुख कस्प बन जाता है।

कस्प 10 - कस्प 11 से 12वाँ होने के कारण, यहाँ यह विशेष रूप से अन्य नकारात्मक घरों के साथ निराशा का संकेत देता है।

कस्प 11 - पूर्ति का शिखर। अन्य सकारात्मक घरों के साथ इसका संयोजन बच्चे के जन्म के लिए वास्तविक उत्प्रेरक है।

कस्प 12 - नुकसान और खर्च का संकेत देता है। अन्य नकारात्मक घरों के साथ संयोजन, बच्चे के नुकसान का संकेत दे सकता है, जबकि अन्य सकारात्मक घरों के साथ शामिल होने से डिलीवरी पर खर्च का संकेत मिलेगा।

जैसा कि आप देख सकते हैं, 5वां घर अकेला बच्चा पैदा नहीं कर सकता। 2 और 11 का योग बच्चे के जन्म का संकेत देता है। जबकि 1, 4 और 10 का संयोजन बच्चे के जन्म से इनकार को दर्शाता है। कस्प 6, 8 और 12 परेशानी देने वाले हैं लेकिन बच्चे के जन्म से इनकार नहीं कर रहे हैं। अन्य कस्प 3,7,9 या तो सहायक या तटस्थ हैं। इसलिए बच्चे के जन्म के समय की भविष्यवाणी करने के लिए, आपको पता होना चाहिए कि कौन सा संयोजन काम कर रहा है और यह चल रहे दशा 'डीबीएएस' पर निर्भर करेगा।

ग्रहों की शक्ति

सैम पिट तैयार करें जैसा कि पहले ही चर्चा की गई है और फिर प्रत्येक ग्रह की लीपि को देखें। शादी के बाद या कम से कम 16 साल की उम्र के बाद बच्चे के जन्म की उम्मीद की जानी चाहिए। उस समय चल रहे 'डीएल' दशा स्वामी का चयन करें। महा दशा स्वामी [डीएल] सामान्य प्रवृत्ति का संकेत देंगे, क्योंकि यह लंबे समय तक रहता है, लेकिन इसे बच्चे के जन्म से इनकार नहीं करना चाहिए। भुक्ति स्वामी [बीएल] महत्वपूर्ण है और जन्म को सकारात्मक रूप से इंगित करना चाहिए। अंतरा स्वामी [एएल] तब सकारात्मक भुक्ति अवधि के भीतर घटना के लिए अधिक उपयुक्त समय का संकेत देगा। यदि आप किसी अन्य समय की स्थिति को देखने में रुचि रखते हैं, तो उस समय चल रहे डीबीएएस ग्रहों की लिपि में दिखाई देने वाले संयोजनों को देखें। यदि तीनों सकारात्मक संयोजन दर्शाते हैं तो बच्चे का जन्म सुनिश्चित है। सटीक समय पारगमन पर निर्भर करेगा। यदि बीएल या एएल नकारात्मक हैं, तो उस अवधि के दौरान बच्चे के जन्म की संभावना बहुत कम होती है। अगली सकारात्मक भक्ति के दौरान ही सम्भावना बनेगी।

इसका विश्लेषण दोनों चार्टों में किया जाना चाहिए। एक ही समय में दोनों माता-पिता के चार्ट में फलदायी संयोजनों की उपस्थिति आवश्यक है। गर्भावस्था पर ग्रहों के संचालन के प्रभाव को देखने के लिए गर्भावस्था की पूरी अवधि के लिए मां के चार्ट का

विश्लेषण किया जाना चाहिए। गर्भाधान के समय माता-पिता के चार्ट में चल रहे ग्रहों का विश्लेषण बच्चे के लिंग का संकेत भी दे सकता है।

उपरोक्त को और अधिक बिस्तार से समझने के लिए आइए देखें कि ये संयोजन कैसे कार्य करते हैं। घटना को पूरी तरह से परिभाषित करने वाले घरों के एक सेट को पूर्ण संयोजन कहा जाता है। बच्चे के जन्म के लिए, 2, 5 और 11 को पूर्ण सकारात्मक संयोजन कहा जाएगा। अभिव्यक्ति के पुल में इन घरों की उपस्थिति, लगातार तीन स्तरों, या तो व्यक्तिगत रूप से या भागों में जिससे कि एक साथ सभी घरों का प्रतिनिधित्व हो जाये, तो एक पूर्ण संयोजन बनता है। यह [2 - 5 - 11] या [2,5 - 2,11 - 5] या [2,11 - 2,5,11 - 2,5] या ऐसा कोई भी हो सकता है। सभी स्तरों में कम से कम एक सकारात्मक घर होना चाहिए और एक साथ पूरा सेट बनना चाहिए। यह ग्रह पूर्ण रूप से सहायक कहलाएगा और अपनी अवधि में संतान को देने वाला हो सकता है।

पूर्ण नकारात्मक संयोजन 1, 4, और 10 है। इसकी उपस्थिति को ऊपर की तरह ही दोहराया जा सकता है, [1,4 - 4,10 - 1,10] या [1 - 4 - 10] या [1,4 - 10 - 1,4,10] आदि, और इसे बच्चे के जन्म के लिए पूरी तरह से नकारात्मक कहा जाएगा और इसकी अवधि में बच्चे का जन्म नहीं हो सकता।

हालाँकि, हो सकता है की ये संयोजन पूरी तरह से प्रकट न हों जैसे [2 - 5 - 2], [5 - 2,5 - 5], आदि। ये अभी भी सकारात्मक हैं लेकिन कम ताकत के हैं और अभी भी बच्चे के जन्म के लिए सकारात्मक हैं। ऐसे मामलों में जहां आंशिक नकारात्मक संयोजन दिखाई देते हैं [1 - 4 - 1] या [1 - 1 - 10] आदि। इसका मतलब अभी भी पूरी तरह से नकारात्मक ही होगा क्योंकि कोई सकारात्मक समर्थन नहीं है।

इस संदर्भ में अन्य घर, 3, 7 और 9 को तटस्थ माना जाता है। 6, 8 और 12 हमेशा पीड़ादायक होंगे, और इनकार के संयोजन में इनका होना जरूरी नहीं है। सकारात्मक संयोजन के साथ ये संकेत समस्याएं और खतरे को दिखाएंगे जबकि नकारात्मक संयोजन में ये केवल दुख को जोड़ सकते हैं।

जब दोनों प्रकार के घरों का प्रतिनिधित्व किया जाता है, जो कि काफी सामान्य है, तो बहुमत परिणाम को निर्धारित करता है। उनकी सापेक्ष शक्ति उस ग्रह के लिए परिणाम के स्तर को इंगित करती है। शक्ति सकारात्मकता पर निर्भर करती है। इस को समझने के लिए आप सीधे दो प्रकारों की तुलना कर सकते हैं। यदि तीन धनात्मक

और एक ऋणात्मक घर हैं, तो शुद्ध शक्ति [3/(3+1)] = 0.75 ही होगी। तो, बच्चे के जन्म की संभावना सकारात्मक है लेकिन उस ग्रह के लिए केवल 75% होगी। जब दोनों संयोजन पूर्ण रूप से प्रकट होते हैं तो यह जन्म और हानि दोनों को बढ़ावा देता है और परिणाम के लिए अन्य दशा ग्रहों के साथ देखा जाएगा। जैसा कि आप नोट कर सकते हैं, अभिव्यक्ति के पुल 'बीओएम' को पूरा करने वाला सेट अंतिम परिणाम को इंगित करता है और उस सेट के लिए ताकत की गणना की जानी चाहिए। यदि दोनों सकारात्मक और नकारात्मक सेट बीओएम को पूरा करते हैं, तो बहुसंख्यक घरों में अधिक ताकत होगी और अंतिम परिणाम निर्धारित करेंगे, लेकिन हानी का खतरा तो बना रहेगा।

ऐसे मामलों में जहां ग्रह के पास केवल तटस्थ घर हैं, जैसे कि 3, 7, 9 आदि, तो कस्पल शासकों द्वारा प्रतिनिधित्व किए गए घर प्रासंगिक सकारात्मक घर दिखा कर संदर्भ को स्पष्ट कर सकते हैं। ये ग्रह सकारात्मक एनएल, एसएल और एसएसएल के साथ अभी भी फलदायी ग्रह या 'एफआईपी' होंगे।

इस तरह से हम इस संदर्भ में किसी ग्रह की ताकत का निर्धारण करते हैं। तो, ताकत - 1 से, पूरी तरह से नकारात्मक, +1 से, पूरी तरह से सकारात्मक और बीच के सभी स्तरों में भिन्न हो सकती है।

दशा की ताकत

बच्चे के जन्म के लिए दशा DBAS की ताकत शामिल ग्रहों की ताकत पर निर्भर करेगी। यदि शामिल तीनों ग्रह +1 हैं, तो दशा की शक्ति अत्यंत सकारात्मक +3 होगी। यदि तीनों ग्रह - 1 हैं, तो दशा अत्यंत नकारात्मक - 3 और बीच में सभी स्तर होंगे। तो दशा नीचे दिए रूप में सकारात्मक या नकारात्मक हो सकती है।

तीन सकारात्मक [+,+,+]: बच्चे के जन्म के लिए बेहद मजबूत

दो सकारात्मक [+,+]: एक ग्रह तटस्थ है, बच्चे के जन्म के लिए मजबूत

दो ऋणात्मक [-,-]: एक ग्रह तटस्थ है, अपने समय में संतान को जन्म नहीं दे सकता।

तीन नकारात्मक [-,-,-]: इस अवधि में संतान का जन्म नहीं हो सकता।

अन्य दशा संयोजन इस प्रकार हैं।

[+] [+] [-] - चूंकि डीएल और बीएल सकारात्मक हैं, एक नकारात्मक एएल की अवधि के लिए यह अस्थायी रूप से बच्चे के जन्म के लिए एक नकारात्मक अवधि का संकेत देगा।

[+] [-] [+] - चूंकि भक्ति स्वामी नकारात्मक है, इस अवधि में बच्चे का जन्म नहीं हो सकता है। सकारात्मक AL केवल आशा पैदा करेगा लेकिन कोई अभिव्यक्ति नहीं।

[-] [+] [+] - डीएल नकारात्मक है; इस अवधि में बच्चे का जन्म नहीं हो सकता। बीएल और एएल दोनों सकारात्मक होने के कारण यह जन्म के लिए मजबूत परिस्थितियां तो पैदा करेगा, लेकिन ऐसा नहीं होगा।

[-] [+] [-] - चूंकि डीएल और एएल नकारात्मक हैं, इस अवधि में जन्म नहीं हो सकता है।

[-] [-] [+] - चूंकि डीएल और बीएल दोनों नकारात्मक हैं, इस अवधि में बच्चे का जन्म नहीं हो सकता है।

दशा की शक्ति दोनों भागीदारों के लिए स्थापित की जानी चाहिए। दूसरा बच्चा तभी जन्म ले सकता है जब और केवल तभी जब एक सकारात्मक DBAS फिर से होता है जैसा कि ऊपर बताया गया है, इसके अलावा 7वें घर की भागीदारी, और इसी तरह आगे।

ग्रह अपने द्वारा दर्शाए गए संकेतों के अनुसार घटनाओं में अपने स्वयं के व्यक्तिगत लक्षण जोड़ते हैं। आप इसके प्रभाव को समझने के लिए ग्रह के मूल घरों को सबसे छोटी दशा भगवान की लीपि में प्रतिनिधित्व किए गए घरों के साथ जोड़ कर देख सकते हैं।

मान लें कि ग्रह अगर सूर्य है, तो यह प्यार और बच्चे के जन्म को बढ़ावा देता है।

चंद्रमा भावुक है लेकिन संतान प्राप्ति में सहायक नहीं है।

बुध अन्य नकारात्मक घरों के साथ समस्या पैदा कर सकता है, जबकि सकारात्मक भाव के साथ यह तटस्थ रहता है।

शुक्र पूरी तरह से सहायक है और बच्चे के जन्म को बढ़ावा देता है।

मंगल शुभ संयोग से भी दुर्घटना या कष्ट का कारण बन सकता है।

बृहस्पति बच्चे के जन्म को बढ़ावा देता है और बहुत सकारात्मक है।

संतान के मामले में शनि तटस्थ रहता है। इसकी धीमी प्रकृति के कारण, यह सकारात्मक संयोजनों के साथ देरी का संकेत दे सकता है, जबकि नकारात्मक घरों के साथ यह सुस्त और दर्दनाक गर्भावस्था अवधि का संकेत देगा जिसमें बिस्तर पर आराम की आवश्यकता होती है।

भविष्यवाणी में रंग जोड़ने के लिए उपरोक्त विवरण को सावधानीपूर्वक लागू किया जाना चाहिए यह समझने के लिए कि भाग्य कैसे सामने आता है।

पुस्तक में पहले परिभाषित ग्रहों के पहलू भी एक भूमिका निभाते हैं, जैसे दैवीय सहायता प्राप्त करना, दूसरों के कारण बाधाएं आना या भौतिक सहायता, जिनसे भविष्यवाणी को और निखारा जा सकता है।

उदाहरण चार्ट

उदाहरण चार्ट 1 - KC005

अब हम इसी सन्दर्भ से एक चार्ट का विश्लेषण करेंगे। इसे तैयार सैम पिट के साथ चार्ट नीचे दिया गया है।

बुध Me 5वें कस्प का SAL है, कस्प का RL मंगल Ma[7,8] और NL केतु Ke[6,8,12] है। बच्चे के जन्म के लिए कस्पल शासक पक्ष पर कोई सकारात्मक समर्थन नहीं है, बल्कि, 6,8,12 केवल समस्याओं और बाधाओं को इंगित करता है। एस्ट्रल पक्ष की ओर, बुध Me[5,8,11], केतू Ke[6,8,12] के नक्षत्र में और गुरु Ju[3,7,10] के नवांश में है। एस्ट्रल पक्ष की ओर से भी कोई सकारात्मक समर्थन नहीं है। चूंकि 5 और 11 दोनों ही इस एसएएल बुध में शामिल हैं, इसलिए आगे देखने की कोई आवश्यकता नहीं है क्योंकि यह संतान के ना होने का एक स्पष्ट मामला है।

यदि आप अन्य ग्रहों की समीक्षा करें तो भी गुरु Ju, जो कि काफी कमजोर है, के अलावा किसी भी ग्रह में अभिव्यक्ति का पुल नहीं है। जातक के विवाह के बाद से राहु की दशा चला रही है और अभी तक कोई संतान नहीं हुई है और आगे भी कोई सम्भावना नहीं लगती।

EXAMPLE CHART – KC 005

DOB – 06 AUG 1989 | TOB - 16:03:00 | POB - ABOHAR

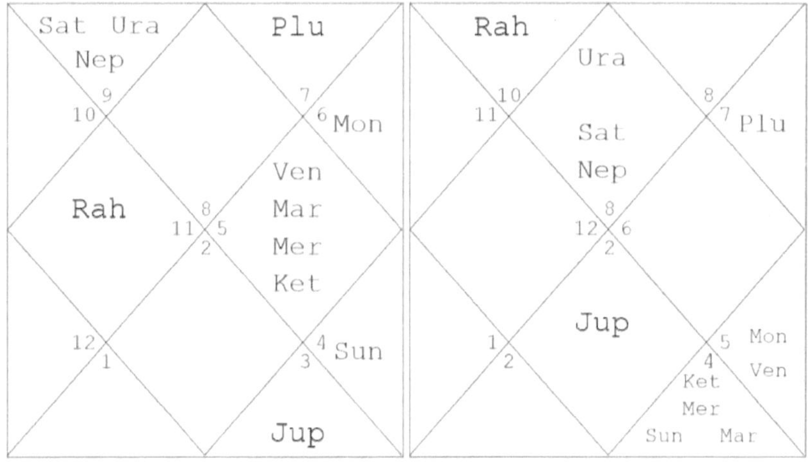

PLANET POSITIONS

Planet	**Sign**	**Degree**	**RL**	**NL**	**SL**	**SSL**
Sun	Cancer	20:14'17"	Mon	Mer	Ven	Rah
Mon	Virgo	14:17'30"	Mer	Mon	Jup	Sat
Mar	Leo	08:06'33"	Sun	Ket	Jup	Mer
Mer	Leo	08:39'41"	Sun	Ket	Jup	Ven
Jup	Gemini	07:35'33"	Mer	Rah	Rah	Mer
Ven	Leo	22:23'09"	Sun	Ven	Sat	Mer
Sat-R	Sagittarius	14:35'35"	Jup	Ven	Ven	Jup
Rah-R	Aquarius	02:34'19"	Sat	Mar	Ket	Mer
Ket-R	Leo	02:34'19"	Sun	Ket	Ven	Mer
Ura-R	Sagittarius	08:06'58"	Jup	Ket	Jup	Mer
Nep-R	Sagittarius	16:25'59"	Jup	Ven	Mon	Rah
Plu	Libra	18:43'19"	Ven	Rah	Mon	Sat

CUSP POSITIONS

Cusp	Sign	Degree	RL	NL	SL	SSL
1	Scorpio	29:46'8"	Mar	Mer	Sat	Jup
2	Capricorn	3:8'27"	Sat	Sun	Sat	Sat
3	Aquarius	9:45'28"	Sat	Rah	Jup	Ven
4	Pisces	14:20'51"	Jup	Sat	Rah	Ven
5	Aries	13:16'57"	Mar	Ket	Mer	Sat
6	Taurus	7:29'15"	Ven	Sun	Ket	Jup
7	Taurus	29:46'8"	Ven	Mar	Sat	Jup
8	Cancer	3:8'27"	Mon	Jup	Rah	Mon
9	Leo	9:45'28"	Sun	Ket	Sat	Mer
10	Virgo	14:20'51"	Mer	Mon	Jup	Sat
11	Libra	13:16'57"	Ven	Rah	Mer	Sun
12	Scorpio	7:29'15"	Mar	Sat	Ket	Ven

SAM PIT - उदाहरण चार्ट - KC 005													
RL कस्प	RL	NL कस्प	NL	ग्रह	घर	RL	घर	NL	घर	SL	घर	SSL	घर
6 7 9 11	Ve	2 6 8	Su		6		2		6		6		5
9 10	Mo	3 7 10	Ju	**Ke**	8	Su	6	Ke	8	Ve	7	Me	8
7 8	Ma	1 2 7 9	Sa		12		8		12		9		11
											11		
6 7 9 11	Ve	2 6 8	Su		6				6		1		5
6 7 9 11	Ve	7 8	Ma	**Ve**	7			Ve	7	Sa	2	Me	8
2 6 8	Su	6 8 12	Ke		9				9		7		11
					11				11		9		
1 2 7 9	Sa	2 6 8	Su		2				5		6		2
6 7 9 11	Ve	2 6 8	Su	**Su**	6			Me	8	Ve	7	Ra	4
9 10	Mo	3 7 10	Ju		8				11		9		8
											11		
2 6 8	Su	6 8 12	Ke		9				9		3		1
5 8 11	Me	9 10	Mo	**Mo**	10			Mo	10	Ju	7	Sa	2
											10		7
													9
6 7 9 11	Ve	7 8	Ma		7				6		3		5
9 10	Mo	3 7 10	Ju	**Ma**	8			Ke	8	Ju	7	Me	8
									12		10		11
1 2 7 9	Sa	2 6 8	Su		2		1		7		6		5
3 7 10	Ju	1 2 7 9	Sa	**Ra**	4	Sa	2	Ma	8	Ke	8	Me	8
910	Mo	3 7 10	Ju		8		7				12		11
							9						
1 2 7 9	Sa	2 4 8	Ra		3				2		2		5
6 7 9 11	Ve	7 8	Ma	**Ju**	7			Ra	4	Ra	4	Me	8
5 8 11	Me	9 10	Mo		10				8		8		11
7 8	Ma	5 8 11	Me		1				6		6		3
1 2 7 9	Sa	2 6 8	Su	**Sa**	2			Ve	7	Ve	7	Ju	7
6 7 9 11	Ve	7 8	Ma		7				9		9		10
2 6 8	Su	6 8 12	Ke		9				11		11		

SAM PIT - उदाहरण चार्ट - KC 005															
RL कस्प	RL	NL कस्प	NL	ग्रह	घर	RL	घर	NL	घर	SL	घर	SSL	घर
7 8	Ma	6 8 12	Ke	Me	5			Ke	6	Ju	3	Ve	6
9 10	Mo	3 7 10	Ju		8				8		7		7
6 7 9 11	Ve	2 4 8	Ra		11				12		10		9
													11

उदाहरण चार्ट 2 - KC003

आइए नीचे एक और चार्ट की समीक्षा करें। जातक का विवाह 1978 में हुआ था जब चंद्र/राहु की दशा चल रही थी। चंद्र Mo, कस्प 5 का SAL भी है जिसमें RL Ve[3,7,9] और NL Mo[3,5,9] है जो अच्छा है क्योंकि बच्चे के जन्म के लिए यहां कोई नकारात्मक संकेत नहीं हैं। एस्ट्रल पक्ष की ओर चंद्र Mo [3,5,9], शुक्र Ve [3,7,9] के नक्षत्र में और चंद्र Mo [3,5,9] के नवांश में है। यह भी सकारात्मक है क्योंकि यहां कोई नकारात्मक संकेत नहीं हैं और इसलिए जातक को उपयुक्त दशा संयोजन में बच्चे हो सकते हैं। चंद्र स्वयं हालांकि स्पष्ट रूप से 2,5,11 के पूर्ण सकारात्मक संयोजन का चित्रण नहीं करते हैं, लेकिन इनकार नहीं करते और इस प्रकार बच्चे के जन्म के लिए एक फलदायी ग्रह 'एफआईपी' है।

राहु कस्प 2,6 और 11 का प्रतिनिधित्व करता है। कस्प 2 का RL Sa[1,5,7,10] और NL Ra[2,6,11] है जो पूर्ण सकारात्मक सेट [2,5,11] और [1,10] के नकारात्मक सेट के साथ साक्षेप में शुद्ध सकारात्मक है। इसी तरह, कस्प 11 का RL मंगल Ma[4,7,11] और NL शनि Sa[1,5,7,10] है जो थोड़ा नकारात्मक है क्योंकि नकारात्मक पूर्ण संयोजन [1,4,10] सकारात्मक कस्प [5,11] के साथ मौजूद है। कुल मिलाकर, कस्पल पक्ष ठीक ही प्रतीत होता है।

एस्ट्रल स्वामी पक्ष की तरफ राहु[2,6,11], गुरु[4,6,7,10,11,12] की राशि और केतू[5,8,12] के नवांश में है। यह फलदायी पुल को पूरा करता है [2,11 - 11 - 5] हालांकि, [4,10] और [6,8,12] के नकारात्मक सेट के साथ। राहु इसलिए सकारात्मक तो है, लेकिन गर्भावस्था की समस्याओं, स्वास्थ्य के मुद्दों और परेशानी को इंगित करता है।

जातक Mo/Ra में गर्भवती हुई और गर्भावस्था के दौरान उसे गंभीर स्वास्थ्य समस्याएं हुईं। बच्चे को सर्जिकल हस्तक्षेप के साथ किया गया।

EXAMPLE CHART – KC 003

DOB – 10 AUG 1955 | TOB - 17:58:40 | POB - PATIALA

Lagna Chart

Rah
12 11 9 8
Mon 10 1 7 4 Sat Nep
Mer
Sun Ven
2 3 Mar Ura 6 5
Jup
Ket Plu

Cusp Chart

Mon 12 11 9 8 Rah
10 1 7 4 Sat
Mer Plu
Sun Ven
Ket 2 3 Mar Ura 6 5 Nep
Jup

PLANET POSITIONS

Planet	Sign	Degree	RL	NL	SL	SSL
Sun	Cancer	23:57'32"	Mon	Mer	Mar	Ven
Mon	Aries	16:20'06"	Mar	Ven	Mon	Mar
Mar	Cancer	26:05'38"	Mon	Mer	Rah	Mar
Mer	Cancer	29:05'17"	Mon	Mer	Sat	Sun
Jup	Cancer	19:19'06"	Son	Mer	Ket	Mer
Ven	Cancer	17:58'52"	Mon	Mer	Mer	Rah
Sat	Libra	21:45'20"	Ven	Jup	Jup	Rah
Rah-R	Sagittarius	00:33'00"	Jup	Ket	Ket	Sat
Ket-R	Gemini	00:33'00"	Mer	Mar	Mer	Ven
Ura	Cancer	06:02'36"	Mon	Sat	Mer	Ven
Nep	Libra	02:3719"	Ven	Mar	Ket	Mer
Plu	Leo	03:00'50"	Sun	Ket	Sun	Sun

CUSP POSITIONS

Cusp	Sign	Degree	RL	NL	SL	SSL
1	Capricorn	3:46'59"	Sat	Sun	Sat	Ven
2	Aquarius	13:16'28"	Sat	Rah	Mer	Sun
3	Pisces	20:49'35"	Jup	Mer	Ven	Sat
4	Aries	21:5'50"	Mar	Ven	Jup	Ven
5	Taurus	15:50'8"	Ven	Mon	Sat	Sat
6	Gemini	8:41'24"	Mer	Rah	Jup	Jup
7	Cancer	3:46'59"	Mon	Sat	Sat	Mer
8	Leo	13:16'28"	Sun	Ket	Mer	Sat
9	Virgo	20:49'35"	Mer	Mon	Ven	Sun
10	Libra	21:5'50"	Ven	Jup	Jup	Ven
11	Scorpio	15:50'8"	Mar	Sat	Jup	Ven
12	Sagittarius	8:41'24"	Jup	Ket	Jup	Ven

SAM PIT - उदाहरण चार्ट - KC 003																					
RL कस्प					RL	NL कस्प					NL	ग्रह	घर	RL	घर	NL	घर	SL	घर	SSL	घर
		3	7	9	Ve			3	5	9	Mo		5		2		4		2		3
			1	7	Su			5	8	12	Ke	**Ke**	8	Me	7	Ma	7	Me	7	Ve	7
4,6	7	10	11	12	Ju			5	8	12	Ke		12		8		11		8		9
4,6	7	10	11	12	Ju			2	7	8	Me		3				2		2		2
		3	5	9	Mo		1	5	7	10	Sa	**Ve**	7			Me	7	Me	7	Ra	6
		2	7	8	Me			3	5	9	Mo		9				8		8		11
	1	5	7	10	Sa				1	7	Su		1				2		4		3
		3	5	9	Mo		1	5	7	10	Sa	**Su**	7			Me	7	Ma	7	Ve	7
																	8		11		9
4,6	7	10	11	12	Ju			2	7	8	Me		3				3		3		4
		3	7	9	Ve			3	5	9	Mo	**Mo**	5			Ve	7	Mo	5	Ma	7
		2	7	8	Me			3	5	9	Mo		9				9		9		11
		3	5	9	Mo		1	5	7	10	Sa		4				2		2		4
												Ma	7			Me	7	Ra	6	Ma	7
													11				8		11		11
	1	5	7	10	Sa			2	6	11	Ra		2		4		5		5		2
		2	7	8	Me			2	6	11	Ra		6		6		8		8		7
		4	7	11	Ma		1	5	7	10	Sa		11		7		12		12		8
												Ra		Ju	10	Ke		Ke		Sa	10
															11						
															12						

SAM PIT - उदाहरण चार्ट - KC 003																					
RL कस्प					RL	NL कस्प					NL	ग्रह	घर	RL	घर	NL	घर	SL	घर	SSL	घर
		4	7	11	Ma			3	7	9	Ve		4				2		5		2
		2	7	8	Me			2	6	11	Ra		6				7		8		7
		3	5	9	Mo		1	5	7	10	Sa		7				8		12		8
		3	7	9	Ve	4 6	7	10	11	12	Ju	**Ju**	10			Me		Ke		Me	
		4	7	11	Ma		1	5	7	10	Sa		11								
4,6	7	10	11	12	Ju			5	8	12	Ke		12								
	1	5	7	10	Sa				1	7	Su		1				4		4		2
		3	7	9	Ve			3	5	9	Mo		5				6		6		6
		3	5	9	Mo		1	5	7	10	Sa		7				7		7		11
		3	7	9	Ve	4 6	7	10	11	12	Ju	**Sa**	10			Ju	10	Ju	10	Ra	
																	11		11		
																	12		12		
	1	5	7	10	Sa			2	6	11	Ra		2				2		1		1
		3	5	9	Mo		1	5	7	10	Sa	**Me**	7			Me	7	Sa	5	Su	7
			1	7	Su			5	8	12	Ke		8				8		7		
																			10		

उदाहरण चार्ट - KC009

RL शुक्र Ve[5,6,8] और NL गुरु Ju[1,2,5,9] वाले कस्प 5 का सूक्ष्म चाप स्वामी 'SAL' शुक्र Ve है, जो अच्छा है क्योंकि 2,5 सकारात्मक है। 1,6,8 स्वास्थ्य समस्याओं को इंगित करता है। शुक्र Ve[5,6,8], राहु Ve[1,2,5,6,8] के नक्षत्र में और शनि Sa[3,7,9] के नवांश में है जो तटस्थ है, अभिव्यक्ति का पुल पूरा हो गया है। इसलिए, हालांकि कस्प 5 संभावित बच्चे के जन्म को इंगित तो करता है लेकिन शुक्र Ve को मजबूत फलदायी ग्रह FIP नहीं माना जा सकता। फलदायी होने के लिए इसे एक मजबूत दशा साथी की आवश्यकता होगी।

जातक का विवाह शनि दशा में हुआ था। शनि Sa[3,7,9], सूर्य Su[7,11] के नक्षत्र में है और शनि Sa[3,7,9] के नवांश में जो तटस्थ है और इसलिए बच्चे के जन्म से इनकार नहीं करता है।

आगे बुध Me[2,7,10], सूर्य Su[7,11] के नक्षत्र में और बुध Me[2,7,10] के नवांश में है। यहां कुछ खास नहीं, लेकिन बीओएम अगले स्तर पर SSL केतू [1,2,5,6,8,12] द्वारा पूरा किया गया है। यह बुध को पूर्ण सकारात्मक सेट [11,2,5] और [1,10] और [6,8,12] के नकारात्मक सेट के साथ इंगित करता है। जातक गर्भवती हुई और उसने शनि/बुध में एक बच्चे को जन्म दिया लेकिन गर्भावस्था के दौरान बेड रेस्ट और कई समस्याओं का सामना करना पड़ा।

केतू और शुक्र की अगली भक्ति अभिव्यक्ति का एक पूर्ण सेतु प्रदान नहीं करती और इसलिए बच्चे को जन्म देने में शनि की सहायता नहीं कर सकती। हालांकि, जातक दूसरे बच्चे के लिए जाने के लिए उत्सुक्त था लेकिन सफलता नहीं मिली।

EXAMPLE CHART – KC 009

DOB – 20 JAN 1980 | TOB - 17:32:00 | POB - SANGRUR

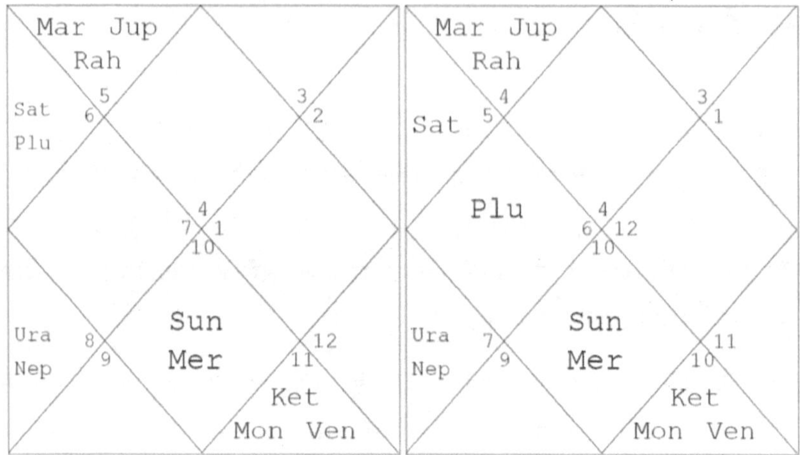

PLANET POSITIONS

Planet	**Sign**	**Degree**	**RL**	**NL**	**SL**	**SSL**
Sun	Capricorn	06:01'13"	Sat	Sun	Mer	Mon
Mon	Aquarius	11:37'43"	Sat	Rah	Sat	Sun
Mar	Leo	21:39'57"	Sun	Ven	Jup	Rah
Mer	Capricorn	05:26'24"	Sat	Sun	Mer	Ket
Jup	Leo	15:41'45"	Sun	Ven	Sun	Rah
Ven	Aquarius	11:44'42"	Sat	Rah	Sat	Mon
Sat	Virgo	03:17'15"	Mer	Sun	Sat	Sat
Rah	Leo	07:17'55"	Sun	Ket	Rah	Mon
Ket	Aquarius	07:17'55"	Sat	Rah	Rah	Sat
Ura	Scorpio	01:17'45"	Mar	Jup	Mar	Mon
Nep	Scorpio	28:01'18"	Mar	Mer	Sat	Sat
Plu	Virgo	28:12'20"	Mer	Mar	Sat	Sat

CUSP POSITIONS

Cusp	Sign	Degree	RL	NL	SL	SSL
1	Cancer	3:10'4"	Mon	Jup	Rah	Mon
2	Cancer	25:56'36"	Mon	Mer	Rah	Mon
3	Leo	22:19'59"	Sun	Ven	Sat	Mer
4	Virgo	23:43'10"	Mer	Mar	Mar	Sat
5	Libra	28:29'39"	Ven	Jup	Ven	Mer
6	Sagittarius	2:28'43"	Jup	Ket	Ven	Sat
7	Capricorn	3:10'4"	Sat	Sun	Sat	Sat
8	Capricorn	25:56'36"	Sat	Mar	Rah	Mon
9	Aquarius	22:19'59"	Sat	Jup	Sat	Mer
10	Pisces	23:43'10"	Jup	Mer	Mar	Sat
11	Aries	28:29'39"	Mar	Sun	Mar	Rah
12	Gemini	2:28'43"	Mer	Mar	Ket	Sat

SAM PIT - उदाहरण चार्ट - KC 009

RL कस्प	RL	NL कस्प	NL	ग्रह	घर	RL	घर	NL	घर	SL	घर	SSL	घर
12 8	Mo	12 5 9	Ju	Ke	1	Sa	3	Ra	1	Ra	1	Sa	3
12 8	Mo	2 7 10	Me		2		7		2		2		7
56 8	Ve	12 5 9	Ju		5		9		5		5		9
12 5 9	Ju	12 56 8 12	Ke		6				6		6		
3 7 9	Sa	2 4 1011	Ma		8				8		8		
2 7 10	Me	2 4 1011	Ma		12								
56 8	Ve	12 5 9	Ju	Ve	5			Ra	1	Sa	3	Mo	1
12 5 9	Ju	12 56 8 12	Ke		6				2		7		2
3 7 9	Sa	2 4 1011	Ma		8				5		9		8
									6				
									8				
3 7 9	Sa	7 11	Su	Su	7			Su	7	Me	2	Mo	1
2 4 1011	Ma	7 11	Su		11				11		7		2
											10		8
12 8	Mo	12 5 9	Ju	Mo	1			Ra	1	Sa	3	Su	7
12 8	Mo	2 7 10	Me		2				2		7		11
3 7 9	Sa	2 4 1011	Ma		8				5		9		
									6				
									8				
12 8	Mo	2 7 10	Me	Ma	2			Ve	5	Ju	1	Ra	1
2 7 10	Me	2 4 1011	Ma		4				6		2		2
12 5 9	Ju	2 7 10	Me		10				8		5		5
2 4 1011	Ma	7 11	Su		11						9		6
													8

SAM PIT - उदाहरण चार्ट - KC 009													
RL कस्प	RL	NL कस्प	NL	ग्रह	घर	RL	घर	NL	घर	SL	घर	SSL	घर
12 8	Mo	12 5 9	Ju		1		7		1		1		1
12 8	Mo	2 7 10	Me		2		11		2		2		2
56 8	Ve	12 5 9	Ju	Ra	5	Su		Ke	5	Ra	5	Mo	8
12 5 9	Ju	12 56 8 12	Ke		6				6		6		
3 7 9	Sa	2 4 1011	Ma		8				8		8		
									12				
12 8	Mo	12 5 9	Ju		1				5		7		1
12 8	Mo	2 7 10	Me		2				6		11		2
56 8	Ve	12 5 9	Ju	Ju	5			Ve	8	Su		Ra	5
3 7 9	Sa	12 5 9	Ju		9								6
													8
7 11	Su	56 8	Ve		3				7		3		3
3 7 9	Sa	7 11	Su	Sa	7			Su	11	Sa	7	Sa	7
3 7 9	Sa	12 5 9	Ju		9						9		9
12 8	Mo	2 7 10	Me		2				7		2		1
3 7 9	Sa	7 11	Su		7				11		7		2
12 5 9	Ju	2 7 10	Me	Me	10			Su		Me	10	Ke	5
													6
													8
													12

अगली भुक्ति होगी सूर्य की।

सूर्य [7,11] अपने ही नक्षत्र में और बुध [2,7,10] के नवांश में है। यह अच्छा है क्योंकि कस्प 7 दूसरे बच्चे को इंगित करता है, 5वें कस्प से तीसरा। तो, जातक शनि/सूर्य में दूसरे बच्चे की उम्मीद कर सकता है। यह संयोजन स्वास्थ्य की दृष्टि से भी बेहतर प्रतीत होता है और गर्भावस्था में परेशानी कम होगी।

22

स्वास्थ्य

"जीवन में सफलता की नींव अच्छा स्वास्थ्य है जो कि भाग्य की आधारशिला है; यह खुशी का आधार भी है। एक व्यक्ति बीमार होने पर बहुत सा धन जमा नहीं कर सकता।"

पी टी बरनम

सभी जीवों के वांछनीय गुणों की सूची में स्वास्थ्य को सबसे पहला और सबसे महत्वपूर्ण वरदान माना जाता है। 1948 में, विश्व स्वास्थ्य संगठन (डब्ल्यू एच ओ) ने एक परिभाषा प्रस्तावित की, जिसका उद्देश्य एक उच्च अर्थ के लिए, स्वास्थ्य को कल्याण से जोड़ना, "शारीरिक, मानसिक और सामाजिक कल्याण के संदर्भ में, और न केवल बीमारी और दुर्बलता की अनुपस्थिति"। लंबे समय तक, इसे एक अव्यवहारिक आदर्श के रूप में अलग ही रखा गया और स्वास्थ्य की अधिकांश चर्चाएं बायोमेडिकल मॉडल की व्यावहारिकता पर लौट आईं। यही हमें स्वास्थ्य की मूल परिभाषा पर वापस लाता है, अर्थात रोग की अनुपस्थिति जो इस अध्याय का संदर्भ है।

क्या हमारे भाग्य में स्वस्थ रहना या फिर कभी-कभी छुट-पुट बीमार होना, सितारों द्वारा घोषित किया गया है?

ग्रहों की युति गंभीर बीमारी होने के समय और संभावित बीमारी की भविष्यवाणी कर सकती है। पूर्व-ज्ञान बहुत मददगार होता है क्योंकि इससे कोई भी इसके प्रभाव को कम करने के उपाय कर सकता है और वास्तव में यही इस पुस्तक विषय का उद्देश्य है।

नियति को जानने से व्यक्ति को केवल बीमारी ही नहीं, बल्कि जीवन में किसी भी स्थिति से निपटने के लिए पूर्व-चेतावनी और पूर्व-सशस्त्र होने का अधिकार मिलता है। रोग को नियंत्रित करने वाला भाव छठा भाव है। जब भी, 6वां कस्प [रोग] का SAL पहले कस्प 1 शरीर [बायोमेडिकल मॉडल] को इंगित करता है, तो बीमारी की उम्मीद की जा सकती है। यह एक सामान्य बीमारी है जो डॉक्टर के परामर्श और दवा लेने के बाद दूर हो जाती है। जब ये 8वें कस्प के साथ मिल जाते हैं तो यह एक गंभीर बीमारी बन जाती है, जिसमें दर्द और पीड़ा और लंबे समय तक इलाज या सर्जिकल हस्तक्षेप शामिल होता है। यदि 12वां कस्प भी संयोजन में शामिल हो जाए तो अस्पताल में भर्ती होना आवश्यक हो जाता है और इसे बहुत गंभीर कहा जा सकता है। इस तरह के संयोजन के साथ बाधक और मार्क ग्रहों की उपस्थिति घातक बीमारी का संकेत दे सकती है। जैसा कि नीचे बताया गया है, सभी घरों के पास इस संदर्भ के बारे में कहने के लिए कुछ है।

घरों की व्याख्या

कस्प 1 - आपके शरीर को बायोमेडिकल मॉडल के साथ-साथ स्वास्थ्य और जीवन लाभ को भी इंगित करता है।

कस्प 2 - यहाँ यह मार्का घर को इंगित करता है।

कस्प 3 - स्वास्थ्य और दीर्घायु का समर्थन करता है।

कस्प 4 - यह कुंडली में निम्नतर बिंदु को इंगित करता है [10 वें के विपरीत जो उच्चतम और सबसे अधिक सक्रिय है] और इसे टर्मिनल कहा जाता है, जहां सभी प्रक्रियाएं रुक जाती हैं। 5वीं से 12वीं होने के कारण यह उपचार को भी नकारती है।

कस्प 5 - उपचार के लिए कस्प है क्योंकि यह रोग के कस्प को नकारता है। इसकी भागीदारी बीमारी की गंभीरता को कम कर सकती है या ठीक होने का वादा कर सकती है।

कस्प 6 - रोग के लिए प्रमुख घर। रोग की शुरुआत के लिए इसकी भागीदारी आवश्यक है।

कस्प 7 - यहां यह 2वें के साथ-साथ मार्का कस्प के रूप में आ जाएगा। यह सामान्य राशि वालों के लिए बधाक का संकेत भी देता है।

कस्प 8 - दुर्भाग्य का केंद्र। दर्द और पीड़ा को इंगित करता है। इसकी संलिप्तता गंभीर बीमारी का संकेत देगी।

कस्प 9 - यह सौम्य स्वभाव को दर्शाता है और 5वें से 5वां होने से रिकवरी और अच्छे स्वास्थ्य का समर्थन करता है। हालांकि, स्थिर राशियों के लिए यह बाधक बन जाता है और इसलिए नकारात्मक घरों का समर्थन करता है।

कस्प 10 - यहाँ यह निराशा का संकेत देगा।

कस्प 11 - पूर्ति का शिखर। अन्य स्वास्थ्य दायक घरों के साथ इसका संयोजन खराब स्वास्थ्य से वांछित राहत प्रदान करने के लिए वास्तविक उत्प्रेरक है। लेकिन चल राशियों के लिए यह एक बधाक बन जाता है और इस प्रकार बहुत दुर्भाग्यपूर्ण है, क्योंकि यह तब रोग का समर्थन करेगा।

कस्प 12 - नुकसान, खर्च, बिस्तर पर कैद और अस्पताल में भर्ती होने का संकेत देता है।

जैसा कि आप देख सकते हैं, घरों के विभिन्न संयोजन हो सकते हैं। परिणाम की भविष्यवाणी करने के लिए, आपको पता होना चाहिए कि उस समय कौन सा संयोजन काम कर रहा है और यह ऑपरेटिंग दशा डीबीएएस पर निर्भर करेगा।

ग्रहों की शक्ति

पहले सैम पिट तैयार करें और फिर प्रत्येक ग्रह की लीपि देखें। SAM PIT में नौ ग्रहों के लिए 9 ब्लॉक हैं, जो केतु से शुरू होकर, दशा क्रम का पालन करते हुए, बुध पर समाप्त होते हैं। प्रत्येक खंड को उस ग्रह की 'लीपि' कहा जाता है।

बीमारी किसी भी उम्र में हो सकती है। कुछ जन्म से ही बीमार पड़ सकते हैं, जबकि अन्य को जीवन भर कोई बीमारी नहीं होती है। कुछ के लिए गंभीर बीमारी बीच की कोई अवधि हो सकती है। इसलिए रोग को बढ़ावा देने वाले सभी ग्रहों को देखना और फिर उनकी संयुक्त दशा अवधियों का अध्ययन करना आवश्यक है। यदि आप वर्तमान स्थिति को देखने में रुचि रखते हैं, तो वर्तमान में चल रहे DBAS ग्रहों की लीपि में दिखाई देने वाले संयोजनों को देखें। दशा स्वामी [डीएल]

सामान्य प्रवृत्ति का संकेत देंगे, क्योंकि यह लंबे समय तक रहता है। भुक्ति स्वामी [बीएल] इसकी अवधि के आधार पर स्थिति को और अधिक बारीकी से इंगित करेगा। अंतरा स्वामी [एएल] वर्तमान स्थिति का संकेत देगा। यदि तीनों ऋणात्मक संयोजन का संकेत देते हैं तो बीमारी निश्चित रूप से दस्तक देगी। गंभीरता संयोजनों की नकारात्मकता पर निर्भर करेगी। यदि डीएल और बीएल नकारात्मक हैं, तो एएल इसके संयोजन के आधार पर राहत की बीच की अवधि दिखाएगा। यदि बीएल और एएल दोनों सकारात्मक हैं, तो उस अवधि के दौरान बीमारी की संभावना बहुत कम है। अगली नकारात्मक भक्ति के दौरान ही स्थिति बदलेगी। रोग से उबरने के लिए सकारात्मक संयोजनों को संचालित करने की आवश्यकता होती है और इसलिए, दशा अवधियों में परिवर्तन के माध्यम से रोग तब तक रहेगा जब तक कि ऐसा न हो जाये। यहां हम घोषित बीमारी की बात कर रहे हैं। लोग पारगमन और पहलुओं से भी छोटी-छोटी बीमारियों जैसे नजला जुकाम आदि से जुड़ हो सकते हैं लेकिन यहां हमारा ये संधर्व नहीं है।

उपरोक्त को और अधिक बारीकी से समझने के लिए आइए देखें कि ये संयोजन कैसे कार्य करते हैं। घटना को पूरी तरह से परिभाषित करने वाले घरों के एक सेट को पूर्ण संयोजन कहा जाता है। रोग के लिए 1, 6 को पूर्ण संयोजन कहा जाएगा। संयोजन में 8 और 12, बाधक घर और मारक घर का जोड़ इसे और अधिक गंभीर बनाता है। कस्प 1, हालांकि स्वास्थ्य और रिकवरी के लिए माना जाता है, अगर यह 6, 8, 12 के साथ प्रकट होता है, तो यह बीमारी को नकारता नहीं है, क्योंकि यह शरीर है जो बीमार हो जाता है। अभिव्यक्ति के पुल में इन घरों की उपस्थिति, लगातार तीन स्तरों, या तो व्यक्तिगत रूप से या भागों में जिससे कि एक साथ सभी सम्बंधित घरों का प्रतिनिधित्व हो जाये, तो एक पूर्ण संयोजन बनता है। यह [8 - 6 - 6,8] या [6 - 1,6,8 - 8, बी] या [1,6 - 1,6,8 - 12] या ऐसा कोई भी हो सकता है। सभी स्तरों में कम से कम एक नकारात्मक कस्प होना चाहिए। एक साथ लेने पर पूरा सेट बनता है। इस ग्रह को प्रस्तुत योग के आधार पर विभिन्न अंशों में पूर्ण रूप से रोग को बढ़ावा देने वाला कहा जाएगा।

स्वास्थ्य के लिए पूर्ण सकारात्मक संयोजन 1, 5, 9, और 11 है। इसकी उपस्थिति को ऊपर की तरह ही दोहराया जा सकता है, [1,5 - 5, 9 - 9, 11] या [1 - 5 - 9, 11] या [1,9 - 5 - 5,9,11] आदि, और इसे पूरी तरह से स्वास्थ्य का

सहायक कहा जाएगा और इसलिए यह अच्छे स्वास्थ्य और बीमारी से उबरने का प्रतिनिधित्व करता है।

हालाँकि, हो सकता है ये संयोजन पूरी तरह से प्रकट न हों जैसे [1 - 6 - 8], [6 - 8 - 8], आदि। ये अभी भी नकारात्मक हैं लेकिन कम ताकत के हैं जैसा कि पहले ही समझाया जा चुका है। ऐसे मामलों में जहां आंशिक सकारात्मक संयोजन दिखाई देते हैं [5 - 1 - 9] या [5 - 9 - 11] आदि, इनका मतलब अभी भी पूरी तरह से सकारात्मक होगा क्योंकि इनमे कोई नकारात्मक घर नहीं है।

जब दोनों प्रकार के घरों का प्रतिनिधित्व किया जाता है, जो कि काफी सामान्य है, तो बहुमत परिणाम तय करेगा। उनकी सापेक्ष शक्ति उस ग्रह के लिए परिणाम के स्तर को इंगित करती है। स्वास्थ्य की मात्रा शुद्ध सकारात्मकता पर निर्भर करती है। ग्रह की शक्ति को समझने के लिए आप सीधे दो प्रकारों की तुलना कर सकते हैं। यदि तीन धनात्मक और दो ऋणात्मक घर हैं, तो यहाँ शुद्ध शक्ति होगी (3)/(3+2) = 0.6 ही। तो, स्वास्थ्य क्षमता केवल 60% है। एक सकारात्मक ताकत का मतलब है कि आप बीमारी से बचेंगे या मामूली प्रभाव से ठीक हो सकते हैं। नकारात्मक शक्ति का मतलब है कि आप बीमार पड़ेंगे लेकिन रिकवरी का भी संकेत दिया गया है क्योंकि संयोजन के भीतर सकारात्मक घर मौजूद हैं। तो, ताकत - 1 [उस अवधि में कोई रिकवरी नहीं], पूरी तरह से नकारात्मक, +1 [उस अवधि में कोई बीमारी नहीं], पूरी तरह से सकारात्मक और बीच के सभी स्तरों से भिन्न हो सकती है।

कस्पल शासक व्यक्ति के स्वास्थ्य और प्रतिरक्षा की आंतरिक शक्ति का संकेत देंगे और इसलिए परिणाम की गंभीरता को बढ़ा या घटा देंगे।

दशा की ताक़त

रोग लाने के लिए DBAS की ताकत शामिल ग्रहों की संयुक्त शक्ति पर निर्भर करेगी। यदि शामिल तीनों ग्रह - 1 हैं, तो दशा की शक्ति अत्यंत नकारात्मक - 3 होगी। यदि तीनों ग्रह +1 हों, तो दशा अत्यंत सकारात्मक +3 और सभी स्तरों के बीच होगी। तो दशा हो सकती है

तीन सकारात्मक [+,+,+]: स्वास्थ्य के लिए बेहद मजबूत

दो सकारात्मक [+,+]: एक ग्रह तटस्थ है, स्वास्थ्य के लिए मजबूत है

दो ऋणात्मक [-,-]: एक ग्रह तटस्थ है, अपने काल में रोग लाएगा।

तीन नकारात्मक [-,-,-]: खराव स्वास्थ्य के लिए अत्यंत प्रबल।

अन्य दशा संयोजन इस प्रकार हैं।

[+] [+] [-] - चूंकि डीएल और बीएल सकारात्मक हैं, यह सामान्यत: स्वास्थ्य के लिए सकारात्मक अवधि का संकेत देगा जबकि नकारात्मक एएल की अवधि के लिए अस्थायी रूप से बीमारी का संकेत होगा। एएल की ताकत के आधार पर जातक, या तो जल्दी से ठीक हो जायेगा या अगले सकारात्मक एएल में वापिस स्वस्थ हो जायेगा।

[+] [-] [+] - चूंकि भुक्ति स्वामी नकारात्मक है, इसलिए जातक का स्वास्थ्य खराव हो सकता है, अस्थायी रूप से सकारात्मक AL से राहत मिलेगी।

[-] [+] [+] - डीएल नकारात्मक है; स्वास्थ्य का समर्थन नहीं करता है। बीएल और एएल दोनों सकारात्मक होने के कारण यह भुक्ति की अवधि स्वस्थ होगी।

[-] [+] [-] - चूंकि डीएल और एएल नकारात्मक हैं, इसलिए डीएल के अनुसार जातक अस्थायी रूप से खराब स्वास्थ्य या बीमारी की पुनरावृत्ति से पीड़ित होगा।

[-] [-] [+] - चूंकि डीएल और बीएल दोनों नकारात्मक हैं, यह खराब स्वास्थ्य की अवधि है। पॉजिटिव AL अस्थाई राहत ही देगा। सकारात्मक भक्ति में ही कोई महत्वपूर्ण स्वास्थ्य परिवर्तन हो सकता है।

ग्रह अपना स्वाद जोड़ते हैं और उस पर भी विचार किया जाना चाहिए। उनके व्यक्तिगत लक्षणों के अलावा आप उनके द्वारा दर्शाए गए मूल घरों का उपयोग भविष्यवाणी में उनके प्रभाव को जोड़ने के लिए कर सकते हैं। आप इसके प्रभाव को समझने के लिए इन्हें डिलीवरी बॉय, आमतौर पर सबसे छोटी दशा स्वामी, की स्क्रिप्ट में प्रतिनिधित्व किए गए घरों के साथ जोड़ कर देख सकते हैं।

मान लीजिए यदि यह स्वामी सूर्य है, तो उसके व्यक्तित्व के अलावा, सूर्य हमेशा अच्छे स्वास्थ्य का समर्थन करता है।

चंद्रमा तटस्थ है, लेकिन पहले से परिभाषित अपने लक्षणों को जोड़ देगा।

बुध स्वास्थ्य का समर्थन नहीं करता है और अपनी अवधि में रोग को बढ़ावा देने के लिए तेज है।

शुक्र अपने स्वयं के गुणों को जोड़ने के अलावा तटस्थ है।

मंगल हमेशा अतिरिक्त कष्ट, घाव, शल्य क्रिया आदि लेकर आएगा।

बृहस्पति स्वास्थ्य का प्राकृतिक प्रवर्तक है और इसकी अवधि में आने वाली बीमारियों को दूर कर सकता है। हालांकि, अगर यह केवल नकारात्मक संयोजन का प्रतिनिधित्व करता है तो यह काफी विनाशकारी साबित हो सकता है।

शनि का धीमा और सुस्त होना पुराने और लंबे समय तक रहने वाला खराब स्वास्थ्य देता है।

भविष्यवाणी में रंग जोड़ने के लिए उपरोक्त विवरण को सावधानीपूर्वक समझना चाहिए यह जानने के लिए कि भाग्य कैसे सामने आता है। ध्यान रहे की मूल घरों की भागीदारी केवल रंग जोड़ने तक ही है नाकि फल बदलने के लिए।

रोग के प्रकार और जातक की रोगास्क्ति को समझने के लिए छठे भाव के सह-शासकों का अध्ययन करना महत्वपूर्ण है और फिर प्रत्येक दशा ग्रह में दिखाई देने वाले घर। सीधे रोग सम्बंधित घरों [6, 8 और 12] के अलावा उपस्थित घर या अभिव्यक्ति के पुल के अलावा दिखाई देने वाले घर भी रोग क्षेत्र को दिखाएंगे। इस संबंध में ग्रहों और घरों के गुण पिछले अध्यायों में दिए गए हैं।

स्थिति की अन्य बारीकियों को समझने के लिए आप पुस्तक में पहले परिभाषित विशेष ग्रह पहलुओं का भी उपयोग कर सकते हैं, जैसे कि दैवीय सहायता प्राप्त होना, दूसरों के कारण बाधाएँ उत्पन्न होना या भौतिक सहायता मिलना आदि।

इस संदर्भ को और समझने के लिए अब हम कुछ जीवन्त चार्ट का अध्ययन करेंगे।

उदाहरण चार्ट

उदाहरण चार्ट 1 - KC003

आइए इस संदर्भ में निम्नलिखित चार्ट की समीक्षा करें। कस्प 6 रोग के लिए प्रमुख घर है। राहु और गुरु कस्प 6 के सूक्ष्म चाप स्वामी SAL हैं। इसमें कस्प 6 के राशी स्वामी आरएल बुध [2,7,8] और नक्षत्र स्वामी एनएल राहु [2,6,11] हैं। यह काफी बुरा है क्योंकि यहां कोई सकारात्मक स्वास्थ्य देने वाले संकेत नहीं हैं। कस्प 11 चर लग्नों के लिए बाधक है और 2,7 हमेशा मार्का घर होते हैं, जो सीधे रोग को बढ़ावा नहीं देते लेकिन ऐसे संयोजनों का समर्थन करते हैं। इसलिए कस्प 6 के लिए कस्पल शासक पक्ष स्वास्थ्य के लिए बहुत कमजोर और रोग के लिए पूरी तरह से सहायक है।

एस्ट्रल स्वामी पक्ष में राहु [2,6,11], गुरु की राशि [4,6,7,10,11,12] और केतु [5,8,12] के नक्षत्र में है। यह काफी गंभीर है क्योंकि इस बीओएम में कोई स्वास्थ्य सहायक कस्प नहीं है। अकेला 5 स्थिति नहीं संभाल सकता।

यहां तक कि निचले स्तर के नवांश केतू [5,8,12] और फिर शनि [1,5,7,10] में केवल 5 हैं जो अपने आप स्वास्थ्य का समर्थन करने के लिए कमजोर हैं। इसलिए, जातक के स्वास्थ्य के लिए स्पष्ट खतरा है और राहु जातक के लिए गंभीर स्वास्थ्य समस्याओं का संकेत देता है।

गुरु [4,6,7,10,11,12], बुध [2,7,8] के नक्षत्र में है और केतू [5,8,12] का नवांश भी यही कहानी दर्शाता है। कस्प 6 के एसएएल राहु और गुरु दोनों चार्ट की गंभीर रोग क्षमता का संकेत देते हैं। चंद्र को छोड़कर किसी भी ग्रह में कोई स्वास्थ्य क्षमता नहीं है।

EXAMPLE CHART – KC 003

DOB – 10 AUG 1955 | TOB - 17:58:40 | POB - PATIALA

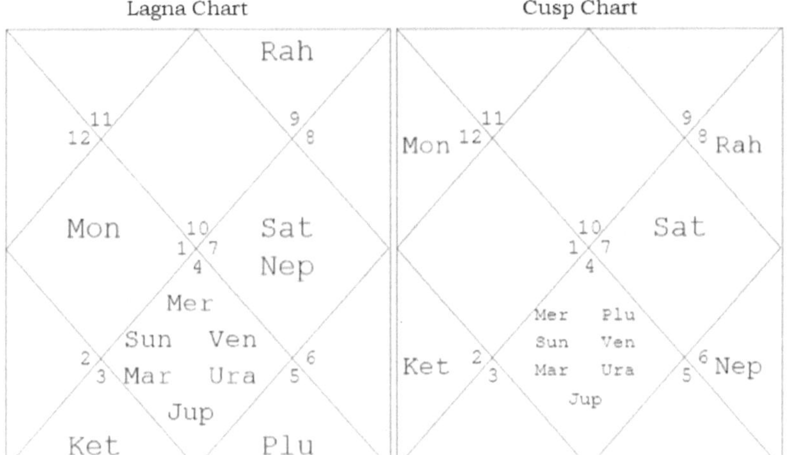

PLANET POSITIONS

Planet	Sign	Degree	RL	NL	SL	SSL
Sun	Cancer	23:57'32"	Mon	Mer	Mar	Ven
Mon	Aries	16:20'06"	Mar	Ven	Mon	Mar
Mar	Cancer	26:05'38"	Mon	Mer	Rah	Mar
Mer	Cancer	29:05'17"	Mon	Mer	Sat	Sun
Jup	Cancer	19:19'06"	Son	Mer	Ket	Mer
Ven	Cancer	17:58'52"	Mon	Mer	Mer	Rah
Sat	Libra	21:45'20"	Ven	Jup	Jup	Rah
Rah-R	Sagittarius	00:33'00"	Jup	Ket	Ket	Sat
Ket-R	Gemini	00:33'00"	Mer	Mar	Mer	Ven
Ura	Cancer	06:02'36"	Mon	Sat	Mer	Ven
Nep	Libra	02:3719"	Ven	Mar	Ket	Mer
Plu	Leo	03:00'50"	Sun	Ket	Sun	Sun

CUSP POSITIONS

Cusp	Sign	Degree	RL	NL	SL	SSL
1	Capricorn	3:46'59"	Sat	Sun	Sat	Ven
2	Aquarius	13:16'28"	Sat	Rah	Mer	Sun
3	Pisces	20:49'35"	Jup	Mer	Ven	Sat
4	Aries	21:5'50"	Mar	Ven	Jup	Ven
5	Taurus	15:50'8"	Ven	Mon	Sat	Sat
6	Gemini	8:41'24"	Mer	Rah	Jup	Jup
7	Cancer	3:46'59"	Mon	Sat	Sat	Mer
8	Leo	13:16'28"	Sun	Ket	Mer	Sat
9	Virgo	20:49'35"	Mer	Mon	Ven	Sun
10	Libra	21:5'50"	Ven	Jup	Jup	Ven
11	Scorpio	15:50'8"	Mar	Sat	Jup	Ven
12	Sagittarius	8:41'24"	Jup	Ket	Jup	Ven

SAM PIT - उदाहरण चार्ट - KC 003																					
RL कस्प					RL	NL कस्प					NL	ग्रह	घर	RL	घर	NL	घर	SL	घर	SSL	घर
		3	7	9	Ve			3	5	9	Mo		5		2		4		2		3
			1	7	Su			5	8	12	Ke	**Ke**	8	Me	7	Ma	7	Me	7	Ve	7
4,6	7	10	11	12	Ju			5	8	12	Ke		12		8		11		8		9
4,6	7	10	11	12	Ju			2	7	8	Me		3				2		2		2
		3	5	9	Mo		1	5	7	10	Sa	**Ve**	7			Me	7	Me	7	Ra	6
		2	7	8	Me			3	5	9	Mo		9				8		8		11
	1	5	7	10	Sa				1	7	Su		1				2		4		3
		3	5	9	Mo		1	5	7	10	Sa	**Su**	7			Me	7	Ma	7	Ve	7
																	8		11		9
4,6	7	10	11	12	Ju			2	7	8	Me		3				3		3		4
		3	7	9	Ve			3	5	9	Mo	**Mo**	5			Ve	7	Mo	5	Ma	7
		2	7	8	Me			3	5	9	Mo		9				9		9		11
		3	5	9	Mo		1	5	7	10	Sa		4				2		2		4
												Ma	7			Me	7	Ra	6	Ma	7
													11				8		11		11
	1	5	7	10	Sa			2	6	11	Ra		2		4		5		5		1
		2	7	8	Me			2	6	11	Ra		6		6		8		8		5
		4	7	11	Ma		1	5	7	10	Sa	**Ra**	11	Ju	7	Ke	12	Ke	12	Sa	7
															10						10
															11						
															12						
		4	7	11	Ma			3	7	9	Ve		4				2		5		2
		2	7	8	Me			2	6	11	Ra		6				7		8		7
		3	5	9	Mo		1	5	7	10	Sa		7				8		12		8
		3	7	9	Ve	4,6	7	10	11	12	Ju	**Ju**	10			Me		Ke		Me	
		4	7	11	Ma		1	5	7	10	Sa		11								
4,6	7	10	11	12	Ju			5	8	12	Ke		12								

SAM PIT - उदाहरण चार्ट - KC 003																					
RL कस्प					RL	NL कस्प					NL	ग्रह	घर	RL	घर	NL	घर	SL	घर	SSL	घर
	1	5	7	10	Sa				1	7	Su	**Sa**	1			Ju	4	Ju	4	Ra	2
		3	7	9	Ve			3	5	9	Mo		5				6		6		6
		3	5	9	Mo		1	5	7	10	Sa		7				7		7		11
		3	7	9	Ve	4 6	7	10	11	12	Ju		10				10		10		
																	11		11		
																	12		12		
	1	5	7	10	Sa			2	6	11	Ra	**Me**	2			Me	2	Sa	1	Su	1
		3	5	9	Mo		1	5	7	10	Sa		7				7		5		7
			1	7	Su			5	8	12	Ke		8				8		7		
																			10		

चंद्र Mo 3,5 और 9 का प्रतिनिधित्व करता है। कस्प 5 में RL शुक्र Ve [3,7,9] और NL चंद्र Mo [3,5,9] है जो सकारात्मक है, क्योंकि यहां कोई नकारात्मक संकेत नहीं हैं। कस्प 9 में RL बुध Me[2,7,8] और NL चंद्र Mo[3,5,9] है जो थोड़ा कमजोर है। कुल मिलाकर चंद्र [3,5,9] कस्पल शासक पक्ष की तरफ दृढ़ लगता है। एस्ट्रल पक्ष की ओर, चंद्र, शुक्र[3,7,9] के नक्षत्र में है और चंद्र[3,5,9] के नवांश में है। यह बहुत अच्छा है क्योंकि चंद्र Mo रोग देने वाले घरों का संकेत नहीं देता है और 5 और 9 का SAL होने से आंतरिक स्वास्थ्य क्षमता का संकेत देता है।

इससे पता चलता है कि जातक में रोग से लड़ने की क्षमता है, लेकिन चूंकि अधिकांश ग्रह रोग का समर्थन कर रहे हैं, इसलिए यह एक हारी हुई लड़ाई होगी। चूंकि सभी ग्रह शामिल हैं, विशेष रूप से राहु और गुरु, तो कई बीमारियां हुईं। राहु की दशा विशेष रूप से खराब थी और गुरु की दशा की शुरुआत के साथ चीजें और खराब होती जाएंगी।

चूंकि सभी ग्रह शामिल हैं, इसलिए किसी एक रोग को इंगित करना मुश्किल है। लेकिन लीपियों में कस्प 7 का प्रचलन गुर्दे, प्रजनन अंगों आदि से संबंधित बीमारी का संकेत देता है। राहु और गुरु का शामिल होना कैंसर की संभावना को भी इंगित करेगा।

उदाहरण चार्ट 2 - KC008

नीचे दिया गया चार्ट एक युवा व्यक्ति का है जिसे हम स्वास्थ्य के लिए समीक्षा करेंगे। जैसा कि लग्न कन्या एक सामान्य संकेत है, इस संदर्भ में कस्प 7 बधाक के रूप में कार्य करेगी। यहाँ चंद्र Mo, कस्प 6 का SAL है, जिसमें RL शनि Sa[3,7] और NL राहू Ra[3,6,12] है। यह अच्छा नहीं है क्योंकि हमारे पास स्वास्थ्य का प्रतिनिधित्व करने वाला कोई कस्प नहीं है। एस्ट्रल पक्ष की ओर, चंद्र [6,10], गुरु [1,7,9] के नक्षत्र में है और शुक्र [8,10,11] का नवांश है, जो एक मिश्रित संयोजन है। हमारे पास एक सकारात्मक सेट [1,9,11] बनाम नकारात्मक सेट [6,7,8] है। अतः जातक की स्वास्थ्य क्षमता कमजोर होती है। चूंकि तीन स्तरों पर नकारात्मक घरों का निरंतर संबंध है, तो चंद्र Mo रोग के लिए फलदायी ग्रह FIP के रूप में कार्य करेगा।

जातक का जन्म गुरु की दशा में हुआ था, जो 1,7,9 घरों का प्रतिनिधित्व करता है। कस्प 1 और 7 कस्पल स्वामी की तरफ थोड़े बेहतर हैं। गुरु [1,7,9], केतू [12] के नक्षत्र में और राहु के नवांश [3,6,12] में है। जातक ने बचपन में उदासीन स्वास्थ्य बनाए रखा।

अगली दशा शनि [3,7] की है जो बुध [2,5,11] के नक्षत्र में और शुक्र [8,10,11] के नवांश में है। यह अच्छा है क्योंकि नकारात्मक कस्प नहीं जुड़े हैं और 5,11 अच्छी सुरक्षा प्रदान करते हैं। अतः इस अवधि के दौरान जातक छोटी-मोटी बीमारियों को छोड़कर अच्छे स्वास्थ्य में था।

अगली दशा 2013 में बुध की आई जब जातक 26 वर्ष का था। बुध [2,5,11] केतू [12] के नक्षत्र में और मंगल [3,8,11] के नवांश में है। नव नवांश 'एसएसएल' राहु [3,6,12] के साथ निचले स्तर पर कस्प 6,8,12 का एक पूर्ण नकारात्मक संयोजन बनाता है, बिना किसी स्वास्थ्य सहायक कस्प से अधिक समर्थन के। यह ऋणात्मक भुक्तियों के समय में खराब स्वास्थ्य की घटनाओं को इंगित करता है।

आगे केतू [12] बुध [2,5,11] की राशि और चंद्र [6,10] के नक्षत्र में है जो खराब नहीं है क्योंकि बुध [2,5,11] स्वास्थ्य का समर्थन करता है। 5,11 को देखते हुए निचले स्तर पर 6-6-7 का संयोजन उतना गंभीर नहीं है।

EXAMPLE CHART - KC 008

DOB – 21 AUG 1987 | TOB - 09:13:00 | POB - HOSHIARPUR

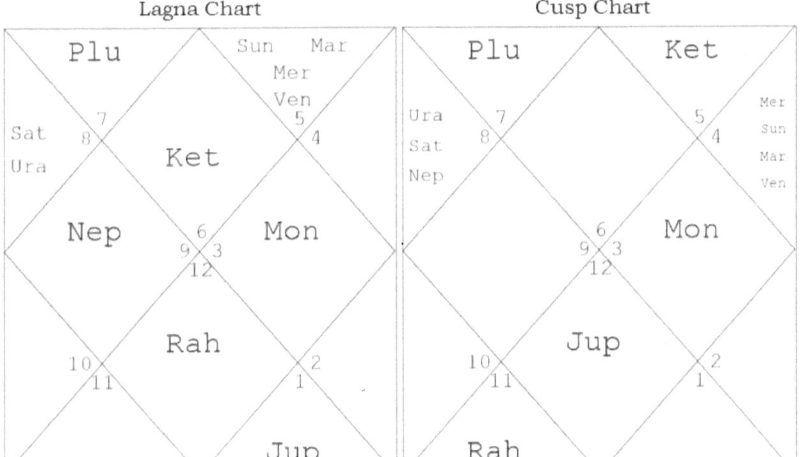

PLANET POSITIONS

Planet	Sign	Degree	RL	NL	SL	SSL
Sun	Leo	03:54'01"	Sun	Ket	Mon	Rah
Mon	Gemini	27:19'06"	Mer	Jup	Ven	Mar
Mar	Leo	05:15'48"	Sun	Ket	Mar	Mer
Mer	Leo	04:51'14"	Sun	Ket	Mar	Rah
Jup	Aries	06:03'19"	Mar	Ket	Rah	Jup
Ven	Leo	03:19'13"	Sun	Ket	Sun	Sat
Sat	Scorpio	20:51'48"	Mar	Mer	Ven	Sat
Rah	Pisces	10:31'45"	Jup	Sat	Sun	Rah
Ket	Virgo	10:31'45"	Mer	Mon	Mon	Sat
Ura	Scorpio	29:06'03"	Mar	Mer	Sat	Sun
Nep	Sagittarius	11:45'07"	Jup	Ket	Mer	Ket
Plu	Libra	13:48'06"	Ven	Rah	Mer	Rah

CUSP POSITIONS

Cusp	Sign	Degree	RL	NL	SL	SSL
1	Virgo	15:26'17"	Mer	Mon	Jup	Rah
2	Libra	13:26'51"	Ven	Rah	Mer	Mon
3	Scorpio	14:1'15"	Mar	Sat	Rah	Mer
4	Sagittarius	16:3'27"	Jup	Ven	Sun	Mer
5	Capricorn	18:6'38"	Sat	Mon	Mer	Ket
6	Aquarius	18:24'31"	Sat	Rah	Mon	Rah
7	Pisces	15:26'17"	Jup	Sat	Jup	Mer
8	Aries	13:26'51"	Mar	Ven	Ven	Ven
9	Taurus	14:1'15"	Ven	Mon	Jup	Jup
10	Gemini	16:3'27"	Mer	Rah	Ven	Rah
11	Cancer	18:6'38"	Mon	Mer	Mer	Jup
12	Leo	18:24'31"	Sun	Ven	Rah	Rah

SAM PIT - उदाहरण चार्ट - KC 008													
RL कस्प	RL	NL कस्प	NL	ग्रह	घर	RL	घर	NL	घर	SL	घर	SSL	घर
4 11	Su	8 1011	Ve		12		2		6		6		3
				Ke		Me	5	Mo	10	Mo	10	Sa	7
							11						
3 8 11	Ma	8 1011	Ve		8				12		4		3
2 5 11	Me	3 6 12	Ra	**Ve**	10			Ke		Su	11	Sa	7
6 10	Mo	2 5 11	Me		11								
1 7 9	Ju	8 1011	Ve		4				12		6		3
6 10	Mo	2 5 11	Me	**Su**	11			Ke		Mo	10	Ra	6
													12
3 7	Sa	3 6 12	Ra		6				1		8		3
2 5 11	Me	3 6 12	Ra	**Mo**	10			Ju	7	Ve	10	Ma	8
									9		11		11
3 8 11	Ma	3 7	Sa		3				12		3		2
3 8 11	Ma	8 1011	Ve	**Ma**	8			Ke		Ma	8	Me	5
6 10	Mo	2 5 11	Me		11						11		11
3 8 11	Ma	3 7	Sa		3		1		3		4		3
3 7	Sa	3 6 12	Ra	**Ra**	6	Ju	7	Sa	7	Su	11	Ra	6
4 11	Su	8 1011	Ve		12		9						12
2 5 11	Me	6 10	Mo		1				12		3		1
1 7 9	Ju	3 7	Sa	**Ju**	7			Ke		Ra	6	Ju	7
8 1011	Ve	6 10	Mo		9						12		9
3 8 11	Ma	3 7	Sa		3				2		8		3
1 7 9	Ju	3 7	Sa	**Sa**	7			Me	5	Ve	10	Sa	7
									11		11		
8 1011	Ve	3 6 12	Ra		2				12		3		3
3 7	Sa	6 10	Mo	**Me**	5			Ke		Ma	8	Ra	6
6 10	Mo	2 5 11	Me		11						11		12

शुक्र Ve [8,10,11], केतू [12] के नक्षत्र में और सूर्य [4,11] के नवांश और आगे शनि [3,7] के नव नवांश में है। यहां कोई स्वास्थ्य सहायक नहीं हैं। कस्प 8 में कस्पल शासक पक्ष में भी कोई स्वास्थ्य सहायक घर नहीं है। केवल कस्प 11 को कस्पल शासक पक्ष में 5,11 द्वारा समर्थित किया गया है। इसलिए जातक, बुध/शुक्र/शुक्र दशा अवधि में गंभीर फेफड़ों के संक्रमण से पीड़ित होकर अचानक बहुत बीमार हो गया और जीवन के लिए संघर्ष करते हुए हफ्तों तक वेंटिलेटर पर रखा गया। यह कस्पल शासक पक्ष में केवल 5,11 की उपस्थिति थी, जिसने आशा को जीवित रखा और सूर्य के अंतरा में ठीक हुए जातक को अस्पताल से राहत मिली और महीनों बाद घर आया। [देखें सूर्य में 4,11 घर वापसी] हालांकि, सूर्य के निचले स्तर भी बहुत राहत नहीं देते हैं और इसलिए कुछ समय के लिए खराब स्वास्थ्य जारी रहेगा।

उदाहरण चार्ट - KC006

आइए इस चार्ट की स्वास्थ्य क्षमता की जांच करें। इस लग्न के लिए बाधक कस्प 11 होगा। कस्प 6 में आरएल शनि [1,5,7,11] और एनएल सूर्य [3,4] है, जो अच्छा है क्योंकि यहां कोई नकारात्मक कस्प शामिल नहीं है। अकेले 11 यहाँ एक नकारात्मक कस्प के रूप में कार्य नहीं कर सकता। तो, जातक की आंतरिक स्वास्थ्य क्षमता अच्छी होती है।

जातक का जन्म शनि दशा में हुआ था, जो लगभग 7 वर्ष की आयु तक रही। शनि [1,5,7,11], शुक्र [2,6,10] के नक्षत्र और शनि [1,5,7,11] के अपने ही नवांश में है। यह [1,5] बनाम [6,11] के मिश्रित संयोजन का प्रतिनिधित्व करता है।

लेकिन निचले स्तर पर राहु [1,4,5,6,8,12] खराब स्वास्थ्य के लिए एक मजबूत संयोजन का संकेत देता है। शनि Sa इसलिए रोग को बढ़ावा देगा, शनि होने के कारण, इसमें बीमारि को बढ़ावा देने की स्वाभाविक प्रवृत्ति भी है। इस काल में जातक की शनि मुख्य दशा में चंद्र, मंगल, राहु और गुरु की भुक्ति शेष थी।

चंद्र [9,12], शनि [1,5,7,11] के नक्षत्र और चंद्र [9,12] के नवांश में है। 1,5,9 की उपस्थिति खराब स्वास्थ्य के खिलाफ अच्छी सुरक्षा का संकेत देती है।

मंगल [7,11], गुरु [4,5,8,12] के नक्षत्र और शनि के नवांश [1,5,7,11] में है। यहां भी अच्छी स्वास्थ्य सुरक्षा मिलती है। 4,8,12 दुर्घटना और चोट का संकेत दे सकता है, लेकिन यह खराब स्वास्थ्य का संकेत नहीं देता। हालांकि, निचले स्तरों पर राहु [1,4,5,6,8,12] की उपस्थिति नकारात्मक स्वास्थ्य संयोजन बना सकती है।

EXAMPLE CHART – KC 006

DOB – 07 DEC 1960 | TOB - 22:24:00 | POB - PATIALA

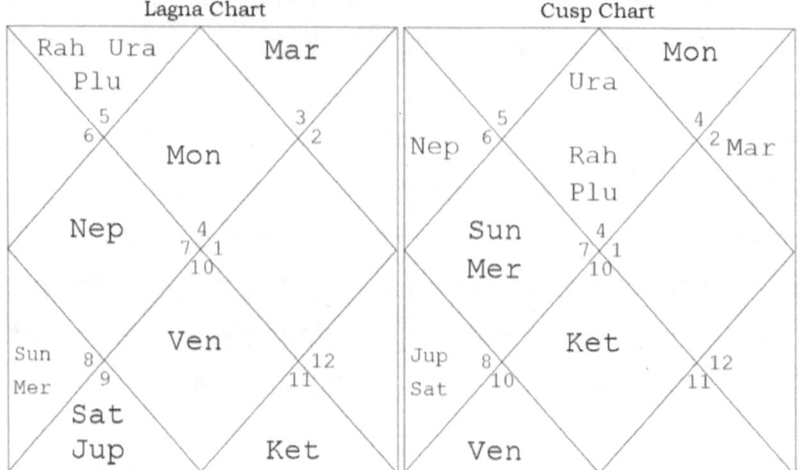

PLANET POSITIONS

Planet	**Sign**	**Degree**	**RL**	**NL**	**SL**	**SSL**
Sun	Scorpio	22:23'33"	Mar	Mer	Mon	Rah
Mon	Cancer	11:58'30"	Mon	Sat	Mon	Ven
Mar	Gemini	23:24'17"	Mer	Jup	Sat	Rah
Mer	Scorpio	06:45'07"	Mar	Sat	Mer	Rah
Jup	Sagittarius	15:19'29"	Jup	Ven	Ven	Mer
Ven	Capricorn	03:38'05"	Sat	Sun	Sat	Ket
Sat	Sagittarius	23:37'23"	Jup	Ven	Sat	Rah
Rah	Leo	17:25'06"	Sun	Ven	Mar	Rah
Ket	Aquarius	17:25'06"	Sat	Rah	Ven	Ket
Ura	Leo	02:34'29"	Sun	Ket	Ven	Mer
Nep	Libra	16:57'29"	Ven	Rah	Ven	Sat
Plu	Leo	14:55'13"	Sun	Ven	Ven	Sat

CUSP POSITIONS

Cusp	Sign	Degree	RL	NL	SL	SSL
1	Cancer	29:11'44"	Mon	Mer	Sat	Mon
2	Leo	24:5'20"	Sun	Ven	Mer	Mer
3	Virgo	23:10'24"	Mer	Mon	Sun	Mer
4	Libra	25:36'13"	Ven	Jup	Mer	Sat
5	Scorpio	28:41'50"	Mar	Mer	Sat	Ven
6	Capricorn	0:8'4"	Sat	Sun	Rah	Mer
7	Capricorn	29:11'44"	Sat	Mar	Sat	Mon
8	Aquarius	24:5'20"	Sat	Jup	Mer	Mer
9	Pisces	23:10'24"	Jup	Mer	Mon	Ven
10	Aries	25:36'13"	Mar	Ven	Mer	Sat
11	Taurus	28:41'50"	Ven	Mar	Sat	Ven
12	Cancer	0:8'4"	Mon	Jup	Mon	Mer

SAM PIT - उदाहरण चार्ट - KC 006

RL कस्प	RL	NL कस्प	NL	ग्रह	घर	RL	घर	NL	घर	SL	घर	SSL	घर
1 5 7 11	Sa	7 11	Ma	Ke	7	Sa	1	Ra	1	Ve	2	Ke	7
							5		4		6		
							7		5		10		
							11		8				
									12				
3 4	Su	2 6 10	Ve	Ve	2			Su	3	Sa	1	Ke	7
1 5 7 11	Sa	3 4	Su		6				4		5		
7 11	Ma	2 6 10	Ve		10						7		
											11		
2 4 8 10	Me	9 12	Mo	Su	3			Me	2	Mo	9	Ra	1
2 6 10	Ve	4 5 8 12	Ju		4				4		12		4
									8				5
									10				6
													8
													12
4 5 8 12	Ju	2 4 8 10	Me	Mo	9			Sa	1	Mo	9	Ve	2
9 12	Mo	45 8 12	Ju		12				5		12		6
									7				10
									11				
1 5 7 11	Sa	7 11	Ma	Ma	7			Ju	4	Sa	1	Ra	1
2 6 10	Ve	7 11	Ma		11				5		5		4
									8		7		5
									12		11		6
													8
													12
9 12	Mo	2 4 8 10	Me	Ra	1	Su	3	Ve	2	Ma	7	Ra	1
2 6 10	Ve	4 5 8 12	Ju		4		4		6		11		4
7 11	Ma	2 4 8 10	Me		5				10				5
1 5 7 11	Sa	3 4	Su		6								6
1 5 7 11	Sa	4 5 8 12	Ju		8								8
9 12	Mo	4 5 8 12	Ju		12								12

SAM PIT - उदाहरण चार्ट - KC 006

RL कस्प	RL	NL कस्प	NL	ग्रह	घर	RL	घर	NL	घर	SL	घर	SSL	घर
2 6 10	Ve	4 5 8 12	Ju	**Ju**	4			Ve	2	Ve	2	Me	2
7 11	Ma	2 4 8 10	Me		5				6		6		4
1 5 7 11	Sa	4 5 8 12	Ju		8				10		10		8
9 12	Mo	4 5 8 12	Ju		12								10
9 12	Mo	2 4 8 10	Me	**Sa**	1			Ve	2	Sa	1	Ra	1
7 11	Ma	2 4 8 10	Me		5				6		5		4
1 5 7 11	Sa	7 11	Ma		7				10		7		5
2 6 10	Ve	7 11	Ma		11						11		6
													8
													12
3 4	Su	2 6 10	Ve	**Me**	2			Sa	1	Me	2	Ra	1
2 6 10	Ve	4 5 8 12	Ju		4				5		4		4
1 5 7 11	Sa	4 5 8 12	Ju		8				7		8		5
7 11	Ma	2 6 10	Ve		10				11		10		6
													8
													12

अगला राहु [1,4,5,6,8,12], सूर्य की राशि [3,4] और शुक्र के नवांश [2,6,10] में है। यह भी मंगल ग्रह की तरह ही स्थिति का संकेत देता है। लगभग सभी ग्रहों में खराब स्वास्थ्य के लिए संयोजन है लेकिन सुरक्षा या स्वास्थ्य में सुधार के घर भी साथ-साथ हैं। केवल गुरु 6,8,12 के साथ एक सर्वांसंगम रोग समर्थन को इंगित करता है केवल 5 सुरक्षात्मक कस्प के साथ, इसलिए रोग को बढ़ावा देने की अधिक क्षमता है।

जातक उदासीन स्वास्थ्य बनाए हुए है, लेकिन कुछ भी गंभीर नहीं है और सामान्य दवा से ठीक हो जाता है। राहु और शुक्र 6वें कस्प के एसएएल होने के कारण प्रोस्टेट जैसे यौन रोगों को बढ़ावा दे सकते हैं।

23

यात्रा

"दुनिया एक किताब है, और जो लोग यात्रा नहीं करते वे केवल एक ही पृष्ठ पढ़ते हैं।"

सेंट अगस्तीन

यात्रा उतनी ही पुरानी है जितनी कि मानव प्रजाति और मनुष्य की एक प्रखर वृत्ति है। पूर्व-ऐतिहासिक काल में अनुकूल वातावरण और भोजन खोजने के लिए स्थान परिवर्तन एक आम बात थी। बाद में जब बस्तियों का विकास हुआ, अज्ञात की जिज्ञासा और खोज, यात्रा के लिए प्रागैतिहासिक आवश्यकताओं और प्रेरणा में जुड़ गयीं। इतिहास, भारत में प्राचीन यात्रियों, मिस्र से यूरोप के यात्रियों, जिप्सियों आदि के संदर्भों से भरा हुआ है। यात्रा कभी भी यात्रा के साधनों की गुलाम नहीं थी। लोगों के पास कुछ भी साधन न था, उन्होंने पैदल ही हजारों मील की यात्रा की। कुछ ऐसा था जो उन्हें यात्रा करने के लिए प्रेरित कर रहा था और वह था, उनके ग्रह नक्षत्र। अब की यात्रा के साथ भी ऐसा ही है, सिवाय इसके कि साधन और इसके परिणाम स्वरूप आवृत्ति बदल गई है। संयोजन अभी भी वही हैं, सिवाय इसके कि अब यात्रा करना बहुत आसान है और इसलिए सरल या कमजोर संयोजन भी आपको यात्रा में ले जा सकते हैं। हम इस पर

पहले घर 3 और 9 के तहत चर्चा कर चुके हैं। आइए देखें कि यात्रा के बारे में प्रत्येक घर का क्या कहना है।

घरों की व्याख्या

कस्प 1 - अपने आप को और आपके द्वारा किए गए प्रयास को इंगित करता है।

कस्प 2 - 3वीं से 12वीं होने के कारण और परिवार का प्रतिनिधित्व करते हुए, यह आपके परिवार में घर लौटने का भी समर्थन करता है।

कस्प 3 - यह यात्रा के लिए प्रमुख कस्प है, 4, आपका घर होने के कारण, से 12वां, यह घर छोड़ने का संकेत देता है।

कस्प 4 - यह आपके घर का प्रतिनिधित्व करता है और इसलिए घर लौटने के लिए यह प्रमुख कस्प है।

कस्प 5 - यह छुट्टी और मौज-मस्ती के लिए यात्रा का प्रतिनिधित्व करता है। इसका यात्रा पर कोई सीधा असर नहीं है और इसलिए यह तटस्थ है।

कस्प 6 - यह इलाज के लिए यात्रा का प्रतिनिधित्व करता है। इसका यात्रा पर कोई सीधा असर नहीं पड़ता है और इसे तटस्थ माना जाता है।

कस्प 7 - यहाँ यह मार्ग में परिवर्तन, या यात्रा में विराम का प्रतिनिधित्व करता है।

कस्प 8 - यह यात्रा के कष्टों का प्रतिनिधित्व करता है। पहले के समय में यह काफी मुश्किल हुआ करता था लेकिन आज भी संयोजन में इसकी मौजूदगी परेशानी का कारण बन सकती है। यह केवल अनुभव का प्रतिनिधित्व करता है और यात्रा पर इसका कोई सीधा असर नहीं है, और केवल देरी का संकेत दे सकता है।

कस्प 9 - यह जातक के अनुभव में लंबी यात्रा का संकेत देता है। इसका अर्थ अलग-अलग लोगों के लिए उनकी पृष्ठभूमि और अनुभव के आधार पर अलग-अलग हो सकता है। राज्य से बाहर की यात्रा उस व्यक्ति के लिए लंबी हो सकती है जिसने कभी शहर से बाहर यात्रा नहीं की है, जबकि अन्य किसी के लिए यह एक नियमित बात हो सकती है और लंबी यात्रा के अनुभव के लिए और अधिक लंबी यात्रा की आवश्यकता होगी जैसे विदेश यात्रा।

कस्प 10 - पेशेवर काम का प्रतिनिधित्व करता है और इसकी भागीदारी पेशेवर कारणों से यात्रा का संकेत दे सकती है। संदर्भ के लिए, अन्यथा इसे तटस्थ माना जा सकता है।

कस्प 11 - पूर्ति का शिखर। 2 और 4 के साथ इसका संयोजन मतलब परिवार के साथ पुनर्मिलन और घर लौटना होगा।

कस्प 12 - विदेशी और अज्ञात भूमि, विभिन्न संस्कृति और भाषा को इंगित करता है, इसलिए यात्रा में इसका यही योगदान होगा।

जैसा कि आप देख सकते हैं, यात्रा 3, 9 और 12 द्वारा इंगित की जाती है और घर वापसी को कस्प 2, 4 और 11 द्वारा इंगित किया जाता है। यात्रा के समय की भविष्यवाणी करने के लिए, आपको पता होना चाहिए कि ऐसा संयोजन कब चल रहा है और यह ऑपरेटिंग दशा 'डीबीएएस' पर निर्भर करता है।

ग्रहों की शक्ति

सैम पिट तैयार करें और फिर प्रत्येक ग्रह की लीपि देखें। यदि आप वर्तमान स्थिति को देखने में रुचि रखते हैं, तो उस समय चल रहे डीबीएएस ग्रहों की लीपि में दिखाई देने वाले संयोजनों को देखें। महा दशा स्वामी [डीएल] सामान्य प्रवृत्ति को इंगित करेगा, क्योंकि यह लंबे समय तक रहता है, और इसकी भागीदारी आवश्यक नहीं हो सकती क्योंकि यात्रा जैसी घटनाएं अक्सर हो सकती हैं। भुक्ति स्वामी [बीएल] महत्वपूर्ण है और विशेष रूप से लंबी यात्राओं के लिए यात्रा का संकेत देना चाहिए। अंतरा स्वामी [एएल] तब सकारात्मक भक्ति अवधि के भीतर उपयुक्त समय का संकेत देगा। यदि तीनों लंबी यात्रा के योग का संकेत देते हैं तो यह निश्चित रूप से होगा। सटीक समय पारगमन पर निर्भर करेगा। यदि बीएल या एएल नकारात्मक हैं, तो उस अवधि के दौरान यात्रा की संभावना बहुत कम है। अगली सकारात्मक भक्ति के दौरान ही यात्रा होगी।

उपरोक्त को और अधिक बारीकी से समझने के लिए आइए देखें कि ये संयोजन कैसे कार्य करते हैं। जैसे आप जानते हैं, घटना को पूरी तरह से परिभाषित करने वाले घरों के एक सेट को पूर्ण संयोजन कहा जाता है। हालांकि, यात्रा के लिए केवल 3, छोटी यात्रा को इंगित करता है, 3 और 9 लंबी यात्रा को इंगित करता है और 3, 9 और 12 या 9 और 12 को विदेश यात्रा के लिए पूर्ण संयोजन कहा जाएगा। स्क्रिप्ट में इन घरों

की उपस्थिति, या तो व्यक्तिगत रूप से या भागों में जैसे कि एक साथ सभी घरों का प्रतिनिधित्व हो जाये, तो एक पूर्ण संयोजन बनता है। यह [9 - 9,12] या [3,9 - 3 - 9,12] या [3,12 - 9,12 - 3,9,12] या ऐसा कोई भी हो सकता है [एक छोटी सी घटना होने के नाते, यहां अभिव्यक्ति के पुल, या लगातार तीन स्तर आवश्यक नहीं हैं]। इस ग्रह को विदेश यात्रा का पूर्ण समर्थन करने वाला ग्रह कहा जाएगा और व्यक्ति इस अवधि में विदेश यात्रा करेगा।

पूर्ण नकारात्मक संयोजन या घर लौटने का संयोजन 2, 4, और 11 है। इसकी उपस्थिति को ऊपर की तरह ही दोहराया जा सकता है, [2,4 - 2,11 - 4,11] या [4 - 11] या [4,11 - 2 - 2,4,11] आदि, और इसे घर छोड़ने के लिए पूरी तरह से नकारात्मक कहा जाएगा और घर से बाहर होने पर, इसकी अवधि में घर वापस आने का संकेत देगा। ऐसे दौर में जब आप घर पर हों तो यात्रा का कोई सवाल ही नहीं है।

हालाँकि, हो सकता है ये पूरी तरह से प्रकट न हों जैसे कि केवल 3, 3 और 9, 3 और 12 आदि। ये अभी भी सकारात्मक हैं लेकिन कम ताकत वाले हैं लेकिन फिर भी यात्रा के लिए सकारात्मक हैं। ऐसे मामलों में जहां आंशिक नकारात्मक संयोजन दिखाई देते हैं [2 - 4] या [4 - 11 - 11] आदि, इसका मतलब अभी भी पूरी तरह से नकारात्मक होगा क्योंकि यात्रा के लिए कोई सकारात्मक समर्थन नहीं है।

इस संदर्भ में अन्य घरों, 1, 5, 6, 7, 8 और 10 को तटस्थ माना जाता है, लेकिन वे अपने स्वयं के अर्थ को इंगित करेंगे जैसा कि पहले बताया गया है कि या तो यात्रा को प्रभावित करते हैं और यात्रा के उद्देश्य या संदर्भ को परिभाषित करते हैं। केवल इन घरों वाली एक स्क्रिप्ट विदेश यात्रा और वापस आने, दोनों के लिए तटस्थ रहेगी।

जब दोनों प्रकार के घरों का प्रतिनिधित्व होता है, जो कि काफी सामान्य है, तो वे एक दूसरे से स्वतंत्र रूप से काम करते हैं और इस संदर्भ में अपने स्वयं के परिणाम देते हैं। प्रत्येक सेट अपनी ताकत के आधार पर परिणाम के स्तर को इंगित करता है। परिणाम एक छोटी यात्रा, लंबी यात्रा या विदेश यात्रा हो सकता है और उसी ग्रह की अवधि के भीतर वापसी का भी संकेत देगा। केवल एक ग्रह जिसका यात्रा घरों से कोई संबंध नहीं है, उसे यात्रा के लिए पूरी तरह से नकारात्मक कहा जाएगा। इसी तरह, जिस ग्रह का संबंध किसी भी यात्रा घर के साथ या सिर्फ कस्प 3 के साथ होता है, उसे यात्रा के लिए सकारात्मक कहा जाएगा। अन्य शामिल घर यात्रा को और परिभाषित करेंगे। जब दोनों में से कोई संबंध न हो तो वह ग्रह तटस्थ कहलाता है।

इस तरह से हम इस संदर्भ में किसी ग्रह की शक्ति का निर्धारण करते हैं। तो, शक्ति - 1, पूरी तरह से नकारात्मक, या +1, पूरी तरह से सकारात्मक या तटस्थ हो सकती है।

दशा की ताक़त

यात्रा के लिए DBAS की ताकत शामिल ग्रहों की ताकत पर निर्भर करेगी। यदि शामिल तीनों ग्रह +1 हैं, तो दशा की शक्ति अत्यंत सकारात्मक +3 होगी। यदि तीनों ग्रह - 1 हैं, तो दशा अत्यंत नकारात्मक - 3, और बीच में सभी स्तर होंगे। तो दशा हो सकती है:

बेहद सकारात्मक [+,+,+]: यात्रा देने के लिए बेहद मजबूत

सकारात्मक [+,+]: एक ग्रह तटस्थ है, यात्रा के लिए मजबूत है

नकारत्मक [-,-]: एक ग्रह तटस्थ है, अपनी अवधि में यात्रा नहीं कर सकता। यदि पहले से ही दूर है तो वापसी का संकेत दे सकता है।

अत्यंत नकारात्मक [-,-,-]: इस अवधि में कोई यात्रा नहीं हो सकती है। यदि पहले से ही दूर है तो घर लौटने का संकेत देगा।

[+] [+] [-] - चूंकि डीएल और बीएल सकारात्मक हैं, यह नकारात्मक एएल की अवधि के लिए अस्थायी रूप से आयोजित यात्रा के लिए एक नकारात्मक अवधि का संकेत देगा। यदि पहले से ही दूर है तो यह थोड़े समय के लिए घर आने का संकेत देगा।

[+] [-] [+] - भक्ति स्वामी नकारात्मक होने के कारण यह यात्रा को बढ़ावा नहीं देता है। सकारत्मक AL अपने संयोजन के आधार पर छोटी अवधि के लिए यात्रा देगा। रिटर्न अगले नकारात्मक एएल द्वारा इंगित होगा या यदि रिटर्न संयोजन उसी एएल के भीतर मौजूद हैं तो उपयुक्त सूक्ष्म दशा में रिटर्न हो सकता है।

[-] [+] [+] - बीएल और एएल दोनों सकारात्मक होने के कारण यह लंबी अवधि के लिए यात्रा देगा, जो कि भुक्ति की अवधि से संकेतित है। हालांकि, संयोजन के प्रकार के आधार पर यह कई छोटी यात्राएं, या कुछ लंबी यात्राएं या अगली नकारात्मक भुक्ति तक पूरी अवधि के लिए विदेश यात्रा हो सकती है।

[-] [+] [-] - चूंकि AL नकारात्मक है, व्यक्ति इस अवधि में यात्रा नहीं कर सकता है और उसे अगले सकारात्मक AL की प्रतीक्षा करनी होगी। यदि पहले से ही दूर हैं तो इस अवधि में घर लौट सकते हैं।

[-] [-] [+] - चूंकि केवल एएल सकारात्मक है, यह एएल की अवधि के लिए कम समय की यात्रा को इंगित करता है।

जैसा कि आप देख सकते हैं, इस संदर्भ में अन्तर स्वामी AL घटना का महत्वपूर्ण संकेतक है। डीएल और बीएल लंबी अवधि की यात्रा प्रदान करते हैं। यदि कोई व्यक्ति विदेश यात्रा का संकेत देने वाले ग्रह की दशा में है और उसके अधिकांश ग्रह भी यही संकेत देते हैं तो वह ज्यादातर विदेश में रहेगा और थोड़े समय के लिए ही लौटता है।

ग्रह भी अपना स्वाद जोड़ते हैं और उस पर भी विचार कर लेते हैं। उनके व्यक्तिगत लक्षणों के अलावा आप उनके मूल घरों का उपयोग भविष्यवाणी में उनके प्रभाव को जोड़ने के लिए कर सकते हैं। आप इसके प्रभाव को समझने के लिए सबसे छोटी दशा स्वामी की लीपि में प्रतिनिधित्व किए गए घरों के साथ में जोड़ कर देख सकते हैं।

मान लें कि ग्रह सूर्य है, जो अपनी प्रकृति से अलग करने के कारण, यह अपने काल में यात्रा को बढ़ावा देता है।

चंद्रमा घर वापस आने को बढ़ावा देता है।

बुध यात्रा को बढ़ावा देता है।

शुक्र तटस्थ है।

मंगल तटस्थ है।

बृहस्पति लंबी यात्राओं का समर्थन करता है।

शनि विदेश यात्रा को बढ़ावा देता है

भविष्यवाणी में रंग जोड़ने के लिए उपरोक्त विवरण को सावधानीपूर्वक लागू किया जाना चाहिए और यह ध्यान रहे ग्रह केवल अपना रंग जोड़ते हैं घटना उपस्थित संयोजनों से ही घटित होती है।

पुस्तक में पहले परिभाषित ग्रहों के पहलू या दृष्टियाँ भी एक भूमिका निभाते हैं, जैसे दैवीय सहायता प्राप्त करना, दूसरों के कारण बाधाएं या भौतिक सहायता।

इस संदर्भ को समझने के लिए अब हम कुछ चार्ट लेंगे।

उदाहरण चार्ट

उदाहरण चार्ट 1 - KC002

शुक्र Ve, सूर्य Su और बुध Me कस्प 3 के SAL के रूप में दिखाई देते हैं। आइए कस्पल शासक पक्ष की ओर से कस्प 3 की जाँच करें। RL बुध Me[3,11,12] और NL सूर्य Su[3,11] केवल स्थानीय यात्रा के लिए संकेत देते हैं। लंबी यात्रा के लिए कोई कस्प 9 नहीं है। एस्ट्रल स्वामी पक्ष की तरफ शुक्र Ve[3,11,12], राहु Ra[1,4,5,8,11] के नक्षत्र में और शनि Sa[2,7,8,10] के नवांश में है। यहाँ किसी यात्रा का संकेत नहीं है, वास्तव में 2,4,11 केवल घर पर रहने का संकेत देता है। इसलिए विदेश यात्रा संभव नहीं है।

अब सूर्य Su[3,11] पर विचार करें जो मंगल Ma[2,5,10] के नक्षत्र में और गुरु Ju[1,4,8,11] के नवांश में है।यह भी कस्प 9 और 12 के साथ कोई संबंध नहीं दर्शाता। इसलिए, किसी भी विदेश यात्रा का संकेत नहीं दिया गया है।

अब बुध Me[3,11,12] को मंगल Ma[2,5,10] के नक्षत्र और राहु Ra[1,4,5,8,11] के नवांश में देखें। यहाँ भी स्थिति वही है। कस्प 3 के सभी एसएएल, 9 और 12 के साथ कोई संबंध नहीं दिखाते। अतः जातक के विदेश यात्रा की संभावना शून्य है। केतू को छोड़कर अन्य कोई भी ग्रह 9,12 की युति नहीं दर्शाता है, इसलिए जातक कभी थोड़े समय की ही विदेश यात्रा कर सकता है।`

कई मामलों में 3 की उपस्थिति केवल स्थानीय यात्रा का संकेत देती है।

EXAMPLE CHART – KC 002

DOB – 11 JUN 1965 | TOB - 09:13:00 | POB - PATIALA

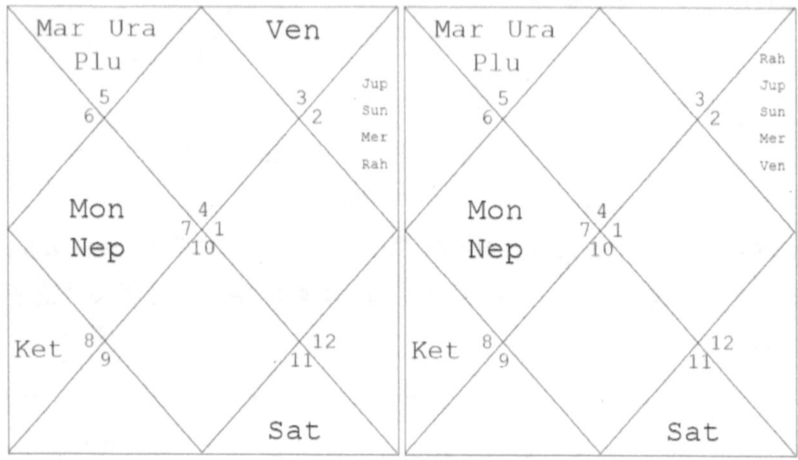

PLANET POSITIONS

Planet	Sign	Degree	RL	NL	SL	SSL
Sun	Taurus	26:38'57"	Ven	Mar	Jup	Mer
Mon	Libra	23:25'29"	Ven	Jup	Sat	Rah
Mar	Leo	28:19'38"	Sun	Sun	Mon	Ven
Mer	Taurus	25:51'16"	Ven	Mar	Rah	Mon
Jup	Taurus	18:03'44"	Ven	Mon	Mer	Ket
Ven	Gemini	12:30'38"	Mer	Rah	Sat	Jup
Sat	Aquarius	23:37'16"	Sat	Jup	Sat	Jup
Rah-R	Taurus	20:04'57"	Ven	Mon	Ket	Rah
Ket-R	Scorpio	20:04'57"	Mar	Mer	Ven	Mar
Ura	Leo	17:34'56"	Sun	Ven	Mar	Jup
Nep-R	Libra	24:27'08"	Ven	Jup	Mer	Ven
Plu	Leo	20:23'46"	Sun	Ven	Jup	Sat

CUSP POSITIONS

Cusp	Sign	Degree	RL	NL	SL	SSL
1	Cancer	16:26'11"	Mon	Sat	Jup	Rah
2	Leo	10:10'39"	Sun	Ket	Sat	Ven
3	Virgo	8:4'26"	Mer	Sun	Ven	Ven
4	Libra	10:18'16"	Ven	Rah	Jup	Rah
5	Scorpio	14:18'45"	Mar	Sat	Rah	Ven
6	Sagittarius	16:46'40"	Jup	Ven	Mon	Sat
7	Capricorn	16:26'11"	Sat	Mon	Sat	Ven
8	Aquarius	10:10'39"	Sat	Rah	Jup	Mar
9	Pisces	8:4'26"	Jup	Sat	Ket	Mer
10	Aries	10:18'16"	Mar	Ket	Sat	Ven
11	Taurus	14:18'45"	Ven	Mon	Jup	Sat
12	Gemini	16:46'40"	Mer	Rah	Ven	Sat

SAM PIT - उदाहरण चार्ट - KC 002

RL कस्प				RL	NL कस्प					NL	ग्रह	घर	RL	घर	NL	घर	SL	घर	SSL	घर
		4	6	Mo		2	7	8	10	Sa	**Ke**	1	Ma	2	Me	3	Ve	3	Ma	2
		3	11	Su	1 2	4 5	8	9	11	Ke		2		5		11		11		5
	3	11	12	Ve	1	4	5	8	11	Ra		4		10		12		12		10
	2	5	10	Ma		2	7	8	10	Sa		5								
2	7	8	10	Sa	1	4	5	8	11	Ra		8								
1	4	8	11	Ju		2	7	8	10	Sa		9								
	3	11	12	Ve				4	6	Mo		11								
	3	11	12	Me				3	11	Su	**Ve**	3			Ra	1	Sa	2	Ju	1
	3	11	12	Ve				4	6	Mo		11				4		7		4
	3	11	12	Me	1	4	5	8	11	Ra		12				5		8		8
																8		10		11
																11				
	3	11	12	Me				3	11	Su	**Su**	3			Ma	2	Ju	1	Me	3
	3	11	12	Ve				4	6	Mo		11				5		4		11
																10		8		12
																		11		
	3	11	12	Ve	1	4	5	8	11	Ra	**Mo**	4			Ju	1	Sa	2	Ra	1
1	4	8	11	Ju			3	11	12	Ve		6				4		7		4
																8		8		5
																11		10		8
																				11
		3	11	Su	1 2	4 5	8	9	11	Ke	**Ma**	2			Su	3	Mo	4	Ve	3
	2	5	10	Ma		2	7	8	10	Sa		5				11		6		11
	2	5	10	Ma	1 2	4 5	8	9	11	Ke		10								12

SAM PIT - उदाहरण चार्ट - KC 002

RL कस्प					RL	NL कस्प					NL	ग्रह	घर	RL	घर	NL	घर	SL	घर	SSL	घर
			4	6	Mo		2	7	8	10	Sa		1		3		4		1		1
		3	11	12	Ve	1	4	5	8	11	Ra		4		11		6		2		4
		2	5	10	Ma		2	7	8	10	Sa		5		12				4		5
	2	7	8	10	Sa	1	4	5	8	11	Ra	**Ra**	8	Ve		Mo		Ke	5	Ra	8
		3	11	12	Ve				4	6	Mo		11						8		11
																			9		
																			11		11
			4	6	Mo		2	7	8	10	Sa		1				4		3		1
		3	11	12	Ve	1	4	5	8	11	Ra		4				6		11		2
	2	7	8	10	Sa	1	4	5	8	11	Ra		8						12		4
		3	11	12	Ve				4	6	Mo	**Ju**	11			Mo		Me		Ke	5
																					8
																					9
																					11
			3	11	Su	1 2	4 5	8	9	11	Ke		2				1		2		1
	2	7	8	10	Sa				4	6	Mo	**Sa**	7			Ju	4	Sa	7	Ju	4
	2	7	8	10	Sa	1	4	5	8	11	Ra		8				8		8		8
		2	5	10	Ma	1 2	4 5	8	9	11	Ke		10				11		10		11
		3	11	12	Me				3	11	Su		3				2		1		4
		3	11	12	Ve				4	6	Mo		11				5		4		6
		3	11	12	Me	1	4	5	8	11	Ra	**Me**	12			Ma	10	Ra	5	Mo	
																			8		
																			11		

उदाहरण चार्ट 2 - KC009

निम्नलिखित चार्ट एसएएल के रूप में शनि को 3 और 9 का एसएएल इंगित करता है। कस्प 9 में कस्पल शासक पक्ष में 3,9 का संबंध है। क्योंकि शनि Sa[3,7,9], सूर्य Su[7,11] के नक्षत्र और शनि Sa[3,7,9] के नवांश में है। यह इंगित करता है कि लंबी यात्रा संभव है।

जातक राहु दशा में पैदा हुआ था और गुरु की दशा में हाई स्कूल में था। गुरु में उच्च शिक्षा के सकारात्मक संयोजन पर ध्यान दें। 2,5,9,11 के साथ 1,6,8 की उपस्थिति ने चिकित्सा शिक्षा का संकेत दिया। हालांकि, केतू की भक्ति में 10,11 की अनुपस्थिति ने जातक को प्रवेश परीक्षा उत्तीर्ण करने का गौरव नहीं दिया। इसके अलावा गुरु कस्पल शासक पक्ष में 3,9 से जुड़ा है

यधपि एस्ट्रल स्वामी पक्ष की ओर से 3,12 के साथ कोई संबंध नहीं है, पर 4,11 के साथ भी कोई संबंध नहीं है। इसलिए गुरु लंबी यात्रा से इनकार नहीं कर रहे हैं। केतू 3,9,12 से जुड़ा एकमात्र ग्रह है और इसलिए, गुरु/केतू में जातक चिकित्सा शिक्षा के लिए विदेश यात्रा पे गया।

2,4,11 का योग केवल मंगल में ही प्रकट होता है और इस प्रकार गुरु/मंगल में शिक्षा के बाद वापस आ गया। वापस जाने और फिर से विदेश में बसने का बहुत प्रयास किया गया, लेकिन सफलता नहीं मिली क्योंकि गुरु/राहु, शनि/शनि और शनि/बुध में कोई विदेश यात्रा संयोजन उपलब्ध नहीं था। यह लगभग 8 साल की अवधि है।

केतू दशा 'डीबीएएस' में शामिल होने पर ही विदेश यात्रा करना संभव होगा।

EXAMPLE CHART – KC 009

DOB – 20 JAN 1980 | TOB - 17:32:00 | POB - SANGRUR

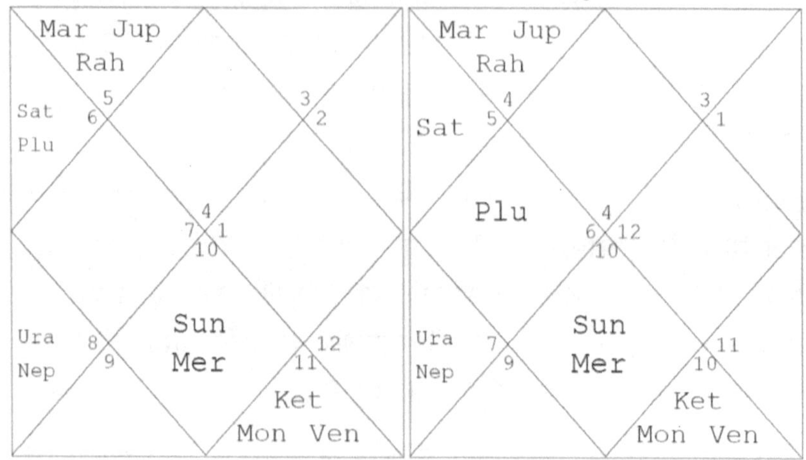

PLANET POSITIONS

Planet	Sign	Degree	RL	NL	SL	SSL
Sun	Capricorn	06:01'13"	Sat	Sun	Mer	Mon
Mon	Aquarius	11:37'43"	Sat	Rah	Sat	Sun
Mar	Leo	21:39'57"	Sun	Ven	Jup	Rah
Mer	Capricorn	05:26'24"	Sat	Sun	Mer	Ket
Jup	Leo	15:41'45"	Sun	Ven	Sun	Rah
Ven	Aquarius	11:44'42"	Sat	Rah	Sat	Mon
Sat	Virgo	03:17'15"	Mer	Sun	Sat	Sat
Rah	Leo	07:17'55"	Sun	Ket	Rah	Mon
Ket	Aquarius	07:17'55"	Sat	Rah	Rah	Sat
Ura	Scorpio	01:17'45"	Mar	Jup	Mar	Mon
Nep	Scorpio	28:01'18"	Mar	Mer	Sat	Sat
Plu	Virgo	28:12'20"	Mer	Mar	Sat	Sat

CUSP POSITIONS

Cusp	Sign	Degree	RL	NL	SL	SSL
1	Cancer	3:10'4"	Mon	Jup	Rah	Mon
2	Cancer	25:56'36"	Mon	Mer	Rah	Mon
3	Leo	22:19'59"	Sun	Ven	Sat	Mer
4	Virgo	23:43'10"	Mer	Mar	Mar	Sat
5	Libra	28:29'39"	Ven	Jup	Ven	Mer
6	Sagittarius	2:28'43"	Jup	Ket	Ven	Sat
7	Capricorn	3:10'4"	Sat	Sun	Sat	Sat
8	Capricorn	25:56'36"	Sat	Mar	Rah	Mon
9	Aquarius	22:19'59"	Sat	Jup	Sat	Mer
10	Pisces	23:43'10"	Jup	Mer	Mar	Sat
11	Aries	28:29'39"	Mar	Sun	Mar	Rah
12	Gemini	2:28'43"	Mer	Mar	Ket	Sat

SAM PIT - उदाहरण चार्ट - KC 009													
RL कस्प	RL	NL कस्प	NL	ग्रह	घर	RL	घर	NL	घर	SL	घर	SSL	घर
12 8	Mo	12 5 9	Ju	Ke	1	Sa	3	Ra	1	Ra	1	Sa	3
12 8	Mo	2 7 10	Me		2		7		2		2		7
56 8	Ve	12 5 9	Ju		5		9		5		5		9
12 5 9	Ju	12 56 8 12	Ke		6				6		6		
3 7 9	Sa	2 4 1011	Ma		8				8		8		
2 7 10	Me	2 4 1011	Ma		12								
56 8	Ve	12 5 9	Ju	Ve	5			Ra	1	Sa	3	Mo	1
12 5 9	Ju	12 56 8 12	Ke		6				2		7		2
3 7 9	Sa	2 4 1011	Ma		8				5		9		8
									6				
									8				
3 7 9	Sa	7 11	Su	Su	7			Su	7	Me	2	Mo	1
2 4 1011	Ma	7 11	Su		11				11		7		2
											10		8
12 8	Mo	12 5 9	Ju	Mo	1			Ra	1	Sa	3	Su	7
12 8	Mo	2 7 10	Me		2				2		7		11
3 7 9	Sa	2 4 1011	Ma		8				5		9		
									6				
									8				
12 8	Mo	2 7 10	Me	Ma	2			Ve	5	Ju	1	Ra	1
2 7 10	Me	2 4 1011	Ma		4				6		2		2
12 5 9	Ju	2 7 10	Me		10				8		5		5
2 4 1011	Ma	7 11	Su		11						9		6
													8

SAM PIT - उदाहरण चार्ट - KC 009

RL कस्प	RL	NL कस्प	NL	ग्रह	घर	RL	घर	NL	घर	SL	घर	SSL	घर
12 8	Mo	12 5 9	Ju	Ra	1	Su	7	Ke	1	Ra	1	Mo	1
12 8	Mo	2 7 10	Me		2		11		2		2		2
56 8	Ve	12 5 9	Ju		5				5		5		8
12 5 9	Ju	12 56 8 12	Ke		6				6		6		
3 7 9	Sa	2 4 1011	Ma		8				8		8		
									12				
12 8	Mo	12 5 9	Ju	Ju	1			Ve	5	Su	7	Ra	1
12 8	Mo	2 7 10	Me		2				6		11		2
56 8	Ve	12 5 9	Ju		5				8				5
3 7 9	Sa	12 5 9	Ju		9								6
													8
7 11	Su	56 8	Ve	Sa	3			Su	7	Sa	3	Sa	3
3 7 9	Sa	7 11	Su		7				11		7		7
3 7 9	Sa	12 5 9	Ju		9						9		9
12 8	Mo	2 7 10	Me	Me	2			Su	7	Me	2	Ke	1
3 7 9	Sa	7 11	Su		7				11		7		2
12 5 9	Ju	2 7 10	Me		10						10		5
													6
													8
													12

उदाहरण चार्ट 3 - KC001

आइए इस चार्ट की एक दूसरे तरीके से समीक्षा करें। चूंकि विदेश यात्रा के लिए सर्वासंगम समर्थन की आवश्यकता नहीं होती है, लेकिन केवल संबंधित घरों की उपस्थिति के कारण, हम सभी ग्रहों की शीघ्रता से जांच कर सकते हैं।

यहाँ,

केतू Ke यात्रा का प्रतिनिधित्व करता है [3] और वापसी [2,4],

शुक्र Ve यात्रा का प्रतिनिधित्व करता है [9,12] और वापसी [2],

सूर्य यात्रा का प्रतिनिधित्व करता है [3] और वापसी [2],

चंद्र Mo यात्रा का प्रतिनिधित्व करता है [3,9,12] और वापसी [2,4],

मंगल Ma यात्रा का प्रतिनिधित्व करता है [12] और वापसी [2,4]

राहु Ra यात्रा का प्रतिनिधित्व करता है [3,9] और वापसी [2,4,11]

गुरु Ju यात्रा का प्रतिनिधित्व करता है [3,9] और वापसी [2,4,11]

शनि Sa यात्रा का प्रतिनिधित्व करता है [9,12] और वापसी [2,4]

बुध Me यात्रा का प्रतिनिधित्व करता है [9,12] और वापसी [2]

EXAMPLE CHART – KC 001

DOB – 29 APR 1957 | TOB - 3:12:30 | POB - PATIALA

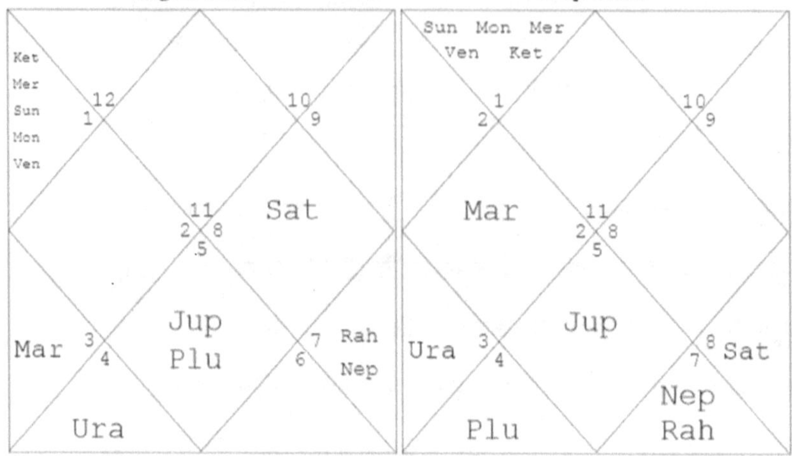

PLANET POSITIONS

Planet	Sign	Degree	RL	NL	SL	SSL
Sun	Aries	15:09'11"	Mar	Ven	Ven	Mer
Mon	Aries	02:18'22"	Mar	Ket	Ven	Sat
Mar	Gemini	03:13'56"	Mer	Mar	Ven	Mon
Mer-R	Aries	25:41'02"	Mar	Ven	Mer	Sat
Jup-R	Leo	29:17'04"	Sun	Sun	Rah	Rah
Ven	Aries	18:53'30"	Mar	Ven	Rah	Sat
Sat-R	Scorpio	20:07'41"	Mar	Mer	Ven	Mar
Rah-R	Libra	27:18'14"	Ven	Jup	Ven	Mar
Ket-R	Aries	27:18'14"	Mar	Sun	Sun	Ven
Ura	Cancer	09:51'04"	Mon	Sat	Ven	Sat
Nep-R	Libra	07:52'18"	Ven	Rah	Rah	Ket
Plu-R	Leo	04:47'14"	Sun	Ket	Mar	Mar

CUSP POSITIONS

Cusp	Sign	Degree	RL	NL	SL	SSL
1	Aquarius	20:25'44"	Sat	Jup	Jup	Sat
2	Aries	0:53'5"	Mar	Ket	Ven	Ven
3	Taurus	1:38'40"	Ven	Sun	Jup	Sat
4	Taurus	26:23'0"	Ven	Mar	Jup	Sat
5	Gemini	19:39'42"	Mer	Rah	Mar	Mer
6	Cancer	15:48'32"	Mon	Sat	Jup	Ven
7	Leo	20:25'44"	Sun	Ven	Jup	Sat
8	Libra	0:53'5"	Ven	Mar	Mer	Mon
9	Scorpio	1:38'40"	Mar	Jup	Rah	Jup
10	Scorpio	26:23'0"	Mar	Mer	Jup	Sat
11	Sagittarius	19:39'42"	Jup	Ven	Rah	Ven
12	Capricorn	15:48'32"	Sat	Mon	Sat	Sat

SAM PIT - उदाहरण चार्ट - KC 001																					
RL कस्प					RL	NL कस्प					NL	ग्रह	घर	RL	घर	NL	घर	SL	घर	SSL	घर
			9	12	Sa	1 3	4	6	7	10	Ju	Ke	1	Ma	4	Su	2	Su	2	Ve	2
			4	5	Ma	1 2	3 4	6 7	8	10	Ke		2		5		3		3		
				2	Ve				2	3	Su		3								
				2	Ve	1 3	4	6	7	10	Ju		4								
			2	12	Mo				9	12	Sa		6								
			2	3	Su					2	Ve		7								
				2	Ve				4	5	Ma		8								
			4	5	Ma				2	8	Me		10								
			4	5	Ma	1 2	3 4	6 7	8	10	Ke	Ve	2			Ve	2	Ra	8	Sa	9
																			9		12
																			11		
			4	5	Ma	1 2	3 4	6 7	8	10	Ke	Su	2			Ve	2	Ve	2	Me	2
				2	Ve				2	3	Su		3								8
			4	5	Ma	1 2	3 4	6 7	8	10	Ke	Mo	2			Ke	1	Ve	2	Sa	9
			9	12	Sa				2	12	Mo		12				2				12
																	3				
																	4				
																	6				
																	7				
																	8				
																	10				
				2	Ve	1 3	4	6	7	10	Ju	Ma	4			Ma	4	Ve	2	Mo	2
			2	8	Me			8	9	11	Ra		5				5				12

SAM PIT - उदाहरण चार्ट - KC 001

RL कस्प					RL	NL कस्प					NL	ग्रह	घर	RL	घर	NL	घर	SL	घर	SSL	घर
				2	Ve				4	5	Ma	Ra	8	Ve	2	Ju	1	Ve	2	Ma	4
			4	5	Ma	1 3	4	6	7	10	Ju		9				3				5
1 3	4	6	7	10	Ju					2	Ve		11				4				
																	6				
																	7				
																	10				
			9	12	Sa	1 3	4	6	7	10	Ju	Ju	1			Su	2	Ra	8	Ra	8
				2	Ve				2	3	Su		3				3		9		9
				2	Ve	1 3	4	6	7	10	Ju		4						11		11
			2	12	Mo				9	12	Sa		6								
			2	3	Su					2	Ve		7								
			4	5	Ma				2	8	Me		10								
			4	5	Ma	1 3	4	6	7	10	Ju	Sa	9			Me	2	Ve	2	Ma	4
			9	12	Sa				2	12	Mo		12				8				5
			4	5	Ma	1 2	3 4	6 7	8	10	Ke	Me	2			Ve	2	Me	2	Sa	9
				2	Ve				4	5	Ma		8						8		12

जातक ने अपने काम और छुट्टी के लिए कई बार विदेश यात्रा की। सबसे लंबी विदेश यात्रा चंद्र/शनि के दौरान चंद्र/शुक्र तक और चंद्र/सूर्य में वापसी के साथ थी। उपरोक्त संयोजनों से यह स्पष्ट है; कौन से ग्रह विदेश यात्रा और स्वदेश वापसी को बढ़ावा दे रहे हैं।

उपरोक्त उदाहरण चार्टों की तुलना, पूर्ण इनकार, एक बार की विदेश यात्रा और नियमित विदेश यात्रा के बीच के अंतर को स्पष्ट कर देगी।

24

समीक्षा

"ग्रह भगवान के विराम चिन्ह हैं जो नक्षत्रों में लिखे गए मानव भाग्य के वाक्यों को इंगित करते हैं।"

†

जेम्स लेंडल बसफोर्ड

हमने पिछले अध्यायों में जीवन के महत्वपूर्ण पहलुओं को शामिल किया है। शिक्षा, धन, विवाह, बच्चे का जन्म, स्वास्थ्य और यात्रा जीवन की सामान्य चिंताएँ हैं। इनमें से प्रत्येक जीवन में समग्र सफलता और पूर्णता को जोड़ता है। उनमें से किसी एक के साथ कोई समस्या, हर किसी की स्थिति के आधार पर गंभीर झटका दे सकती है।

शिक्षा आमतौर पर माता-पिता की चिंता है क्योंकि छोटे बच्चों को ऐसा कोई विचार नहीं होता। माता-पिता का यह कर्तव्य है कि वे बच्चे की स्थिति, उनकी क्षमता, और रुचि के क्षेत्रों का विश्लेषण करें। बच्चों को कभी-कभी गलत धारणाओं और अपने खोज के क्षेत्र को चुनने में साथियों के दबाव से प्रेरित किया जाता है। यह हमेशा उनके पक्ष में काम नहीं करता और इसलिए प्रयोग में निराशा और समय की हानि हो सकती है। चार्ट का एक विस्तृत अध्ययन उनकी छिपी ताकत और रुचि के क्षेत्रों को प्रकट कर सकता है, जिनका अनुसरण करने पर उल्लेखनीय परिणाम प्राप्त होंगे। यदि शिक्षा ही

प्रधानता नहीं है, तो ऐसे प्रशिक्षण या व्यवसाय का अनुसरण करना सबसे अच्छा है जो जीवन में अधिक फलदायी हो सकता है। इसी प्रकार, शिक्षा के लिए अनुकूल ग्रहों की अवधि का चयन करके सफलता के लिए प्रतियोगी परीक्षा, साक्षात्कार आदि के लिए उपयुक्त समय चुना जा सकता है।

आप जिस प्रकार का पेशा अपनाना चाहते हैं, उसे चार्ट से आपकी शिक्षा, तथा तीसरे और दसवें घर का विश्लेषण करके आसानी से देखा जा सकता है। यह सही पृष्ठभूमि बनाने में मदद कर सकता है और आपके लाभ के लिए सबसे अनुकूल पथ चुनने में मदद कर सकता है। संकेतों को पूरी तरह से जानने के बाद, अन्यथा निर्णय लेना, एक सूचित निर्णय होगा और व्यक्ति को आवश्यक संघर्ष से गुजरने के लिए तैयार रखेगा। मनुष्य प्रकृति का एकमात्र स्वतंत्र घटक है और उसके पास निर्णय की स्वतंत्रता है, चाहे स्थापित एजेंडा कुछ भी हो, लेकिन इसके परिणाम भी भुगतने पड़ते हैं।

एक चार्ट में धन की संभावना को आसानी से निर्धारित किया जा सकता है। वह समय जब व्यक्ति कमाई करना शुरू करता है, चार्ट में ऑपरेटिंग धन संयोजन [2,6,10,11] से देखा जाएगा। ऐसी दशा अवधियों का निरंतर चलना यह सुनिश्चित करेगा कि व्यक्ति धन प्राप्त करना जारी रखेगा और अमीर बनेगा। नौकरी में इस संयोजन की उपस्थिति पदोन्नति और वृद्धि का संकेत देगी। व्यापार में यह शामिल ग्रह के आधार पर भारी मुनाफे का संकेत देगा। प्रश्न आमतौर पर तभी उठते हैं जब प्रतिकूलता होती है, जैसे:

मुझे नौकरी कब मिलेगी?

मुझे वेतन वृद्धि कब मिलेगी?

मैंने अपनी नौकरी क्यों खो दी और मुझे दूसरी नौकरी कब मिलेगी?

कड़ी मेहनत और प्रतिबद्धता के बावजूद मैं अपने व्यवसाय में असफल क्यों हो रहा हूँ?

क्या मैं कभी अमीर बनूंगा?

इन सभी का उत्तर उस विश्लेषण से दिया जा सकता है जो हमने इन अध्यायों में सीखा है। अपनी उपलब्धियों की क्षमता और सीमाओं को जानने से सही समय पर सही निर्णय लेने में काफी मदद मिल सकती है।

जीवन साथी चुनना हमेशा एक जिज्ञासु निर्णय रहा है। जीवन में आपके रिश्ते सामान्य रूप से जीवन की समग्र गुणवत्ता और सफलता पर बहुत कुछ निर्भर करते हैं। इस संबंध में ताकत और कमजोरियों को जानना सभी के लिए बहुत मददगार हो सकता है। आप चार्ट की सहायता से या तो एक संगत साथी चुन सकते हैं या फिर अपने चार्ट से पहले चुने हुए साथी का विश्लेषण कर सकते हैं, यह समझने के लिए की एक सहज सामंजस्यपूर्ण जीवन के लिए किन क्षेत्रों को संबोधित करने की आवश्यकता है। यह भी चार्ट से देखा जा सकता है कब कोई शादी होने की उम्मीद करे। विवाह के लिए ऐसे समय का उपयोग करना आमतौर पर फलदायी होता है। इस संदर्भ में किसी स्थिति को थोपना आपके पक्ष में काम न भी करे। लेकिन यह हमेशा व्यक्ति की ही चॉइस होती है। आम तौर पर जो सवाल उठते हैं, वे हैं,

मेरी शादी कब होगी?

लाख कोशिशों के बावजूद मेरी शादी क्यों नहीं हो रही है?

मेरा वैवाहिक जीवन कैसा रहेगा?

हमारा दाम्पत्य जीवन कठिन क्यों चल रहा है?

क्या मुझे तलाक मिलेगा?

क्या मैं दोबारा शादी करूंगा और कब?

ऐसे सभी प्रश्नों का उत्तर अब हमारे द्वारा सीखे गए चार्ट विश्लेषण से दिया जा सकता है। इस तरह के संदर्भ में विश्लेषण का उपयोग सही जानकारी प्राप्त करने और किसी भी प्रतिकूल परिस्थितियों का मुकाबला करने के लिए, इच्छा शक्ति और स्थिति को सुधारने के लिए सकारात्मक कार्रवाई के साथ, किया जाना चाहिए।

बच्चे ईश्वर की देन हैं। लेकिन यह सामान्य है कि आजकल विवाहित जोड़े के अपनी समय पसंद के अनुसार बच्चे होते हैं। समस्या तब उत्पन्न होती है जब हम अपनी इच्छा के बावजूद उन्हें प्राप्त नहीं कर पाते। इसे चार्ट से आसानी से देखा जा सकता है कि क्या समस्या इनकार की है या समय सही नहीं है। इससे अधिक चिंता से बचा जा सकता है और सही जानकारी के साथ उपयुक्त समय चुना जा सकता है। इस संदर्भ में सामान्यतः पूछे जाने वाले प्रश्न हैं,

क्या मेरे बच्चे होंगे?

मुझे बच्चा कब होगा?

इच्छा के बावजूद हमें बच्चा क्यों नहीं हो रहा है?

हमारे दूसरे बच्चे को जन्म देने में देरी क्यों हो रही है?

इन सभी का उत्तर उस विश्लेषण के माध्यम से देना संभव है जो हमने पिछले अध्यायों में सीखा है। एक और सवाल है जो कभी-कभी बच्चे के लिंग को लेकर सामने आता है। यह एक संवेदनशील विषय है और आमतौर पर इसे नहीं लिया जाता है। हालांकि, गर्भ में बच्चे के लिंग का निर्धारण करने के लिए विशिष्ट निर्देश हैं। बच्चे के लिंग का चयन और इसके लिए गर्भधारण का उपयुक्त समय माता-पिता के चार्ट से निर्धारित करना संभव है। इन प्रक्रियाओं को केवल व्यक्तिगत रूप में ही सीखा जा सकता है और सामान्यत: इसे नहीं करना चाहिए।

स्वस्थ रहना प्रत्येक व्यक्ति का सर्वोच्च विशेषाधिकार है। रोग कभी कम नहीं होते, और कई बार हमारे पास इस पहलू पर कोई विकल्प या नियंत्रण नहीं होता। फिर भी हम सभी अपने-अपने तरीके से स्वस्थ रहने की कोशिश करते हैं। हम एक चार्ट से किसी व्यक्ति की स्वास्थ्य क्षमता के साथ-साथ उस समय को भी जान सकते हैं जब बीमारि हो सकती है। ऐसे समय में सतर्क रहकर इसके प्रभाव से बचना या कम करना सीख सकते हैं। लेकिन जीवन के अधिकांश अन्य पहलुओं की तरह, लोग विषम परिस्थितियों में ही कारण खोजने की कोशिश करते हैं। इस संधर्व में आमतौर पर पूछे जाने वाले प्रश्न हैं,

मैं बीमार क्यों रहता हूँ?

मैं किसी न किसी रोग से पीड़ित क्यों हूँ?

मैं युवा हूं और अच्छे स्वास्थ्य के प्रति जागरूक हूं, मुझे ऐसी बीमारी क्यों हुई?

मैं इस स्थिति से कब उबरूंगा?

ये सभी प्रश्न हैं, वास्तव में घटना के बाद, और इनका उत्तर आसानी से चार्ट विश्लेष्ण से दिया जा सकता है। यदि कोई समय के प्रति सचेत रहता है और पहले से कार्य करता है और यदि आप स्थिति को जानते हैं तो इसका सामना करना और तीव्रता को कम करना आसान हो जाता है।

अन्य देशों की यात्रा करना इन दिनों काफी आसान है, लेकिन अपने आकर्षण को बरकरार रखता है। अक्सर यात्रा करने वाले लोगों के लिए यह कोई ऐसा पहलू नहीं

हो सकता। लेकिन एक मुद्दा तब बन जाता है जब कोई अपनी इच्छा और प्रयासों के बावजूद विदेश यात्रा नहीं कर सकता। लोग जानना चाहते हैं,

क्या मैं विदेश यात्रा करूंगा?

क्या मैं विदेश में सेटल हो पाऊंगा?

कोई घर वापस कब आएगा?

हमने चार्ट से इन प्रश्नों के उत्तर देना सीखा है। कोई पहले से देख सकता है कि कब और कब विदेश यात्रा संभव है। यदि किसी व्यक्ति का किसी अन्य देश में या अपने जन्मस्थान से दूर बसना नियति है। सूचित क्रिया हमेशा फलदायी होती है, चिंता से रहित होती है और आपके कर्मानुबंधन को समाप्त कर देती है।

जैसा कि आप देख सकते हैं कि जब चीजें अपने तरीके से नहीं चल रही होती तभी लोग सवाल करते हैं। हम आमतौर पर अपने भाग्य के साथ बहते रहते हैं और उस पर सवाल तभी उठाते हैं जब हम पाते हैं कि यह हमें उस दिशा में धकेल रहा है जो हमें अच्छी नहीं लगती। यह समझने के लिए कि क्या हो रहा है, यह महत्वपूर्ण है कि हम जानें कि भाग्य में क्या है। यदि हम फिर भी दूसरी दिशा में जाना चाहते हैं तो हम इसके प्रभाव और परिणामों की पूरी समझ के साथ ऐसा कर सकते हैं।

सचेत निर्णय ही है जो मायने रखता है। विकल्प हमेशा होता है, तय आप करें।

25

जन्म समय सुधार

"एक बच्चा उस दिन और उस समय पैदा होता है जब आकाशीय किरणें उसके व्यक्तिगत कर्म के साथ गणितीय सामंजस्य में होती हैं।"

श्री युक्तेश्वर गिरि

भविष्यवाणी की सटीकता काफी हद तक जन्म समय की सटीकता पर निर्भर करती है। नोट किया गया जन्म का समय हमेशा एकदम सही नहीं होता। सटीक गणना प्रणाली के आगमन और जन्म दर में वृद्धि के साथ अब जन्म के सही समय का पता लगाना अत्यधिक आवश्यक हो गया है।

जैसा कि आप जानते हैं कि ग्रह उस कस्प का प्रतिनिधित्व करते हैं जिसके वे सूक्ष्म चाप स्वामी के रूप में दिखाई देते हैं। कस्प के लिए सबसे छोटा चाप नवांश है, जो नक्षत्र का नौवां भाग है। यह चाप सूर्य के लिए सबसे छोटे [6/9]° से लेकर शुक्र के लिए सबसे बड़े [20/9]° तक होता है। पृथ्वी एक दिन में सूर्य के चारों ओर 360° का एक चक्कर पूरा करती है। यह 4 मिनट में 1° घूम जाती है। इसलिए, नवांश को कवर करने में लगने वाला समय, सबसे छोटे चाप में 6x4/9 = 2 मिनट 40 सेकंड से लेकर सबसे बड़े 4x20/9 = 8 मिनट 48 सेकंड तक होता है। इसलिए, सूर्य के एसएएल

वाले कस्प अपने एसएएल को 2 मिनट में बदल सकते हैं। जैसा कि आप देख सकते हैं, अधिकांश कस्पल SAL कुछ ही मिनटों में बदल जाएंगे और कस्पल SAL में कोई भी परिवर्तन भविष्यवाणी के परिणामों को भी बदल देगा। मान लो यदि सप्तम भाव का प्रतिनिधित्व सूर्य द्वारा किया जाता है, लेकिन एक मिनट की छोटी समय त्रुटि के कारण, यह अगला ग्रह चंद्र हो सकता है। हो सकता है कि सूर्य की लीपी में कोई विवाह ही नह हो, जिससे भविष्यवाणी गलत हो सकती है। इसलिए जन्म का सटीक सही समय जानना अति आवश्यक है।

जन्म के समय को वास्तव में क्या माना जाना चाहिए, यह भी भ्रम की स्थिति में है क्योंकि इस संबंध में कई सिद्धांत हैं। जन्म का समय आमतौर पर जिसे लिखा जाता है, वह समय होता है जब बच्चा अपनी पहली सांस लेता है या रोता है। यह तार्किक भी है क्योंकि यह एकमात्र क्षण है जिसे बच्चे के रोने की पहली ध्वनि के माध्यम से शारीरिक रूप से परिभाषित किया जा सकता है। हालाँकि, मुझे यह पता चला कि जन्म का सही क्षण वह क्षण होता है जब बच्चा सचेत हो जाता है, और इसे भौतिक साधनों से कभी नहीं जाना जा सकता। रोने की आवाज उस समय के सबसे करीब होती है, लेकिन यह हमेशा जन्म का सटीक क्षण नहीं होता।

तो फिर जन्म के सही समय का निर्धारण कैसे करें?

ऐसा करने का एक बहुत ही सरल और तार्किक तरीका है और यह हमारी प्रणाली के पारगमन सिद्धांत पर आधारित है। आपके जन्म का क्षण आपके लिए एक असाधारण घटना है। लेकिन यह आपके माता-पिता के चार्ट में भी एक घटना है। आपका जन्म चार्ट आपके माता-पिता के चार्ट में बच्चे के जन्म की घटना के लिए ट्रांजिट या पारगमन चार्ट के अलावा और कुछ नहीं है। पारगमन के सिद्धांत से हम यह भी जानते हैं कि दशा ग्रह, सूर्य और चंद्रमा पारगमन चार्ट में उस घटना के लिए फलदायी स्थान पे होते हैं। हालाँकि हमें आपके माता-पिता के चार्ट के बारे में जानकारी नहीं है, लेकिन एक बात है जो हम जानते हैं और वह है सूर्य और चंद्रमा की स्थिति। यह स्पष्ट है कि आपके चार्ट में सूर्य और चंद्रमा की स्थिति आपके माता-पिता के चार्ट में बच्चे के जन्म की घटना को दर्शाती है।

हम नवम भाव को पिता का लग्न मानते हैं और जन्म समय सुधार के लिए हम आपके पिता की कुंडली को आनुवंशिकता का उपयुक्त प्रतिनिधि मानेंगे। संतान के जन्म के लिए फलदायी घर 2,5 और 11 हैं। नौवें घर से माने जाने पर ये आपके चार्ट

में घर 10,1 और 7 का प्रतिनिधित्व करेंगे। इसलिए यह आवश्यक है कि आपके चार्ट में सूर्य तथा चंद्र को एक उपयुक्त स्थिति [नक्षत्र, नवांश, नव नवांश] पर होना चाहिए जो इसके शासकों को 1,7 और 10 या 1,7 या 1,10 के लिए इंगित करता हो। जन्म के सटीक क्षण के लिए यही एकमात्र आवश्यक और पूर्ण शर्त है।

आपको अपने चार्ट में सूर्य और चंद्र के नक्षत्र स्वामी 'एनएल', नवांश स्वामी 'एसएल' और नव नवांश स्वामी 'एसएसएल' को नोट करना चाहिए और जांचना चाहिए कि क्या वे एक साथ कस्प 1,7 और 10 के एनएल, एसएल, एसएसएल या फिर निवासी के रूप में दिखाई देते हैं। या यूँ कहें कि, जांचें क्या सूर्य और चंद्र [1,7 और 10] के लिए फलदायी सांकेतिक ग्रह 'एफआईपी' हैं। अगर ऐसा होता है, तो हमारे पास जन्म का सही क्षण है। यदि नहीं, तो हमें इस स्थिति से मेल खाने के लिए समय को समायोजित करना होगा। ट्रांजिट [सीएफटी] के नियमों के अनुसार उनके एस्ट्रल स्वामी पक्ष के माध्यम से इस शर्त को पूरा करना संभव है। आम तौर पर, सही ढंग से नोट किए गए समय के साथ, एक या दो मिनट के न्यूनतम समायोजन के साथ, आपको सही सेट मिल जाएगा। हालांकि कभी-कभी, जब जन्म के समय में अस्पष्टता अधिक होती है, तो बड़े सुधार की आवश्यकता हो सकती है। नोट किये हुए जन्म के समय के 90% मामलों में मामूली सुधार पर्याप्त होता है, लेकिन ये करना जरूरी है।

आइए नीचे दिया गया एक उदाहरण चार्ट देखें।

यहां सूर्य में एनएल [सूर्य Su], एसएल [बुध Me] और एसएसएल [चंद्र Mo] है। इसलिए, सूर्य, बुध और चंद्र को कस्प 1, 7 और 10 के स्वामियों में आना चाहिए। यदि आप इन कस्प को चेक करें तो तीनों दिखाई देते हैं। कस्प 1 में Mo, कस्प 7 में Su और कस्प 10 में Me है।

आइए चंद्र के एस्ट्रल स्वामी देखें। इसमें NL[राहू Ra], SL[शनि Sa] और SSL[सूर्य Su] है। पुन: कस्प 1 में Ra, कस्प 7 में Sa और कस्प 10 में Sa है। तो, दोनों शर्तें पूरी होती हैं और इसलिए जन्म का समय सही है।

सुधार के लिए अन्य तरीके भी हैं जब जन्म का समय पूरी तरह से अस्पष्ट है, या ज्ञात नहीं है। ये ज्योतिष में उन्नत तकनीकों का हिस्सा होंगे। वहां भी, अंतिम जांच हमेशा सूर्य और चंद्र की स्थिति से ही होती है। अंत में, वास्तविक परीक्षा घटना की भविष्यवाणी है। यदि ये मेल खाती है, तो निश्चित रूप से, जन्म समय सही है।

EXAMPLE CHART – KC 009

DOB – 20 JAN 1980 | TOB - 17:32:00 | POB - SANGRUR

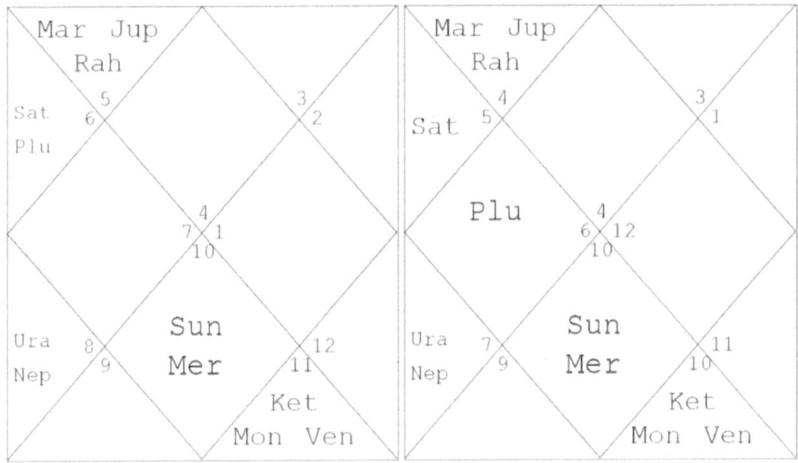

PLANET POSITIONS

Planet	Sign	Degree	RL	NL	SL	SSL
Sun	Capricorn	06:01'13"	Sat	Sun	Mer	Mon
Mon	Aquarius	11:37'43"	Sat	Rah	Sat	Sun
Mar	Leo	21:39'57"	Sun	Ven	Jup	Rah
Mer	Capricorn	05:26'24"	Sat	Sun	Mer	Ket
Jup	Leo	15:41'45"	Sun	Ven	Sun	Rah
Ven	Aquarius	11:44'42"	Sat	Rah	Sat	Mon
Sat	Virgo	03:17'15"	Mer	Sun	Sat	Sat
Rah	Leo	07:17'55"	Sun	Ket	Rah	Mon
Ket	Aquarius	07:17'55"	Sat	Rah	Rah	Sat
Ura	Scorpio	01:17'45"	Mar	Jup	Mar	Mon
Nep	Scorpio	28:01'18"	Mar	Mer	Sat	Sat
Plu	Virgo	28:12'20"	Mer	Mar	Sat	Sat

CUSP POSITIONS

Cusp	Sign	Degree	RL	NL	SL	SSL
1	Cancer	3:10'4"	Mon	Jup	Rah	Mon
2	Cancer	25:56'36"	Mon	Mer	Rah	Mon
3	Leo	22:19'59"	Sun	Ven	Sat	Mer
4	Virgo	23:43'10"	Mer	Mar	Mar	Sat
5	Libra	28:29'39"	Ven	Jup	Ven	Mer
6	Sagittarius	2:28'43"	Jup	Ket	Ven	Sat
7	Capricorn	3:10'4"	Sat	Sun	Sat	Sat
8	Capricorn	25:56'36"	Sat	Mar	Rah	Mon
9	Aquarius	22:19'59"	Sat	Jup	Sat	Mer
10	Pisces	23:43'10"	Jup	Mer	Mar	Sat
11	Aries	28:29'39"	Mar	Sun	Mar	Rah
12	Gemini	2:28'43"	Mer	Mar	Ket	Sat

निष्कर्ष

"ज्यादातर मामलों में ज्योतिष एक सच्चाई है। लेकिन ज्योतिषीय पहलू केवल संकेत, या प्रतीक हैं। व्यक्ति की इच्छा शक्ति से अधिक मूल्य या अधिक सहायता कोई नहीं.... केवल निर्देशित होने का प्रयास न करें, बल्कि ज्योतिषीय प्रभावों को दोषों और असफलताओं को दूर करने या कम करने के साधन के रूप में उपयोग करें। दोषों को कम करने और स्वयं में गुणों को बढ़ाने के लिए।"

एडगर केसी

हमने ज्योतिष के मूल ज्ञान, विभिन्न अवधारणाओं का विकास, कुंडली की क्षमता का विस्तृत अध्ययन और घटना की भविष्यवाणी की विधि को कवर किया है। इसका उद्देश्य आपके लिए, ज्योतिष के किसी भी पूर्व ज्ञान के बिना इस विषय को समझने के लिए, व्यवस्थित प्रारूप में जानकारी स्पष्ट करना है।

इस विध्या का सच्चा उद्देश्य व्यक्ति की क्षमता का मूल्यांकन करना है। घटना की भविष्यवाणी इंगित करती है कि नियति में क्या रखा है। प्रणाली का सही उपयोग इसे व्यक्तिगत क्षमता के माप के रूप में उपयोग करना होगा और घटना की भविष्यवाणी को केवल पूर्व-निर्धारित एजेंडे के रहस्योद्‌घाटन के रूप में लेना होगा। आप अपनी इच्छा

शक्ति से हमेशा अपनी क्षमता को पूरा कर सकते हैं, गड्ढों में गिरने से बच सकते हैं और इस एजेंडा को फिर से परिभाषित कर सकते हैं। ज्योतिष की उन्नत तकनीकों में जीवन में सुधार लाने के अन्य तरीके भी शामिल हैं।

यहाँ मैं इसे प्राचीन ज्ञान की एक छोटी सी कहानी के द्वारा स्पष्ट करना चाहता हूँ। एक ब्राह्मण दंपत्ति था जिसके पास ज्ञान तो था लेकिन साधन नहीं थे। उनके पास जमीन नहीं थी लेकिन उनके पास एक छोटा सा घर और एक घोड़ा था। पत्नी जमींदारों की जमीन से घास काटती, जबकि ब्राह्मण गांव के बच्चों को पढ़ाने की नौकरी की तलाश में घर-घर जाता। गरीबी और कड़ी मेहनत के कारण वे अपनी उम्र से अधिक के लगने लगे, जबकि घोड़ा अच्छा लग रहा था क्योंकि वे दया और प्यार से घोड़े की देखभाल करते थे।

गर्मी के एक दिन दिव्य ऋषि नारद उस रास्ते से गुजरे और भिक्षा के लिए उनके घर पर रुक गए। शर्मिंदा होकर, उन्होंने बस नमक और पानी दिया, क्योंकि उनके पास वही था। दंपति ने अपनी स्थिति को बुद्धिमान दयालु संत को समझाया, जिन्होंने उनके भाग्य को देखा और पाया कि उनके पास केवल यही एक घोड़ा हो सकता था। हाँ, अच्छे जीवन की कुछ संभावना तो है लेकिन उनके पास एक घोडा तो अवश्य होना चाहिए। इसलिए, उन्होंने दंपति को सलाह दी कि वे अपने घोड़े को बेच दें और घर पर एक छोटा स्कूल बनाकर, ज्ञान के प्रसार के अपने सबसे महत्वपूर्ण कर्तव्य को पूरा करने के लिए इस पैसे का उपयोग करें। इस तरह वे घोड़े की देखभाल और कड़ी मेहनत से मुक्त हो जाएंगे, और बेहतर होंगे।

नियति की जड़ता और घोड़े से लगाब के कारण वे पहले तो अनिच्छुक थे, लेकिन ऋषि के आग्रह पर उन्होंने सलाह के अनुसार किया। नियति का पहिया अब धीरे-धीरे नई दिशा में चल पड़ा। लोगों ने दंपती की इस हरकत को बेहद नेक समझा। उन्होंने सोचा कि वे ब्राह्मण के प्रति कठोर हैं जिन्होंने अपने बच्चों को शिक्षित करने के लिए अपनी एकमात्र संपत्ति, घोडा बेच दी। उन्होंने अपने बच्चों को स्कूल भेजने की सोची। ग्राम भूमि के स्वामी ने यह सब बड़बड़ाहट सुनकर ब्राह्मण को एक घोड़ा दान कर दिया। इसे फिर से बेचा गया, ऋषि की सलाह पर, और धन का उपयोग शिक्षा के कारण को आगे बढ़ाने के लिए किया गया। जल्द ही, उन्हें दान में एक और घोड़ा मिला और आप जानते हैं कि उसके बाद क्या हुआ।

फलित भाग्य अभी भी वही है और उसके पास केवल एक घोड़ा ही है, हालांकि अच्छे जीवन की क्षमता जो नियति की जड़ता के कारण रुकी हुई थी, उचित सलाह से जनित इच्छा शक्ति और कार्य क्रिया से चल पड़ी।

आप भी इसे कर सकते हैं, विकल्प हमेशा होता है, और ऐसा ही है।

अंत में

यह पुस्तक “काल चक्र” पहले इंग्लिश में लिखी गयी थी। कई पाठकों की अपेक्षा थी की इसे हिंदी भाषा में भी उपलब्ध कराया जाये। इसलिए इसे हिंदी में अनुवाद कर के प्रस्तुत किया गया है। आशा है ये आपको पसंद आएगी, हालाँकि भाषा ज्ञान सिमित होने के कारण हो सकता है कुछ त्रुटियाँ अवश्य रह गयी हों, लेकिन अपनी तरफ से हमने कोशिश की है कि ये न हों। फिर भी हम इसके लिए क्षमा प्रार्थी रहेंगे।

कई चीज़ों को दोनों हिंदी व् इंग्लिश में लिखा गया है ताकि कोई परेशानी न हो।

आप अपने सुझाव या टिप्पणी के लिए निम्नलिखित पे संपर्क कर सकते हैं।

anil.kaalchakra@gmail.com

www.kaalchakrafoundation.com

†

www.ingramcontent.com/pod-product-compliance
Lightning Source LLC
LaVergne TN
LVHW101937220826
846093LV00006B/41

* 9 7 9 8 8 8 5 9 1 6 5 4 7 *